权威·前沿·原创

皮书系列为
“十二五”“十三五”国家重点图书出版规划项目

U0819250

互联网与国家治理蓝皮书

BLUE BOOK OF THE INTERNET AND STATE GOVERNANCE

No.2

互联网与国家治理发展报告（2018）

主编／张志安　卢家银

ANNUAL REPORT ON THE DEVELOPMENT OF THE INTERNET AND STATE GOVERNANCE (2018)

2018版

社会科学文献出版社
SOCIAL SCIENCES ACADEMIC PRESS (CHINA)

互联网与国家治理蓝皮书

BLUE BOOK OF THE INTERNET AND STATE GOVERNANCE

互联网与国家治理发展报告（2018）

ANNUAL REPORT ON THE DEVELOPMENT OF THE INTERNET AND STATE GOVERNANCE (2018)

主　编／张志安　卢家银

社会科学文献出版社
SOCIAL SCIENCES ACADEMIC PRESS (CHINA)

图书在版编目(CIP)数据

互联网与国家治理发展报告.2018/张志安,卢家银主编.--北京:社会科学文献出版社,2018.11
(互联网与国家治理蓝皮书)
ISBN 978-7-5201-3728-7

Ⅰ.①互… Ⅱ.①张… ②卢… Ⅲ.①电子政务-研究报告-中国-2018 Ⅳ.①D630.1-39

中国版本图书馆CIP数据核字(2018)第240387号

互联网与国家治理蓝皮书
互联网与国家治理发展报告(2018)

主　　编/张志安　卢家银

出 版 人/谢寿光
项目统筹/任文武
责任编辑/王玉霞　李惠惠

出　　版/社会科学文献出版社·区域发展出版中心(010)59367143
地址:北京市北三环中路甲29号院华龙大厦　邮编:100029
网址:www.ssap.com.cn
发　　行/市场营销中心(010)59367081　59367083
印　　装/三河市龙林印务有限公司

规　　格/开　本:787mm×1092mm　1/16
印　张:26.5　字　数:398千字
版　　次/2018年11月第1版　2018年11月第1次印刷
书　　号/ISBN 978-7-5201-3728-7
定　　价/98.00元

皮书序列号/PSN B-2017-671-1/1

本书系中山大学国家治理研究院—互联网与治理研究中心（广东省社会科学研究基地）、“广州大数据与公共传播”人文社会科学重点研究基地成果。

蓝皮书编委会

主要编撰者简介

张志安 复旦大学新闻学院博士，教育部青年长江学者，现任中山大学传播与设计学院院长，教授，博士生导师，国家首批高端智库中山大学粤港澳发展研究院副院长、中山大学互联网与治理研究中心主任，兼任国家互联网信息办公室网研中心特约研究员、“全国新闻记者培训教材编写”项目组成员、最高人民法院新闻宣传与舆论引导专家等职。主要研究方向为大数据与互联网治理、当代中国新闻业、新闻生产社会学等，主持教育部哲学社会科学研究重大课题攻关项目“大数据时代国家意识形态安全风险与防范体系构建研究”等，已出版《深度报道》《重构行动者：中国场域的传播研究》《新媒体与舆论》《中国新闻业年度观察报告》《互联网与国家治理发展报告》等多部著作，在中英文期刊发表论文百余篇。曾获中国新闻史学会首届国家学会奖之杰出青年奖、教育部高校优秀成果二等奖、广东省哲学社会科学优秀成果奖、第十一届广东新闻奖“金钟奖”、第十七届“广东青年五四奖章”提名奖等荣誉。

卢家银 华中科技大学新闻传播学博士，中山大学“百人计划”引进人才，中山大学传播与设计学院副教授，现任中山大学互联网与治理研究中心副主任、中山大学国家治理研究院研究员，兼任中国新闻史学会应用新闻传播学研究委员会副会长兼秘书长、媒介法规与伦理研究委员会常务理事。主要研究方向为媒介法、网络法与政治传播，主持国家社科基金项目《大数据时代个人信息安全困境与共律体系构建研究》，已出版专著《第二国际的新闻自由理念（1889～1914）》、译著《去西方化媒介研究》，编辑出版《互联网与国家治理发展报告》（副主编），多篇论文发表于《新闻与传播研究》、《国际新闻界》、《现代传播》、《新闻大学》和 *Asian Perspective* 等 CSSCI 和 SSCI 来源期刊。曾于 2013 年入选北京高等学校青年英才计划，2014 年获得第二届全国新闻学青年学者优秀学术成果奖。

摘　要

《互联网与国家治理发展报告（2018）》立足我国全面推进网络强国建设的大背景，聚焦互联网与国家治理中的热点问题与重大议题，采用逻辑思辨、数据分析和案例研究等多种研究方法，重点围绕网络安全、网络法治、网络舆论、网络社会治理与互联网国际治理等重要议题，对互联网治理领域内的最新政策法规、重要理论成果、重大现实问题等进行高度概括与深入分析，以期探索互联网治理的阶段特征、发展路径和创新机制。本书运用大量一手数据和实践案例，跨时空、跨学科、跨行业观测和分析国内外网络空间治理的现状和趋势，为广大读者提供了一幅网络空间治理的全图景，它既对我国互联网治理发展做了年度盘点，又为推动国家治理现代化提供了理论与决策支持。

《互联网与国家治理发展报告（2018）》由总报告、网络空间安全、网络舆论调适、网络法治发展、网络社会治理和网络国际治理六个部分组成。本书对我国互联网治理进行理论层面和历史层面的全面回顾。总报告对2017年我国互联网治理的现实发展进行了系统分析，从互联网总体治理、网络空间法治和网络空间安全三个维度评估和总结对互联网的治理和通过互联网实施治理的经验与教训，深入分析网络空间安全、网络法治发展、网络信息管理和网络产业发展等重要问题。然后依次从网络空间安全、网络舆论调适、网络空间法治、网络社会治理和网络国际治理五个层面对我国互联网治理的发展进行了多视阈、跨学科的分析，有助于推动互联网国家治理的创新发展和网络强国战略的全面推进。

关键词： 互联网　网络安全　网络法治　国家治理

目 录

Ⅰ 总报告

Ⅱ 网络空间安全

Ⅲ 网络舆论调适

Ⅳ　网络法治发展

Ⅴ　网络社会治理

Ⅵ　网络国际治理

皮书数据库阅读**使用指南**

总 报 告

General Reports

B.1
2017年中国互联网治理发展研究报告

张 力 曲晓程*

摘 要： 2017年，我国互联网治理领域迎来了“大变革”，以《中华人民共和国网络安全法》为中心的一系列法律法规的正式实施，为依法治网提供了有力支撑。当前，互联网领域治理边界模糊、网络空间治理事件频发、事件卷入群体多元化、网络新兴群体逐步走入舆论场等新特征不断要求政府治理观念与时俱进、治理方式推陈出新、治理手段因地制宜，在抑制互联网潜在危害与风险的基础上鼓励新型产业蓬勃健康发展。本文在总结2017年互联网十大治理特征的基础上，对未来互联网治理的发展趋势进行展望，认为我国在进一步保障网络信息安全、规范网络信息服务内容、

* 张力，人民网新媒体智库研究员、智库中心研究部副主任；曲晓程，人民网新媒体智库助理研究员、学术秘书。

加强网络新业态的管理引导基础上，将继续对网络知识产权、共享经济、网络金融等违法行为和内容进行依法规范和治理。

关键词： 网络治理 网络安全 国家治理

一 前言

随着信息技术的快速发展，互联网已成为推进国家治理现代化的重要平台。2016 年 10 月 9 日，中共中央政治局就实施网络强国战略进行了第 36 次集体学习，习近平在主持学习时从党和国家事业发展的高度，就推进网络信息技术自主创新、提高网络管理水平、增强网络空间安全防御能力等提出了具体要求，为如何通过网络完善政府治理，指明了工作重点和努力方向。党的十九大报告指出："高度重视传播手段建设和创新，提高新闻舆论传播力、引导力、影响力、公信力。加强互联网内容建设，建立网络综合治理体系，营造清朗的网络空间。"

CNNIC 第 41 次《中国互联网络发展状况统计报告》指出，截至 2017 年 12 月我国网民规模已经达到 7.72 亿，全年共计新增网民 4074 万人。互联网普及率为 55.8%，较 2016 年底提升 2.6 个百分点。以互联网为代表的数字技术正在加速与经济社会各领域深度融合，成为促进我国消费升级、经济社会转型、构建国家竞争新优势的重要推动力。

回首 2017 年，政府在网络信息服务的不断规范、对网络版权问题的日益重视、实现"互联网 + 政务"的突破性发展、不断推进引导共享经济的健康有序发展、构建更加完备有效的普惠金融体系、填补网络新兴业态的监管空白等方面都呈现积极有效的工作成果。不过互联网治理的挑战与难点还有待继续攻克。网络暴力、网络犯罪、网络谣言……这不仅需要各界拥抱"互联网 +"，实现转型与升级，还需要政府、企业进行相关制度的建设创新及网民的自律与自省，在鼓励支持与监管中找到治理工作的最佳平衡点，共建和平、安全、开放、合作的网络空间。

本报告从2017年945件网络舆论时事热点中①，筛选230件与互联网发展与治理高度相关的事件作为研究样本，进而分析2017年互联网发展热点、问题及对策，并结合互联网社会群体代际特征，总结分析当前互联网与社会治理的特征与趋势，为互联网与社会治理提供方向借鉴与参考。

二　互联网发展热点与问题特征

（一）2017年互联网发展热点分析

互联网在飞速发展的同时，给世界各国主权、安全、发展利益带来许多新的挑战，习近平总书记在第四届互联网大会的贺信中做出判断："全球互联网治理体系变革进入关键时期。"党的十九大报告明确指出："全面依法治国是中国特色社会主义的本质要求和重要保障。"习近平总书记指出，网络空间不是"法外之地"。要坚持依法治网、依法办网、依法上网，让互联网在法治轨道上健康运行。2017年，我国在构建清朗网络空间方面做了多项努力，先后出台《互联网新闻信息服务管理规定》《互联网群组信息服务管理规定》等，使我国互联网新闻信息传播领域更加有章可循。同时，司法领域也互联网化，成立"杭州互联网法院"，真正实现"网上案件网上审"，破除了以往涉网案件审理中的弊端。

课题组在根据热度抽取230个互联网与社会治理热点案例的基础上，对其信源进行统计分析后发现，网站及社交媒体是主要新闻来源，其次是微信与微博，各类媒体信息传播量大体排名为：新闻网站 > 微信 > 微博 > 论坛 > 客户端 > 博客 > 报刊（见图1）。

---

① 2017年网络舆论时事热点由人民网新媒体智库整理。

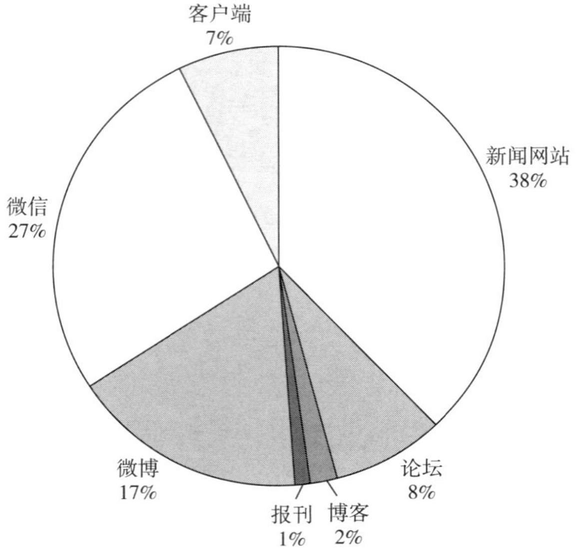

图1　新闻报道信源占比

资料来源：人民在线。

网站仍是报道的主要来源。一方面，政策类信息多来自政府官方网站，如《互联网新闻信息服务管理规定》《网络视听节目内容审核通则》等；另一方面，媒体诸如新华社、人民网、环球网、央广网、参考消息网、中国新闻网等在新闻报道中扮演主要角色。

社交媒体中，微信在新闻传播中的作用越来越凸显，同时愈加成为热点事件的首要发布领域。微博公众号“丁香医生”发布《一年狂卖7.5亿的洗脑神药，请放过中国老人》的文章将“莎普爱思滴眼液”推到了风口浪尖；2017年底360水滴直播事件则缘起公众号“菲言菲语”的文章《一位1992年女生致周鸿祎：别再盯着我们看了》。微博與论场所引发的热点事件更多倾向于网友热议的某一视频、官微言论、社会心态等，如在日本APA酒店摆放右翼书籍事件中网友@KatAndSid的博文引发大量转发，从而在网络上掀起一股抵制APA热潮。2017年全国政务新媒体蓬勃发展，“政务双微”不仅成为绝大多数政务机构新媒体建设的标配，也成为地区展示经济社会发展的重要窗口。

（二）2017互联网治理问题特征

通过对案例特征的总结，研究发现，2017 年互联网治理中的相关问题不仅出现了地域边界模糊、涉网络空间治理事件较多等特征，从网络人群角度分析也发现，与学生、居民及消费者相关的事件较多，网络主播与儿童群体也在网络治理中不断受到热议或聚焦。

1. 网络边界性模糊，全国治理热点事件占比超六成

互联网的边界模糊性非常明显。从地域分布来看，全国性的互联网与社会治理热点事件在数量上占明显优势，比例达到 62%（见图 2）。例如，社保卡基本实现全国一卡通，国家旅游局关停 40 家不合理低价游网站，教育部、公安部等四部门联手打击传销等事件。

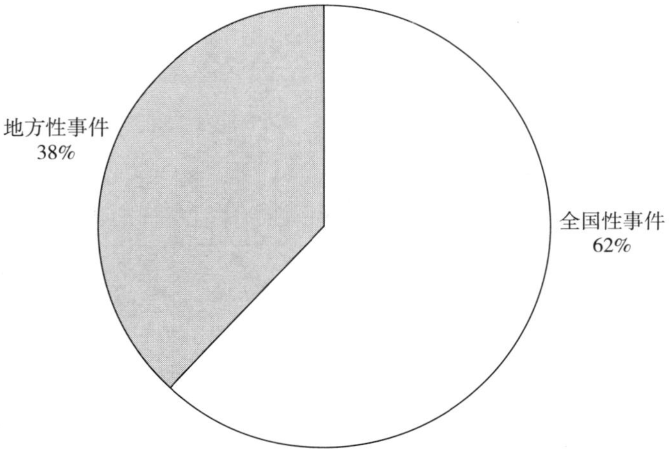

图 2　互联网与社会治理热点事件地域分布占比

资料来源：人民在线。

地方性事件中，北京朝阳群众 App 上线稳步落实“互联网 + 政务”发展；浙江杭州互联网法院成立，标志着司法主动适应互联网发展大趋势的重大制度创新；陕西西安破获新型传销，彰显政府打击传销的重拳与决心；江苏南京公安局玄武分局“滴滴警务”平台的上线是拥抱“互联网 +”的一

次有益尝试，体现了政府部门在推进信息化建设、提高行政效率方面的努力；“徐玉玉案”预示着我国各级党政机关政务舆情回应的制度化、组织化和规范化建设进入新阶段。

2. 涉空间治理事件最多，文娱金融紧随其后

在对抽选的 230 件互联网与社会治理热点事件进行分类梳理后发现，空间治理、文化娱乐、网络金融热度相对较高，其次为共享经济、企业管理、公安司法，再次为电子商务、信息安全、民生服务、医疗保险，最后，教育培训、网络舆论、科技进步等事件类型受关注度相对较低（见图 3）。

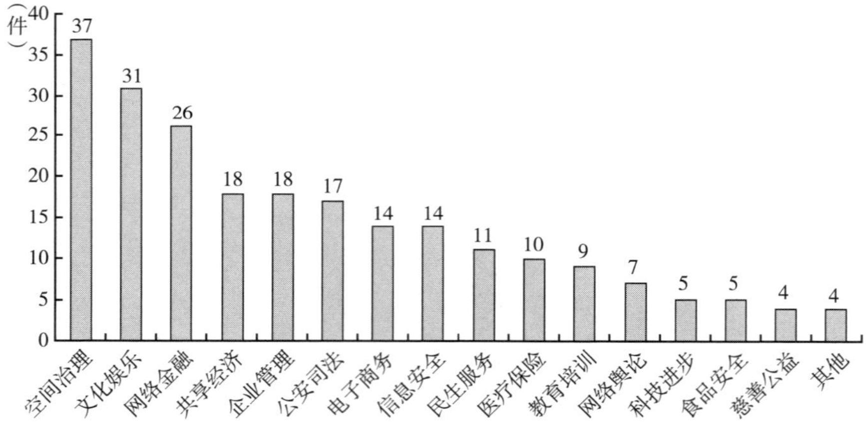

图 3　互联网与社会治理事件类型分布

资料来源：人民在线。

互联网涉黄信息、网络谣言等问题一直是互联网空间治理的重点，自 2017 年 8 月起，全国“扫黄打非”办公室会同七部门开展互联网低俗色情信息整治行动，多家网站因涉黄被依法行政处罚，相关频道停业整顿一周。同时对学习类 App 等应用涉黄等问题也开展了深入调查。在对网络谣言的治理中，针对“棉花造肉松”“塑料紫菜”等造成广泛影响的网络谣言，行政机关依法对造谣者进行处罚，有效抑制了谣言的进一步传播。

近年来我国共享单车快速发展，在满足公众短距离出行需求的同时，也

出现了乱停乱放、安全事故频发、押金难退等问题，对社会秩序造成了一定程度的不良影响。基于此，交通运输部等十部门联合出台共享单车指导意见，一些地方政府也出台具体管理规定，成为社会广泛热议的焦点。

3. 全国性政策、热议事件涉及多方群体

从社会群体标签来看，政府活动是网民关注的主要焦点，政策法规的颁布与实施往往能引发网友的热烈讨论。交通出行与人们的生活息息相关，高铁盒饭则一直受到关注，无论是“雪藏”15 元快餐、推销“高价”盒饭，还是盒饭保质期长达 90 天等，都引发讨论。自 2017 年 7 月 17 日起，动车组列车在 27 站试点互联网订餐，开始拥抱“互联网 +”。

勒索病毒 WannaCry 席卷全球，国内众多高校、加油站及其他企事业单位都深受其害，该病毒制造者指出，要想解锁电脑上的文档就须支付 300 美元等价的比特币，引发舆论对比特币和网络安全等方面的热议和反思。习近平总书记多次提到“没有网络安全就没有国家安全”，此次比特币勒索病毒敲响了网络安全的警钟，维护网络安全已经不是某一方的责任，而是所有用户共同的责任。

4. 学生、居民、消费者被涉及概率较大

2017 年，有关学生群体的互联网热点事件也吸引了网友的关注，多起不良“校园贷”事件的发生，使网友对其关注热度持续不减。2017 年 6 月底，银监会、教育部等多部门联合发文暂停网贷机构新开“校园贷”业务，使“校园贷”处于“最严”监管之下，但媒体调查发现仍有非持牌金融机构广告进入校园，且载体即为校园中的共享单车，甚至有“整形贷”“美容贷”等“校园贷”变种出现。避免不良“校园贷”仍须相关部门合力建立长效机制。

多地试点新政策、新方法，为当地居民的生活提供了便利。2017 年 10 月，支付宝公布首批试水信用租房的八个城市，在业界率先开启“信用 + 租赁”模式，为租赁市场消费行为的规范和激励提供了一种新模式。在城市安全管理方面，被网友戏称为“世界第五大王牌情报组织”的“朝阳群众”因参与破获多起明星吸毒等案件被人民熟知。朝阳警方与相关单位共同研发的“朝阳群众 HD”App 为密切警民关系、社会治安、城市发展贡献了重要力量。

随着网购市场的蓬勃发展，打击“刷单炒信”等不正当竞争的行为一直在努力进行，2017 年“双 11”前后多部门发布“双 11”体验报告、预警报告、评估报告等，与此同时人大表决通过新修订的《反不正当竞争法》，规定刷单、虚假宣传、网络水军等不法经营者将受到严厉处罚。多措并举整治网购乱象，建设互联网诚信交易生态正在进行中。

5. 网络主播、儿童成为新增话题对象

网络主播群体是中国个体化进程中新兴的青年群体，2016 年被称为“网络主播元年”。2017 年优质化网络直播平台如雨后春笋般出现，在或“高颜值”或“猎奇”的直播潮流下，“接地气”成为部分农村主播的“成名技”。其中，农村题材的短视频和直播平台均有不少原创产出量，成为直播界的一股“清流”。

2017 年，儿童安全一直是社会各界关心的话题，其中留守儿童问题引人关切。2017 年 10 月 10 日，全国农村留守儿童信息管理系统正式启用。此外，关于儿童人身安全的议题也贯穿始终，性侵儿童、虐待儿童等事件时有发生，舆论呼吁加强未成年人性教育、完善儿童性侵案的相关法律与机制。

三　互联网治理政策与趋势研判

（一）2017 年互联网治理热点分析

在 2017 年互联网发展与治理热点中，包括《互联网新闻信息服务管理规定》颁布、《中华人民共和国网络安全法》实施等重要的国家与政府治理新闻。表 1 则呈现了 2017 年互联网治理的热点新闻及话题。梳理发现，涉及共享单车、“校园贷”及虚拟货币的治理行动也有上榜。

表1　2017 年中国互联网治理热点

序号	事件	热度
1	《互联网新闻信息服务管理规定》施行	96.5
2	国务院办公厅印发《关于推广支持创新相关改革举措的通知》	96.1
3	广州签发全国首张微信身份证	94.3
4	国务院印发关于深化“互联网＋先进制造业”发展工业互联网的指导意见	93.9
5	《中华人民共和国网络安全法》实施	92.5
6	杭州互联网法院成立	90.0
7	《互联网群组信息服务管理规定》发布	85.3
8	北上广深等 12 城暂停共享单车投放	78.8
9	教育部：任何网贷机构不允许向在校大学生发放贷款	75.4
10	虚拟货币交易被叫停	70.2

资料来源：人民在线。

当前，政府主导、多元共治是舆论与学术界较为认可的网络治理模式之一。网络治理理论认为，要通过协商协调的手段联合政府部门、社会组织和个人对社会问题进行多元化治理，这比较符合互联网发展的内在规律。[①] 从参与者与角色分配角度，有学者提出了政府、服务商、社会机构、网民共同参与的互联网治理模型。[②] 不过，在对 2017 年我国互联网治理热点事件的整体回顾后，课题组还发现，媒体对互联网企业的监督、对网络问题的监视作用，在互联网治理中也同样存在（见图 4）。

从治理主体角度观察，政府部门及监管机构是推动互联网治理的核心力量。2017 年，以政府角色推动的治理行为占比为 71%，是企业、行业协会、媒体及个人等其他角色占比之和的近 3 倍（见图 5）。政府部门不仅推动了《中华人民共和国网络安全法》《互联网新闻信息服务管理规定》《互联网群组信息服务管理规定》等重要法规的落地，对类似共享单车乱停放、“校园贷”危害学生安全等互联网乱象，也及时做出了反应并采取了行动。

① 张化冰：《中国互联网治理的困局与逻辑重构》，《学术研究》2017 年第 12 期。

② 赵玉林：《协同整合：互联网治理碎片化问题的解决路径分析——整体性治理视角下的国际经验和本土实践》，《电子政务》2017 年第 5 期。

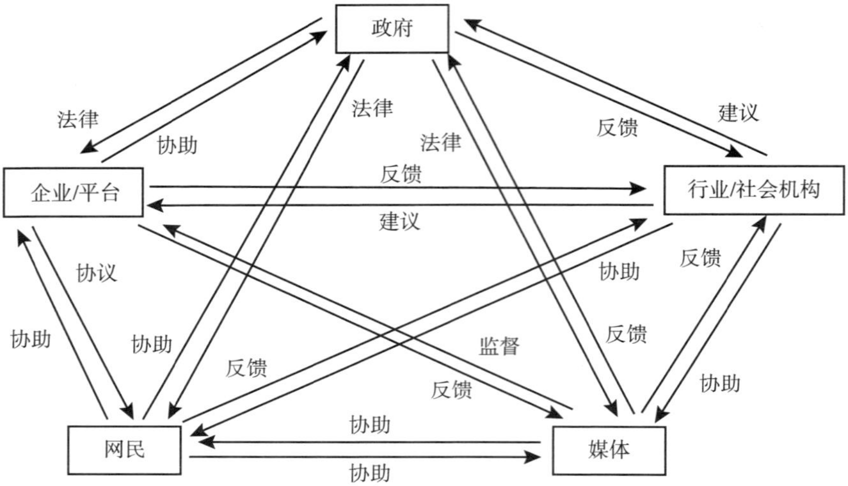

图 4　多元治理主体间协作关系

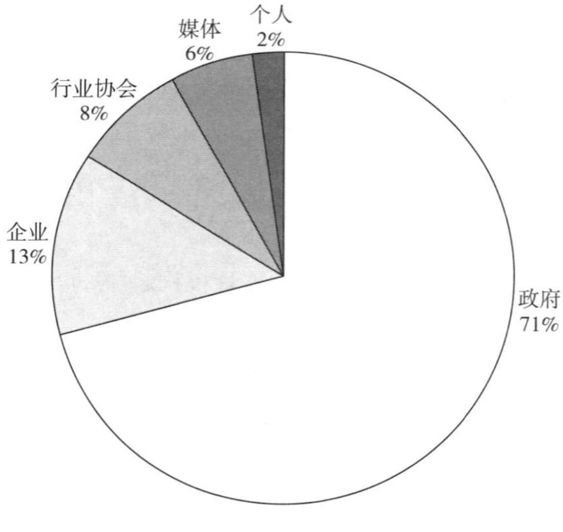

图 5　互联网治理主体占比

资料来源：人民在线。

（二）2017年互联网治理特征与趋势

1. 全面保障网络信息安全

网络空间安全问题是2017年我国互联网发展的焦点问题。2017年6月1日，《中华人民共和国网络安全法》正式实施。这是中国网络领域的基础性法律，明确规定加强对个人信息的保护，打击网络诈骗。与此同时，《最高人民法院、最高人民检察院关于办理侵犯公民个人信息刑事案件适用法律若干问题的解释》也在同日施行。司法解释明确提出，向特定人提供公民个人信息，以及通过信息网络或者其他途径发布公民个人信息的，应当认定为刑法规定的“提供公民个人信息”。个人信息保护方面法律法规的完善，是我国构建系统网络空间法律体系的重要一步，也是在当下严峻的网络安全环境下极具意义的举措。

2. 规范网络信息服务内容

2017年是我国网络信息服务不断规范的一年。政府管理部门发布了《互联网新闻信息服务单位内容管理从业人员管理办法》《互联网新闻信息服务新技术新应用安全评估管理规定》等多个重要规定。《互联网新闻信息服务单位内容管理从业人员管理办法》是我国在互联网新闻信息发展进入新阶段，新技术、新业态、新模式不断涌现，针对网络空间治理出现的新问题和新形势，加强对互联网新闻信息服务单位从事信息服务和相关业务从业人员的管理所出台的一部重要规范性文件。

《互联网新闻信息服务新技术新应用安全评估管理规定》的出台，给互联网新闻信息服务，尤其是涉及新技术、新应用的新闻信息服务领域上了一道“安全阀”，对提供新闻信息服务的互联网企业落实平台责任、完善信息安全制度，对互联网新闻信息服务的进一步规范化、法制化及避免新技术、新应用对社会产生负面影响，避免对用户造成不应有的伤害等方面，都会起到正面和积极的作用。

3. 强调互联网群组管理责任归属

2017年10月，《互联网群组信息服务管理规定》首次明确了微信、QQ

等互联网群组建立者、管理者应当履行群组管理责任，即“谁建群谁负责”“谁管理谁负责”。舆论一度理解为“一旦群成员违法违规，就要追究群主的法律责任”。考虑到微信群已经成为公共生活的组成部分，公众担心影响个人自由和正常的社会交往，《检察日报》刊文解释，群主的管理责任不同于违法行为人的法律责任，主要是一种服务群内成员、维护公共秩序的义务。群主只有在群内违法信息造成了严重的危害后果，并且自己有故意或过失的情况下，才会被追究相应的法律责任。在互联网群组中不只有群主一个责任主体，还有参与人（发言人）、网络平台提供商、相关主管部门，各负其责，不会要求群主承担全部责任，甚至把管理部门的责任都归到群主身上。

4. 重视互联网知识产权问题

与此同时，互联网版权问题也日益得到重视。2017 年 9 月，国家版权局约谈境内外音乐公司及国内几大网络音乐服务商，要求对网络音乐作品应全面授权，避免独家授权。近年来，国家版权局连续开展“剑网行动”，加大网络侵权盗版治理力度，网络音乐版权秩序明显好转，付费听正版音乐逐渐成为主流，在此背景下，网络音乐的授权和传播问题日益引人注目。

此外，在 2017 年 4 月 26 日“世界知识产权日”召开的 2017 年中国网络版权保护大会上，由人民日报社、新华社、中央电视台和中国搜索等十家主要中央新闻单位和新媒体网站联合发起的“中国新闻媒体版权保护联盟”在北京宣告成立。当天，全国有 115 家报纸、期刊、电台、电视台也共同发布了《关于加强新闻作品版权保护的声明》。

5. 携手企业升级电子政务

2017 年，“互联网 + 政务”有了突破性发展。一方面，国务院办公厅在 2017 年 3 月印发《2017 年政务公开工作要点》（以下简称《要点》），指导推动 2017 年全国政务公开工作。《要点》在信息公开、政策解读、回应关切、制度机制建设、公众参与等方面提出了新思路、新要求。据了解，作为政府信息公开工作主管部门，国务院办公厅连续六年印发年度政府信息公开重点和要点，突出问题导向，推动多个公共领域信息公开。

另一方面，众多政府服务功能与互联网不断融合，电子政务水平不断提升。2017 年底，由广州市公安局南沙区分局、腾讯、建设银行等十余家单位发起的“微警云联盟”在广州南沙成立，现场签发全国首张微信身份证“网证”。据了解，身份证“网证”是公安部第一研究所在国家重大项目支撑下推出的身份证网上应用凭证。此外，为深化“放管服”改革，进一步提高政府服务效率和透明度，方便企业和群众办事创业，激发市场活力和社会创造力，海南省政府在 2017 年印发《海南省推行全流程互联网“不见面审批”实施方案》（以下简称《方案》)。《方案》提出，到 2018 年底，实现 80% 的审批服务事项“不见面审批”，原则上办件量占办件总量的 80%。

6. 引导共享经济健康有序发展

共享经济是 2017 年我国网络舆论场中最为火热的词语之一，其中，共享单车首屈一指。不能否认，共享单车是“互联网 + 出行”的有益尝试。不过，在方便百姓日常生活的同时也暴露了很多问题。押金难退、随意停放、无法回收等问题牵涉交通部门、金融机构，以及上游的制造商、原材料的生产厂家等。

2017 年 8 月，经国务院同意，交通运输部、中央宣传部、中央网信办、国家发改委、工业和信息化部、公安部、住房和城乡建设部、中国人民银行、质检总局、国家旅游局十部门联合出台了《关于鼓励和规范互联网租赁自行车发展的指导意见》（以下简称《指导意见》)。《指导意见》从实施鼓励发展政策、规范运营服务行为、保障用户资金和网络信息安全、营造良好发展环境四个方面，提出了相关具体措施。

2017 年 11 月，国家发展和改革委新闻发言人孟玮在例行发布会上回答记者提问时表示，将促进共享经济发展，加快建设政府、平台企业、行业协会等多方参与的共享经济协同治理机制，进一步取消和放宽资源提供者市场准入条件限制，加强对平台企业垄断行为的监管和规范，引导共享经济健康有序发展。

例如，2017 年 12 月，中国消费者协会在北京召开共享单车企业公开约谈会，就消费者普遍关心的押金和预付金存管、车辆投放与运维等问题约谈相关企业。摩拜、ofo、永安行、优拜、哈罗单车、拜客出行、小蓝七家共享单车企业派相关负责人参加了当天的约谈会。

除了国家层面，各地方政府对共享单车的管理也在不断细化。例如，西安出台鼓励规范互联网租赁自行车发展指导意见；京沪均要求企业本市工商注册；深圳要求市政公园入口500米内禁止投放互联网租赁自行车；青岛规定未满12岁禁骑，要实名注册；等等。

7. 警惕与严控网络金融风险

2017年，“校园贷”“现金贷”“首付贷”等各类小额贷款产品层出不穷，尽管其在暂时缓解个人资金压力方面有一定作用，但更多非法商家以此为由发放高利贷或进行洗钱行为，严重威胁个人、社会与经济安全。

2017下半年，“校园贷”“现金贷”“首付贷”先后被政府部门与管理机构叫停。有专家指出，对网络小贷公司的规范有利于互联网金融企业未来走向正轨，网络小贷公司作为互联网金融的重要组成部分，也是普惠金融体系的重要组成部分。网络小贷在发展过程中的不规范需要规制，但其可取之处在于为弱势金融群体提供了所需资金。

由互联网金融风险专项整治工作领导小组办公室下发的《关于立即暂停批设网络小额贷款公司的通知》，响应了防控金融风险的指示要求，同时对构建更加完备有效的普惠金融体系有重要作用。

此外，关于虚拟货币也有了更加明确的监管措施。2017年以来，比特币的价格一路飙升，从2017年初的不到1000美元，到2017年12月8日一度上涨至1.9万美元。比特币的去中心化、匿名性等特点，对政府实施监管提出了更高要求。2017年我国对比特币进行了严格监管，9月关闭了所有比特币境内交易平台，强制清算。中国互联网金融协会在9月13日发布的《关于防范比特币等所谓“虚拟货币”风险的提示》也指出，比特币交易平台涉众人数增加、投机氛围浓厚，是洗钱、贩毒、走私、非法集资等违法犯罪活动的工具。

8. 逐步落实与完善电子商务规范

“双11”“双12”等网络购物节接踵而来，继续推动我国电子商务与网络消费的发展。但各电商平台的刷单刷信誉行为层出不穷，制造虚假销量和好评，商品却以次充优，让消费者防不胜防。一些网络平台通过组织虚假交易等方式，刷单几乎成为一条暴利产业链。

2017 年 11 月，十二届全国人大常委会第三十次会议举行闭幕会，表决通过了新修订的《反不正当竞争法》，国家主席习近平签署第77 号主席令予以公布。新修订的《反不正当竞争法》规定，经营者采用刷单、炒信等方式，帮助自己或其他经营者进行虚假宣传或引人误解的商业宣传，情节严重最高可处 200 万元罚款，吊销营业执照。新法自 2018 年 1 月 1 日起施行。

此外，在“双 11”等购物节前，北京多部门约谈京东、天猫、亚马逊等 13 家电商，对“双 11”促销行为提出具体要求，强调不得采用格式条款设置订金不退、预售商品不适用七日无理由退货等不合理规定。

规范、约束与鼓励并行。2017 年，商务部、海关总署等 14 个部门发布《关于复制推广跨境电子商务综合试验区探索形成的成熟经验做法的函》，指出跨境电商线上综合服务和线下产业园区“两平台”及信息共享、金融服务、智能物流、风险防控等监管和服务“六体系”等做法已成熟，可面向全国复制推广，供各地借鉴参考，建议各地结合实际，深化“放管服”改革，加强制度、管理和服务创新，积极探索新经验，推动跨境电商健康快速发展，为制定跨境电商国际标准发挥更大作用。

9. 加强网络新兴业态的管理引导

2017 年，网络与民生进一步融合，涉及衣食住行的各类互联网产品与技术蓬勃发展，各级政府管理部门也积极响应、跟进监管工作。例如，“互联网 + 餐饮服务”等新兴业态快速增长，但存在第三方平台责任落实不到位，对入网餐饮服务者审查把关不严，入网餐饮服务提供者的食品安全意识不强、经营管理水平有限、经营条件较简陋，食品安全存在隐患等现象。

原国家食品药品监督管理总局就此问题发布了《网络餐饮服务食品安全监督管理办法》，将倒逼商家与平台整改、重视食品安全，以消除公众

“舌尖上的焦虑”，保障消费者“舌尖上的安全”。

2017 年，互联网舆论方面的治理力度不断加大，“自媒体”的黄金时代宣告结束。互联网管理强调网络平台的主体责任，如政府部门要求过去被视为信息集散地的聚合新闻客户端，实行“总编辑负责制”。北京市网信办约谈多家网站，责令采取有效措施，遏制渲染演艺明星绯闻隐私、炒作明星炫富享乐等问题，包括“全明星探”“中国第一狗仔卓伟”“名侦探赵五儿”在内的一大批八卦账号被关闭。这份“罚单”对前些年“自媒体”野蛮生长的商业模式是一记重拳。

10. 严厉打击线上线下违法活动

2017 年 7 月，李文星之死让传销问题回到公众视野。传销组织在互联网时代更新换代，社交平台、网络求职平台等地方，微传销无孔不入。2017 年 8 月，工商总局、教育部、公安部、人力资源和社会保障部四部门印发《关于开展以“招聘、介绍工作”为名从事传销活动专项整治工作的通知》（以下简称《通知》），决定开展为期三个月（2017 年 8 月 15 日至 11 月 15 日）的传销活动专项整治行动。

《通知》要求严厉打击、依法取缔传销组织。通知强调，对打着“创业、就业”的幌子，以“招聘”“介绍工作”为名，诱骗求职人员参加的各类传销组织，坚决铲除。同时，加强对重点招聘平台的排查，压实平台企业的责任，加强对人民群众的宣传教育。

2017 年 10 月 13 日，国家工商总局在北京举行新闻发布会透露，2017 年前三季度全国共查处传销案件 870 件，同比增长 2.7%。值得注意的是，传销的隐蔽性和蔓延速度快给监管执法带来了新的挑战，虽然数量不多，但一些恶性传销、金融诈骗等案件，成为影响市场秩序和社会稳定的突出问题。

四　中国互联网治理发展展望

2017 年，在我国互联网治理发展过程中，国家层面的监管与治理起到了极大作用。一系列法规的出台与实施，不仅明确了网络参与主体各方的权责，也及时清理了互联网发展中的灰色地带。此外，通过发布通知、指导意见或文件，政府与管理部门对互联网层出不穷的新兴事物及时表态，有效抑制了潜在危害与风险较大的产业在我国的迅速扩展，也有效鼓励了新兴产业的健康发展。

2018 年 4 月 20 ~21 日全国网络安全和信息化工作会议在北京召开。会上，习近平总书记不仅强调了网络强国、网络安全等问题的重要性，还指出国际网络空间治理应该坚持多边参与、多方参与，发挥政府、国际组织、互联网企业、技术社群、民间机构、公民个人等各种主体作用。

但报告研究发现，2017 年企业在互联网问题治理中往往出现应对滞后与被动的情况，网民在治理发展过程中参与程度也较低。尽管就目前效果而言，国家主导的互联网治理模式已颇有成果，但面对网络发展速度加快、情况变化多端、牵涉利益主体复杂、舆论情绪波动较大等客观因素的挑战，未来互联网治理发展仍倡导政府主导、多元共治的理念。

就全球化与国际互联网发展而言，其他国家的互联网治理发展情况，不应仅停留在经验借鉴的层面，更应密切关注相关制度更新对我国互联网发展所产生的实际影响。例如，欧盟《通用数据保护条例》于2018 年5 月25 日实施，不仅将欧盟国家内的互联网数据纳入监管范围，欧盟成员在全球范围内的互联网数据也将受到该条例的保护。这对正在走向全球化的中国互联网企业有多少影响，政府、行业与企业同样应当做出研判。

B.2

2017年中国互联网法治发展报告

卢家银　刘　强*

摘　要： 2017年以来，伴随新时代中国特色社会主义法治体系的构建，我国互联网法治建设稳步推进。在《民法总则》和《网络安全法》的基础之上，我国先后制定、颁布并实施了一系列法律法规和规范性文件，全面深化互联网法制化实践。从网络安全法律法规体系的全面建成到网络新闻信息传播管理的日益强化，从网络个人信息保护的日臻完善到互联网金融监管的日渐严厉，互联网各级管理部门在现行法律法规的基础上，通过完善和加强行政规制的形式，不断重塑法律文化，在全面重构国家、社会和互联网之间关系的过程中，继续深化依法治网实践并推动网络强国建设。

关键词： 互联网法治　网络治理　依法治网　网络安全

2017年是我国互联网加速变革的一年，也是我国网络法治进程全面推进的一年。为有效应对网络空间出现的新型犯罪形态、人工智能与大数据传播等技术挑战，全国人民代表大会审议通过《中华人民共和国民法总则》，有“网络基本法”之称的《中华人民共和国网络安全法》（以下简称《网

---

* 卢家银，博士，中山大学传播与设计学院副教授；刘强，中山大学传播与设计学院硕士研究生。本文系国家社科基金一般项目“大数据时代个人信息安全困境与共律体系构建研究”（项目编号：18BXW114）的阶段性成果之一。

络安全法》）正式实施，网络空间治理在法治化轨道上继续运行。在此框架之下，《关于办理侵犯公民个人信息刑事案件适用法律若干问题的解释》《互联网新闻信息服务管理规定》《互联网论坛社区服务管理规定》《互联网跟帖评论服务管理规定》《知识产权司法保护纲要》《网络借贷资金存管业务指引》等法律、规章和规范性文件相继出台，我国互联网治理在党政部门的推动下逐步形成比较完整的网络法律法规体系。本文结合互联网法治建设的实践发展，主要围绕网络安全法律体系、网络新闻信息管理、个人信息保护和互联网金融监管四个维度，对2017年的互联网法治进程予以简要回顾。

一 网络安全法律体系全面建成

中共十八大以来，我国确立了网络强国战略，数字中国建设速度加快，信息经济产业蓬勃发展，互联网成为国家发展的重要驱动力。2017年，针对网络空间涌现的大量安全威胁，我国在计算机信息系统保护、关键信息基础设施保护、打击网络犯罪和网络信息安全保障等领域出台了一系列相关法律法规和规范性文件，全面推动网络安全法律法规体系的建设与完善。

其一，《网络安全法》正式实施。2017年6月1日，《网络安全法》正式施行，共七章七十九条。该法明确了网络产品和服务提供者的安全义务，明确了网络运营者的安全义务，完善了个人信息保护规则，建立了关键信息基础设施安全保护制度，确立了关键信息基础设施重要数据跨境传输的规则。它是我国第一部全面规范网络空间安全管理方向问题的基础性法律，是我国网络空间法制建设的重要里程碑，以制度建设掌握网络空间治理和规则制定方面的主动权，是维护国家网络空间安全发展的利器。[①] 在此基础上，2017年3月1日，外交部和国家互联网信息办公室共同发布《网络空间国际合作战略》，确立了包括维护主权与安全在内的构建国际规则体系、促进互联网公平治理、保护公民合法权益、促进

① 斯兰：《用法律之“盾”保障网络空间清朗》，《中国改革报》2017年6月5日。

全球数字经济合作、打造网上文化交流平台等中国参与网络空间国际合作的六大战略目标。[①]

其二，在网络产品和服务安全方面，2017 年 5 月 2 日，国家互联网信息办公室发布《网络产品和服务安全审查办法（试行）》（自 2017 年 6 月 1 日起实施），要求关系国家安全的网络和信息系统采购的重要网络产品和服务，应当经过网络安全审查。2017 年 6 月 8 日，工业和信息化部就《互联网新业务安全评估管理办法（征求意见稿）》公开征求意见。该办法第九条规定："电信业务经营者应当按照电信管理机构有关规定和互联网新业务安全评估标准，从用户个人信息保护、网络安全防护、网络信息安全、建立健全相关管理制度等方面，开展互联网新业务安全评估。"[②]

其三，在网络安全威胁监测与应急预案方面，2017 年 1 月 10 日，中央网信办印发《国家网络安全事件应急预案》。该应急预案将网络安全事件分为四级：特别重大网络安全事件、重大网络安全事件、较大网络安全事件、一般网络安全事件。网络安全事件应急响应分为四级，分别对应特别重大、重大、较大和一般网络安全事件，I 级为最高响应级别。网络安全事件应急处置工作实行责任追究制。[③] 2017 年 8 月 9 日，工业和信息化部印发《公共互联网网络安全威胁监测与处置办法》，该办法明确界定了公共互联网网络安全威胁的范围，并要求相关专业机构、基础电信企业、网络安全企业、互联网企业、域名注册管理和服务机构等监测发现网络安全威胁后，属于本单位自身问题的，应当立即进行处置，涉及其他主体的，应当及时将有关信息按照规定的内容要素和格式提交至工信部和各地电信管理部门。2017 年 11 月 14 日，工业和信息化部发布《公共互联网网络安全突发事件应急预案》。该应急预案共九条，明确了公共互联网络安全突发事件分级（特大、重大、

① 《中国发布〈网络空间国际合作战略〉》，新华网，2017 年 3 月 1 日，http://www.xinhuanet.com/2017-03/01/c_1120552256.htm。

② 《互联网新业务安全评估管理办法（征求意见稿）》，中华人民共和国工业和信息化部网站，2017 年 6 月 8 日，http://www.miit.gov.cn/n1278117/n1648113/c5678110/content.html。

③ 《中央网信办发布〈国家网络安全事件应急预案〉》，《中国信息安全》2017 年第 7 期，第 28~29 页。

较大和一般网络安全事件）、监测预警（Ⅰ~Ⅳ级）、应急处置、预防与应急准备、保障措施等内容。在启动Ⅰ级、Ⅱ级响应后，针对大规模用户信息泄露事件，事发单位应根据要求及时告知受影响的用户，并告知用户减轻危害的措施。①

2017 年以来，我国出台了一系列网络安全方面的法律法规和政策规定，特别是《网络安全法》的正式实施和相关法规与规范性文件的出台，有助于推动网络安全法律监管体系的建设，并促进我国网络安全法律法规体系的形成。

二　网络新闻信息管理继续强化

2017 年，互联网新闻信息服务发展迅速，进一步丰富了公众的网络生活，但同时出现了网络洗稿、虚假新闻传播和网络删帖等行为，严重侵害公民合法权益。为进一步打击网络违法行为，营造健康的网络信息传播环境，我国于 2017 年出台了一系列行政法规、部门规章和规范性文件，全面规范网络新闻信息传播。

在新闻信息服务领域，针对互联网平台存在的肆意篡改、嫁接、虚构新闻信息的情况，2017 年 5 月 2 日，国家互联网信息办公室颁布《互联网新闻信息服务管理规定》。该规定第四条明确规定："通过互联网站、应用程序、论坛、博客、微博客、公众账号、即时通信工具、网络直播等形式向社会公众提供互联网新闻信息服务，应当取得互联网新闻信息服务许可，禁止未经许可或超越许可范围开展互联网新闻信息服务活动。"② 同时，该"规定"再次强调从事互联网新闻信息服务的资质条件，第八条要求"互联网新闻信息服务提供者的采编业务和经营业务应当分开，非公有资本不得介入

① 《工业和信息化部印发〈公共互联网网络安全突发事件应急预案〉》，《中国应急管理》2017 年第 11 期，第 22~25 页。

② 《互联网新闻信息服务管理规定》，《中华人民共和国国务院公报》2017 年第 29 期，第 110~114 页。

互联网新闻信息采编业务。”[①] 未取得互联网新闻信息服务许可进行新闻活动的将处一万元以上三万元以下罚款。

对于新闻信息传播准入问题，为进一步推动互联网新闻信息服务许可管理规范化，促进互联网新闻信息服务健康有序发展，2017 年 5 月 22 日，国家网信办出台了《互联网新闻信息服务许可管理实施细则》，细则共十八条，对互联网新闻信息服务的许可条件、申请材料、安全评估，许可受理、审核、决定，监督管理等做出要求，自 2017 年 6 月 1 日起施行。该细则第五条规定：“任何组织不得设立中外合资经营、中外合作经营和外资经营的互联网新闻信息服务单位。”[②] 与此同时，该规定还细化了企业法人申请材料等，以更好维护资本安全、信息内容安全。

对于网络群组管理问题，国家网信办于 2017 年 8 月 25 日颁布《互联网论坛社区服务管理规定》，对网络群组中的传播内容做了严格限制。该规定第六条明确指出：“互联网论坛社区服务提供者不得利用互联网论坛社区服务发布、传播法律法规和国家有关规定禁止的信息。”[③] 该规定还要求“互联网论坛社区服务提供者应当按照‘后台实名、前台自愿’的原则，要求用户通过真实身份信息认证后注册账号……用户不提供真实身份信息的，互联网论坛社区服务提供者不得为其提供信息发布服务。”[④] 同年 9 月 7 日，国家网信办制定了《互联网群组信息服务管理规定》，明确规定互联网群组信息服务提供者应当落实信息内容安全管理主体责任，配备与服务规模相适应的专业人员和技术能力，建立健全用户注册、信息审核、应急处置、安全防护等管理制度。该规定第七条规定：“互联网群组信息服务提供者应当根

① 《互联网新闻信息服务管理规定》，《中华人民共和国国务院公报》2017 年第 29 期，第 110 ~ 114 页。

② 《互联网新闻信息服务许可管理实施细则》，国家互联网信息办公室网站，2017 年 5 月 22 日，http：//www. cac. gov. cn/2017 –05/22/c_ 1121015789. htm。

③ 张晓娜：《国家网信办公布〈互联网论坛社区服务管理规定〉》，《民主与法制时报》2017 年 8 月 26 日。

④ 张晓娜：《国家网信办公布〈互联网论坛社区服务管理规定〉》，《民主与法制时报》2017 年 8 月 26 日。

据互联网群组的性质类别、成员规模、活跃程度等实行分级分类管理，制定具体管理制度并向国家或省、自治区、直辖市互联网信息办公室备案，依法规范群组信息传播秩序。”① 第八条则要求互联网群组信息服务提供者应当根据自身服务规模和管理能力，合理设定群组成员人数和个人建立群数、参加群数上限。

在网络评论领域，针对网络空间乱象丛生的网络公关、虚假信息和删帖行为，国家网信办于2017年8月25日颁布了《互联网跟帖评论服务管理规定》，要求跟帖评论服务提供者应当严格落实主体责任，按照“后台实名、前台自愿”原则，对注册用户进行真实身份信息认证，并对新闻信息提供跟帖评论服务建立先审后发制度。其中，该规定第七条指出：“跟帖评论服务提供者及其从业人员不得为谋取不正当利益或基于错误价值取向，采取有选择地删除、推荐跟帖评论等方式干预舆论。跟帖评论服务提供者和用户不得利用软件、雇佣商业机构及人员等方式散布信息，干扰跟帖评论正常秩序，误导公众舆论。”②

2017年，我国互联网管理部门围绕《网络安全法》，制定出台了《互联网新闻信息服务管理规定》《互联网新闻信息服务许可管理实施细则》《互联网论坛社区服务管理规定》《互联网用户公众账号信息服务管理规定》《互联网群组信息服务管理规定》等一系列规范性文件，进一步加强了互联网新闻信息服务的许可、运行和管理，总体上推动了网络空间的清朗化建设。

三　个人信息保护体系日臻完善

2017年，随着人工智能、大数据、云计算的蓬勃发展，个人信息泄露事件频发，网络个人信息保护遭遇新挑战。特别是侵害公民个人信息犯罪与

① 《〈互联网群组信息服务管理规定〉发布》，《网络传播》2017年第9期，第13页。

② 《互联网跟帖评论服务管理规定》，国家网信办网站，2017年8月25日，http://www.cac.gov.cn/2017-08/25/c_1121541842.htm。

电信网络诈骗、敲诈勒索和绑架等犯罪呈合流态势，社会危害愈益严重。[①]为全面保障公民个人信息安全，2017 年我国进一步加强了公民个人信息保护。

2017 年，公民个人信息权实现了在民法层面的确权。2017 年 3 月 15 日，第十二届全国人民代表大会第五次会议通过《中华人民共和国民法总则》。在《民法通则》的基础上，新的民法总则首次将公民个人信息置于民事权利范畴进行调整，实现了历史跨越，该法第五章第一百一十一条规定："自然人的个人信息受法律保护。任何组织和个人需要获取他人个人信息的，应当依法取得并确保信息安全，不得非法收集、使用、加工、传输个人信息，不得非法买卖、提供或者公开他人个人信息。"[②]

在此基础上，国家进一步加强网络空间公民个人信息的保护。2017 年 6 月 1 日，《中华人民共和国网络安全法》正式实施。这是中国网络领域的基础性法律，对网络空间个人信息的保护做出了较为具体的规定。该法单列一章"网络信息安全"共做出十一条相关规定。其中，第四十一条对收集使用公民个人信息的基本权限原则进行了规范："网络运营者收集、使用个人信息，应当遵循合法、正当、必要的原则，公开收集、使用规则，明示收集、使用信息的目的、方式和范围，并经被收集者同意。网络运营者不得收集与其提供的服务无关的个人信息，不得违反法律、行政法规的规定和双方的约定收集、使用个人信息，并应当依照法律、行政法规的规定和与用户的约定，处理其保存的个人信息。"[③] 该规定提出公开收集原则、最少够用原则和个人信息删除原则等，在立法理念上与现行国际规则及欧美个人信息保护相关法律实现了接轨。

对于侵犯个人信息罪的量刑标准，最高人民法院和最高人民检察院于

① 刘武俊：《个人信息保护亟待专门立法》，《人民法院报》2018 年 4 月 17 日。

② 《中华人民共和国民法总则》，《中华人民共和国全国人民代表大会常务委员会公报》2017 年第 2 期，第 8 ~ 23 页。

③ 《中华人民共和国网络安全法》，《全国人民代表大会常务委员会公报》2016 年第 6 期，第 899 ~ 907 页。

2017年5月8日公布了《关于办理侵犯公民个人信息刑事案件适用法律若干问题的解释》，明确了“公民个人信息”的范围和“提供公民个人信息”的认定标准，对“情节严重”和“情节特别严重”进行了界定。该司法解释基于不同类型公民个人信息的重要程度，设置了“五十条以上”“五百条以上”“五千条以上”的入罪标准，明确规定非法获取、出售或者提供住宿信息、通信记录、健康生理信息、交易信息等其他可能影响人身、财产安全的公民个人信息五百条以上和违法所得五千元以上等十类情形即为情节严重。[①]

对于个人信息的技术标准，2017年8月，全国信息安全标准化技术委员会发布了国家标准《信息安全技术个人信息去标识化指南（征求意见稿）》，明确了去标识化的定义，并从制度和技术层面就个人信息去标识化的问题给出了指引。[②] 2017年12月29日，中国国家标准化管理委员会正式发布《信息安全技术个人信息安全规范》，并于2018年5月1日起实施。该规范以国家标准的形式，明确了个人信息的收集、保存、使用、共享的合规要求，为网络运营者制定个人信息保护政策及完善内部责任处理提供了指引。

四　互联网金融监管日趋规范

2017年，互联网金融行业的发展进入一个全新的发展阶段，互联网金融创新不断涌现并成为国家战略，针对互联网金融发展过程中的各类问题，国家相关部门出台了一系列监管政策、法规和文件，不断加强监管。

2017年2月23日，银监会公布《网络借贷资金存管业务指引》。该指引经国务院审批，全文共五章二十九条，意味着网贷行业迎来了继

① 《最高人民法院 最高人民检察院关于办理侵犯公民个人信息刑事案件适用法律若干问题的解释》，《中华人民共和国最高人民检察院公报》2017年第4期，第17～19页。

② 谢安明、金涛、周涛：《个人信息去标识化框架及标准化》，《大数据》2017年第5期，第20～29页。

备案登记之后又一合规细则的最终落地。该指引通过资金存管机制，明确了网贷资金存管业务应遵循的基本规则和实施标准，鼓励网贷机构与商业银行按照平等自愿、互利互惠的市场化原则开展业务，并加强对网贷资金交易流转环节的监督管理，防范网贷资金挪用风险，保护投资人资金安全。①

对于备受关注的“现金贷”问题，2017 年 4 月 10 日，银监会印发《中国银监会关于银行业风险防控工作的指导意见》，提出“稳妥推进互联网金融风险治理，促进合规稳健发展”。该指导意见要求持续推进网络借贷平台（P2P）风险专项整治、重点做好校园网贷的清理整顿工作和做好“现金贷”业务活动的清理整顿工作。P2P 网络借贷风险专项整治工作领导小组办公室随后下发《关于开展“现金贷”业务活动清理整顿工作的通知》和《关于开展“现金贷”业务活动清理整顿工作的补充说明》两份文件，提出将“现金贷”纳入风险专项整治工作。银监会、教育部、人力资源和社会保障部三部委联合发布《关于进一步加强校园贷规范管理工作的通知》，要求暂停网贷机构开展在校大学生网贷业务。在监管指引下，广东省公安厅开展“飓风 19 号”行动，集中对涉“校园贷”及其关联违法犯罪活动进行重拳打击，抓获嫌疑人 180 余名，破获案件 190 余宗。②

2017 年 8 月 25 日，银监会印发《网络借贷信息中介机构业务活动信息披露指引》和《信息披露内容说明》，这标志着网贷行业“1 +3”制度框架基本搭建完成，初步形成了较为完善的制度政策体系。③ 12 月 7 日，中国互联网金融行业协会下发《互联网金融个体网络借贷资金存管业务规范》和《互联网金融个体网络借贷资金存管系统规范》，进一步明确了参与网络借

① 参见中国银行业监督管理委员会《中国银监会办公厅关于印发网络借贷资金存管业务指引的通知》，2017 年 2 月 22 日。

② 邓新建：《广东警方“飓风”横扫涉“校园贷”违法犯罪团伙》，法制网，2017 年 6 月 15 日，http：//hn. legaldaily. com. cn/content/2017 – 06/15/content _ 7207406. htm? node = 31289。

③ 陈莹莹：《网贷行业“1 +3”制度框架基本搭建完成》，中证网，2017 年 8 月 25 日，http：//www. cs. com. cn/sylm/jsbd/201708/t20170825_ 5442206. html。

贷资金存管业务活动主体的权利义务，规定了存管人、业务管理和业务运营等要求。[①]

五 结语

2017年以来，我国网络空间法治化进程稳步推进，先后出台实施了《民法总则》《网络安全法》《关于办理侵犯公民个人信息刑事案件适用法律若干问题的解释》《互联网新闻信息服务管理规定》《互联网新闻信息服务许可管理实施细则》《互联网论坛社区服务管理规定》《互联网跟帖评论服务管理规定》《互联网群组信息服务管理规定》《知识产权司法保护纲要》《网络空间国际合作战略》等一系列法律法规和规范性文件，成立了首家互联网法院并全面推进网络空间治理的国际合作，为互联网法治建设提供了制度化的依据。

概言之，2017年是我国互联网法治建设全面推进的一年。在这一年，依法治国、依法行政和依法治网在行政化与法制化齐头并进的路径中得到持续推动。伴随新时代中国特色社会主义法治体系的构建，围绕网络空间治理的科学立法、公正司法、严格执法和全民守法工作全面推进，法治国家、法治政府和法治网络一体化建设如火如荼。2017年，我国网络空间安全法律法规体系全面建成，以《网络安全法》为核心颁布出台了一整套部门规章和规范性文件；在现行法律框架下，加强了对网络新闻信息传播、网络群组讨论和网络跟帖评论等网络新闻信息服务的管理；在对公民个人信息权进行法律确权的基础上，明确侵犯个人信息罪的量刑标准并加大对网络个人信息保护的力度；全面引导和治理网络借贷资金存管、网络借贷信息中介和"现金贷"，互联网金融监管日益严格和规范。在党政部门的有力推动下，我国对网络空间的行政规制迅速获得了法制依托，并且伴随规制力度的调整，国家、社会和互联网之间的关系正在新型法律文化中得以重塑。

---

① 《中国互金协会正式下发〈互联网金融 个体网络借贷 资金存管业务规范〉、〈互联网金融个体网络借贷 资金存管系统规范〉》，搜狐网，2017年12月9日，https://www.sohu.com/a/209450477_721623。

B.3
2017年中国网络空间安全发展报告

张文祥*

摘　要： 2017年是我国网络空间安全制度建设和事业发展突飞猛进的一年。本文梳理2017年制定或施行的我国网络空间安全的重要法律制度，对学术界围绕网络空间安全主要议题的研究成果进行分析，以揭示该年度我国网络空间安全制度和学术研究取得的进展。

关键词： 网络安全　网络主权　网络安全法

网络空间安全和信息安全是党和政府高度重视的问题。2017年是我国网络空间安全制度建设和事业发展突飞猛进的一年。《网络安全法》这部在网络空间安全领域具有基本法地位的法律从2017年6月1日起施行，标志着我国在"总体安全观"的指导下正在全力打造实现网络强国的战略目标。《国家网络空间安全战略》为维护国家网络空间安全和发展利益提供了指导，明确提出要依法治理网络空间。党的十九大报告中，网络空间治理再次被提及，要求"加强互联网内容建设，建立网络综合治理体系，营造清朗的网络空间"。在密集出台法律法规和政策文件的同时，我国加强网络安全执法，打造安全稳定的网络空间，取得显著的网络治理成效。本文梳理2017年制定或施行的我国网络空间安全领域的重要法律制度，对学术界围

---

* 张文祥，博士，山东大学威海校区新闻系主任、教授。本文为教育部人文社科基金项目（项目编号：17YJA860026）、山东省社科规划项目（项目编号：15CXWJ06）的阶段性研究成果。

绕网络空间安全主要议题的研究进行分析，以揭示该年度我国网络空间安全制度和学术研究取得的进展。

一 网络空间安全法律政策框架基本形成

党的十八大以来，在中央网络安全和信息化领导小组领导下，我国加快网络安全立法进程、重拳整治网络空间乱象，坚持依法管网与综合治理并举，在保障个人和国家网络安全方面，扎实全面地筑起安全堤坝。[①] 2017年，我国网络安全法律政策框架基本形成。6月1日，《网络安全法》开始施行，这是我国网络安全领域首部基础性、框架性、综合性法律；经中央网络安全和信息化领导小组批准，国家网信办、外交部、工信部、公安部联合发布的《国家网络空间安全战略》，确立了网络安全的战略目标、战略原则、战略任务；建立关键信息基础设施保护制度，完善网络安全等级保护制度、国家网络安全标准体系，初步建立网络安全审查、数据出境安全评估、个人信息保护等重要制度，构建起科学严密的网络安全“法网”；《网络产品和服务安全审查办法》和《未成年人网络保护条例》等一系列网络安全法规和规范性文件相继出台，从顶层设计上构建网络与信息安全保障体系，为保障中国网络空间安全铸造一道坚固的“防火墙”；网络安全国际交流合作稳步推进，习近平总书记提出的网络空间国际治理“四项原则”“五点主张”赢得国际社会广泛认同。[②] 依法治网、依法办网、依法上网的理念日益成为政府、个人和社会各界的基本共识。[③]

网信立法与执法齐头并进。2017年5月2日，国家网信办颁布了成立以来的第1号令，制定并施行的《互联网新闻信息服务管理规定》，对互联

① 《为网上家园筑起安全堤坝——网络安全事业五年发展综述》，国家网信办网站，2018年2月2日，http：//www. cac. gov. cn/2018－02/02/c_ 1122359128. htm。

② 张洋：《向着网络强国扬帆远航——推进网络安全和信息化工作综述》，《人民日报》2017年11月27日。

③ 《打造安全清朗的“第五空间”——网络安全博览会暨网络安全成就展侧记》，《人民日报》2017年9月18日。

网新闻信息服务许可管理、网信管理体制、互联网新闻信息服务提供者主体责任等进行了修订。同时,《互联网信息内容管理行政执法程序规定》《互联网新闻信息服务许可管理实施细则》相继出台。这一系列规范性文件是依法治网、公开管网的积极探索,是蕴含互联网思维的创新管理模式。

2017 年 6 月 7 日,北京市网信办依法约谈微博、今日头条、腾讯、一点资讯、优酷、网易、百度等网站,责令网站切实履行主体责任,加强用户账号管理。2017 年 8 月 11 日,国家网信办宣布对腾讯微信、新浪微博、百度贴吧立案,并依法展开调查。经北京市、广东省网信办初查,3 家网站的微信、微博、贴吧平台分别存在用户传播暴力恐怖、虚假谣言、淫秽色情等危害国家安全、公共安全、社会秩序的信息,网站平台均涉嫌违反《网络安全法》等法律法规,对其平台用户发布的法律法规禁止发布的信息未尽到管理义务。有了《网络安全法》这一上位法的支撑,国家网信办加快制定并出台《网络产品和服务安全审查办法(试行)》《关键信息基础设施安全保护条例》《个人信息和重要数据出境安全评估办法》等配套法规制度,同时严格网络执法,引导网民遵法守法,全面推进网络空间法治化。①

国家网信办与多部门联动,动员社会各方力量,从严整治网络乱象,持续整治网络谣言、打击暴恐音视频、打击网络色情、打击“伪基站”,清除网络敲诈和有偿删帖乱象。公安机关适应新形势,主动开展网上警察执法,实现网警执法常态化。全国 371 个省市公安机关开通网警巡查执法账号,在重点互联网服务企业和单位建立网安警务室 1116 家。②

网络空间安全管理体制方面,中央网络安全和信息化委员会办公室(以下简称中央网信办)和国家互联网信息办公室(以下简称国家网信办),是一个机构两块牌子。经国务院 2014 年重新授权后,国家网信办履行网络信息内容主管部门的职责。2018 年 3 月,中共中央印发的《深化党和国家

---

① 马冉冉:《法治:建章立制 谋篇网络强国》,国家网信办网站,2017 年 9 月 15 日,http://www.cac.gov.cn/2017-09/15/c_1121667782.htm。

② 张洋:《向着网络强国扬帆远航——推进网络安全和信息化工作综述》,《人民日报》2017 年 11 月 27 日。

机构改革方案》为维护国家网络空间安全和利益，将国家计算机网络与信息安全管理中心由工业和信息化部管理调整为由中央网络安全和信息化委员会办公室管理，进一步优化了中央网信办的职责。

我国坚持依法治理、依规治理、依标治理，多措并举、多管齐下、多方参与，互联网治理模式和治理能力的现代化水平不断提升，网络生态进一步好转，网络空间日益清朗。

2017 年 12 月初，第四届世界互联网大会在乌镇成功举办，习近平总书记在贺信中指出："全球互联网治理体系变革进入关键时期，构建网络空间命运共同体日益成为国际社会的广泛共识。"世界互联网大会已成功举办了四届，其中"网络空间命运共同体"一词一以贯之，"网络主权""网络强国"等理念向世界传递了中国声音、展现了中国实力，更彰显全球网络空间治理的中国担当，被海内外盛赞为"了不起的中国方案"。

二　网络空间安全治理的指导思想

党的十八大以来，习近平总书记对我国网信事业做出一系列重要论述，形成涉及网络安全、网络法治、网络治理等领域的重要思想。习近平网络治理思想是我国网络空间安全的指导思想。2017 年，我国法学、政治学、新闻传播学等学科诸多学者积极参与对习近平网络治理思想的解读和研究。

魏永征教授撰文认为，习近平总体国家安全观是习近平新时代中国特色社会主义思想的重要组成部分。"没有网络安全就没有国家安全，没有信息化就没有现代化。"《国家安全法》《网络安全法》是维护国家安全的重要法律，都体现了习近平总体国家安全观。[①]《国家安全法》是一部完整体现习近平总体国家安全观的法律，《网络安全法》是维护国家安全的重要法律。后者是在总体国家安全观的指引下，总结并综合了我国 20 多年来互联网发展中维护网络安全的有效规定和措施，对网络和信息安全事项做出了全方位

① 魏永征：《从〈国家安全法〉到〈网络安全法〉》，《社会治理》2018 年第 1 期。

规范：以网络空间主权为主旨，昭示依法抵御和制裁网络攻击、网络入侵等威胁和挑战；全面构建网络和信息安全保障体系，维护网络空间国家安全和利益；建立以政府主导、各方共同参与的网络安全责任制。①

中国社会科学院周汉华研究员分别从“战略高度明确网信事业发展方向”“把握互联网发展规律，推动各项工作创新”“全面推进互联网法治建设”“营造良好的网上舆论氛围”“推动互联网全球治理体系变革”五个方面，对习近平互联网法治思想进行了全面系统的研究。认为习近平互联网法治思想既突出互联网法治建设的重点和主要任务，又强调互联网法治建设的全面性和系统性。②

徐汉明教授对习近平的网络社会治理法治化的思想概括为 12 个方面，分别为：关于网信事业必须贯彻以人民为中心，让互联网更好造福人民的观点；关于建设网络良好生态，打造亿万民众共同的网络空间精神家园的观点；关于党政机关干部要提高在互联网背景下做好工作本领的观点；关于互联网不是“法外之地”的观点；关于核心技术突破的观点；关于依法治网、办网、上网的观点；关于正确处理安全与发展的观点；关于互联网企业共同促进互联网健康持续发展的观点；关于聚天下英才而用之，为网络事业发展提供人才支撑的观点；关于适应新型技术发展，推动教育变革和创新的观点；关于联动融合、开放共治的观点；关于共同构建人类网络空间命运共同体的观点。这些观点提出了维护国家主权、安全、发展利益，推进网络空间治理法治化、实现建设网络强国的目标和路径，共同构成了互联网治理体系的“中国模式”。③

黄庭满以两篇长文研究和论述习近平网络空间治理新理念新思想新战略。他认为，习近平站在人类整体利益和共同命运的高度，坚持辩证唯物主义世界观和方法论，审视网络空间运动及其治理规律，形成一系列新理念新思想新战略，首次比较系统地、具体地、科学地回答了网络空间治理的一系

① 魏永征：《从〈国家安全法〉到〈网络安全法〉》，《社会治理》2018 年第 1 期。
② 周汉华：《习近平互联网法治思想研究》，《中国法学》2017 年第 3 期。
③ 徐汉明：《习近平社会治理法治思想研究》，《法学杂志》2017 年第 10 期。

列问题。①

吴青熹将习近平网络社会治理思想归纳为网络空间观、网络安全观、网络人民民主思想三个维度：一是从“互联网时代的全球化”的历史高度，提出了“网络地球村”与“国家治理新疆域”的网络空间观，这对我们重新认识现实空间秩序和人类社会关系具有重要意义；二是从国家主权及安全与发展的辩证关系出发，提出了建设“网络强国”与“网络空间命运共同体”的网络安全观，这是对网络时代国际关系与国家战略理论的重大发展；三是创造性地提出走网络群众路线、发扬网络民主、接受网络监督、培育向上向善的网络文化的网络人民民主思想，这是对中国特色社会主义民主的重大创新。②

唐远清教授围绕如何认识互联网、如何治理和发展互联网等理论和现实问题阐释习近平网络空间治理思想，认为习近平深刻论述了互联网的重要地位和作用，阐述了网络空间是人类共同活动空间，提出的网络空间主权思想兼顾了世界各国的国家安全和利益，增强了我国制定网络空间规则的国际话语权。特别是在网络空间综合治理方面提出了重要思想：战略定位上，实施网络强国战略，与“两个一百年”奋斗目标同步推进；指导思想上，坚持党的领导，提高网络执政能力；治理方式上，坚持依法治网，加强网络法制建设；舆论引导上，强化网站主体责任，营造良好的网上舆论氛围；安全防控上，处理好安全和发展的关系，切实维护网络安全。③

三　网络空间安全主要法律制度的研究解读

《网络安全法》等法律法规构建起我国网络空间安全的主要法律制度，

① 黄庭满：《习近平网络空间治理新理念新思想新战略研论》（下），《网络空间研究》2017年第1期。

② 吴青熹：《习近平网络社会治理思想的三个维度》，《东南大学学报》（哲学社会科学版）2017年第6期。

③ 唐远清：《习近平总书记的网络空间治理思想》，《前线》2017年第8期。

明确了保障网络安全的基本要求和目标，提出了重点领域的网络安全政策、工作任务及相关措施，将有力地推动国家网络空间安全进入快车道，加速形成网络强国建设的中国道路。①

（一）《网络安全法》的制度架构

《网络安全法》提供了保障网络安全、维护网络空间主权和国家安全、保护社会公共利益、促进经济社会信息化健康发展的“顶层设计”，《网络空间安全战略》则强调四项原则、九项战略任务②，两者合力奠定了网络安全和网络强国建设的战略基石与法律基础。王春晖教授将《网络安全法》确立的法律制度归纳为六项，即网络空间主权法律制度、关键信息基础设施安全保护法律制度、重要数据本地化储存法律制度、个人信息保护法律制度、网络安全人才培养法律制度、惩治新型网络违法犯罪法律制度，分别对其进行了制度解析，认为该法是我国应对国际网络安全挑战、维护网络空间主权、保障公民网络空间的合法权益不受侵害、保障国家安全的利器，为全球互联网的治理贡献了中国智慧。③

《网络安全法》对网络安全治理奉行的是一种政府“强监管”的理念。龙卫球教授认为，这种理念在当今世界的网络安全专门立法中可谓独树一帜，系以一个更加多层次的综合化的网络安全概念为面向，重在强化国家对网络安全的管制力。其体系架构在原则上体现为一种由复杂原则组合指导的特点，但格外强调国家管理的本位性和直接性；在管制事项上则体现为名目繁多、内容绵密，并呈现不少独特的体制特色。所以，为了有

① 吴沈括：《战略引领、法律规制，加速拓展网络空间安全建设的中国道路》，《中国信息安全》2017年第2期。

② “四项原则”指尊重维护网络空间主权、和平利用网络空间、依法治理网络空间、统筹网络空间安全与发展。“九项战略任务”分别指网络空间主权的捍卫、国家安全的维护、关键信息基础设施的保护、网络文化建设的加强、网络恐怖和违法犯罪的打击、网络治理体系的完善、网络安全基础的夯实、网络空间防护能力的提升、网络空间国际合作的强化。

③ 王春晖：《〈网络安全法〉六大法律制度解析》，《南京邮电大学学报》（自然科学版）2017年第1期。

效而合理地实施《网络安全法》，应当深刻理解有关网络安全管制正当化基础及其演化，更加准确地解读和把握我国网络安全管制的内在基础和外在边界，并且还要特别注意实施中的目的体系、行政权属性及网络技术架构等限定问题。[①]

北京师范大学法学院副教授吴沈括认为，《网络安全法》明确主张依法严厉惩处网络恐怖、网络间谍、网络诈骗、网络盗窃、侵害公民个人信息及传播淫秽色情等违法犯罪，号召依法公开透明管网治网，推进网络空间法治化，保护网络空间信息依法有序自由流动，保护个人隐私，保护知识产权，完善国家网络空间安全法制体系。[②]

（二）网络安全审查机制

当前，我国法律已提出信息技术产品和服务的国家安全审查。何为网络安全审查？一般认为，网络安全审查不涉及信息内容，与舆论管控无关，指为维护国家和企事业单位在关键信息基础设施方面的安全，而对涉及国家安全的信息内容、产品、网络、系统、应用、服务和数据等进行监管和甄查。关系国家安全和公共利益的系统使用的重要技术产品和服务，均应通过网络安全审查。[③]《国家安全法》第五十九条明确规定，网络信息技术产品和服务的审查是国家安全审查和监管制度的一部分。《网络安全法》提出了网络安全审查的具体要求。第35条明确："关键信息基础设施的运营者采购网络产品和服务，可能影响国家安全的，应当通过国家网信部门会同国务院有关部门组织的国家安全审查。"国家互联网信息办公室发布的《国家网络空间安全战略》则明确提出建立网络安全审查制度，要求对党政机关、重点行业"采购使用重要信息技术产品和服务"的行为进行"安全审查"，以达

① 龙卫球：《我国网络安全管制的基础、架构与限定问题》，《暨南学报》（哲学社会科学版）2017年第5期。

② 吴沈括：《战略引领、法律规制，加速拓展网络空间安全建设的中国道路》，《中国信息安全》2017年第2期。

③ 李青：《美国网络安全审查制度研究及对中国的启示》，《国际安全研究》2017年第2期。

到“提高产品和服务的安全性和可控性”“防止产品服务提供者和其他组织利用信息技术优势实施不正当竞争或损害用户利益”这两个基本目的。

对这一制度，有学者认为，依据WTO的“安全例外”原则或可解释网络空间的安全管控，但是作为对反歧视等原则的突破，该原则适用往往受到严格限制。因此，英美等国对特定领域实行“网络安全审查”机制有严格限定，反对在商业领域滥用安全审查与安全例外条款。① 因此，当我国政府在推行信息安全等级保护制度时，要求重点行业第三级以上信息系统采购本国生产的自主信息安全产品的做法，受到美国质疑。因“重点行业”并非WTO“安全例外”中的国家安全范畴，而是属于“商用系统”。按照国际通例，除非公共秩序受到真实而急迫的危险，否则不得限制。② 这一规则对我国未来建立和完善网络安全审查机制有重要参考意义，如何科学地划定网络空间市场自律与安全监管的法律边界，在遵循国际规则的前提下实现国家网络安全审查，已成为亟待研究的课题。

（三）网络多主体协同治理

人民论坛问卷调查中心就“网络空间的治理原则与治理重点”对网民进行问卷调查显示，45.76%的受访者认为需要“构建多主体协同治理格局”，其中政府作为网络空间治理的首要主体，要积极促进网络信息公开，加强网络空间传播内容的监测监管，优化网络空间的管理模式。其次是加强网络行业自律，建立行业自律和企业自律机制。最后是促进公众网络参与，进一步拓宽公民参与渠道，公众意见和情绪的有效传播和表达，可促进互联网良好生态形成。③

移动互联网时代网络新媒体的管理和规范，仅仅依靠政府单一主体的自

---

① 顾伟、刘振宇：《英美网络安全审查机制及其启示》，《信息安全与通信保密》2017年第3期。

② 左晓栋：《近年来中美网络安全贸易纠纷回顾及其对网络安全审查制度的启示》，《中国信息安全》2014年第8期。

③ 人民论坛问卷调查中心：《网络空间的治理原则与治理重点》，《国家治理》2017年第2期。

上而下管控是不够的，需要多元主体的共同努力。现行的以党和政府为主体的单中心管理体制出现了明显弊端，政府不得不寻求社会、业界及公众的协助。互联网的架构导致政府单一主体难以有效规制网络信息内容，客观上存在政府、服务商、网民之间的多元协作制衡关系，但因我国国情的特殊性，缺乏网民权利组织，社会自治功能不足，网络管理的政府主导色彩浓厚。互联网对等开放的网络结构为多元主体搭建了交流合作的平台，方便多元主体协同合作，实现网络空间的善治。①

国内学术界对互联网信息管理制度的走向已基本形成共识，认为该制度应从管理思维转变为治理思维，从单一规制走向复合规制，公私主体间的合作更加密切，规制方法更加复杂和多元，倡导分权、协作的合作规制将成为规制新模式。法学界则把多元主体参与互联网治理称作“软法”和“硬法”的混合治理，把政府以外主体制定或约定的、不能运用国家强制力保障实施的网络规范体系称作“软法”。有学者认为，互联网的特性离不开“软法”之治，以国家制定法和强制力为基础的硬法规范，难以适应网络特性，其治理范围、治理对象、治理手段等都存在一定缺陷。软法具有很强的开放性和包容性，通过成员自律、相互监督及社会舆论、信誉等机制来保障运行实施，其社会自治性质能更灵活适应互联网治理需要。

党的十九大报告提出“建立网络综合治理体系”。习近平总书记在网络安全和信息化工作座谈会上指出，网络安全是共同的而不是孤立的。网络安全为人民，网络安全靠人民，维护网络安全是全社会共同的责任，需要政府、企业、社会组织、广大网民共同参与，共筑网络安全防线。《国家信息化发展战略纲要》明确提出，要“综合利用法律、行政、经济和行业自律等手段，规范网络信息传播秩序。”“坚持依法治网，加快建立政府引领，企业、社会组织、技术社群、公民共同参与、相互协作的互联网治理机制。”《网络安全法》也对网络空间多主体协同治理做出了明确规定。

我国有关互联网管理的思路和制度已从“管理”向“治理”转变，但

① 何扬鸣：《新媒体视域下网络空间治理新维度》，《出版广角》2017 年第 12 期。

政府主导的单一管制模式向多主体协同治理转变尚需要一个过程。学术界认为，我国应减少政府立法管制的内容，对现有制度空白，可以通过行业组织在行业内自律、制定服务标准规范，完善信用机制、用户保护机制，与政府沟通等方面发挥作用，实现政府、企业、行业、社会的多方治理格局。①

（四）网络服务提供者的信息安全管理义务

网络多主体协同治理，离不开网络服务提供者的积极作为。政府之外的非国家行为者和技术团体等私权力主体，已成为参与网络空间治理的新权力形式。正是网络服务提供者作为私权力主体的崛起，形成国家与社会共同治理网络空间的新道路，推动网络空间从管理走向治理。

《刑法修正案（九）》为网络服务提供者设定了拒不履行信息网络安全管理义务罪，该罪是纯正不作为犯罪，法律加诸网络服务提供者的作为义务是信息网络安全管理义务。该义务的履行主体是各类网络服务提供者，义务内容包括防止违法信息大量传播义务、防止用户信息泄露义务、防止刑事案件证据灭失义务。桑本谦教授认为，刑法设定拒不履行信息网络安全管理义务罪，“多少显得有些草率和粗疏”，甚至认为“存在情绪性立法的色彩”。② 但也有学者不认同这一说法，认为该罪是在信息网络高度发展背景下，国家对人们要求加强网络安全保护呼声的回应。③ 而拒不履行信息网络安全管理义务罪的适用空间也成为学术讨论的热点。陈洪兵教授对该法条进行文义分析后认为，网络服务提供者并不负有预先审查、实时监控网上信息的义务，而仅负有事后经通知后移除的责任。④ 谢永江认为，《网络安全法》为网络运营者设定网络信息安全义务，是因为政府已经难以独立有效承担网

---

① 郭少青、陈家喜：《中国互联网立法发展二十年：回顾、成就与反思》，《社会科学战线》2017 年第 6 期。

② 桑本谦：《网络色情、技术中立与国家竞争力：快播背后的政治经济学》，《法学》2017 年第 1 期。

③ 李永升、袁汉兴：《信息网络安全管理义务及其正当化依据》，《现代传播》2017 年第 7 期。

④ 陈洪兵：《论拒不履行信息网络安全管理义务罪的适用空间》，《政治与法律》2017 年第 12 期。

络空间的安全管理责任，需要网络运营者分担部分管理职责。这些义务包括简历信息安全管理制度、用户信息审核、公共信息巡查、保障信息安全、违法信息处置、投诉处理、配合监督检查、信息记录和报告义务。[①] 有学者针对《网络安全法》“网络运营者”概念及其“保障网络安全的义务”，认为因现行《侵权责任法》对保障网络平台安全责任缺乏明确规定，《网络安全法》从公法角度规定的义务同样为私法提供了制度依据和解决路径，可在《侵权责任法》条文的基础上对安全保障义务进行补充解释，将安全保障义务的适用介质扩张至网络空间，以明确网络平台安全责任在侵权法中的地位。[②]

网络空间治理需要网络服务提供者承担责任，同时需要法律明确界定中间平台的责任边界，不应一味强调企业在互联网监管中的责任。一味强调企业责任，将会加重企业负担，限制其创新能力，对网络用户的言论自由造成过度限制。[③]

（五）网络文化安全

网络文化安全是中国特色的网络空间安全的概念。学术界对网络文化安全的研究涉及传播学、社会学、政治学、法学、信息技术和思想政治意识形态等领域，形成不同的研究视角和研究范式，基于生态系统理论整合现有不同研究范式成为学术研究的努力方向。[④] 有学者对网络文化安全治理的国际经验进行探析，主张我国网络文化安全治理过程应透明、民主，治理目标应致力于追求多元文化的和谐共存发展，以此回应美国等西方国家提出的“互联网自由”理念。认为我国要想在全球网络文化安全治理领域成为积极而有影响力的行为体，既需要借鉴国际经验，更重要的是立足本国的实践和

① 谢永江：《论网络运营者的网络信息安全义务》，《网络空间研究》2017 年第 7 期。

② 王思源：《论网络运营者的安全保障义务》，《当代法学》2017 年第 1 期。

③ 郭少青、陈家喜：《中国互联网立法发展二十年：回顾、成就与反思》，《社会科学战线》2017 年第 6 期。

④ 陈浩然、管媛媛：《网络文化安全研究的主体范式及其超越》，《云南行政学院学报》2017 年第 6 期。

探索。①

胡正荣教授等撰文指出，网络文化安全是指网络上文化内容的安全，具体包含意识形态、传统文化和伦理秩序三个层面的规范性。为维护网络文化安全，在意识形态方面要维护主权和夯实主流文化领导地位；在传统文化方面要保持文化自信，做好传承与创新；在伦理秩序方面要弘扬以社会主义核心价值观为代表的社会主义道德哲学。②

四 网络空间的全球治理与中国参与

习近平总书记多次阐述推进全球互联网治理体系变革的原则方向和目标，提出“网络主权”“网络空间命运共同体”等理念，构建了全球互联网治理体系的“中国方案”。而随着中国网民人数达到全球第一，中国进一步汇入网络空间全球治理的大潮，表达中国的治理立场和网络主权理念，积极参与网络空间全球治理实践。我国搭建“世界互联网大会”平台，就是推行互联网全球治理中国方案的重要举措。

（一）网络空间全球治理的“中国方案”

复旦大学蔡翠红教授分析中国参与网络空间全球治理的世界意义。她认为，中国在全球网络空间治理中的诉求体现了国际关系民主化和国际体系改革过程，是网络空间全球治理中行为体角色的相互关系定位过程，是网络空间问题从非传统安全变为传统与非传统的交叉领域的过程，也是网络空间全球治理价值观的协调过程。网络空间全球治理体系包括治理的主体、客体、规则、价值和结果五大构成要素，其中价值观是最重要的“建构力量”。中国创造性地提出“网络空间命运共同体”理念，可成为网络空间全球治理

① 单美贤等：《网络文化安全治理的国际经验探析》，《南京邮电大学学报》（社会科学版）2017年第1期。

② 胡正荣、姬德强：《网络文化安全：概念、规范与趋势》，《网络空间研究》2017年第1期。

价值观现有认识的重要补充。①

中国网络空间研究院副院长侯云灏认为，“中国方案”的要义包含五个方面。第一是政府主导。离开政府主导，全球互联网治理无法有效发挥作用，和平安全发展的目标根本无法实现。第二是多边参与、多方参与。要发挥政府、国际组织、互联网企业、技术社群、民间机构、公民个人的作用，各自承担主体责任。第三是公开透明、平等对话、开放合作。第四是互联网企业的担当，要加强社会责任。第五是共享共治。“中国方案”不是另起炉灶，而是推动全球互联网治理体系变革，构建共享共治的网络空间命运共同体。②

有学者基于网络空间规则构建的紧迫性和中国在推动规则构建方面影响力仍存较大差距的现状，提出我国须在理念宣示、科研规划、产业发展、人才培养、国际合作等方面，提升网络空间全球治理的话语权，推动网络空间国际规则的制定。

网络空间命运共同体是习近平互联网治理思想的重要组成部分。对该理念的解读成为学界研究的热点。复旦大学教授蔡翠红认为，网络空间命运共同体是不可逆的网络化时代的必然产物，是人类命运共同体的自然延伸与典型代表。网络空间人类文明的通融效应、人类利益的弥合效应、网络空间权力的分散效应及对人类未来的捆绑效应构建了网络空间命运共同体的内在逻辑。网络空间命运共同体建设需要破解两大质疑，即“网络强国”与“中国威胁论”质疑、“网络主权”与国家理性限度质疑。网络空间命运共同体的推行路径可遵循如下思路：在平等尊重基础上推动从理性主义到建构主义的共识构建、在创新发展目标下推动从技术保安全到全面协同安全的安全保障、在开放共享目标下推动从零到合作共赢的行为逻辑、在安全有序目标下推动从求同到求和的网络空间全球治理。③

---

① 蔡翠红：《中国参与网络空间全球治理的世界意义》，《信息安全与通信保密》2017年第7期。

② 侯云灏、王凤翔：《网络空间的全球治理及其“中国方案”》，《新闻与写作》2017年第1期。

③ 蔡翠红：《中国参与网络空间全球治理的世界意义》，《信息安全与通信保密》2017年第7期。

（二）网络主权与网络空间的全球治理

网络空间被视为继陆地、海洋、天空、太空之后的第五空间，事关各国国家安全和人类前途命运。与美国提出的“互联网自由”相对应，我国于2015年首次在《国家安全法》中确认了“网络空间主权”。《网络安全法》和《国家网络空间安全战略》作为统筹国内国际两个大局、发展安全两件大事的网络空间安全顶层设计，也是维护国际网络安全的中国方案，强调网络空间国家主权原则，呼吁尊重各国自主选择网络管理模式、互联网公共政策和平等参与国际网络空间治理的权利。因此，学者等认为，网络主权是突破西方互联网自由论的最有力理论工具，着重强调各个国家在网络空间的安全与发展权，主张各国主权范围内的网络事务应由各国人民自己做主，各国有权根据本国国情，借鉴国际经验，制定有关网络空间的法律法规，维护网络空间秩序。网络主权是信息技术不发达国家抵御西方国家粗暴干预本国互联网管理政策的“保护盾”，支持联合国发挥在全球互联网治理体系中的主导作用。①

在网络空间全球治理领域，联合国信息安全政府专家组是处理与国际安全相关网络问题最核心的机制，以建立网络空间中负责任的国家行为规范为其重要目标，这些规范旨在明确在一个缺乏秩序和国际法的网络空间中，国家应当做什么和不应当做什么，如不从事网络恐怖主义行动、不攻击他国关键基础设施、主动进行有害消息共享等。2017年6月，被各方寄予厚望的专家组报告因美俄等大国在网络空间军事规则、国家权力等方面的矛盾而流产。这反映了联合国制定的网络空间治理规范尚未得到各国接受和遵循，原因在于各国在网络空间治理领域秉持“网络自由”“网络自治”“网络主权”等不同理念，造成认知的不一致。不过，专家组发布的一些规范已开始被日本、新加坡、澳大利亚等国采纳，并融入各国的国家网络空间战略，实现了联合国规范的内化，也体现了世界各国探索多元网络

① 支振锋：《主权是网络空间安全的战略支撑点》，《中国信息安全》2017年第1期。

治理模式的可能性。①

网络主权被当作国家主权的组成部分，得到中俄等国认可。很多国家越来越重视网络空间的主权利益。郑远民教授等认为，网络主权的确立和实践是国家主权理论在网络空间的应对，需要植根于网络空间命运共同体的国际政治环境，同时坚持总体安全观的国内政治考量。当前国际立法为网络主权提供法律保障，国际社会需要基于国家间的勤勉注意义务，以禁止使用武力为底线，扩大网络安全立法范围，打击网络恐怖主义与网络犯罪，增加国际合作，以求促进国际网络秩序的有序健康发展。②

2017 年，学界研究分析美英德法俄等国谋划网络安全战略的做法。方兴东等通过观察特朗普上台前后网络方面的政策主张，分析特朗普百日新政期间的整体执政举措和政策取向，研判中美网络安全问题发展态势。认为特朗普时期网络安全问题的重要性将下降，但由于网络空间问题本身固有的重要性、综合性和“易燃易爆”性，以及网络空间本身巨大的利益关系和决策机制的复杂性，我们仍然需要在热点问题上有明确的对策和应对预案。③学者对德国的网络空间安全治理机制 TCBMs（网络空间透明与信任建设）进行了研究，认为该机制注重保护关键基础设施，强调国际协调与合作，增加国家间的透明度与信任建设，重视多利益攸关方治理模式，共同维护网络安全。在联合国、欧安组织和北约等多边机制中，德国对促进国际社会网络空间透明与信任建设的理论探讨与实践做出了重要贡献。④ 国内译介法国学者发表的《法国网络就绪度报告》，采用网络就绪指数 2.0（CRI 2.0）来评估法国应对网络风险的准备度，以解决网络安全问题对法国经济和安全带来

① 鲁传颖：《重视规范在构建网络空间治理中的作用》，《信息安全与通信保密》2017 年第 10 期。

② 郑远民、郑和斌：《网络主权的政治基础与法律保障》，《湘潭大学学报》（哲学社会科学版）2018 年第 1 期。

③ 方兴东、陈帅、石现升：《从特朗普百日新政研判中美网络安全问题发展态势》，《现代传播》2017 年第 6 期。

④ 程群、何奇松：《德国网络空间透明与信任建设简析》，《德国研究》2017 年第 2 期。

的不利影响。①

2017 年，互联网名称与数字地址分配机构（The Internet Corporation for Assigned Names and Numbers，ICANN）顺利移交，但美国对全球网络空间治理的主导性依然存在，多利益攸关方模式和多边模式之间的博弈竞争仍将继续。有学者就中俄两国网络空间治理的基础、路径和协作可能性进行了研究，认为在这样一个既有制度逐渐被打破，而新制度尚未形成的时期，中俄两国应该抓住机遇，基于双方的共识，建立正式的对话机制，开展实质性合作，积极参与新的全球空间治理制度的建构，提高两国的制度性话语权，并增强两国网络空间安全的自主可控性。②

五　网络安全人才的培养

人才被视为当前国家网络安全工作最大的短板。2015 年 6 月，“网络空间安全”被国务院学位办和教育部批准为国家一级学科。《网络安全法》第二十条将培养网络安全人才确定为一项基本法律制度。③

截至 2017 年，我国已建设了一批网络安全学院，7 所高校被评为首批一流网络安全学院建设示范项目高校。但全国高校每年培养的网络安全人才只有 2 万人左右，网络安全人才缺口约为 140 万人。④

2017 年 8 月，中央网络安全和信息化领导小组秘书局和教育部办公厅联合向全国高校发布《一流网络安全学院建设示范项目管理办法》，要求贯彻习近平总书记关于“下大功夫、下大本钱，请优秀的老师，编优秀的教材，招优秀的学生，建一流的网络空间安全学院”的重要指示精神，落实《网络安全法》关于支持网络安全人才培养的要求，在 2017～2027 年实施

① 梅丽莎·海瑟薇等：《法国网络就绪度报告》，《信息安全与通信保密》2017 年第 10 期。

② 单晓颖：《中俄协作网络空间治理的基础与路径分析》，《国际新闻界》2017 年第 9 期。

③ 《网络安全法》第二十条明确：国家支持企业和高等学校、职业学校等教育培训机构开展网络安全相关教育与培训，采取多种形式培养网络安全人才，促进网络安全人才交流。

④ 《砥砺奋进谋安全 硕果累累筑防线》，国家网信办网站，2018 年 2 月 2 日，http://www.cac.gov.cn/2018－02/02/c_1122359140.htm。

一流网络安全学院建设示范项目。[①]

教育部办公厅随后印发《2018 年教育信息化和网络安全工作要点》，落实党中央、国务院对教育领域网络安全和信息化的战略部署，进一步提升网络安全人才培养能力和防护水平；增设一批网络空间安全学位授权点，加快一流网络安全学院建设步伐；确定开展网络空间国际治理研究；启动实施《构建全球化互联网治理体系研究》重大攻关项目。在教育部人文社会科学研究项目中，设立网络安全和网络空间国际治理研究课题，以课题为纽带加强研究力量。督促有关研究平台，围绕网络安全和网络空间国际治理开展扎实深入的研究。[②]

网络空间安全人才培养是我国国家网络空间安全保障体系建设的必备基础和先决条件，网络空间安全专业与学科建设则是培养网络空间安全专业人才的基础平台。围绕网络空间安全学科建设和网络安全人才培养，多位专家学者撰文剖析问题、建言献策。中国科学院信息工程研究所所长孟丹提出，网络空间安全是多学科交叉融合产生的新型学科，与计算机科学与技术、新闻传播学、电子科学与技术、软件工程、控制科学与工程、管理等学科都密切相关。学科间交叉融合既是学科发展的趋势，也是产生创新性成果的重要途径。因此，应注重多学科交叉融合，破解制约学科发展和人才培养的学科间壁垒，会聚各学科优秀人才到网络空间安全领域。上海交通大学网络空间安全学院院长李建华认为，随着信息化、网络化、智能化、大数据及人工智能时代的发展，网络空间安全对于国家安全保障越来越重要，网络空间安全人才的培养需求将会更加迫切和重要。存在的难点是需要重视网络空间安全人才发现、培养和使用的良好生态体系，网络空间安全学科对人才的能力要求比较高，需要扎实的系统专业学习基础和

① 《关于印发〈一流网络安全学院建设示范项目管理办法〉的通知》，国家网信办网站，2017 年 8 月 14 日，http：//www. cac. gov. cn/2017 -08/14/c_ 1121477715. htm。

② 《2018 年教育信息化和网络安全工作要点》，中华人民共和国教育部网站，http：//www. moe. gov. cn/srcsite/A16/s3342/201803/t20180313_ 329823. html，最后访问日期：2018 年 4 月 6 日。

实践操作能力，需要全社会重视，探索实践多元化、多层次网络空间安全人才培养模式。①

六 我国网络空间安全制度的不足与完善

《网络安全法》的施行，结束了我国在网络安全问题上没有基本法的历史，标志着我国网络空间安全治理进入有法可依的时代。但网络空间无序和混乱依然存在，当前网络立法思路与互联网产业之间存在脱节，网络立法工作依然任重道远，亟须填补互联网快速发展留下的网络治理空白，如制定电信法、个人信息保护法等，以实现网络空间治理的法治化、科学化。

2017年8～10月，全国人大常委会执法检查组对“一法（《网络安全法》）一决定（《全国人大常委会关于加强网络信息保护的决定》）”的实施情况进行检查。《网络安全法》这部新制定的法律实施不满3个月即启动执法检查，这在全国人大常委会监督工作中尚属首次。② 检查发现，作为网络安全管理方面的基础性法律，《网络安全法》不少内容还只是原则性规定，真正“落地”还有赖于配套制度的完善。比如，该法虽然对数据安全和利用做出了规定，但现实中数据运用比较复杂，数据脱敏标准、企业间数据共享规则等，仍然需要有关法律规章予以明确；该法仅明确了关键信息基础设施运营者数据出境须进行评估，但其他网络运营者掌握的重要数据出境是否进行安全评估，尚待进一步明确。关键信息基础设施保护制度是网络安全法的一项重要制度，但对于什么是关键信息基础设施、关键信息基础设施认定的标准和程序等的认识目前尚不一致，需要配套法规予以明确。特别是检查发现，《网络安全法》施行后，网络安全监管“九龙治水”现象仍然存在，权责不清、各自为战、执法推诿、效率低下等问题尚未有效解决，法律赋予网信部门的统筹协调职能履行不够顺畅。一些地方网络信息安全多头管理问

---

① 《优秀网安人才谈人才》，《中国信息安全》2017年第10期。

② 张宝山：《切实维护国家网络空间安全和人民群众合法权益》，《中国人大》2017年12月5日。

题比较突出，但在发生信息泄露、滥用用户个人信息等信息安全事件后，用户又经常遇到投诉无门、部门之间推诿扯皮的问题。①

如何完善我国网络空间安全制度？有学者提出，应从网络安全和治理的实际情况和需要出发，建立健全网络治理法律体系，覆盖保障国际信息安全、保护公民隐私、打击网络犯罪等方面，重构网络安全、网络信息保护、网络言论规范、网络行业约束等相关法律体系。② 国防大学战略教研部的王勇、余冀楠提出，我国应适时出台各类与维护网络安全相关的配套政策，如《网络安全法》的辅助条例，包括维护军事领域网络空间安全的专项细则等，完善国家统一领导下各级网络安全风险监管机制，优化应对网络突发事件的运行机制，并建立有利于谋取国际网络话语权的保障机制等。③

① 王胜俊：《全国人民代表大会常务委员会执法检查组关于检查〈中华人民共和国网络安全法〉〈全国人民代表大会常务委员会关于加强网络信息保护的决定〉实施情况的报告》，中国人大网，2017 年 12 月 24 日，http：//www. npc. gov. cn/npc/xinwen/2017 – 12/24/content _ 2034836. htm。

② 何扬鸣、郝文琦：《新媒体视域下网络空间治理新维度》，《出版广角》2017 年 12 月上。

③ 王勇、余冀楠：《网络空间安全是国家安全新的制高点》，《中国党政干部论坛》2017 年第 2 期。

网络空间安全

Cyberspace Security

B.4

“私权力”崛起背景下的网络安全机制再思考

雷丽莉　王　丹*

摘　要： 在掌握互联网技术和海量数据的基础上，网络运营商不仅成为网络空间一支举足轻重的“私权力”，而且改变现实的社会权力结构。本文分析“私权力”崛起的表现，以及“私权力”崛起背景下网络安全机制的核心使命及应当注意的问题，并在对网络治理需要解决的三个主要矛盾进行分析的基础上，探讨当下网络安全机制和治理路径存在的问题，指出网络安全机制的建立应充分发掘知识（技术）作为治理资源的功能，同时协调好“公”“私”权力的关系，促进网络空间的安全、发展和自由。

* 雷丽莉，大连理工大学新闻传播系讲师；王丹，大连理工大学新闻传播系研究生。本文得到国家社科基金一般项目（项目编号：17BXW090）和教育部人文社科基金青年项目（项目编号：15YJC860010）的资助。

关键词： “私权力” 网络安全 网络治理

人类社会经历了“宗教社会”—“政治社会”—“经济社会”—“信息社会”① 三次重构，信息社会的到来以互联网技术的发展为基础，使个人在技术“赋能”“赋权”的背景下被激活。有学者认为，“个人”被激活之后，媒介生态的重构本质上是一场革命，而“平台型媒体”则是“互联网+”时代媒体转型融合发展的一个主流模式。“平台型媒体”打造海量流量的开放平台，构建新型的信息节点及节点集群，政府在其中的角色应从管理者转变为社会传播生态的共建者。② 在人类社会进入以个人为基本单位的社会传播新格局的背景下，原有的信息传播制度受到挑战，有学者将其概括为传媒“旧制度”与数字“大革命”的冲突③。更重要的是，信息革命不仅带来传媒业的巨大变革，也在很大程度上调整着社会的权力结构。随着互联网技术的发展，社会生活的方方面面都与之绑定，网络运营商发展成为社会生活的一支主导力量。有学者指出，网络空间中私权力的崛起，打破了传统的“公权力—私权利”的二元架构，形成了“公权力—私权力—私权利”的新架构④。

一 “私权力”的崛起与网络安全

（一）“私权力”是如何崛起的

随着“互联网+”成为不可逆转的趋势，电子政务、电子商务、网络游戏、网络社交等将整个人类社会的政治生活、经济生活、文化生活及个人

① 这些命名是基于社会结构中的主导方面和引起社会重构的主要因素命名。

② 喻国明、焦建、张鑫：《“平台型媒体”的缘起、理论与操作关键》，《中国人民大学学报》2015年第6期，第120~127页。

③ 胡泳：《旧制度与数字大革命》，《新闻战线》2016年第1期，第59~61页。

④ 周辉：《技术、平台与信息：网络空间私权力的崛起》，载《网络信息法学研究》，中国社会科学出版社，2017年第2期，第68~99页。

生活都与互联网绑定，也使任何产业都越来越难以离开互联网独立发展。基于互联网在社会生活中的地位和作用，它已经普遍被认定为“公共平台”“公共广场”，但这些被视为“公共广场”的网络平台在归属上又隶属于一个个私人企业，由私人投资、私人所有、私人运营。与此同时，网络运营商不仅成为网络空间的规则制定者，而且代“公权力”行使网络空间的社会管理职能。这些作为私人企业的网络运营商基于其在网络空间的支配性地位，可以决定包括所有权在内的“私权利”行使的效果，这就使其具有“权力”的色彩，成为一支崛起的“私权力”。它们不仅是网络空间的新的权力，而且正在改变传统的“公”“私”边界，改造整个社会的权力结构。本文认为，“私权力”的崛起主要体现在以下四个方面。

1. 数据成为互联网时代的重要生产资料，而这些生产资料主要由“私权力”掌握

2010 年 10 月，英国《经济学人》杂志提出“数据正在成为与资本和劳动力相比肩的生产原材料”。数据可以低成本复制传送，网络运营商积累了大量数据，并且可以很容易地将其转化成生产力。尽管对数据的收集、使用、处理要遵循一定的规范，但由于没有任何其他社会主体掌握如此庞大的生产资料，因此，在数据为网络运营商赋能的背景下，“私权力”成为掌握社会信息最多的主体，进而能有效地对人类生活产生影响。

2. “私权力”成为网络空间的规则制定者，并深刻地影响社会生活

随着人工智能的产生，各种算法层出不穷，规则的设定往往需要建立在技术的基础上。“公权力”和“私权利”都难以驾驭技术，能够掌握和控制技术的只有网络运营商。因而，“私权力”自然而然成为能够为网络空间书写规则的人。例如，在数据使用许可上，“用户同意—平台同意—用户同意”的规则就是由网络运营商确立并在业界普遍适用的。加之，网络是公共平台，但网站由网络运营商所有、经营，网络运营商在不违反法律强制性规定的情况下，可以轻松地通过用户协议，主导网络空间的规则。尽管在网络空间，无论是数据共享规则还是算法规则，到一定程度有可能钢化为立法，但是由于信息技术发展迅速、不断升级换代，原有的规则常常难以迅速

有效地应对新的信息技术，而立法的稳定性要求决定了其不能迅速据此做出调整，因此，在立法的速度赶不上网络技术发展速度的背景下，网络行为和活动的规范和准则无疑是一个动态的过程，而不是一套静态的方案。不管是美国、欧盟还是中国，都是由作为技术资源持有者的网络运营商推动各项网络行为规范的形成。因此有学者认为，"在网络空间中，能够利用技术资源设定网络架构的私主体就可以间接设定该网络架构中可以适用怎样的规则。如果某个私主体可以决定一定的网络空间中的'游戏'规则，那么这显然也是一种私权力的表现形态。"①

3. "公权力"和"私权利"的行使都越来越依赖"私权力"

从互联网给整个人类生活带来的变化可以看到，每一个社会成员的衣食住行等生活的方方面面都已与互联网绑定，人们已经越来越难以想象没有互联网的生活。而且，不仅"私权利"依赖"私权力"，"公权力"也越来越依赖"私权力"。"公权力"履行其职能和使命，往往需要借助"私权力"之力。例如，美国 FBI 曾要求微软公司协助一起毒品案件的调查，将一名其用户的电子邮件内容和其他账户信息提交给美国政府。由于该用户的电邮内容数据存储于微软位于爱尔兰的数据中心而非美国境内，微软据此拒绝向 FBI 提供，并随即提出废除搜查令的动议。② 在我国，刑法在第九修正案中设立了"拒不履行安全监管义务罪"，通过给网络运营商设定义务，来解决"公权力"力所不逮的监管难题。尽管执法或司法机关要求公民、法人或其他组织提供信息以协助案件侦办并不是互联网产生后才出现的，但是，互联网与整个社会生活的绑定，却使这种情况成为常态。网络运营商利用其平台和技术掌握大量信息，使"公权力"在履行职能的过程中越来越依赖其配合与协助。

① 周辉：《技术、平台与信息：网络空间私权力的崛起》，载《网络信息法学研究》，中国社会科学出版社，2017 年第 2 期，第 68 ~ 99 页。

② 洪延青：《美国 Cloud Act 法案到底说了什么?》，"网安寻路人"微信公众号，2018 年 2 月 24 日，http://mp.weixin.qq.com/s/E8h4PVS2-HW5LvYjqRB29A。

4. “私权力”越来越深入地参与社会管理

在传统的法律和法学理论框架下，社会管理的职能归属“公权力”机构，是一项“权力”。私法主体（企业和个人）都只有义务，没有积极管理的义务。互联网出现之前，“公权力”可以直接监管“私权利”的行使，但是，个人被互联网“激活”后，每天都在互联网上生产海量的信息，鉴于技术壁垒给监管带来挑战，“公权力”无力直接有效地监管“私权利”。但是，“私权力”却可以。《网络安全法》给网络运营商设定了大量的安全监管义务，将重要的监管职能转移到网络运营者这样的市场主体身上。在互联网空间，直接约束用户行为的，不是传统的公权力机构，而是网络平台。因此，有学者称，互联网“基于法律授权、公权力委托以及某些私主体在技术、平台和信息等方面的优势，打破了传统的‘公权力—私权利’的二元架构，形成了‘公权力—私权力—私权利’的新架构。”①

（二）“私权力”崛起背景下网络安全问题的实质及需要注意的问题

网络安全包括硬件基础设施的安全，也包括数据和信息安全。网络安全的风险既来自“私权利”的滥用，也可能来自“公权力”和“私权力”。而最有能力直接危害网络安全的，无疑是掌握技术手段和海量信息的网络运营商。因此，在“私权力”崛起的背景下，网络安全的核心使命便成为如何把“私权力”关进笼子里。这一点从《网络安全法》为网络运营商设定了大量义务可以看出。仍在立法路上的个人信息保护法也主要是针对“私权力”的。其不同之处在于《网络安全法》更多地体现了“公权力”对“私权力”的要求，个人信息保护法则体现了“私权利”对“私权力”的要求。在网络权力结构已经发生改变的背景下，网络安全问题需要讨论的是，“私权力”应该如何被关进笼子里、被谁关进笼子里。

---

① 周辉：《技术、平台与信息：网络空间私权力的崛起》，载《网络信息法学研究》，中国社会科学出版社，2017 年第 2 期，第 68 ~ 99 页。

前文提到，在互联网时代，网络运营商在一定程度上已经成为网络空间的“立法者”和“执法者”，代“公权力”监督“私权利”的行使。因此，“私权利”是没有能力将“私权力”关进笼子里的。拟议中的个人信息保护法实际上在为“私权利”主体赋权、赋能，使其能够通过寻求司法救济，监督“私权力”的滥用。但是，这种监督只能通过个案进行，成本高，力量弱。因此，将“私权力”置于“公权力”监管之下是很实际也很自然的结果。而且，鉴于个人和企业之间信息和力量严重不对等，“公权力”自然应当站在个人这边。但是需要注意的是，即使在“私权力”崛起的背景下，“公权力”的权能仍比“私权力”要强大，而且在现行的制度设计下，只要“公权力”有意愿，其能够掌握的信息也并不会比“私权力”少。例如，根据《网络安全法》的规定，网络运营者对网信部门和有关部门依法实施的监督检查，应当予以配合，应当为公安机关、国家安全机关依法维护国家安全和侦查犯罪的活动提供技术支持和协助，而且自身对违法信息的处理也要向有关主管部门报告。因此，“公权力”能够轻松地从“私权力”手中获取信息。但是，立法并没有为“公权力”从“私权力”获取信息设定条件，而且对“公权力”如何使用信息也缺乏有效的监督。因此，在把“私权力”关进笼子里的同时，也要警惕公权力“灯下黑”。如果把“私权力”关进笼子的后果是使“公权力”的手能够借助“私权力”伸得更长、控制力更强，是不利于“私权利”的安全的。

总之，只要是“权力”，都应当被关进笼子里，“私权力”也不例外。但是，“私权力”不应当被关进“公权力”的笼子里。把“私权力”完全交给“公权力”去监管，会使“私权力”服务于“公权力”，而非“私权利”。因此，网络安全面临的危险是前狼后虎，对“私权力”的制约，应当有投鼠忌器的担忧。在“私权力”崛起的背景下，应当更加警惕“公权力”。在网络治理的制度架构中，不应忽略“公权力”也有作恶的可能性。“私权力”被关进笼子里的后果，不应该是“公权力”做大。相比“公权力”，“私权力”是去中心化的，保持“私权力”与“公权力”的制衡，才能更好地保护“私权利”。

二　三个主要矛盾及其当下进路

如前文所述，互联网时代，传媒“旧制度”与数字“大革命”的冲突是各国普遍面临的问题。在这种冲突下，安全成为互联网法治的重要考量因素，而为达成安全的目标，互联网法治需要解决三个主要矛盾：一是无限的网络信息和有限的行政执法资源之间的矛盾；二是不断推陈出新的信息技术和法律的稳定性要求之间的矛盾；三是网络信息跨国传播和互联网国内法治理之间的矛盾。目前关于互联网内容治理路径的探索，都建立在对这三个主要矛盾认知的基础上。

对第一个矛盾的解决，当前的路径是借力于“私权力”。无论是从立法看，还是从互联网主管机构对网络运营商的各项举措看，为应对互联网快速发展带来的规管难题，网络运营商对网络的监管责任正在被强化，无论是网络本身的安全，还是网络信息安全。前文提到的《网络安全法》和拟议中的个人信息保护法，以及《刑法修正案（九）》都大量规定了网络运营者作为监管主体的义务。这些都是在从制度层面尝试解决无限的网络信息和有限的行政执法资源之间的矛盾。

对于第二个矛盾，互联网技术呈加速度发展态势，因而规则不能僵化，国内学界也主张“软法”应当发挥更重要的作用。从国内看，互联网行业正在实践中探索，并逐渐形成行业内能够通行的规则，如关于数据互联流通方面，上海数据交易中心就数据处理、交易等方面制定了相应的规则。欧盟则是给刚性立法确立评估期限，以应对技术的变革，如《一般数据保护条例》（GDPR）和拟议中的“非个人数据自由流通条例”都确立了对这些条例的定期评估和检验（evaluations and reviews）机制，《一般数据保护条例》为每四年一次，“非个人数据自由流通条例”为每两年一次。正如卡多佐所说，法律必须稳定，但绝不能一成不变。在互联网时代更是如此。

上述第三个矛盾，主要体现在各国围绕数据本地化存储、计算和存储设施本地化要求的国际谈判中。基于维护网络主权的要求，网络空间出现了反全球化的诉求。数据本地化存储及计算和存储设施本地化，旨在尽可能地将网络空间纳入本国管辖范围。GDPR 第 48 条规定："如第三国的法院、裁判所、行政机关要求数据控制者或数据处理者，提供或公布个人数据，则仅当该要求是基于国际协定时才有效，例如欧盟或成员国与第三国签有的双边司法协助条约。"而此前美国要求微软公司提供存储在美国境外的数据内容引发的争端，也使数据的本地化存储和跨境流动的安全问题成为全球关注的热点。目前，各国都主张将数据作为基础性战略物资，对数据出境进行安全评估。从理论上讲，作为数据经济时代的重要生产资料，数据的自由流动显然是值得倡导的，而要求数据、计算及存储设施本地化不仅不利于提高数据使用的效率，也有违互联网开放、自由的属性。但是，在数据流动可能产生安全风险，且使各个主权国家无法把控的背景下，很难有哪个国家能够放开对数据的控制。有学者认为，无论是数据本地化存储，还是计算和存储设施本地化要求，本质上是一种规制手段跟不上的无奈之举。① 因此，围绕主权在网络空间的边界问题，还需要有更多的国际共识和合作。

三　网络安全再出发：去中心化的信息传播模式需要去中心化的治理结构

如前所述，人类社会经历了从"宗教社会"到"政治社会"，从"政治社会"到"经济社会"，再从"经济社会"到"信息社会"的三次重构、四个阶段。这四个阶段中，社会结构中的主导方面和引起社会重构的主要因素分别是教权、君权、经济和信息。随着人类社会进入"信息社会"阶段，个人被互联网"激活"，信息传播呈现出去中心化的趋势。互联网时代，权力早已不是社会主导力量。在社会管理层面，仅依靠权力已无法实现对社会的有效治理。以行政权力为主的监管制度在互联网传播时代更是捉襟见肘。

① 参见洪延青《数据本地化要求杂谈》（二），"网安寻路人"微信公众号，2016 年 7 月 4 日，https：//mp. weixin. qq. com/s/9SD9jUTihnz8VCxFKWKCWg。

因此，仅依靠权力这一治理资源已无法实现对互联网的长期有效治理。对互联网的多元协同共治，也应当跳出单一利用权力这一管理资源的定式思维，建立互联网治理制度的新格局。

（一）保障网络安全需要综合运用多种治理资源

德国社会学家 Helmut Wilke 认为，治理资源（regulatory resources）包括权力（power）、资本（money）和知识（knowledge）①。在当前的互联网治理机制中，资本作为一种淘汰机制，仍然根据市场的逻辑发挥其对网络空间秩序的调节作用。目前网络立法的主要问题在于对权力的治理能力挖掘过度，但知识（包含技术）这一管理资源的效用却未得到充分挖掘和利用。

网络渗透人们日常生活的方方面面，网络安全是常态化的治理目标，需要大量专业化的行政资源，通过单一的行政监管保障安全难免有诸多掣肘之处。如果行政机关把大量精力、执法资源投入一些主体很特定的权利受侵害情况，必然没有太多精力去调查处理那些真正损害公共利益的行为。事实上，诸多网络平台已经做过有益的尝试。例如，关于网络有害信息，有一种反向治理的路径，即通过提高信息接触者的网络素养，使有害信息难以达成其初衷，进而遏制其传播。更重要的是，这种路径对表达权的伤害更小。“知识”这一管理资源有其独特的优势，通过提高用户的网络素养，化解虚假信息可能带来的损害，就无须公权力强行出场。网上信息海量，无数用户在利用网络进行各种各样的行为，靠行政能力监管必然挂一漏万。以网络欺诈为例，平台通过公布平台欺诈案例和行为模式，提高用户对欺诈信息的识别能力，相比通过行政执法运动式打击网络欺诈更节约成本，也更有效。

目前在网络治理中存在一个倾向，即对所有网络有害信息和违法行为，

---

① H. Wilke（2001），Systemtheorie Ⅲ. Steuereungstheorie，Stuttgart：Lucius & Lucius，转引自 Approaches to independence，The Independence of the Media and its Regulatory Agencies，第7页。

都扩展到公共利益的层面，进而带来行政权力扩张，只要有侵害行为存在，行政机关就认为可以进行处罚。事实上，对侵害对象特定的网络违法行为，可以由权利人主张权利，申请司法救济，不宜再动用行政权力去治理，而这也是用户参与互联网内容治理的方式之一。因此，对于受害人特定、损害后果可逆的网络安全风险，不宜过多依赖行政管理资源去处理，权力这一治理资源主要应集中在受侵害主体不特定、后果不可逆的网络违法的治理上。作为网络运营者，其可采用的治理手段十分丰富。如新浪公司政策研究总监王磊所说，平台里面做网规，有它的实施基础，它的处罚措施，扣分也好，扣点也好，降低违规用户的活跃度，目的是降低关注在你身上的影响力经济。就像教育小孩子一样，不一定非得体罚，有针对性地把他喜欢的玩具控制住，这样也能达到治理的效果①。因此，知识（技术）是信息时代应当被重视和充分发掘的治理资源。互联网立法的使命是有效配置多种管理资源，而“公权力”不是互联网治理的唯一资源。

（二）网络安全需要建立真正的多元协同共治机制

互联网海量信息的高速传播，使监管部门无论从技术上还是工作量上都难以承担监管之职。因而，从操作层面看，确实需要网络运营者承担一定的监管功能。但是，网络运营商参与网络治理甚至成为维护网络秩序的重要力量，并不意味着网络运营者已经成为“共治”或“协同治理”的主体，因为真正的“共治”是多元主体协同治理机制，网络运营者、行业组织、行政主管机构、网络用户等各主体原先的角色功能都面临调整和转换，各主体均为“社会传播生态的共建者”。“共治”是没有中心的，更不是以政府为中心，否则仍然是一元化治理。

从目前立法所呈现的治理机制看，尽管超越单一行政监管的多主体“共治”的思维体现得十分明显，但是“平台”在国家强制之下对用户的网

① 王磊：《平台治理：政府与企业》，博客中国网站，2017 年 5 月 21 日，http：//xueshu.blogchina.com/499021344.html。

络行为进行监管，作为私法主体的网络运营商承担了大量“类政府”的责任，实际上成为行政机关的执行机构，而不是独立的治理主体。例如，《网络安全法》要求网络运营者“发现法律、行政法规禁止发布或者传输的信息的，应当立即停止传输该信息，采取消除等处置措施，防止信息扩散，保存有关记录，并向有关主管部门报告”。这种“共治”不是真正意义上的“共治”，因为实际上只有一个治理主体——主管部门，网络运营者的地位只是提供协助和支持。这种“以网管网”的治理机制，治理的方法和路径在本质上与过去并无二致，并非多元协同共治。“共治”意味着“多元”协同治理，而不是行政的扩张，而且这种机制还可能带来一些问题，如网络运营商提供给政府的信息可能受到政府信息公开要求的约束，向社会公开，从而使网络运营商面临违反保护用户隐私义务的风险。

互联网技术的迅猛发展，正在对社会进行重构。尽管本文并不能提供成熟的思路，但去中心化的社会传播新格局，显然需要去中心化的治理模式。在“私权力”崛起的背景下，真正意义上的“共治”是各主体发挥各自所长，各种管理资源的充分运用，而不是仅依赖“公权力”。在权力结构已经去中心化的背景下，不能再把所有的治理资源都笼络到“公权力”麾下。在互联网时代，权力作为治理资源的局限性凸显，在“公权力”无力管、运营商无权管的情况下，由互联网企业代行监管之责，公权力免费无偿地使用网络运营商开发的技术作为自己的监管手段，在互联网治理中实际上仍然是“公权力”中心主义。在多元协同治理机制中，不能以社会缺乏自治能力为由，将互联网治理的使命全权交给“公权力”。同一个治理主体掌握多种治理资源，不利于网络空间的良治。发掘网络本身的潜力和多种可能性，将互联网治理主要理解为一种合作的体系，而不是冲突和对抗的体系，才是“以网管网”、协同共治的应然状态：网络运营商应当有其治理空间和独立的治理能力，行业协会应当独立且具有权威，网络用户要能在自身权利受侵害时寻求救济。而且，互联网上的任何潜在危险并非都需要权力强行出场。公权力应当着力于“关键信息基础设施”和“重要数据”的安全。

但是，在掌握不同管理资源的主体被深深分裂的社会中，各治理主体合作的条件是什么？共治的基础是什么？如何才能实现互联网治理中权责利的公平分配，使各治理主体不成为彼此的附庸，各自独立发挥其治理能力之所长？这些都是建立多元主体、多种治理资源协同治理机制仍然需要进一步探索的问题。

（三）网络安全机制要平衡安全、发展与自由之间的关系

在信息传播技术为个人“赋能”“赋权”的背景下，互联网已成为言论自由的“基础设施”（infrastructure）[①]。网络立法和网络安全机制需要平衡多种利益，就围绕数据的安全机制而言，需要平衡个人利益、发展利益、公共利益、国家利益等多重利益及多重风险。如个人隐私权和信息自决权，即对个人信息的收集、使用、流转的控制和安全风险；网络运营商利用数据给网络用户提供各种服务的利益；政府部门利用大数据实现高效的公共管理和公共服务的利益；国家利益如数据跨境流动对国家主权和安全方面的利益及风险等。

此外，由于对网络信息的审查与公民的表达权密切相关，如果在网络安全机制的制度设计中，将审查授权给私法主体，或者国家利用或强制网络平台来代替国家对网上信息进行审查，可能还存在合宪性问题。有学者提出，真正能够决定言论自由未来的，是技术设计、立法与行政规制、新的商业模式及终端用户的集体行动。在网络时代，左右言论自由命运的，将会是那些针对“基础设施”的手段[②]。早在 2012 年，联合国人权事务高级专员皮莱在人权理事会有关“互联网上的言论自由”的讨论会上就提出，私营实体会介入破坏互联网上言论自由的活动，并指出在互联网上提供重要平台的公

① Jack M. Balkin (2014), “The First Amendment Is an Information Policy”, *Hofstra Law Review* 41 (1), 1-30.

② 左亦鲁:《告别“街头发言者”：美国网络言论自由二十年》,《中外法学》2015 年第 2 期，第 419 页。

司可能在没有法院命令的情况下向国家提供私人信息，代表国家进行内容审查[①]。在我国传播法学界，也有学者在阐述网络法和传媒法的联系与区别的基础上，指出在互联网治理中不能借助网络服务商压制网民表达权[②]。在法学界，还有学者指出授权平台对网络内容进行审查存在三个方面的问题。一是由平台对内容进行审查，由于过度限制不用承担责任，而限制不足却需要直面国家的压力甚至制裁，因而平台有一种天然的倾向会产生过度的规制，对用户表达的自由构成过分的限制；二是平台作为私法上的主体，尽管它的活动对公民基本权利有重要影响，但传统上规范公权力的规则原则，包括公开透明、说明理由、司法审查等，对其适用都比较困难；三是对网上信息的合法性的判断，往往涉及很多相互冲突的利益的协调和平衡，这对作为私法主体的网络平台来说有很大困难[③]。因此，网络安全机制的建立要充分考虑对公民宪法权利的保障，考虑各项法益的平衡，协调各种法益之间的冲突，安全、自由、发展不可偏废。只见安全而不见其他，安全机制就失去了其意义。

总之，“私权力”的崛起既给网络安全提出新的课题，也给安全问题的解决提供了新的可资利用的资源。在网络安全机制中，对不同的网络有害行为，应当采用不同的治理资源和治理路径，通过合理配置各种管理资源，把有限的行政管理资源用到最需要的地方，而不是在社会基于安全诉求的规管呼吁下包打天下，将行政主管机关难以履行也无须履行的监管职责转移到网络运营者身上。同时，应充分发挥网络运营者在运用知识这一治理资源上的优势，而不是使其成为执法者。“公权力”在协同治理中的主要任务，不应该是治理内容，而是监督“私权力”的处罚措施是否会侵害用户的言论自由。互联网立法的使命是有效配置多种管理资源。只有多种管理资源协同治理，才能建设安全、发展、自由的网络空间。

---

① 参见《人权高专：互联网上言论自由必须得到保障》，联合国网站，http：//www. un. org/chinese/News/story. asp? NewsID = 17307&Kw1 =% E5% B9% B3% E5% 8F% B0&Kw2 =% E5% AE% A1% E6% 9F% A5&Kw3。

② 魏永征：《不可借助网络服务商压制网民表达权》，《新闻记者》2009 年第6 期，第77 ~78 页。

③ 李洪雷：《平台治理和平台责任对行政法原理的挑战》，博客中国网站，2017 年5 月21 日，http：//xueshu. blogchina. com/499021344. html。

B.5
个人信息安全的刑法保护研究

李婷婷*

摘　要： 本文针对近年来备受关注的个人信息安全问题展开研究。通过统计2013年以来裁判文书网上公布的全部个人信息保护相关刑事案件，本文对此类案件在时间上的变化和空间上的分布分别进行统计，同时就涉案人身份是否特殊，涉案人定罪罪名、刑期，以及案件涉及个人信息数量等分别展开描述性和相关性的统计，同时对“刑期”“涉案金额”“涉案个人信息数量”这三个变量之间的关系进行建模分析，试图对审结案件中呈现的刑法对个人信息的保护倾向和力度进行透视。本文最终发现，审结案件涉案人多为普通身份，罪名指向较为单一，刑期不长但涉案个人信息数量巨大，本文的数据也证明了研究者提出的“个人信息极端廉价”这一推断。

关键词： 个人信息　信息安全　刑事案件　刑法保护

一　个人信息保护及刑法规制研究问题源起

在刑法及其相关司法解释中，“公民个人信息”是指以电子或其他方式记录的能够单独或与其他信息结合识别特定自然人身份或反映特定自然人活动情况的各种信息，包括姓名、身份证件号码、通信方式、住址、账号密

* 李婷婷，博士，中山大学传播与设计学院副研究员。

码、财产状况、行踪轨迹等。随着互联网技术的发展，个人信息目前已经形成复合价值：不仅是传统隐私权意义上个人尊严和自由的表征，还具备商业价值和公共管理价值。① 其在商业上的广泛应用已经在实践中造成使用者信息泄露的困境。2017 年 12 月 24 日，全国人大常委会副委员长王胜俊向全国人大常委会做关于检查网络安全法、全国人大常委会关于加强网络信息保护的决定实施情况的报告时指出，半数以上的受访者认为自己的个人信息存在被过度搜集的情况。② 而在另一份公民个人信息安全和隐私保护报告中，超过七成的人认为个人信息泄露问题严重，81% 的人收到过对方知道自己姓名或单位等个人信息的陌生来电，53% 的人因网页搜索、浏览后泄露个人信息，被某类广告持续骚扰；在租房、购房、购车、考试和升学等个人信息泄露后，受到营销骚扰或诈骗的受访者所占比例达 36% 。③

目前，民众对个人信息保护的诉求强烈。在 2017 年“两会”提交的立法议案中，针对个人信息保护提出的立法议案就有 12 项。④ 实际上，当前个人信息保护的相关法条已经浩如烟海，几乎囊括法律的各个位阶和各个部门，但存在比较严重的立法的碎片化现象，系统的专门立法尚付阙如，⑤ 庞杂的法律规范体系也导致具体实施中的规范冲突和执法主体混乱等问题，具有较强实践功能的刑法成为民众期待。⑥

---

① 张新宝：《从隐私到个人信息：利益再衡量的理论与制度安排》，《中国法学》2015 年第 3 期，第 38 ~ 59 页。

② 《“万人调查报告”：近半受访者信息被过度收集》，人民网，http://bj.people.com.cn/n2/2017/1225/c233086 - 31066389.html，2017 年 12 月 25 日。

③ 《中国个人信息安全和隐私保护报告：六成人不知维权》，中国青年网，http://news.youth.cn/gn/201611/t20161123_ 8874164.htm，2016 年 11 月 23 日。

④ 全国人民代表大会法律委员会关于第十二届全国人民代表大会第五次会议主席团交付审议的代表提出的议案审议结果的报告。多个议案建议明确个人信息的范围、收集使用规则、监管机构及相关主体的权利义务等。对于议案提出的建议，法律委员会、法制工作委员会将会同有关方面在深入总结网络安全法等法律实施经验的基础上，积极推进立法进程，建议适时纳入立法规划或立法工作计划。

⑤ 张新宝：《从隐私到个人信息：利益再衡量的理论与制度安排》，《中国法学》2015 年第 3 期，第 38 ~ 59 页。

⑥ 陈璐：《论〈网络安全法〉对个人信息刑法保护的新启示——以两高最新司法解释为视角》，《法治研究》2017 年第 4 期，第 86 ~ 94 页。

2009 年的《刑法修正案（七）》，在我国刑法史上首次明确规定了侵犯公民个人信息的罪名，增设出售、非法提供公民个人信息罪和非法获取公民个人信息罪。2017 年 5 月，最高人民法院、最高人民检察院联合发布《关于办理侵犯公民个人信息刑事案件适用法律若干问题的解释》，对侵犯公民个人信息的刑事案件的不同情形进行了具体界定，将入罪要件的“情节严重”等予以明确，提供了从个人信息类别及侵犯数量、财产损益及其他严重后果等角度定罪量刑的详细条目。

刑法对个人信息的保护，一方面被认为率先对公民个人信息保护确立了全面保护原则，跳出了行业和部门对特定事项和特定人群保护的限制，同时以叙明罪状的方式详列了此类犯罪的构成要件和要素，增强了认定和处理此类犯罪的可操作性；[①] 但另一方面，其罪名成立之“违反国家规定”依然更多属于级别较低的规章，因而缺乏前置行政法规定，导致相应的衔接缺失，被批评和担心可能形成对违法行为“要么不追究、要追究就上刑罚”的不合理结果。[②]

当前，在个人信息泄露现象出现井喷时，国家机器强势介入，通过“运动式”打击个人信息泄露行为，旨在以迅雷不及掩耳之势压减犯罪行为。[③] 2017 年的司法解释出台后，多地公安部门跟进展开了打击此类犯罪的专项行动。集中打击取得了良好的效果，根据首都网警发布的信息，2017 年全国公安机关当年累计侦破侵犯公民个人信息案件 4911 起，抓获犯罪嫌疑人 15463 名，打掉涉案公司 164 个，[④] 这一数据在上一年度是侦破案件

① 赵秉志：《公民个人信息刑法保护问题研究》，《华东政法大学学报》2014 年第 1 期，第 117 ~ 127 页。

② 陈璐：《论〈网络安全法〉对个人信息刑法保护的新启示——以两高最新司法解释为视角》，《法治研究》2017 年第 4 期，第 86 ~ 94 页。

③ 于志刚：《“公民个人信息”的权利属性与刑法保护思路》，《浙江社会科学》2017 年第 10 期，第 4 ~ 14 页，第 155 页。

④ 参见《2017 年公安机关重拳出击打击侵犯公民个人信息违法犯罪活动》，“首都网警”百家号，2018 年 1 月 11 日，https：//baijiahao. baidu. com/s? id = 1589300421191926494&wfr = spider&for = pc。

1886起，抓获犯罪嫌疑人4261名。[①] 这样的惩治显然具有“杀一儆百”的作用，对个人信息保护具有强烈的威慑力，但也被诟病存在制裁极少数和放纵大多数，以及保护上的被动性和滞后性等问题。[②]

大数据时代的一切观念、技术、应用都转变为以数据为中心，使网络数据的重要性与价值独立性与日俱增。[③] 经过近几年刑法及其相关司法解释对个人信息犯罪相关条目的明朗化，伴随着公安机关积极配合的打击力度，本文审视的是在当前的司法实践中，刑事案件判决书所显示的个人信息保护相关案件究竟呈现怎样的图景，是否存在上述研究者所担忧的“抓小放大”及“过度追究”的情况。

二 样本与分析变量的选取

自2013年起，司法文书公开制度经过几年的发展不断完善，为研究者提供了庞大的裁判文书库，可针对某一领域的法律问题通过数据层面的分析形成对司法实践的审视，拓展了对法院裁判的研究视角。[④] 裁判文书公开也成为本文展开研究的基础，通过对公开司法文书的检索和探索，本文试图展现现阶段我国个人信息保护在司法机构尤其是审判机构中的基本样态，探究其审判思路。

通过对裁判文书网全数据库的检索和整理，笔者获得了2018年4月30日以前的个人信息保护相关刑事案件共110例，涉案人员227名。由于所得案例数量并不是特别巨大，因此本文不存在抽样，而是对全部样本进行了分

① 参见《公安部召开打击整治黑客攻击破坏和网络侵犯公民个人信息犯罪专项行动部署会》，公安部官网，2017年3月10日，http://www.mps.gov.cn/n2253534/n2253535/n2253536/c5657414/content.html。

② 于志刚：《“公民个人信息”的权利属性与刑法保护思路》，《浙江社会科学》2017年第10期，第4～14页，第155页。

③ 李源粒：《网络数据安全与公民个人信息保护的刑法完善》，《中国政法大学学报》2015年第4期，第64～78页，第159页。

④ 马超、于晓虹、何海波：《大数据分析：中国司法裁判文书上网公开报告》，《中国法律评论》2016年第4期，第195～246页。

析。笔者根据裁判文书中以下案件核心信息进行了变量提取，试图从多侧面呈现当前我国刑法对个人信息保护的基本图景。

（一）基本信息

笔者统计了以下案件的基本信息：①一审判决年份，通过对案件审理时间进行统计，呈现案件在时间序列上的变化；②案件名，由于法院对案件的审判是基于公诉机关的查办和起诉，以所审案件为单位展开统计可以呈现公诉机关对案件的查处情况；③涉案人，本文将涉案人单列分析，在同一个案件中涉案人的犯罪行为可能并不相同，法院的定罪量刑也是以个人为单位，对涉案人的统计可以窥探法院针对不同的犯罪事实的定罪量刑差异；④案件审理省份，案件审理省份在我国刑事诉讼法中意味着某地对该案件具有管辖权，该地要么是犯罪行为发生地，要么是犯罪结果发生地，因此，对审理省份的统计可以呈现个人信息犯罪的空间分布；⑤罪名，从法院的定罪可以审视当前审判中的法律适用。

（二）涉案人特殊身份

根据“两高”司法解释后最高人民检察院发布的典型案例，利用职务便利窃取个人信息成为重要犯罪手段。[①] 我国刑法体系下，利用特殊身份展开相关犯罪很可能成为刑罚的加重情形，在某些场合中甚至可能成为特殊的犯罪。部分政府管理部门、大型社交媒体及其他与个人信息搜集相关的企业掌握着海量的个人信息，甚至成为企业竞争力的重要体现，在相关机构和岗位供职能够为窃取个人信息提供便利。因此，对当事人是否拥有政府管理部门或相关数据企业特殊身份的统计，也可以成为呈现当前我国个人信息犯罪问题某些特质的重要方面。

① 《最高检发布六起侵犯公民个人信息犯罪典型案例》，最高人民检察院网站，2017 年 5 月 16 日，http：//www. spp. gov. cn/xwfbh/wsfbt/201705/t20170516_ 190645. shtml#1。

（三）是否数罪

根据犯罪构成，基于数个犯罪故意（或过失），实施数个危害行为，符合数个犯罪构成即为数罪。① 数罪可能带来并罚，成为多个行为叠加带来的刑罚加重情形。对个人信息相关犯罪中数罪的统计，既能回应当前媒体集中报道所提示的个人信息泄露与诈骗、盗窃等其他刑事犯罪密切关联的问题，也可审视多种犯罪行为的叠加将带来怎样的刑罚后果。

（四）涉案金额

在市场经济发展的今天，除了部分暴力犯罪，大量刑事案件都牵涉金钱问题，涉案金额也是许多案件情节的重要组成部分和司法审判的重要参考。在 2017 年的司法解释中，出售个人信息的违法所得、购买个人信息的非法收益都成为判断“情节严重”与否、是否可以入罪的标准。本文将涉案金额作为一项变量展开分析，并试图找寻涉案金额与刑期、涉案金额与涉案信息数量之间的关系。

（五）个人信息类别

本文也尝试统计判决书中所列明的个人信息被窃取的类别，在 2017 年司法解释中，行踪轨迹、通信内容、征信信息和财产信息与住宿信息、通信记录、健康生理信息、交易信息及其他可能影响人身、财产安全的信息被单列予以量化规定，形成入罪标准，前者搜集 50 条、后者搜集 500 条即达到“情节严重”的入罪标准。此外，信息获取、出售或提供 5000 条以上构成此情节。可见信息类别不同形成不同的入罪标准。本文的此项变量也将以解释此为标准进行分类。

---

① 张玉梅主编《犯罪构成与刑事处罚》，中国民主法制出版社，2015，第 134 页。

（六）涉及个人信息数量

多个版本的网络安全报告显示，当前个人信息泄露严重，表现之一就是个案的个人信息泄露数量庞大。公安机关在对相关犯罪嫌疑人进行抓捕的过程中往往会对作案设备取证扣押，确认行为是否有追究刑事责任的必要，比对涉案个人信息数量也成为判断行为严重程度的重要标准。本文对判决书中清晰列明的涉案个人信息数量进行统计，一方面呈现当前刑事案件中个人信息泄露的程度，另一方面也试图探究涉案个人信息数量与刑期或罚金之间的关系。

（七）刑罚及上诉

刑罚是刑法规定的由国家审判机关依法对犯罪人员适用的限制或剥夺其某种权益的最严厉的强制性制裁方法，[①] 审判后的刑罚成为保护个人信息安全的最后和最严厉的手段。我国的刑罚分为多种，笔者针对个人信息保护相关刑事案件统计以下相关变量：①刑期，这是根据个人的情节严重程度分别确立的，本文也以涉案人个人为单位统计其刑期，且此类案件多数刑期属于有期徒刑，因此，本文中的刑期默认为有期徒刑的刑期；②拘役，拘役相比有期徒刑刑罚较轻，执行机关也不同，本文将其单列统计；③罚金，作为附加刑的一种，这是主刑之外适用于因为贪图利益而破坏社会主义市场经济秩序和妨碍社会管理秩序犯罪行为的一种附加刑罚，罚金数额同样是根据我国刑法基于犯罪情节的严重程度确立的；[②] ④缓刑，这是法院在具备法定条件的情况下对已判定罪的犯人处以一定的刑罚，在一定的考验期限内附条件暂不执行所判刑罚的一项制度，除特殊人群适用缓刑外，多数被宣告缓刑的犯罪分子通常被视为情节轻微且没有再犯的可能性，[③] 适用缓刑意味着法院惩处轻微的态度；⑤上诉与否，当事人若对尚未生效的法院判决不服，可以提

---

① 乌玉洁、张雁飞、王萍：《社会工作法律实务》，清华大学出版社，2016，第 121 页。

② 曾斌：《中国刑事执法实务精解全书》，群众出版社，1998，第 191 页。

③ 魏磊、赵山星：《刑法总论》，东北师范大学出版社，2016，第 210 页。

请上一级法院重新审判，本文对此类案件的上诉率及上诉结果也单列统计，并对其展开分析。

三　研究问题及研究目标

裁判文书公开工作成为我国司法透明化的重要尝试，其开展之初就被赋予了三重期待：其一，审判工作层面，形成统一法律适用和裁判尺度、提升法官素质、助推精密司法、制约司法权滥用的实践价值；其二，司法研究层面，推动立法者或者司法解释制定者发现问题、解决问题提供案例研究平台，同时为学者进行对比研究、案例教学提供裁判资源；其三，社会层面，还可以充分利用信息化条件，发挥司法对社会的引领和规制作用，培养法律信仰，完善社会诚信体系建设。[①] 裁判文书公开具体实施后，海量裁判文书上网，使研究者通过文书本身进行分析变得可行和便捷。

本文以上述变量为基础，通过对搜集到的110份裁判文书的整理进行概览性分析，以最大限度呈现我国目前个人信息刑法审判从案件查处到案件特征，再到案件审理依据等方方面面的基本情况。由于上述变量均属于客观变量，只需要进行归类统计即可通过相关软件呈现基本样貌，而彼此间的相关关系也可通过回归分析予以展现。

具体而言，本文将对已经搜集到的110个案例及案件中227名涉案人展开全样本分析，通过变量基本情况的计量展示，重点回答以下问题。

其一，犯罪的时间和空间特征：个人信息保护相关刑事案件在发生时间、审判地点上呈现什么样的特点？为何呈现这样的特点？

其二，罪犯基本特征：涉案当事人是否存在职务上的特殊身份？特殊身份属于什么类别？具备特殊身份的涉案人员占比如何？是否存在多人犯罪？多人犯罪占比多少？

---

① 林广海、王晶：《裁判文书上网：公开·知情·监督三重奏》，《人民司法》2013年第23期，第9~15页。

其三，定罪问题：相关案件的定罪罪名是什么？主要法律依据是什么？是否存在数罪并罚？数罪判决占比如何？为何出现这样的情况？

其四，量刑问题：相关案件的量刑情况如何？量刑依据是什么？刑罚轻重程度如何？刑罚轻重主要与哪些因素相关？

其五，刑法呈现的个人信息保护现状：涉案的个人信息数量与刑罚之间是否存在相关关系？涉案个人信息数量与涉案金额之间是否存在相关关系？这其中所呈现的关系与我国当前刑法对个人信息的保护力度之间是否存在关联？

四　研究发现

通过对上述变量的统计分析，本文从以下六个方面对结果展开讨论。

（一）个人信息案件侦破和审判总体呈增长趋势

通过对个人信息案件的审判时间进行统计，可发现裁判文书网公布的个人信息保护刑事案件司法文书首次出现在 2013 年，但该年度的案件数量相对稀少，仅 3 例，次年案件数量迅速增长至 27 例，但 2015 年出现回落，2016 年案件数量再次回升，至 2017 年案件数量达到顶峰，2018 年尽管只统计了其中的 5 个月，但案件数量也达到了 14 例，超过 2015 年全年的案件数（见图 1）。

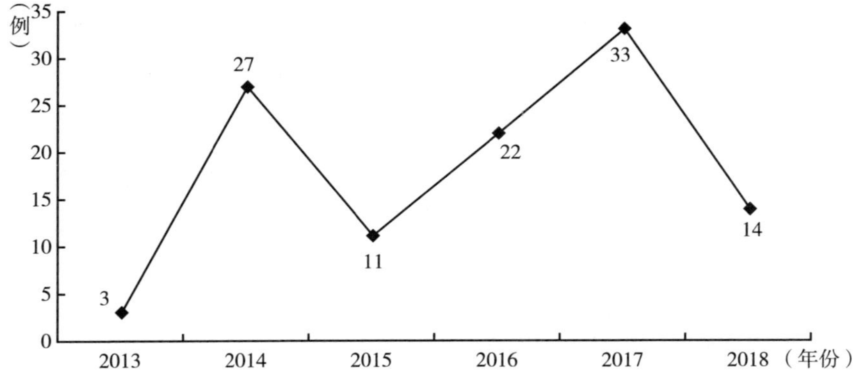

图 1　个人信息案件一审判决数量分布

我国裁判文书网开通于2013年7月1日，尽管制作于2013年之前的部分文书在各级法院的努力下一直在陆续公布，但相对数量依然十分有限，[①] 因此，即便2013年有个人信息相关刑事案件，可能也并未在裁判文书网上公布，此处仅能说明第一个在裁判文书网上公开的案例发生于2013年，而并不能说明第一个个人信息相关刑事案件发生于2013年。且根据研究者统计，由于2013年尚且处于公开试水阶段，2013年的案件数量可能缺少参考意义。[②] 但本文将裁判文书网全网案例纳入统计，是因为可分析的裁判文书越多，越具有参考意义，即便2013年及之前的案件数量变化并无直接参考价值，但文书本身具有被统计的参考意义。

2013年4月23日，最高人民法院、最高人民检察院和公安部联合下发了关于依法惩处侵害公民个人信息犯罪活动的通知，提出随着我国经济快速发展和信息网络的广泛普及，侵害公民个人信息的违法犯罪日益突出，互联网上非法买卖公民个人信息泛滥，由此滋生的电信诈骗、网络诈骗、敲诈勒索、绑架和非法讨债等犯罪屡打不绝，社会危害严重，群众反响强烈，同时要求各地公检法机构密切配合，对侵害公民个人信息的犯罪活动展开依法有效打击。[③]

2014年后，出现了大量的有关个人信息保护的调研报告，如全球最大的信息安全提供商赛门铁克发布《互联网安全威胁报告》指出全球个人信息安全的重大漏洞，近年来一直关注互联网领域中发生的个人信息安全议题，我国互联网行业及消费者协会等也发布了一系列有关个人信息安全的报告，指出我国个人信息保护存在较大的问题。另外，国家相关机构也在不断出台相关法律、部门规章及司法解释，包括2014年国

① 马超、于晓虹、何海波：《大数据分析：中国司法裁判文书上网公开报告》，《中国法律评论》2016年第4期，第195~246页。

② 马超、于晓虹、何海波：《大数据分析：中国司法裁判文书上网公开报告》，《中国法律评论》2016年第4期，第195~246页。

③ 参见《最高人民法院、最高人民检察院、公安部关于依法惩处侵害公民个人信息犯罪活动的通知》（公通字〔2013〕12号）。

家邮政局印发了《寄递服务用户个人信息安全管理规定》，从邮政行业个人信息整理方面提出了行业举措和实现路径。2017 年《网络安全法》正式实施，该法第四章以确认信息安全责任主体的形式对网络个人信息安全保护议题进行规范，确认网络运营者等搜集、掌握个人信息的主体需要作为监管人承担主体责任，强化第三方主体的监管责任。同年，人力资源和社会保障部办公厅、财政部办公厅下达《关于在就业补助资金使用信息公开中进一步加强个人信息保护的通知》，站在政府部门搜集个人信息的立场，提出对所搜集信息的保护路径。此外，“两高”发布的《关于办理侵犯公民个人信息刑事案件适用法律若干问题的解释》针对《刑法修正案（九）》中第 253 条有关公民个人信息相关犯罪的问题作出了司法实践层面更为细化的解释，同时针对不同的犯罪情形制定了明确的标准。通报显示，公安机关启动针对侵犯公民个人信息犯罪的专项打击工作，2016 年和 2017 年分别侦办了 1886 和 4900 余起侵犯个人信息案件。①

（二）个人信息保护刑事案件集中分布在经济发达省份

通过对案件审判地点的统计可见，尽管案件涉及全国 21 个省份，但分布极不均衡，主要审判地点集中在上海、北京、江苏和广东等经济发达省份，以上四个省份分别有 38 例、15 例、12 例和 8 例，占全部案件数量的 66.3%，其他 37 个案例零星分布在其他省份中，总和尚不及上海一地的案件数量（见表 1）。

① 《公安部：全国公安机关去年共侦办各类侵犯公民个人信息案件 1886 起》，中央网信办网站，2017 年 3 月 11 日，http：//www.cac.gov.cn/2017－03/11/c_1120608963.htm；《去年公安机关侦破侵犯公民个人信息案件 4900 余起》，法制网，2018 年 1 月 9 日，http：//www.legaldaily.com.cn/zt/content/2018－01/09/content_7443903.htm？node=90103。

表 1　个人信息刑事案件省份分布

单位：例，%

序号	省份	案件数量	占比	序号	省份	案件数量	占比
1	上　海	38	34.5	12	湖　北	2	1.8
2	北　京	15	13.6	13	甘　肃	1	0.9
3	江　苏	12	10.9	14	广　西	1	0.9
4	广　东	8	7.3	15	贵　州	1	0.9
5	山　东	5	4.5	16	黑龙江	1	0.9
6	浙　江	5	4.5	17	湖　南	1	0.9
7	福　建	4	3.6	18	青　海	1	0.9
8	四　川	4	3.6	19	陕　西	1	0.9
9	安　徽	3	2.7	20	云　南	1	0.9
10	河　南	3	2.7	21	重　庆	1	0.9
11	河　北	2	1.8				

根据司法解释，对公民个人信息犯罪的定罪并不以个人信息的买卖获益为要件。研读判决书可见，大量已经审结的刑事案件中没有直接经济受害人，甚至不存在信息交易的直接金钱受益人。以上海市徐汇区法院审理的数起案件为例，在上海昂论教育科技有限公司、李某等侵犯公民个人信息案，① 上海呈康体育管理咨询有限公司、刘某某等侵犯公民个人信息案②，以及上海泽熙文化传播有限公司、尹某某等侵犯公民个人信息案③等案件中，单位作为个人信息买卖或获取主体，在开拓市场的动力下，单位主管人员或命令员工，或自己通过各种途径获取公民姓名、联系方式等个人信息，展开市场营销，密集的营销导致大量公民遭受电话骚扰，引发公民大量举报。

在上海、北京、江苏、广东这些经济发达省份，由于市场主体繁多，经营人员数量庞大，为获取更丰富的客户资源开拓市场，很多人不惜以非法手段获取或买卖公民个人信息展开营销攻势。在庞大的买方市场下，个人信息

① 上海市徐汇区人民法院刑事判决书［（2016）沪 0104 刑初 493 号］。

② 上海市徐汇区人民法院刑事判决书［（2016）沪 0104 刑初 846 号］。

③ 上海市徐汇区人民法院刑事判决书［（2016）沪 0104 刑初 913 号］。

买卖交换变得活跃，公安机关的侦破行动查处的大量刑事案件可解释经济发达省份何以成为个人信息刑事犯罪的重灾区。

（三）涉案人较少存在特殊身份，多人犯罪占比近半

尽管最高人民检察院发布的6起个人信息刑事案件的典型案例均表现为企业或单位内对大规模个人信息有接近权的个人利用职务便利，盗取个人信息并售卖以赚取收益，但本文对公开文书的统计中却发现当事人因特殊身份而犯罪的案例却并不多，全部227名涉案人，仅7人具备这种特殊身份，其余220人都是普通当事人。

7名特殊身份涉案人中，包含公务机构工作人员（如派出所警察、交警）和大型国有机构的工作人员（如银行柜员、移动公司员工），他们凭借自己接近重要个人信息（如个人交通违法信息、移动3G位置信息，甚至银行身份信息等）的权力搜集并出售，以谋取不正当利益。由于涉案人身份特殊，同时涉案个人信息对公民而言至关重要，涉案人通常被处以较重的实刑。但更多的是普通身份犯罪，主要可分为三类：其一是企业或个人销售人员，因公司业绩的的需要，通过种种手段搜集或获取公民个人信息展开营销，如钟某某侵犯公民个人信息案，[①] 韩某非法提供公民个人信息、李某某非法获取公民个人信息案，[②] 李某侵犯公民个人信息案[③]等；其二是无业群体，他们通过加入QQ群或其他网络即时通信工具，或游走在各个群当中充当个人信息的“二道贩子”赚取差价，或“潜伏”窃取群内信息以出售，得到的也多为蝇头小利，如肖某某非法获取公民个人信息案[④]，林某非法获取公民个人信息案，[⑤] 严某、莫某某等人非法获取公民个人信息案[⑥]等；其三则是诈骗群体，在获取个人信息之后展开信息诈骗工作，如邵某某、邵某

① 广东省茂名市电白区人民法院刑事判决书［（2017）粤0904刑初448号］。

② 上海市徐汇区人民法院刑事判决书［（2014）徐刑初字第222号］。

③ 上海市虹口区人民法院刑事判决书［（2017）沪0109刑初986号］。

④ 周口市川汇区人民法院刑事判决书［（2013）川刑初字第00419号］。

⑤ 上海市长宁区人民法院刑事判决书［（2016）沪0105刑初253号］。

⑥ 贵州省遵义市汇川区人民法院刑事判决书［（2017）黔0303刑初840号］。

某诈骗及侵犯公民个人信息案,[①] 陈某甲、陈某乙非法获取公民个人信息、诈骗案，林某某诈骗案,[②] 谢某某、王某某诈骗案[③]等，在诈骗未遂，但显然已获取大量公民个人信息的情况下，也会被司法机关以信息相关犯罪处以刑罚，甚至数罪并罚，如吴某侵犯公民个人信息案[④]等。

个人信息保护刑事案件的另一个突出特征是同一案件中往往有数名被告人，其比重达到全部案件数量的47.3%，其中既包含上下游的信息交换或买卖，也存在团伙作案的情况。

由于个人信息犯罪至少会牵涉上下游的信息买主和卖主，我国《刑法修正案（七）》规定了出售、非法提供公民个人信息罪和非法获取公民个人信息罪，尽管《刑法修正案（九）》中把两罪合为一罪，即侵犯公民个人信息罪，但总体上个人信息买卖双方都可能涉嫌犯罪。典型案件如韩某非法提供公民个人信息、李某某非法获取公民个人信息案，就是买卖双方同时被查处和审判的例子。此外，部分案件还存在信息买卖的上下游其他犯罪，如马某某、王某某等46人牵涉提供侵入计算机信息系统程序罪、非法获取计算机信息系统数据罪、侵犯公民个人信息罪等,[⑤] 其中不仅存在上下游的信息买卖，还有非法窃取个人信息的程序开发及程序售卖、下游的诈骗等，无不是一个案件牵连多位涉案人员。

2017年“两高”的司法解释规定，获取、出售、购买公民个人信息依据信息类别的不同达到最低50条、500条和5000条的标准时就触犯了刑法，应受到相应的惩处，而出售公民个人信息获益达5000元，通过收购公民个人信息获益达50000元也触犯了刑法。互联网时代，个人信息的庞杂和快速流动，普通身份涉案人的信息交易很容易达到犯罪的程度，最终被司法机关惩处，且由于个人信息相关案件都存在买卖双方和和上下游产业，因此

① 广东省茂名市电白区人民法院刑事判决书［（2017）粤0904刑初815号］。

② 福建省安溪县人民法院刑事判决书［（2014）安刑初字第938号］。

③ 广东省茂名市电白区人民法院刑事判决书［（2017）粤0904刑初832号］。

④ 广东省茂名市电白区人民法院刑事判决书［（2016）粤0904刑初366号］。

⑤ 浙江省绍兴市越城区人民法院刑事判决书［（2016）浙0602刑初1145号］。

一个案件往往牵连数人犯罪，形成特殊身份犯罪少、数人犯罪案件多的情况。因此，最高人民检察院的提醒诚然具有重大意义，因为这些特殊身份的信息掌管人，如银行员工、警察、移动技术人员，与普通身份相关犯罪相比，一旦由其泄露个人信息，往往将直接造成难以忽视的严重后果。

（四）法院审判：刑期较低，缓刑较多

法院对个人信息相关刑事案件的判处刑期总体偏低，除单位犯罪主体及情节显著轻微免予刑事处罚的主体外，获刑涉案人被判有期徒刑或拘役的平均刑期为 18.64 个月，其中最高刑期是 78 个月，最低刑期拘役 2 个月，大量案件的刑期集中分布在 20 个月以下，不足两年。最高刑期涉及案件罪名为非法获取计算机信息系统数据罪，涉案人吴某某累月向他人订购 QQ 木马程序，通过将所定木马程序植入网站链接散播以获取用户的 QQ 账户、密码及 Q 币余额等，随后，他将这些获取的信息贩售给他人变现，从中获利 17 万元，此案中的上下游罪犯一并被抓获。初审法院认为吴某某、王某某、明某、梁某、伊某某反国家规定，侵入国家事务、国防建设、尖端科学技术领域以外的计算机信息系统，获取其中存储、处理的数据，情节特别严重，其行为均已构成非法获取计算机信息系统数据罪，系共同犯罪，其中被告人吴某某犯非法获取计算机信息系统数据罪，判处有期徒刑 6 年 6 个月，并处罚金 30 万元。被告人上诉请求被重庆市第五中级人民法院驳回，维持原判。[①]

除刑期总体不高外，大量涉案人最终获得缓刑。在全部 227 名获刑的个人或单位中，除免予刑事处罚和单位犯罪涉案人外，其他 219 名涉案人员有 95 名获得缓刑，占比为 41.9%，说明此类被查处的案件情节在刑法中并不严重。另外，在我国的审级制度下，初审法院的级别也能窥测案件的复杂或严重程度。在全部相关的 110 个案件中，仅两个案件的审理法院是中级人民法院，其余 108 个案件都由基层人民法院审理。这两个初审在中级人民法院的案件都与银行信息管理秩序相关，分别是陈某某妨碍信用卡管理、侵犯公

① 重庆市第五中级人民法院刑事裁定书［（2014）渝五中法刑终字第 35 号］。

民个人信息案，当事人陈某某利用网络买卖公民个人身份证原件和信用卡，两罪并罚被处以有期徒刑二年，并处罚金23000元；[①] 李某某侵犯公民个人信息案，由于涉案当事人为银行工作人员，作为特殊身份主体，其利用职务查询个人身份信息的便利，为他人多次查询并出售公民个人信息包括姓名、身份证号码及银行账户资料（账号、余额、银行前台预留手机号码）等，最终获刑9个月。[②] 在较低的刑期下，此类案件的上诉率也较低，全部案件仅8起案件提起上诉，其中7件被驳回。

大量情节轻微的小案件，罕见大案的踪影，彰显当前我国个人信息相关刑事案件的尴尬之处：大量个人信息泄露事件真实存在，但被公安机关查处的案件却十分有限，很可能暗合研究者所提出的"抓住小部分，放掉大部分"现状；另外，法院审理的案件中有四成案件被处以缓刑，说明大量走向法院的案件可能存在情节并不特别严重的情况，但进入案件审判程序，造成犯罪追究已经启动，隐隐回应了被批评和担心的"要么不追究、要追究就上刑罚"的情况。

（五）个人定罪罪名：单罪为主

根据统计，被查处的涉案人多数以信息相关罪名单罪定罪，占比为94.7%，而以数罪定罪的涉案人仅有12人，占比为5.3%（见表2）。

就罪名本身而言，2009年我国为应对日益严重的侵犯公民个人信息犯罪行为，在《刑法修正案（七）》第253条中增加了出售、非法提供公民个人信息罪和非法获取公民个人信息罪两个罪名，但这一规定并不完善，引发了颇多争议，以致2015年《刑法修正案（九）》新规对此统一为侵犯公民个人信息罪。[③] 统计数据也清晰表明了司法审判中这种罪名认定上的变化。2015年之前，法院对公民个人信息相关犯罪的定罪呈现多样性特征，既有

---

① 广东省东莞市第二人民法院刑事判决书［（2015）东二法刑初字第2106号］。

② 青海省德令哈市人民法院刑事判决书［（2016）青2802刑初145号］。

③ 韦尧瀚：《侵犯公民个人信息罪在司法认定中的若干问题研究——兼评〈刑法修正案（九）〉第十七条》，《北京邮电大学学报》（社会科学版）2016年第18期，第34~39页。

出售公民个人信息罪，也有非法获取公民个人信息罪、非法提供公民个人信息罪等，不一而足。而在2015年之后，法院的审理全部统一为侵犯公民个人信息罪。而其他罪名如非法获取信息系统数据罪、提供侵入计算机信息系统程序罪，属于信息犯罪的上游罪名，被《刑法》纳入第五章“妨碍社会管理秩序罪”。而信息相关犯罪则被划分在第四章“侵犯公民人身权利、民主权利罪”中。

在剔除单罪涉案人后，或许可从数罪涉案人及其罪名中窥测当前侵犯公民个人信息罪上下游犯罪的部分特征。这些以数罪定罪的罪犯，在涉嫌侵犯公民个人信息犯罪之外，还包含上游获取信息方面的犯罪，如非法获取信息系统数据罪，以及下游利用所获得的信息进行其他方面的犯罪，如诈骗、盗窃网络资产或信用卡盗窃等。但总体上一人犯数罪的情况并不多见，即便存在信息产业的上下游关系，这些涉案人之间相对分工明确，或利用技术窃取个人信息，或买卖获取个人信息后展开相应的“经营”，甚至其他情节更为恶劣的诈骗。而后者更多表现为信息链的下游，他们没有技术，只能通过信息买卖或交换赚取收益或开展业务，甚至进行盗窃或诈骗活动，在侵犯公民个人人身权之外，继续侵犯其他法益。这也再一次印证了大量涉案人都属于没有技术和特殊身份的普通人犯罪，情节并不严重。

表2　数罪罪犯及其罪名

单位：例，%

罪名	案件数量	百分比	累计百分比
侵犯公民个人信息罪、盗窃罪	1	8.3	8.3
侵犯公民个人信息罪、妨害信用卡管理罪	1	8.3	16.7
侵犯公民个人信息罪、伪造事业单位印章罪	2	16.7	33.3
侵犯公民个人信息罪、诈骗罪	2	16.7	50.0
侵犯公民个人信息罪、职务侵占罪	2	16.7	66.7
提供侵入计算机信息系统程序罪、非法获取计算机信息系统数据罪	1	8.3	75.0
非法获取信息系统数据罪、非法控制计算机信息系统罪、诈骗罪	3	25.0	100.0

（六）量刑分析：廉价的个人信息

相关性分析结果显示，刑期、罚金和涉案金额与信息数量之间均存在相关性，且相关系数为正。而针对刑期和罚金与其他相关变量的回归分析显示，刑期与涉案金额和涉案信息数量之间都存在正相关关系，且p值显著，说明法院总体上都会考虑这两个影响因素对涉案人量刑；罚金与涉案金额之间存在显著的正相关关系，但与涉案信息数量之间关系不显著，说明法院在处以罚金刑时主要参考的是犯罪行为的相对收益，而较少关注其买卖的信息数量。无论刑期还是罚金，与当事人是否存在特殊身份，以及是否为数人犯罪之间均无显著的相关关系，说明此两项因素并未影响法院的量刑问题（见表3）。

表3　刑期、罚金回归分析结果

项目	刑期		罚金	
	系数	p值	系数	p值
涉案金额	0.0000952	0.0013 ***	0.375	0.00 ***
信息数量	0.00000004	0.0055 ***	-0.003	0.91
当事人身份	-4.24	0.56	-0.66	0.09 *
数人犯罪	6.53	0.15	0.52	0.04 **
Adjusted R^2	0.247		0.500	
Prob(F-statistic)	0		0	
Durbin-Watson stat	1.61		1.16	
异方差检验(white法)	p值		p值	
F-statistic	0.884		0.218	
Obs * R-squared	0.852		0.217	
Scaled explained SS	0.328		0.384	

注："***""**""*"分别表示在1%、5%和10%的显著性水平下显著。

在刑期与涉案个人信息数量之间存在正相关关系的前提下，本文计算了涉案个人信息数量与刑期之间的比值关系，试图探究涉案信息数量与刑期之间的对应关系。在剔除个人信息空值和刑期空值后，其他190组数据比率统计显示，此两项数据的平均比值为132979.2239，即平均来看，13万余条个人信息才能对应差不多一个月的刑期。但显然，此组数据整体上的离散程度巨大，二者比值的最小值仅为2.13，而最大值为15151515.15（见表4），说明法院的定罪除了考虑信息数量，信息本身的重要程度、对个人生活的危害程度及行为人行为对其他社会关系的破坏或干扰程度也是重要的考虑依据，信息数量并不是唯一的量刑标准。而且大量个案中，尽管涉案个人信息数量庞大，但信息质量低劣、无效信息巨大，有时候公安机关在取证过程中会对信息有效性进行比对，因此，尤其是基于社交媒体的信息交换等，信息量定罪的程度并不太高。

表4　个人信息/刑期（月）的比率统计

平均值	132979.2239
中位数	1709.291667
最小值	2.133333333
最大值	15151515.15
观测数	190

五　结论与讨论

经过对以上个人信息保护相关刑事判决书的实证统计分析及讨论，本文认为当前我国个人信息刑法保护呈现以下特点。

其一，近几年来，随着我国对个人信息安全的重视程度增强，公安及司法机关也加大了对个人信息案件的侦破及审查力度，相关案件数量也呈现上升趋势。2017年对“两高”司法解释的解读中直接提到，这一解释的目的在于降低入罪门槛，严惩侵犯公民个人信息犯罪，[①] 明确了对侵犯个人信息

① 《降低入罪门槛，严惩侵犯公民个人信息犯罪——“两高”〈关于办理侵犯公民个人信息刑事案件适用法律若干问题的解释〉解读》，正义网，2017年5月9日，http://www.legaldaily.com.cn/judicial/content/2017-05/09/content_7148529.htm?node=80533。

相关犯罪的打击力度，也解释了案件数量在2017年达到峰值的原因。

其二，侵犯公民个人信息的刑事案件，其发生地集中在经济发达的省份，其中以上海、北京、江苏和广东四省份最为集中，其他案件零星分布于17个省份中。判决书内容显示，当前我国此类案件表现为以信息交换及其经营营销为主，很多被查处和获刑的案件属于企业经营人员因销售需要购买或交换公民个人信息。经济发达地区的市场发达和经济竞争激烈，存在大量中小公司或个人营销人员，为开拓市场业务，他们选择非法获取甚至买卖个人信息，这一现象在经济相对欠发达地区表现却并不明显。

其三，绝大多数涉案人为普通身份，并不具备公务或相关信息接触上的职务便利，特殊身份涉案人占比十分有限。这一方面说明目前我国个人信息相关犯罪的查处力度很大，大量买卖公民个人信息的案件被查处和判刑，但也说明大量案件属于情节轻微的普通人犯罪，另一方面也可能说明越是严密的机构内部，监管越是相对完善，因而也较少存在犯罪机会，但一旦出现如警察、银行职员、电信员工等特殊身份主体犯罪的相关案件，则往往带来不可估量的后果。

其四，总体上此类案件最终的定罪并不重，多数罪犯的刑期为不足两年，且存在41.9%的缓刑率。这一方面回应了我国当前对侵犯公民个人信息罪的刑法规定，根据刑法第253条，违反国家有关规定，向他人出售或者提供公民个人信息，情节严重的，处三年以下有期徒刑或拘役，并处或单处罚金；情节特别严重的，处三年以上七年以下有期徒刑，并处罚金。总体来说，侵犯公民个人信息罪的刑期为七年以下的轻刑。此外，上游犯罪如控制计算机信息系统罪、非法获取计算机信息系统数据罪同样为七年以下有期徒刑的轻罪。这两类犯罪，前者被归入侵犯公民人身权利、民主权利罪章节，后者被纳入妨害社会管理秩序罪章节，在情节没有触犯其他法益引发数罪并罚的情况下，刑罚相对较为轻微。但较高的缓刑率确实说明了数涉案人的犯罪情节并不严重，属于较为轻微类别。这在侧面能够说明当前我国刑法对个人信息保护的尴尬之处，即大量案件属于社会危害不太严重的轻微刑事案件，以普通人的信息交易为主，尽管这些信息中包含大量并不真实的信息；

被法院认定比较严重的案件十分罕见，侵犯公民个人信息犯罪的上游犯罪被查处的数量十分稀少，可以忽略不计，而上游的信息窃取和信息泄露被视为当前公民个人信息保护中的软肋。这也能够从侧面印证研究者的担心：对个人信息犯罪的查处，恐怕有流于抓小放大的趋势，且存在查处小部分、放掉大部分的隐忧；尽管当前对个人信息的刑法保护旨在降低入刑标准，提供强保护，但较高的缓刑率和多数情节轻微案件的查处，可能对个人信息保护并不具有显著功效。

其五，目前此类案件数人犯罪十分常见，占全部案件半数，但以个人为单位进行统计则发现，绝大多数涉案人最终被以单罪定罪。这一数据说明，目前个人信息相关犯罪存在比较清晰的分工，上下游犯罪区隔明显：掌握技术的人通过售卖技术获益，大量中间层面的信息贩子或营销人员在各个社交平台上贩售或交换价值含量不太高的个人信息，或赚取蝇头小利，或开展销售业务。而下游则是购买或交换个人信息以展开营销或进行其他犯罪的主体，下游的此类群体也更可能以数罪定罪。正因为如此，这类案件的涉案金额都不太高，且大量中间层面的罪犯被查处，上下游涉案人则十分罕见。

其六，当前此类案件的量刑与涉案个人信息数量及涉案金额都存在正相关关系，且数据呈现当前我国个人信息在市场交易和最终刑期判定中都显得十分廉价。尽管司法解释有关侵犯公民个人信息罪的定罪确实从信息数量和涉案金额等多个维度进行了细化，但若将涉案个人信息数据量与刑期进行一一比对，则显示单个个人信息十分廉价，十余万条个人信息进入非法交易程序后，平均仅获得一个月的刑期。但这一数据并不绝对，其数据离散程度较高，对于某些定向信息，价值含量较高的个人信息，其刑期与数量之间的关系将发生质变，可能达到一两条数据即获刑一个月的程度。但总体来说，沈粹华的观点已经应验：大数据时代的个人信息十分廉价，这可能将带来隐私走向死亡的结局。①

---

① 沈粹华：《隐私已死：Facebook 数据“泄露”事件解读》，“知识分子”微信公众号，2018 年 4 月 6 日。

本文搜集的资料仅限于裁判文书网上公开的个人信息保护相关刑事案件，研究方法仅限于对特定变量的描述统计，相关性分析也只牵涉一两个变量，在全国司法文书公开还没有完全实现的情况下，样本可能存在偏差；同时，分析比较流于变量表面上呈现，但本文是对当前我国个人信息刑法保护研究的一次尝试。在未来的研究中，可一方面扩大研究统计的案件范围，尽可能多地增加研究案件数量，另外也可将法官访谈、个人信息泄露当事人访谈，甚至个人信息交易路径的田野观察等多种研究方式综合运用，以加强对个人信息刑事犯罪及定罪量刑方面的核心依据的理解。

B.6

社交网络服务提供商对个人隐私保护现状研究报告*

杨雪兰　李卫东**

摘　要： 当前社交网络个人隐私保护问题成为人们关注的重点。本文通过研究社交网络服务提供商对用户个人隐私的保护概况、信息的收集与存储情况及信息的共享与开放情况，发现社交网络服务在对用户隐私保护中存在用户存储与保护的措施不完善，信息的使用与共享、开放情况不透明，个人隐私保护有待规范等问题，并提出社交网络服务提供商可从自律、监督和法制三个维度采取措施完善用户个人隐私的保护机制。

关键词： 社交网络　个人隐私　服务提供商

随着互联网的发展，“数字化生存”成为当今时代的显著特点。但是随着它的发展，缺陷、弊病同样也逐渐显现。“剑桥分析”利用 Facebook 的用户数据干预政治活动这一事件，使 2018 年 Facebook 用户隐私泄露事件在全球范围内受到了广泛的关注。这也让人们将目光再次聚焦社交网络服务提供商对用户个人隐私的保护问题上。社交网络服务提供商作为提供社交网络服

* 本报告系国家自然科学基金重点项目“非传统安全问题风险识别与防范机制——以智慧城市治理中的信息共享与使用为例”(项目编号:71734002)的部分研究成果。

** 杨雪兰，华中科技大学新闻与信息传播学院传播系研究生；李卫东，管理学博士、传播学博士后，国家认证计算机技术与软件技术专业“系统分析师”，华中科技大学新闻与信息传播学院传播系教授、博士生导师。

务的重要主体在用户个人隐私保护中起着举足轻重的作用。因此本报告重点研究社交网络服务提供商对用户个人隐私的收集、存储情况和开发、共享情况，调查社交网络服务提供商的用户隐私保护机制。

一　调查设计

随着社交网络的发展，它给人们带来便利的同时，也增加了个人隐私的泄露风险。本文针对社交网络服务提供商对用户的个人隐私保护机制提出如下调查问题：社交网络服务提供商对用户个人隐私的收集、存储情况；社交网络服务提供商对用户个人隐私的使用、共享情况。

（一）调查方法和调查类目

本调查对社交网络产品平台公示的信息收集、开放等条款进行研究，客观、量化地分析社交网络服务提供商对用户个人隐私的保护情况。在研究类目构建方面，在学者 Irene Pollach① 思路的基础上加以发展，形成如表 1 的调查类目。

表 1　具体调查类目

分类	序号	项目
信息的收集与存储	1	收集了用户的哪些信息？
	2	收集行为能否被禁用？
	3	是否说明了禁用收集带来的后果？
	4	服务提供商是否说明了确保信息安全？
	5	是否说明了对未成年人隐私的保护？
信息的共享与开放	6	是否同第三方共享数据？
	7	是否说明它们将不会出售数据？
	8	是否有开放平台？
	9	开放哪些数据？
	10	开放的对象？

① I. Pollach, "Privacy Statements as a Means of Uncertainty Reduction in WWW Interactions," *Journal of Organizational & End User Computing* 18（1）, 2006, pp. 23 – 49.

（二）样本选择

笔者在对社交网络服务提供商进行研究时，参照2015年中国互联网络信息中心（CNNIC）《中国社交应用用户行为研究报告》① 和《网络与新媒体应用模式——创新设计及运营战略视角》② 中的分类将社交网络应用分为泛社交网络应用和纯设计网络应用两大类。参考谷歌商城（Google Play）和苹果应用商店（App Store）中社交网络应用排行榜中的下载量，最终确定研究23款社交网络产品（见表2）。研究中涉及的隐私保护条款和开放平台的文本内容最后收集日期为2018年4月20日。

表2　研究产品

类别		选取应用
泛社交网络应用	网络社区类	百度贴吧、豆瓣、知乎、天涯社区
	即时通信类	微信、QQ、陌陌、易信
	个人空间类	新浪微博、QQ空间
纯社交网络应用	图片社交类	nice、in
	视频社交类	抖音、火山小视频
	婚恋社交类	世纪佳缘、百合网、珍爱网、58交友
	职场社交类	领英、脉脉、赤兔、大街
	实名社交类	人人网

二　研究发现

（一）信息的收集与存储分析

1. 社交网络服务提供商收集的信息

根据《网络与新媒体应用模式——创新设计及运营战略视角》中社交

① 中国互联网络信息中心（CNNIC）：《中国社交应用用户行为研究报告》，2015。

② 李卫东：《网络与新媒体应用模式——创新设计及运营战略视角》，高等教育出版社，2015。

网络用户个人隐私分类概况的分类方法，结合目前社交网络应用的隐私收集信息进行细分，形成社交网络用户信息收集类目共37项（见表3）。

表3　社交网络用户信息收集类目

隐私分类 具体项目	个人基本信息	个人特殊信息	个人动态信息	网络活动信息
1	姓名	电子邮箱	图片及图片信息	设备型号
2	身份证号	银行卡号	视频	设备分辨率
3	出生日期或年龄	支付记录	发布的言论	操作系统
4	性别	通讯录信息	评论、点赞、联系消息	唯一设备标识符
5	电话号码	银行预留手机号	搜索的关键字节	登录IP地址
6	籍贯		位置信息	WiFi信息
7	职业		运动步数信息	操作等日志信息
8	工作地点(地区)			互联网服务提供商
9	个人收入			Cookie
10	通信地址			
11	教育背景			
12	婚姻(情感)状况			
13	账号			
14	密码			
15	昵称			
16	头像			

根据利用各个社交网络产品的“隐私保护相关政策/说明”文本信息进行归类发现：电话号码、电子邮箱、账号、密码、图片及图片信息、姓名、登录IP地址、操作等日志信息、Cookie、昵称、发布的言论和位置信息是被收集最多的个人信息。在这些信息中，电话号码的收集频率是最高的，占69.57%；其次为账号信息占65.22%，电子邮箱占65.22%；然后为姓名和图片及图片信息，占60.87%；再次是登录IP地址、操作等日志信息、Cookle、密码，占56.52%；最后是发布的言论、位置信息和昵称，占52.17%（见表4）。

分析这些收集信息占比情况发现，电话号码被收集频率最高，为69.57%，同时排名靠前的几款社交网络产品的比例集中在60%左右。说明这些社交网络产品对用户个人信息的采集情况并不一致，趋向性不明显，表明社交网络服务提供商在信息收集方面缺失一个明确的规范标准。

通过对被收集的信息类别进行分析，发现进行实名认证的信息（电话号码、姓名），产品登录的信息（账号、电子邮箱、密码、昵称），个人社交动态信息（图片及图片信息、发布的言论、位置信息）和用户操作类的信息（操作等日志信息、Cookie）是收集最多的信息。这也符合社交网络产品重社交的特点。

表 4　各类社交网络收集最多的用户个人信息

单位：%

收集的信息	收集次数	占比	排名
姓名	14	60.87	4
电话号码	16	69.57	1
账号	15	65.22	2
密码	13	56.52	6
昵称	12	52.17	10
电子邮箱	15	65.22	2
图片及图片信息	14	60.87	4
发布的言论	12	52.17	10
位置信息	12	52.17	10
登录 IP 地址	13	56.52	6
操作等日志信息	13	56.52	6
Cookie	13	56.52	6

2. 能否禁止社交网络服务提供商收集行为

通过对各社交网络产品的“隐私保护相关政策/说明”文本信息进行分析，发现这些条款对于能否禁止收集行为主要有以下特点：一是对可禁止的收集行为描述得比较少；二是能够禁止的收集行为信息主要集中在位置信息和 Cookie 两种信息上；三是部分社交网络产品的“隐私保护相关政策/说明”根本没提及可禁止收集的行为。

经统计，在所有社交网络产品中，“社交网络用户信息收集类目”中的 37 项中只有20项有被提及可禁止。其中能够禁止位置信息的社交网络产品最多，共10个，占43.48%；第二多的是Cookie，共6个，占26.09%（见图1）。

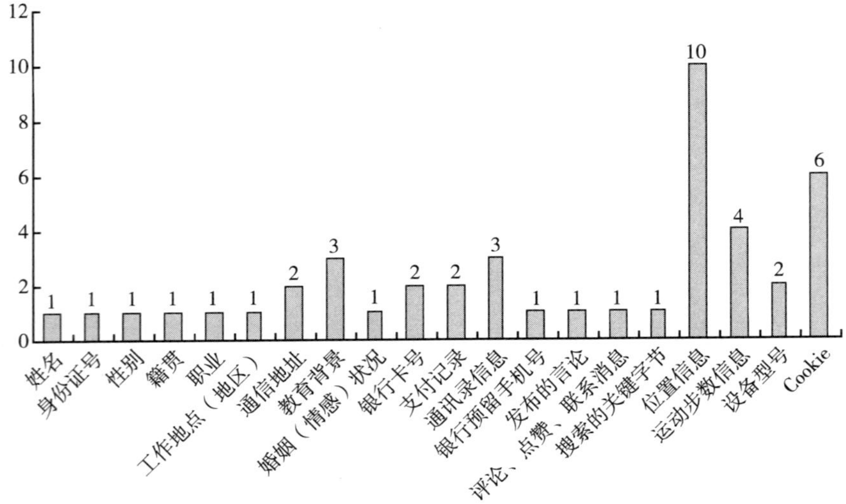

图1　各社交网络能被禁止收集的数据

在社交网络产品的“隐私保护相关政策/说明”中可禁止收集行为情况如下：微信、新浪微博可禁止8项数据收集，陌陌可禁止7项，领英可禁止6项，抖音、百度贴吧、火山小视频、赤兔可禁止2项，QQ、QQ空间、豆瓣可禁止1项。世纪佳缘、珍爱网、58交友等12个产品没有列出可禁止采集的数据行为和内容（见表5）。

表5　各社交网络中能够禁止数据采集行为情况

名称	可禁止信息采集项数	名称	可禁止信息采集项数
微信	8	58交友	0
新浪微博	8	世纪佳缘	0
陌陌	7	珍爱网	0
领英	6	百合网	0
抖音	2	易信	0

续表

名称	可禁止信息采集项数	名称	可禁止信息采集项数
百度贴吧	2	人人网	0
火山小视频	2	nice	0
赤兔	2	in	0
QQ	1	天涯	0
QQ 空间	1	知乎	0
豆瓣	1	大街	0
		脉脉	0

此外，部分社交网络产品在“隐私保护相关政策/说明”中提及可以禁止某些信息收集行为，其中，56.52%的产品说明了禁用搜集带来的后果，但是在前面的研究中发现有47.82%的产品提到了具体可禁止的数据信息。

3. 社交网络服务提供商对个人信息的保护情况

大部分社交网络服务提供商在条款中明确写出会保护信息安全，说明绝大部分社交网络服务提供商也明确知晓需要保障用户个人隐私安全的意识，只是在具体采取的措施、行为、机制等方面不完善。

关于未成年人信息保护，其中43.48%的产品专门针对未成年人隐私信息保护进行了说明。2015年《中国社交应用用户行为研究报告》显示“19岁以下用户占26.3%”①，是仅次于20～29岁的第二大用户群体。这表明未成年人已成为社交网络产品重要的受众群体。但是从目前来看，许多社交网络服务商还未明确要对未成年人信息进行保护。即使有相关认知的社交网络服务提供商，也大多是采取比较简单的保护行为、措施，甚至有的只是流于形式，如微博的条款中提到“若你是14周岁以下的未成年人，在使用微博的服务前，应确保事先取得监护人的同意，如果你是已满14周岁不满18周

① 中国互联网络信息中心（CNNIC）：《中国社交应用用户行为研究报告》，2015。

岁的未成年人，在使用微博服务前，应确保事先取得本人或监护人的同意。如你在微博上申请注册账号，微博将默认为你已得到前述同意”。

（二）信息的共享与开放情况

1. 信息共享情况

在“隐私保护相关政策/说明”中，73.91%的社交网络服务提供商会与第三方共享数据。说明社交网络产品中数据的流通性比较强，虽然这极大地促进了网络中信息的传递，但是也有可能会使网络节点与节点间的保护不当，造成信息泄露，给社交网络中隐私保护带来了挑战。

大量社交网络产品并没有在隐私保护条款中明确说明哪些第三方会共享数据，还有一些产品在与第三方共享用户信息时存在“霸王条款”的倾向。如“脉脉服务协议”中提到“淘友公司可能会与第三方合作向用户提供相关的网络服务，在此情形下，如果第三方同意承担与本协议约定的用户隐私保护条款同等的责任，则淘友公司有权将用户信息提供给该等第三方，无须获得用户的另行同意”。大街网提到“ 大街网可能会与第三方合作向用户提供相关的网络服务，在此情况下，大街网有权将用户的包括但不限于注册资料、简历、名片、人脉信息等信息提供给该第三方”。

在对数据的使用中，34.78%的社交网络服务提供商，如微信、陌陌、微博、珍爱网等在隐私保护相关条款中明确表示不会出售用户数据（见表6）。虽然未说明出售用户数据情况的社交网络服务提供商不一定会出售用户个人数据，但是就该内容进行专门说明的社交网络服务提供商，对出售用户数据的行为是错误的认识更深刻。

表6　社交网络中信息的使用与共享情况

单位：%

类别	占比
同第三方共享数据	73.91
明确不会出售用户数据	34.78

2. 开放情况

在本研究中，社交网络的开放情况主要是通过开放平台来进行研究的。开放平台的本质是构建围绕自己的生态链，通过应用程序接口（API）的能力开放，将自己不擅长的事情开放给合作伙伴们来做，通过丰富的应用来吸引用户。平台开放就是聚合合作伙伴丰富平台服务和应用，满足客户长尾化需求，企业在满足客户需求中实现多方共赢。①

根据研究发现，有 43.48% 的产品进行数据开放，39.13% 的产品有专门的开放平台，分别是微信开放平台、QQ 互联开放平台、易信开放平台、新浪微博开放平台、人人开放平台、贴吧网盟开放平台、天涯开放平台及领英 Partner Programs。QQ 空间虽然没有专门的开放平台，但是会通过腾讯开放平台开放一些资源。其中，有开发平台的社交网络产品主要集中在泛社交网络应用方面，占 77.78%，表明社交网络产品资源的开放情况集中，主要集中在部分类型的少量产品中。

在开放的对象方面，有 7 款社交网络产品对开放对象进行分类，其中 85.71% 的社交网络平台将开放对象分为个人和企业，针对对象的不同，开放平台会提供不同的开放资源。

按照《新媒体应用开放平台的云传播网络模型及结构特征分析》中的分类，开放平台的开放内容分为开放客户和产品数据、开放功能和服务及开放应用程序和源代码三个层次。②

对有开放平台的 8 款社交网络产品进行分析，其中 88.89% 的产品会开放功能和服务、88.89% 的产品会开放客户和产品数据，而所有开放平台的产品都会开放应用程序和源代码（见表 7）。其中仅有微信和领英只开放两种内容，微信开放的是功能、服务和源代码，领英开放的是客户和产品数据及源代码。

① 胡世良：《移动互联网商业模式创新与变革》，人民邮电出版社，2013，第 60 ~ 62 页。

② 李卫东、文竹：《新媒体应用开放平台的云传播网络模型及结构特征分析》，《新闻与传播研究》2016 年第 9 期，第 52 ~ 74，第 127 页。

表7 社交网络中资源的开放情况

分类	占比
会进行数据开放的产品	43.48%
有专门开放平台	39.13%
开放功能和服务	88.89%
开放客户和产品数据	88.89%
开放应用程序和源代码	100%

因为本文主要研究的是社交网络个人隐私的保护，因此主要内容集中在开放客户和产品数据部分。结合前文《网络与新媒体应用模式——创新设计及运营战略视角》中社交网络用户个人隐私分类概况的分类方法，将社交网络中开放客户和产品中涉及个人隐私信息的内容进行分析。经过研究分析发现，用户ID，用户昵称，用户头像，发布的言论、日志，评论、点赞、联系消息，图片及图片信息是被开放比例较高的项目（见表8）。此外，从开放的内容和开放的频率都可以看出，社交网络产品开放的用户数据主要是个人动态信息。

表8 社交网络涉及用户个人隐私的资源开放情况

单位：%

分类		开放比例
个人基本信息	用户ID	100
	用户昵称	87.50
	用户头像	100
	姓名	12.50
	国家	12.50
	行业	12.50
	教育背景	12.50
个人特点	电子邮箱	25.00
	支付信息	50.00

续表

分类		开放比例
个人动态信息	位置信息	37.50
	发布的言论、日志	75.00
	评论、点赞、联系消息	75.00
	用户好友信息	50.00
	图片及图片信息	62.50
	用户相册信息	25.00
网络活动信息	设备信息	25.00
	登录 IP 地址	25.00

三　研究结论

（一）社交网络服务提供商给予用户对自己隐私的可控制范围不大

分析发现，用户能够自己禁止不被收集的信息中，位置信息是被允最多的，但是给予这个权利的社交服务提供商也仅占 43.48%。被允许禁止第二多的是 Cookie 信息，占 26.09%。从用户角度而言，在接受社交网络服务中用户个人对自我信息的可控制程度较低。许多信息只有被收集的权利，而没有被禁止收集的权利。

（二）服务提供商对用户隐私信息的存储与保护措施不完善

在用户个人信息的保存中，绝大部分社交网络服务提供商明确提到要尽力保障用户个人隐私的安全，但是采取的具体措施、行为、制度等还不完善。此外，关于未成年用户个人信息保护，部分服务提供商还没有专门的保障措施，即便有保障方式，也都处于比较简单、粗浅的级别。尤其是对特殊群体未成年人在社交网络中的个人隐私保护，许多社交网络服务提供商并没有认识到其特殊性。即使是认识到需要特别保护未成年用户个人隐私的服务提供商，其保护措施、机制都比较简单、不成熟，也没有针对性，有的甚至是流于形式。

（三）霸王条款现象仍有出现

部分社交网络服务提供商制定的隐私保护条款中存在霸王条款现象，如“用户可以通过停止使用 A 产品服务，不再向 A 公司提供用户信息。但是，用户此前同意 A 公司使用的用户信息，A 公司不承担主动删除、销毁的责任”。“B 产品可能会与第三方合作向用户提供相关的网络服务，在此情况下，B 产品有权将用户的包括但不限于注册资料、简历、名片、人脉信息等信息提供给该第三方。”这些条款都没有给用户选择或者通知的机会，尤其是 A 产品的条款，一旦不接受就无法使用产品。对用户而言，根本没有任何议价能力和选择权。

（四）信息的使用与共享、开放情况不透明

研究显示，73.91%的社交网络服务提供商会与第三方共享数据，但是哪些信息会被共享，很多服务提供商并没有提及。而对于收集的用户个人隐私，许多服务提供商也没有明确说明会如何使用。此外，社交网络服务提供商会开放数据，但是许多服务商对开放数据被使用的情况并没有规定和限制。因此，社交网络服务提供商对用户个人信息的使用与共享、开放情况不够透明。

（五）隐私保护相关政策更多的是保障服务提供商的利益

社交网络产品隐私保护相关政策更多的是服务提供商站在自己的角度制定的，保障服务提供商自身利益的倾向更明显。

在“隐私保护相关政策/说明”中，近 74%的社交网络服务提供商都明确列出“免责说明”，82.61%的服务提供商列出会公开个人信息的情况。这说明，社交网络服务提供商责任规避的意识总体比较强。此外，没有在“隐私保护相关政策/说明”列明会公开用户个人信息情况的仅有 4 个产品，而没有“免责说明”的只有 6 个产品。

在语言运用方面，只有微信“微信隐私保护指引”是以第二人称来进行撰写，如“目前，微信不会主动共享或转让你的个人信息至第三方，如存在其他共享或转让你的个人信息情形时，我们会征得你的明示同意”。相较于第三人称语言的客观性、疏离感，使用第二人称会让用户感受到更加平等。

（六）社交网络产品用户个人隐私的开放情况不规范，开放的决定权在产品方

研究发现，各社交网络平台开放的内容差异化明显，对用户隐私信息的开放情况也没有统一。社交网络开放平台开放的用户个人隐私主要集中在个人动态信息方面。因此，在社交网络应用开放情况没有相关规范且用户对网络个人动态信息保护不足的情况下，社交网络服务提供商对用户个人隐私的开放情况就主要按照产品需求进行设定。

（七）社交网络服务提供商对用户个人隐私保护的意识不足

总体来看，社交网络服务提供商对用户个人隐私保护重视程度不足。研究发现，用户通过社交网络产品首页点击查看个人隐私保护条款平均须点击1.41次。说明社交网络服务提供商认为隐私保护条款没有注册、登录等功能性页面重要，与其提供服务的关系不紧密，因此认为隐私保护条款不重要。

部分社交网络服务提供商对于用户保护欠缺。研究发现，26.08%的社交网络产品没有专门的隐私保护政策文件，他们常常将隐私保护条款纳入用户服务等协议。根据隐私保护条款存放的位置可以看出，社交网络服务提供商认为用户隐私保护更多是他们给予用户的一种权利，没有认识到保护用户隐私应该是一种责任。73.92%的有专门的隐私保护政策文件的社交网络服务提供商存在对于用户个人隐私认识不足的情况。其中有许多社交网络用户隐私保护的条款还比较简略，有的甚至只有两三页。在用户信息的收集方面，这些社交网络服务提供商给予用户自己的控制权较少，而对自身的免责条款多，为自己思考的多，站在用户的角度思考少。

四　研究建议

社交网络产品是个人隐私的承载平台，因此社交网络服务提供商对个人

隐私保护具有关键性的作用。对社交网络服务提供商来说，安全、有效地保护个人隐私不仅是企业承担社会责任的表现，更有利于树立良好形象、提高用户的信任度和满意度、抵御用户隐私泄露的风险。针对用户个人隐私的保护，社交网络服务提供商可从自律、监督和法制三个维度采取措施完善用户个人隐私的保护机制。

建设自律机制。社交网络服务提供商首先应该树立用户隐私至上的原则，将用户隐私保护意识根植于方方面面。学习苹果公司等企业对隐私保护的重视程度，将用户隐私放到至高地位。其次，制定整套的保护机制。从制度到技术，从采集到存储，从使用到共享等各个方面，设置完善的隐私泄露预警机制，采用严格、有效的信息保护技术手段，设立专门的用户隐私保护机构，增强对未成年用户的保护措施。在对用户信息的收集方面，给予用户更多的选择权，不过度收集用户信息。在信息共享、开放方面，加强对第三方机构的审查，避免发生第三方机构非法利用采集的信息。

建立监督机制。社交网络服务提供商应该从用户监督、行业监督两个方面出发，在社交网络用户个人隐私保护方面充分发挥用户的主观能动性。就像詹姆斯·格里梅尔曼所言："应该让用户成为受重视的合作伙伴，让他们觉得自己有做出贡献。"在监督方面可以调动用户的力量，给予用户对个人隐私保护方面更多的权力。在行业监督方面，可以充分发挥社交网络行业内第三方组织、协会的作用。比如 2017 年由中央网信办、工业和信息化部、公安部、国家标准委牵头，新浪、淘宝、京东、支付宝、高德等企业签署实行"个人信息保护倡议书"。在调查中发现参与"个人信息保护倡议"的社交网络服务提供商如腾讯、新浪的用户"个人隐私保护政策/说明"更详细、更规范，因此可以扩大"个人信息保护倡议"等行业自律、监督的实行范围，鼓励更多的社交网络服务提供商参与。

遵守法律规范。社交网络服务提供商应该做到严格按照法律、规范中用户个人隐私保护相关内容来进行约束。社交网络服务提供商应做到有法必依，严格按照法律、法规提供社交网络服务，勇于承担企业责任，为营造良好的网络环境做出努力。

社交网络服务提供商对用户的隐私保护，除了需要服务提供商完善保护机制，还需要从法律层面进行规范。目前在国家法制方面，相关法律尚少，体系不完善。虽然已经出台《网络安全法》，但是涉及社交网络中个人隐私保护的大多只是一些原则性的规定。管理方面多依靠法规和指导文件，存在政策法规落实不到位的情况。在管理机构方面，对社交网络产品中隐私保护更多倚靠的是政府方面的力量，但也存在机构职责不明确的情况。因此，在公共政策方面也要加强网络立法、监管，也能够对社交网络服务提供商的用户隐私保护机制的建立起到积极作用。

B.7 党的十八大以来重大舆情应对经验、不足与提升路径*

张志安 曹 洵 章 震**

摘 要： 本文以 2012～2017 年六年来重大舆情事件为案例，总结党的十八大以来重大突发事件舆情应对的成功经验和存在的不足之处。一方面，在处置重大舆情事件过程中，各级政府、相关机构积累了以下四个方面成功经验：实施新闻发布制度，有效平衡信息公开和有序管控的关系；突发事件舆情处置过程中，逐步建立"标本兼治"的工作目标；善于运用微博、微信、微头条等新媒体平台发布信息和舆论

* 本文为2016年教育部哲学社会科学研究重大课题攻关项目"大数据时代国家意识形态安全风险与防范体系构建研究"（项目编号：16JZD006）的系列成果。

** 张志安，中山大学广东省舆情大数据与仿真分析重点实验室主任、传播与设计学院院长；曹洵，中山大学互联网与治理研究中心副研究员；章震，中山大学传播与设计学院 2017 级博士生。

引导；对国内舆论场和国际舆论场进行必要分割，尽量避免外部风险倒灌。另一方面，重大舆情应对工作也存在以下问题与不足：重大突发事件新闻发布的责任主体不够明确，协同机制有待加强；针对重大项目的实施和评估，缺乏足够的舆情风险意识；地方党政一把手的舆论引导意识和公共沟通能力需要持续提升。除总结经验和不足外，本文还分析了转型社会和网络社会双重语境下重大舆情的风险点，并在此基础上，从舆论引导的专业化、科学化和实效化维度提出防范对策。

关键词： 舆情事件　舆论引导　新闻发布

近年来，重大舆情事件时有发生（见表1）。这些舆情事件主要触及以下问题：高官违纪中的政治信任问题、重大项目实施中的基层治理问题、城市灾难事故中的公共安全问题、中产阶层的社会心态问题及跨境政治中的社会思潮问题等。不难发现，这些问题深刻影响国家安全和社会稳定，并对舆情治理的理念、方式提出挑战。因此，有必要总结党的十八大以来重大突发事件舆情应对的成功经验和不足，分析舆情生成和演变规律，尽早研判舆情风险点，进而提升今后舆论引导工作的科学性和实效性。

表1　近年来部分重大舆情事件及其类型

年份	重大舆情事件	事件类型
2012	王立军薄熙来案	政治权力和意识形态
	广东乌坎事件	地方治理和基层民主
	多地非法集资案	经济安全和社会稳定
	四川什邡市钼铜项目	重大项目与基层治理
	江苏启东市造纸厂排污项目	重大项目与基层治理
	浙江宁波 PX 项目	重大项目与基层治理

续表

年份	重大舆情事件	事件类型
2013	南方周末事件 薄熙来案 厦门公交大火	言论自由与舆论管制 高官违纪与政治信任 个体抗争与社会稳定
2014	昆明火车站暴恐事件 台湾学生攻击“立法会” 香港学生占领中环 周永康案	恐怖袭击和民族分裂 政治认同和意识形态 政治认同与意识形态 高官违纪与政治信任
2015	天津港爆炸事件 东方之星沉船事件 上海踩踏事故 令计划落马 《穹顶之下》引发热议	重大事故与公共安全 重大事故与公共安全 重大事故与公共安全 高官违纪与政治信任 环境安全与政治信任
2016	人大硕士雷洋事件 百度魏则西事件 和颐酒店女子遭袭事件 A 股熔断机制实施后暂停 帝吧表情包大战 连云港反核群体性事件	公共安全与社会心态 公共安全与社会心态 公共安全与社会心态 公共安全与经济秩序 跨境政治与意识形态 重大项目与基层治理
2017	山东于欢案 郭文贵海外爆料造谣 邓相超言论争议事件	非法集资与公共安全 政治信任与意识形态 社会思潮与意识形态

一　党的十八大以来重大舆情应对的成功经验

党的十八大以来，各级政府、相关机构在应对和处理各种突发事件、舆情热点过程中积累了一些成功经验，主要得益于两个因素：一是政府新闻发布、信息公开等相关制度的完善和实施，为中央和地方政府在应对重大突发舆情事件中“及时讲真话”提供了制度保障；二是通过大力建设政务微博、政务微信、政务微头条等新媒体传播平台，提高了舆情应对处置过程中快速发布、高效覆盖的传播力和影响力。具体来说，成功经验主要体现在下述四个方面。

（一）实施新闻发布制度，有效平衡信息公开和有序管控的关系

当前，网络舆情回应已经得到各级政府的高度重视，主动披露事实、及时澄清谣言逐渐成为危机事件处理的常规化手段，舆情回应的信息公开制度从中央到地方逐步落实。从信息发布的速度来看，政府新闻发布更加快速有效，并充分利用多种新媒体平台发布权威信息。如 2014 年在云南昆明发生的火车站暴力恐怖案中①，当地政府部门及时公布受害者名单，对案件原因和后续处置事宜进行新闻发布，有效缓解此次暴恐事件中民众的恐慌情绪，起到了维护社会稳定的作用。同时，政府部门坚持信息公开和有序管控并重，既避免负面舆情过度扩散，又通过新闻发布来减少公众疑虑。

（二）在突发事件舆情处置过程中，逐步建立“标本兼治”的工作目标

近年来，在突发事件舆情处置过程中，越来越多的政府部门能够站在全局视野，统筹突发事件本身和舆情事件处置两个层面的问题处理，注重通过应急措施、改善政策、解决路径等，来追求“标本兼治”的治理效果。如 2015 年深圳发生的山体滑坡安全事故，政府首先出动世界最先进的雷达生命探测仪搜救遇害人员，展现了政府救援的决心和诚意。② 同时，动态发布注重伤亡人数、事故原因、抢救进展、后续补偿等重要信息，回应质疑和关切。最后，根据调查组的反馈，对同类隐患进行科学评估和整改，深入解决事件背后的深层次问题。

---

① 袁媛：《突发事件政府新媒体信息传播路径分析——以 3・1 昆明火车站暴力恐怖案为例》，《新闻研究导刊》2016 年第 7 期，第 35 ~ 36 页。

② 《深圳山体滑坡：事故现场的救援官兵》，人民网，2015 年 12 月 4 日，http：//pic. people. com. cn/n1/2015/1224/c1016 - 27969318. html。

（三）善于运用微博、微信、微头条等新媒体平台发布信息和舆论引导

目前，已有数十万个各级政府部门积极入驻微博、微信等社交媒体平台，通过政务新媒体的运营，服务于舆情研判和新闻发布。据统计，在政府响应的400起社会舆情事件中，借助政务新媒体作为信息回应渠道的占41%，[①] 成为舆情响应与信息互动的主要阵地。如2016年7月北京大雨，政府部门利用多种移动平台和新媒体及时、滚动发布实时路况和交通信息，形成公共信息的传播矩阵，有利于阻击谣言、稳定人心。在诸如薄熙来案、刘铁男案等一些高层反腐案件审理过程中，政法部门通过微博直播的方式，滚动发布案情审判结果，一方面实践了信息发布的及时有效、公开透明，另一方面也实现了以我为主、自主发布的有效掌控。

（四）对国内舆论场和国际舆论场进行必要分割，尽量避免外部风险倒灌

随着中国的快速发展和崛起，国际舆论场对中国崛起过程中的人权、自由、民主和政治等问题关注度很高，在一些舆情事件中也可以看出，跨境政治和舆论场的互动日益突出。一些海外媒体习惯于借人权问题、新闻自由问题及城乡建设和拆迁等地方治理问题来批评中国体制和政治生态，通过国际舆论场来给国内舆论场施压并继而进行意识形态的互联网渗透。面对这种挑战，有关政府部门通过主动安排采访、限制外媒炒作、加强"防火墙"、限制VPN访问技术等措施，针对重大敏感突发事件对国内舆论场和国际舆论场进行必要分割，以避免外部意识形态倒灌和意识形态安全风险。

---

① 刘鹏飞：《从近年案例看舆情引导规律》，《新闻与写作》2017年第3期，第9~12页。

二　重大舆情应对工作存在的问题与不足

综观近年来重大舆情的应对表现，以下问题仍比较突出，尚未从根本上得到解决。

（一）重大突发事件的新闻发布的责任主体不够明确，协同机制有待加强

在一些重大突发事件中，新闻发布的责任主体不够明确，部分党政领导担当意识不够，面对媒体和公众的质疑与提问，一些政府部门还存在相互推诿的现象，由此，不仅阻碍了有效实现突发事件的舆情引导，还严重影响了政府公信力和声誉。如2015年天津港爆炸案发生初期的新闻发布，地方党政领导迟迟不露面，参加发布会的官员习惯于回避关键问题，延误了信息公开和舆论引导的最佳时机，还产生了“次生舆情”①，造成了负面的社会影响。2017年丽江发生伤客事件，政府部门的信息通报缺乏说服力，加上丽江法官在网上发表不当言行，与网民对骂，也引起部分网民的反感。

（二）针对重大项目的实施和评估，缺乏足够的舆情风险意识

近年来，以核电、PX项目、垃圾焚烧厂等为代表的重大项目实施往往面临社会公众的反抗风险，主要问题在于部分政府部门、企业没有做充分的公共沟通、不顾当地群众感受仓促上马项目、重大项目论证实施过程中缺乏足够的舆情风险评估意识，由此引发当地群众的强烈抵制及“邻避效应”的产生。比如2012年发生的四川什邡市钼铜项目、江

① 刘勇、王雅琪：《公共危机中“次生舆情”的生成与演化——基于对“8·12天津港爆炸事故”的考察》，《国际新闻界》2017年第9期，第116～133页。

苏启东市造纸厂排污项目、浙江宁波 PX 项目等多起事件，这些事件的教训都很深刻。重大项目往往涉及群众的安全、健康等切身利益问题，如果对群众的担忧和疑虑不能进行有效的解疑释惑，急于推进项目上马，最终结果往往适得其反，在引发重大舆情事件后需要投入更多的成本和精力去做沟通。

（三）地方党政领导的舆论引导意识和公共沟通能力需要持续提升

如今中央政府层面的新闻发布逐渐走向常态化，但一些地方政府的新闻发布工作还较为落后，部分地方政府党政领导的舆论引导意识和公共沟通能力还有待提升。地方党政领导应敢于进行新闻发布，鼓励主要领导走上前台、参与新闻发布，同时要给新闻发言人一定的自主空间，宽容他们可能出现的失误，允许事后纠错，让他们能够更加从容、自信地面对媒体和公众，从而发挥新闻发布起到的披露真相、解释疑惑，澄清谬误、化解矛盾的作用。[①] 尤其是发生负面重大舆情事件后，相关新闻发布不宜太过突出领导重视、上级批示等信息，而要突出伤亡情况、应急措施等公众关切的信息，避免因主次颠倒、正面表扬式新闻发布引起公众反感和舆论批评。这方面决策和把关的关键，在于地方党政领导的责任担当意识和舆论引导水平。

三　未来一段时间重大舆情的风险点研判

结合近年来国内外形势，特别是国内社会矛盾的主要焦点，笔者认为未来一段时间内重大舆情风险主要存在于以下方面。

---

① 张志安、周嘉琳：《谁来说、说什么、怎么说——新闻发布的制约因素及其保障机制》，《新闻与写作》2017 年第 1 期，第 69 ~ 72 页。

（一）“塔西佗”陷阱的长期存在，对政府公信力和舆论引导力的影响仍不可小觑

政府在重大舆情应对中面临的“塔西佗”陷阱尚未根本性解决。在一些事件的舆情处置过程中，不同地方、不同层级的政府部门出现“双重标准”“地方规矩”，由此透支社会公信力。又如，近年来社交媒体出现各种新闻反转的闹剧，谣言四起、真相缺席，加剧了公众对相关政府机构的不信任心理。此外，一些地方政府针对正面议题的宣传引导往往因过于正面而存在说服力不够、可信度欠缺的问题，而在应对负面议题时又习惯性采取信息控制手段，导致舆论场中本应存在的公平理性开放探讨缺乏足够的条件保障。因而，涉及政府公信力的议题，特别是官员腐败、权力滥用等方面的事件仍是舆情高发的敏感区。

（二）重大突发事件因处置不当、公开不力，易引发舆情扩散的“蝴蝶效应”

一些地方性的突发事件因处置不当，小道消息泛滥，谣言盖过真相，小事件演变成大问题，事件本身从社会管理问题质变为地方政府执政水平问题，产生影响范围扩大、舆情升级的“蝴蝶效应”。如四川泸州中学生坠亡事件、云南丽江旅游宰客伤客事件、湖南宁乡垃圾焚烧项目等，地方政府在舆情应对过程中处置不当，信息公开不充分、不及时，导致社会负面影响。可见，基层政府部门在舆情的研判、统筹与执行能力等方面参差不齐，也存在引发次生舆情的风险。

（三）社会议题的泛政治化解读，容易催生网络舆情乃至意识领域的风险

各类社会议题发酵和形成舆情的过程中，泛政治化解读和针对体制的批判倾向依然存在。一些本来属于民生与公共管理领域的议题，在舆论发酵过

程中泛政治化，进而转向对政府和制度的批评。以娱乐化、戏谑、反讽等方式进行的网络表达和话语抗争，将伴随亚文化现象不时发生，存在消解主流意识形态的潜在风险。因此，针对重大突发事件的舆情引导，要避免网民进行泛政治化的解读和批判。

（四）主流媒体影响力整体下降，针对重大舆情进行引导的有效载体和话语能力不足

除少数中央媒体外，大部分地方传统媒体面临广告下滑、阅读量流失、传播渠道边缘化的困境和挑战，宣传话语体系相对陈旧，媒体产品的形态创新思维滞后，对地方舆情特别是突发性事件的议程设置能力和舆论引导力下降，难以充分满足当下舆论工作的需要。尤其是针对重大突发事件的舆情引导，往往需要专业的分析、理性的阐释和充分的对话，单纯沿袭过去正面宣传报道的手法和方式，可能会适得其反。

（五）公检法司违规违纪、网络金融安全等领域，是重大突发舆情的高风险区

近年来，长期存在的劳资纠纷、征地拆迁与群体维权等矛盾焦点引发的热点舆情呈现回落态势，比如2012年的多地非法集资、2016年的A股熔断机制实施后暂停等。而涉及公检法司等部门的腐败、违规执法等事件容易形成舆情引爆点，因为这类事件关乎生命财产安全与尊严，触及社会公平正义的底线。同时，由于中国经济面临的巨大压力及区域间经济发展的不平衡，在去产能行业的人员安置、人民币贬值与普通公众的财富安全感等方面出现新的挑战，[①] 可能引发群体利益受损或社会动荡，非法集资、网络金融、网络信贷等相关议题引发的舆情，均有上升趋势，这方面的舆情风险值得高度关注和警惕。

---

① 祝华新、潘宇峰、陈晓冉：《2016年中国互联网舆情分析报告》，载李培林主编《社会蓝皮书：中国社会形势分析与预测（2018）》，社会科学文献出版社，2017，第246页。

四　增强防范及化解重大舆情风险能力的提升路径

针对上述舆情风险点，针对如何防范和化解重大舆情风险，笔者尝试提出下述对策建议。

（一）完善重大突发事件舆情分级、应对和新闻发布制度

目前，以伤亡人数判定重大突发事件舆情级别的标准不完全适应网络舆情发展特征，因此，建议要根据事件性质、涉及部门、影响范围等指标设置舆情反应等级标准，更有针对性、快速高效地进行舆情处置。其次，重大舆情事件的新闻发布工作，需要更加严格遵循“谁主管谁负责”的原则，特别要强调新闻发布的第一责任主体是涉事政府部门，而非宣传管理部门。①同时，重大突发事件中的新闻发布还需要中央政府和地方政府密切配合，强化新闻发布的协同机制，形成一致意见，向社会权威发声。

（二）强化和提升各级领导部门和主管部门的“舆情风险意识”

互联网上舆论事件此消彼长，很多话题不断循环往复，有些话题尽管看起来不算特别敏感，但一旦被政治化解读和无限放大，其意识形态风险性仍然很大，不能小觑。因此，需要针对不同类型话题的舆情演化规律进行深度、持续研究，对舆论场上的话题和事件进行必要的舆情风险评估，对那些“易燃易爆”的话题设置风险类型排行，逐步建立重大事件的舆情案例库和事件库，提前做好应对预案。

（三）进一步做好重大舆情事件背后的社会心态解读和研判

网络社会心态既是整体社会心态的构成和表征，也是某种特定社会心态

---

① 张志安、周嘉琳：《谁来说、说什么、怎么说——新闻发布的制约因素及其保障机制》，《新闻与写作》2017 年第 1 期，第 69～72 页。

的放大和反映。应透过网络热点事件，从长远、深层次的角度察看并培育健康社会心态。《中国社会心态研究报告（2017）》显示，中国人的幸福感、安全感总体处于中等水平；中上阶层的安全感、国家认同度最高，自认为下层的各项指标均最低。① 其中，公众对“安全感”排序从高到低分别是：财产安全、人身安全、劳动安全、医疗安全、交通安全、环境安全、信息安全、食品安全。同时，食品安全、信息安全、环境安全的深度焦虑，在线上和线下空间中都同等明显地表现出来，而财产安全、人身安全的焦虑情绪在网络空间中的体现更加集中，甚至会被过度渲染。② 因此，在相关议题的重大舆情应对时，既需要把握好新闻发布、舆论引导的分寸感，更要立足长期的社会心态调适、建立有效的沟通机制。

（四）重视中层网民诉求，发挥其融通上层和下层群体社会心态的主体作用

中层网民是中国最稳定的凝聚社会心态的主力结构，正在成为今天网民结构中的主流阶层。2016 年以“人大硕士雷洋案”为代表，一线城市居民和中等收入阶层在一些突发事件和股市、住房、教育、个税等热点问题上展现出焦虑不安情绪，对社会走向产生观望心态。③ 所以，要真正培育积极的网络社会心态，应更加注重中层群体对法治、财产安全、言论自由等合理诉求，让中层网民成为连接上层和下层、连接网上和网下、凝聚社会共识、培育理性积极的网络心态的主力军。对主流媒体来说，就是要牢牢抓住中层群体的议题关注兴趣，通过理性、专业的报道来强化这个群体对社会的正确认知和平和心态。④

---

① 王俊秀主编《社会心态蓝皮书：中国社会心态研究报告（2017）》，社会科学文献出版社，2017，第 1 ~ 16 页。

② 张志安：《大数据中的网民心态与媒体舆论引导》，《新闻战线》2018 年第 2 期，第 48 ~ 49 页。

③ 祝华新、潘宇峰、陈晓冉：《2016 年中国互联网舆情分析报告》，载李培林主编《社会蓝皮书：中国社会形势分析与预测（2018）》，社会科学文献出版社，2017，第 230 页。

④ 张志安：《大数据中的网民心态与媒体舆论引导》，《新闻战线》2018 年第 2 期，第 48 ~ 49 页。

（五）警惕和防止正面宣传庸俗化与“高级黑”制造的负面舆情

一些地方政府为了宣传主流意识形态，做出一些流于形式主义的宣传，这些现象提醒宣传管理者和新闻工作者，要注意把握正面宣传与社会情绪释放之间的平衡，避免政治宣传庸俗化，防止由过分的正面宣传或“高级黑”效应对舆论引导带来不利影响。

（六）防谣辟谣仍是网络舆情应对中的重要工作和严峻挑战

《科学》杂志最新研究成果说明，假新闻的传播速度、深度和广度都远超过真实的新闻，其中时政类谣言更是最容易传播的谣言类型。[①] 而网络谣言的主要滋生地和传播平台是微博、微信、论坛等社交媒体平台，为此，应在社会舆情应对中将信息权威发布和辟谣放到重要位置。近年来舆情传播规律显示，谣言主要高发于人身健康与财产安全、信息安全、食品药品安全、公共卫生疫情、生态环保、政策走向等涉及公众切身安全的领域。[②] 其背后是新媒体把关和平台监管责任缺失，而依法治网又将真正步入发展的“快车道”。因而，第一时间发布权威真实信息、搭建辟谣平台、实施专业科普、及时辟谣与公开监控视频，成为应对谣言最常用的方式方法。[③]

（七）以“意见领袖”和自媒体联盟形式，发挥舆论引导的协同效应

针对不同领域、不同行业常见突发的重大舆情事件，有关部门可牵头培育不同领域和行业具有影响力的网络意见领袖，形成“联盟化”运作机制，有效团结各类型、各区域的自媒体，集体发声、相互呼应，更好地发挥正面

---

① Soroush Vosoughi，Deb Roy，Sinan Aral，“The Spread of True and False News Online，” *Science*，2018，Vol. 359：1146 - 1151.

② 刘鹏飞：《从近年案例看舆情引导规律》，《新闻与写作》2017 年第 3 期，第 9 ~ 12 页。

③ 刘鹏飞：《从近年案例看舆情引导规律》，《新闻与写作》2017 年第 3 期，第 9 ~ 12 页。

舆论引导的协同效应。比如，国家卫计委成立的医疗自媒体联盟，规模达到数千家，包括各地医院、医生和医疗行业的大 V，通过微信群讨论、联盟“军规”和专题论坛等形式，面向突发事件发挥舆论引导的正面作用。

（八）积极运用网络传播大数据，健全重大突发事件意识形态风险评估体系

借助计算机和信息科学技术手段，综合运用网络数据，对引发热点舆情的地区、人群分布等特征进行动态跟踪，对不同网络社群关系和互动机制进行观察，分析不同网络社群的互动和演变规律。在此基础上，建立基于大数据挖掘与仿真模拟技术的网络舆情风险与社会心态监测系统，从而实现对网络意识形态风险的研判和预警。这方面，上海交通大学、中山大学、暨南大学等高校已形成一定的基础数据库和研究成果，可委托相关高校牵头，联合全国各地的数据、人力和学术资源，建立“重大突发事件意识形态工作学术联盟”。

B.8

“网络强国”战略中的信息内容建设：规制与实践

方师师　唐巧盈*

摘　要： 本文系统梳理了“网络强国”战略指导下中国互联网内容建设的规制与实践。从“网络大国”到“网络强国”，中国互联网发展进入新时代。其中，就网络信息内容建设而言，社会主义核心价值观是其指导思想，做大做强正面宣传是其核心诉求，通过依法治网和清朗网络空间，目的是共筑网上网下同心圆的传播生态。

关键词： 网络强国　网络信息内容　社会主义核心价值观

一　引言：“网络强国”战略中的网络信息内容建设

2014 年 2 月 27 日，习近平总书记在中央网络安全和信息化领导小组第一次会议讲话中提出了建设“网络强国”的目标：“要抓紧制定立法规划，完善互联网信息内容管理、关键信息基础设施保护等法律法规，依法治理网络空间，维护公民合法权益。”2015 年 10 月，党的十八届五中全会正式将“网络强国”战略写进《中共中央关于制定国民经济和社会发展第十三个五年规划的建议》。2016 年 12 月，国务院印发《“十三五”国家战略性新兴

* 方师师，上海社会科学院新闻研究所助理研究员、上海社会科学院互联网研究中心副主任；唐巧盈，上海社会科学院互联网研究中心研究主管。

产业发展规划》，提出要实施“网络强国”战略，加快建设“数字中国”。党的十九大制定的新时代中国特色社会主义行动纲领和发展蓝图中，同样提出要建设网络强国、数字中国和智慧社会。

从“网络大国”到“网络强国”，一字之变意味着中国互联网发展进入新时代。作为“网络强国”战略的重要组成部分，网络信息内容建设关涉国家意识形态工作、网络舆论引导、网络社会管理、网络空间治理等重要议题议程，因此必须要重点关注和重点建设。

二　网络信息内容建设的指导思想与核心诉求

（一）指导思想：社会主义核心价值观

随着信息革命的飞速发展，网络空间已成为人类继海洋、陆地、天空和太空之后的第五大生存空间，网络上的各种思想观念、态度倾向、意见观点等信息内容的传播与互动，深刻影响着人们的生活方式和价值观念。历史和实践反复证明，没有核心价值体系，一种文化就立不起来、强不起来，一个民族就没有赖以维系的精神纽带，一个国家就没有统一意志和共同行动。[①]以社会主义核心价值观引领网络舆论方向，是我国新时期加强和创新社会治理的重要手段[②]。社会主义核心价值观作为重要的指导思想，为加强网络内容建设指明了努力的方向，提供了遵循的依据。

1. 以“社会主义核心价值观”指导网络信息内容建设

党的十七届六中全会通过的《中共中央关于深化文化体制改革、推动社会主义文化大发展大繁荣若干重大问题的决定》中指出：“社会主义核心价值体系是兴国之魂，是社会主义先进文化的精髓，决定着中国特色社会主

① 《紧紧抓住社会主义核心价值观体系建设这个根本》，人民网，2011 年 12 月 1 日，http：//theory. people. com. cn/GB/82288/83845/83846/16466328. html。

② 王淑芹：《用社会主义核心价值观引领网络文化建设》，中国社会科学网，2015 年 10 月 29 日，http：//ex. cssn. cn/sf/bwsf_ ml/201510/t20151029_ 2549795. shtml。

义发展方向。”党的十八大以来，中央高度重视培育和践行社会主义核心价值观，习近平总书记多次在多个重要场合对“社会主义核心价值观”做出重要论述，提出明确要求。2012 年 11 月，党的十八大报告《坚定不移沿着中国特色社会主义道路前进　为全面建成小康社会而奋斗》提出，要加强社会主义核心价值体系建设，倡导富强、民主、文明、和谐，倡导自由、平等、公正、法治，倡导爱国、敬业、诚信、友善，积极培育社会主义核心价值观。社会主义核心价值观是社会主义核心价值体系的内核，体现社会主义核心价值体系的根本性质和基本特征，反映社会主义核心价值体系的丰富内涵和实践要求，是社会主义核心价值体系的高度凝练和集中表达。[①] 2013 年 12 月 23 日，中共中央办公厅印发《关于培育和践行社会主义核心价值观的意见》，指出要建设社会主义核心价值观的网上传播阵地，把社会主义核心价值观体现到网络宣传、网络文化、网络服务中，用正面声音和先进文化占领网络阵地。

2014 年 2 月 24 日，中央政治局围绕培育和弘扬社会主义核心价值观、弘扬中华传统美德进行集体学习。习近平强调，把培育和弘扬社会主义核心价值观作为凝魂聚气、强基固本的基础工程，继承和发扬中华优秀传统文化和传统美德，广泛开展社会主义核心价值观宣传教育，积极引导人们讲道德、遵道德、守道德，追求高尚的道德理想，不断夯实中国特色社会主义的思想道德基础；2014 年 5 月 4 日，在同北京大学师生座谈会上的讲话中习近平提到，社会主义核心价值观，把涉及国家、社会、公民的价值要求融为一体，既体现了社会主义本质要求，继承了中华优秀传统文化，也吸收了世界文明的有益成果，体现了时代精神；2016 年习近平在“4·19”网络安全和信息化工作座谈会上的讲话强调，要“用社会主义核心价值观和人类优秀文明成果滋养人心、滋养社会”；2017 年 10 月 18 日，党的十九大报告中明确指出，要培育和践行社会主义核心价值观，要以培养担当民族复兴大任

① 《中共中央办公厅印发〈关于培育和践行社会主义核心价值观的意见〉》，中国共产党新闻网，2013 年 12 月 23 日，http：//cpc. people. com. cn/n/2013/1223/c64387 – 23924110. html。

的时代新人为着眼点，强化教育引导、实践养成、制度保障，发挥社会主义核心价值观对国民教育、精神文明创建、精神文化产品创作生产传播的引领作用，把社会主义核心价值观融入社会发展各方面，转化为人们的情感认同和行为习惯。

2. 立法立规维护网络信息内容的“社会主义核心价值观”

“社会主义核心价值观”体系作为价值体系，作为社会主义意识形态最本质、最重要的部分①，应该是相对稳定的长期起作用的，并随着社会主义的发展、时代的发展和人们社会实践的发展而不断发展。当前，网络空间与现实空间的交互越发紧密，为保障网络安全，维护网络空间主权和国家安全，保护社会公共利益，《中华人民共和国网络安全法》（以下简称《网络安全法》）于2016年11月7日发布，并自2017年6月1日起施行。作为目前网络安全领域最为权威的法律，《网络安全法》总则第六条明确提出：“国家倡导诚实守信、健康文明的网络行为，推动传播社会主义核心价值观，采取措施提高全社会的网络安全意识和水平，形成全社会共同参与促进网络安全的良好环境。”

中央网信办自2016年开始，为配合《网络安全法》的出台和实施，先后发布了一系列针对网络信息内容治理的法规办法。这些法律法规都将“社会主义核心价值观”作为需要核心维护的根本价值体系。如2016年12月1日开始实施的《互联网直播服务管理规定》指出：“提供互联网直播服务，应当遵守法律法规，坚持正确导向，大力弘扬社会主义核心价值观，培育积极健康、向上向善的网络文化。”2017年8月25日发布的《互联网跟帖评论服务管理规定》指出：“跟帖评论服务提供者及其从业人员不得为谋取不正当利益或基于错误价值取向，采取有选择地删除、推荐跟帖评论等方式干预舆论。”2017年9月7日发布的《互联网用户公众账号信息服务管理规定》提出：“互联网用户公众账号信息服务提供者和使用者，应当坚持正

① 《紧紧抓住社会主义核心价值观体系建设这个根本》，人民网，2011年12月1日，http://theory.people.com.cn/GB/82288/83845/83846/16466328.html。

确导向，弘扬社会主义核心价值观，培育积极健康的网络文化，维护良好网络生态。”

3. 大力推动“社会主义核心价值观”的网络传播

“社会主义核心价值观”体系在文化建设中的灵魂作用更体现在实践层面。党的十八大以来，《人民日报》、新华社、《光明日报》等主流媒体均策划专题，在网站、微博、微信等重要的网络阵地对社会主义核心价值观进行宣传报道，形成了良好的网上舆论环境。各地纷纷开展以“社会主义核心价值观”为主题的网络文化优秀成果评选工作，推动中华优秀传统文化和当代文化精品网络化传播；评选践行社会主义核心价值观的人物榜样，倡导积极向上的社会风气，大量弘扬主旋律、传播正能量的先进事迹，大力推进网络内容建设。

第一，对网络信息内容建设中指导思想的确认，具有顶层设计的系统性与优越性。网络信息内容建设与管理的指导思想在党和国家领导人的重要讲话中多次被提到，党的十八大、十九大，“十三五”规划，以及网络强国战略中，指导网络信息内容建设的“社会主义核心价值观”被上升到国家战略层面，体现出党对网络信息内容建设规律认识的进一步深化，明确推动社会主义文化大发展大繁荣，必须紧紧抓住社会主义核心价值体系建设这个根本。

第二，对网络信息内容建设中指导思想的确认，进一步强化了内容治理的依法依规和统筹治理。制定网络信息内容的法律法规，既是对“社会主义核心价值观”指导思想的及时落地，又能在实际进行网络信息内容建设与管理的过程中，对内容进行依法治理，合理统筹，条块分明，细致到位。强调依法治理与社会参与相结合的综合治理，实现分级分类管理的思想和务实科学的态度。

第三，对网络信息内容建设中指导思想的确认，体现出指导思想与社会发展的与时俱进。社会主义核心价值体系不应该是封闭的，它吸收人类创造的一切先进、有益的思想文化成果，不断丰富和完善自己。运用这个价值体系来指导网络信息内容建设，一方面有利于将这个价值体系在全社会宣传推广，为广大社会成员所感知、所认同、所接受、所掌握；另一方面，该价值体系还会融入国民教育、精神文明建设和党的建设全过程，贯穿改革开放和社会主义现代化建设各领域，体现到精神文化产品创作生产传播各方面，形成有利于社会主义核心价值体系建设的理论导向、舆论导向、政策导向、利益导向和法制保障。

（二）核心诉求：做大做强正面宣传

“团结稳定鼓劲、正面宣传为主，是党的新闻舆论工作必须遵循的基本方针。做好正面宣传，要增强吸引力和感染力。”2016 年 2 月 19 日，在党的新闻舆论工作座谈会上，习近平总书记对于强化正面引导，壮大主流声音，提升新闻舆论工作的吸引力、凝聚力和传播力做了鞭辟入里的讲话，为新闻舆论工作指明了重点。

1. 网络信息内容建设的核心诉求是做大做强正面宣传

当今世界复杂多变，思潮涌现。弘扬主旋律，传播正能量，不断巩固壮大主流思想舆论，是改革发展的需要，是凝聚人心的需要，是实事求是的需要，也是新闻舆论工作的价值和使命所在①。党的十八大报告中就提出“加强和改进网络内容建设，唱响网上主旋律”的要求，2013 年 11 月发布的《中共中央关于全面深化改革若干重大问题的决定》指出，要“健全基础管理、内容管理、行业管理以及网络违法犯罪防范和打击等工作联动机制，健全网络突发事件处置机制，形成正面引导和依法管理相结合的网络舆论工作格局”。2016 年，习近平总书记在“4・19”讲话中指出，要“依法加强网络空间治理，加强网络内容建设，做强网上正面宣传，培育积极健康、向上向善的网络文化”。党的十九大报告中更是明确提出：“坚持正确舆论导向，高度重视传播手段建设和创新，提高新闻舆论传播力、引导力、影响力、公信力。”

① 焦佩锋：《我们为什么要强化正面宣传，壮大主流舆论》，新华网，2016 年 2 月 27 日，http：//www. xinhuanet. com/comments/2016 -02/27/c_ 1118158725. htm。

党的媒体，在思想上、政治上、行动上要同党中央保持高度一致，发出党的声音，体现党的意志，反映党的主张，维护党中央权威，维护党的团结①。互联网时代，网络信息内容的建设要坚信并巩固正面宣传的正面效应，高举旗帜、引领导向，围绕中心、服务大局，团结人民、鼓舞士气，成风化人、凝心聚力，澄清谬误、明辨是非。只有这样，才能真正为实现“四个全面”的战略布局和“两个一百年”的奋斗目标注入强大的精神动力。

2. 做大做强正面宣传需要思路清晰、定位准确

党的十八大以来，以习近平同志为核心的党中央高度重视党的新闻舆论工作，在新时期下更是要把政治方向摆在第一位，牢牢坚持党性原则，坚持马克思主义新闻观，坚持正确舆论导向，牢牢坚持正面宣传为主。“从党的工作全局出发把握定位，坚持党的领导，坚持正确政治方向，坚持以人民为中心的工作导向，尊重新闻传播规律，创新方法手段。”习近平总书记在党的新闻舆论工作座谈会上对党的新闻舆论的重要讲话，指明了做大做强正面宣传的思路与定位。

2017 年 10 月 30 日，中央网信办发布了《互联网新闻信息服务单位内容管理从业人员管理办法》，第六条规定“从业人员应当坚持马克思主义新闻观，坚持社会主义核心价值观，坚持以人民为中心的工作导向，树立群众观点，坚决抵制不良风气和低俗内容”。2017 年 5 月 2 日发布的《互联网新闻信息服务管理规定》指出：“提供互联网新闻信息服务，应当遵守宪法、法律和行政法规，坚持为人民服务、为社会主义服务的方向，坚持正确舆论导向，发挥舆论监督作用，促进形成积极健康、向上向善的网络文化，维护国家利益和公共利益。”

3. 做大做强正面宣传需要创新理念、综合布局

习近平总书记指出，随着形势发展，党的新闻舆论工作必须创新理念、

① 金民卿：《坚持党的新闻舆论工作姓党》，新华网，2016 年 2 月 25 日，http://www.xinhuanet.com/comments/2016-02/25/c_1118143754.htm。

内容、体裁、形式、方法、手段、业态、体制、机制，增强针对性和实效性。要适应分众化、差异化传播趋势，加快构建舆论引导新格局。要推动融合发展，主动借助新媒体传播优势。

2014 年 8 月，中央全面深化改革领导小组第四次会议审议通过《关于推动传统媒体和新兴媒体融合发展的指导意见》。习近平强调，推动传统媒体和新兴媒体融合发展，要遵循新闻传播规律和新兴媒体发展规律，强化互联网思维，坚持传统媒体和新兴媒体优势互补、一体发展，坚持先进技术为支撑、内容建设为根本，推动传统媒体和新兴媒体在内容、渠道、平台、经营、管理等方面的深度融合，着力打造一批形态多样、手段先进、具有竞争力的新型主流媒体，建成几家拥有强大实力和传播力、公信力、影响力的新型媒体集团，形成立体多样、融合发展的现代传播体系。传统媒体和新兴媒体融合发展，是一项构建舆论引导新格局、巩固壮大主流思想舆论阵地的战略部署。

第一，对新闻舆论工作来说，做大做强正面宣传需要坚持正确舆论导向。各级党报党刊、电台电视台、都市类报刊、新媒体要讲导向；新闻报道、副刊、专题节目、广告宣传也要讲导向；时政新闻、娱乐类、社会类新闻也要讲导向；国内新闻报道、国际新闻报道都要讲导向。

第二，做大做强正面宣传还需要依法依规统筹内容、综合布局。根据 2017 年 5 月 2 日发布的《互联网新闻信息服务管理规定》，通过互联网网站、应用程序、论坛、博客、微博客、公众账号、即时通信工具、网络直播等形式向公众提供互联网新闻信息服务，应当取得互联网新闻信息服务许可。这对于规范传播渠道、更好地传播正能量具有重要意义。

第三，做大做强正面宣传还需要加强对网民的网络道德建设。强化对少数意见领袖的正面引导，重视发挥专家学者的积极作用，注重网络评论员队伍建设，加强网络突发事件应急管理机制建设，弘扬了主旋律，传播了正能量，取得了明显进展。2013 年以来，北京市强化主流舆论场的权威信息发布，突出宣传“三个自信”和中国梦，推荐点击“身边的感动”，打造“互联网文化季”，推动开展各种“微公益”等活动，营造了健康向上的网络文化氛围。

三 网络信息内容建设的安全保障：依法治网、办网、上网

网络安全离不开法治护航。习近平总书记指出，网络空间不是“法外之地”。要坚持依法治网、依法办网、依法上网①，让网络信息内容建设在法治轨道上健康运行。

（一）搭建网络信息内容治理的法律框架

网络时代的来临正在深刻改变传统社会的交往模式，如何在制度建设、立法保护、严格执法、公正司法条件下推进网络生态治理法治化，促进网络生态健康发展，是当前中国政府面临的重要问题。近年来制定或修订的《统计法》《档案法》《测绘法》《国家安全法》《保守国家秘密法》《著作权法》《反不正当竞争法》《刑法》《侵权责任法》等一系列法律中分别规定了一些与网络信息活动有密切关系的内容②，都在积极推进网络生态治理法治化，加快互联网领域立法进程。

早在2000年12月28日，第九届全国人民代表大会常务委员会第十九次会议就通过了《全国人民代表大会常务委员会关于维护互联网安全的决定》，并于2011年1月8日通过《国务院关于废止和修改部分行政法规的决定》。该决定指出，利用互联网破坏国家安全和社会稳定的犯罪行为，依照刑法有关规定追究刑事责任；2012年12月28日，《全国人民代表大会常务委员会关于加强网络信息保护的决定》在第十一届全国人民代表大会常务委员会第三十次会议上通过。该决定规定：“网络服务提供者应当加强对其用户发布的信息的管理，发现法律、法规禁止发布或者传输的信息的，应当立即停止传输该信息，采取消除等处置措施，保存有关记录，并向有关主管部门报告。”

---

① 《中国依法治网成效显著　网络空间日趋清朗》，新华网，2017年12月20日，http://www.xinhuanet.com/zgjx/2017-12/20/c_136839186.htm。

② 熊光清：《十八大依赖党对网络社会治理的探索》，《理论与改革》2017年第2期。

党的十八大报告指出："加强网络社会管理，推进网络依法规范有序运行。"2013 年 11 月，《中共中央关于全面深化改革若干重大问题的决定》提出"坚持积极利用、科学发展、依法管理、确保安全的方针，加大依法管理网络力度，加快完善互联网管理领导体制，确保国家网络和信息安全"。

2017 年实行的《网络安全法》，作为我国第一部全面规范网络空间安全管理方面问题的基础性法律，是我国网络空间法治建设的重要里程碑，是依法治网、化解网络风险的法律重器，是让互联网在法治轨道上健康运行的重要保障。《网络安全法》提出制定网络安全战略，明确网络空间治理目标，提高了我国网络安全政策的透明度；进一步明确了政府各部门的职责权限，完善了网络安全监管体制；完善了网络安全义务和责任，加大了违法惩处力度，并将监测预警与应急处置措施制度化、法制化[①]。《网络安全法》在立法技术和立法内容上都体现了"新时代"环境下的创新思维与创新实践，就网络信息内容的治理做出了提纲挈领且全面必要的要求，为之后的管理工作奠定了法律基础；针对网络信息内容管理工作规范了在多种场景中的具体操作要求，如行业范围、执法程序、适用场景等，便于之后的法规执行与落地。

（二）依法建立网络信息内容治理安全体系

为配合《网络安全法》的实施，一系列法规办法相继出台，让互联网的各个参与方，包括政府、企业、个人在进行以互联网为核心的活动时有章可循。

2016 年 6 月 25 日发布的《互联网信息搜索服务管理规定》指出："互联网信息搜索服务提供者提供服务过程中发现搜索结果明显含有法律法规禁止内容的信息、网站及应用，应当停止提供相关搜索结果，保存有关记录，并及时向国家或者地方互联网信息办公室报告。"2016 年 6 月 28 日发布的《移动互联网应用程序信息服务管理规定》提道："移动互联网应用程序提供者和互联网应用

① 《〈网络安全法〉解读》，中央网信办网站，2016 年 11 月 7 日，http://www.cac.gov.cn/2016-11/07/c_1119866583.htm。

商店服务提供者不得利用移动互联网应用程序从事危害国家安全、扰乱社会秩序、侵犯他人合法权益等法律法规禁止的活动，不得利用移动互联网应用程序制作、复制、发布、传播法律法规禁止的信息内容。”2017 年 5 月 22 日发布的《互联网新闻信息服务许可管理实施细则》指出：“互联网新闻信息服务应当取得互联网新闻信息服务许可，禁止未经许可或超越许可范围开展互联网新闻信息服务活动。”2017 年 8 月 25 日发布的《互联网论坛社区服务管理规定》提道：“互联网论坛社区服务提供者不得利用互联网论坛社区服务发布、传播法律法规和国家有关规定禁止的信息。”2017 年 10 月 30 日发布的《互联网新闻信息服务新技术新应用安全评估管理规定》指出：“互联网新闻信息服务提供者调整增设新技术新应用，应当建立健全信息安全管理制度和安全可控的技术保障措施，不得发布、传播法律法规禁止的信息内容。”

（三）依法依规保护网络信息内容安全

一系列法律法规和管理政策的相继出台，一方面，针对利用信息网络实施诽谤、侵害人身权益等问题有了相关的司法解释；另一方面，有了法律法规依据，就可以展开相应领域的司法实践，对互联网实行科学管理，对网络信息内容秩序进行依法整治，网络空间得以净化，国家网络安全得以巩固。

2017 年 3 月，公安部开展“打击整治黑客攻击破坏和网络侵犯公民个人信息犯罪专项行动”，按照“追源头、摧平台、断链条”的要求，集中侦破一批大要案件，集中打掉一批违法犯罪链条和源头，进一步强化清理整治，进一步加强重点行业、政府职能部门信息安全防护，进一步强化宣传引导。截至 2017 年 7 月 17 日，全国共侦破侵犯公民个人信息案件和黑客攻击破坏案件 1800 余起，抓获犯罪嫌疑人 4800 余名，查获各类公民个人信息 500 余亿条①。

2017 年 8 月，北京、广东、浙江、江苏等地网络安全执法部门主动出击，针对平台或网站上“传输法律、行政法规禁止传输的信息”，“传播暴

① 《打击整治黑客攻击破坏和网络侵犯公民个人信息犯罪专项行动取得阶段性战果》，中华人民共和国公安部网站，2017 年 7 月 17 日，http：//www. mps. gov. cn/n2253534/n2253535/n2253537/c5741823/content. html。

力恐怖、虚假谣言、淫秽色情等危害国家安全、公共安全、社会秩序的信息”或“存在导向不正、低俗恶搞等有害信息”等行为依法进行查处，务求肃清互联网上可能存在影响网络信息安全的不良因素。

四　网络信息内容建设的文化风气：健康向上的清朗空间

新时代，网络发展迎来全新的机遇，但同时伴随着诸多挑战。种种迹象表明，当一个社会热点和突发事件发生后，经过网络和自媒体的传播放大，不断发生发酵和衍变。其中一些网络群体和个人热衷于炒作群体性事件，“标题党”屡现网端，更有甚者隐瞒真相、刻意误导。如何抓住机遇应对这一挑战，党的十九大给出了明确的路径，“加强互联网内容建设，建立网络综合治理体系，营造清朗的网络空间”。

2012 年 11 月，党的十八大报告指出，“开展‘扫黄打非’，抵制低俗现象”。2013 年 8 月，习近平在全国宣传思想工作会议上的讲话中提道，“要依法加强网络社会管理，加强网络新技术新应用的管理，确保互联网可管可控，使我们的网络空间清朗起来”。2014 年 2 月，习近平在中央网络安全和信息化领导小组第一次会议上的讲话强调，“把握好网上舆论引导的时、度、效，使网络空间清朗起来”。2016 年，习近平在“4・19”网络安全和信息化工作座谈会上的讲话提出，“为广大网民特别是青少年营造一个风清气正的网络空间”。

2017 年 10 月 30 日发布的《互联网新闻信息服务单位内容管理从业人员管理办法》规定：“从业人员应当遵守宪法、法律和行政法规，坚持正确政治方向和舆论导向，贯彻执行党和国家有关新闻舆论工作的方针政策，维护国家利益和公共利益，严格遵守互联网内容管理的法律法规和国家有关规定，促进形成积极健康、向上向善的网络文化，推动构建风清气正的网络空间。”

（一）国家层面不断加大行政执法力度依法处理典型案件

2017 年 3 月，全国“扫黄打非”办公室开展“净网 2017”，聚焦网络直播平台、“两微一端”、弹窗广告及网络文学作品等四个领域，严打制售传播淫秽色情信息行为，并督促网络企业落实主体责任；在同月启动的“护苗2017”行动中，涉及未成年人网络有害信息专项整治成为重点行动；“秋风2017”行动则重点打击新闻敲诈、假新闻、假记者等，严厉惩治网站非法采编、网络非法转载新闻作品及电商平台销售非法出版物等行为，切实维护新闻出版传播秩序。

（二）多部门联合对问题严重的领域开展持续重点追查

针对当前互联网版权治理的热点和难点，国家版权局、国家互联网信息办公室等部门实施分类管理，聚焦影视、新闻、移动互联网应用程序、电商平台等重点领域开展版权专项整治，联合开展“剑网2017”行动，共检查网站6.3万个，关闭侵权盗版网站2554个，删除侵权盗版链接71万条，收缴侵权盗版制品276万件，立案调查网络侵权盗版案件543件①；2017年5月，国家工商总局、工业和信息化部、公安部、网信办、国家邮政局等部门开展“2017网络市场监管专项行动”，严厉打击刷单炒信行为等网络违法违规行为；2017年12月，宣传部、网信办、教育部、公安部、文化部等部门发文开展规范网络游戏市场专项行动，从统一思想认识、强力监管整治、落实主体责任、加强制度保障、加强教育引导、加强监督举报六个方面，对集中规范网络游戏整治做出了全面部署。

（三）省级地方集中主要力量针对突出案件展开专项行动

2017年3月，广东部署“安网2017”，打击黑客攻击破坏、侵犯公民个人信息等人民群众反映强烈的突出网络犯罪，以及网络谣言、网络涉恐活动和网络风险隐患；2017年8月，云南围绕迎接党的十九大这条工作主线，以“集中一批线索，打击一批违法犯罪分子，拦截一批低俗网站，处理一

① 《“剑网2017”专项行动关闭侵权盗版网站2554个》，中央网信办网站，2018年1月22日，http://www.cac.gov.cn/2018-01/22/c_1122295450.htm。

批违规行为”；2017 年 9 月，湖北针对编造、传播网络谣言等不法行为统一部署打击网络谣言专项行动。

（四）广大网民踊跃开展网络监督举报互联网违法不良信息

网络社会治理需要发挥网民的积极作用，中国网络空间的净化离不开广大网民的参与。中国互联网违法和不良信息举报中心成立于 2005 年 8 月，自 2014 年 5 月起正式归入国家网信办。其工作目标就在于发挥社会公众的监督作用，搭建公众参与网络治理的平台，维护互联网信息传播秩序，维护网民权益，受理处置网民举报的违法和不良信息，推进网络空间法治化建设，实现网络空间清朗。近年来，在党和政府的领导下，各方共同参与开展整治互联网低俗之风、整治网络欺凌暴力、清除网上敲诈和有偿删帖等一系列专项行动，网络空间日渐清朗，不少网民逐步开始自觉遵守网络道德、尊重他人，从网络安全与社会文明的角度接受社会赋予的责任和义务。

五　网络信息内容建设的生态治理：网上网下同心圆

网络内容生态治理是一项系统工程，涉及法治、教育、技术、行业发展及个人自律等方方面面。习近平总书记多次指出，我国已是网络大国，要做网络强国，并特别强调要加强网络社会治理：“随着新媒体快速发展，国际国内、线上线下、虚拟现实、体制外体制内等界限愈益模糊，构成了越来越复杂的大舆论场，更具有自发性、突发性、公开性、多元性、冲突性、匿名性、无界性、难控性等特点。”针对网络社会与现实社会的关系问题，习近平提出了“网上网下两个同心圆”的重要命题。

2016 年 1 月 29 日，习近平在同党外人士共迎新春时指出：“人心向背、力量对比决定事业成败”，强调“形成最大公约数，画出最大的同心圆”。2016 年 4 月 19 日，习近平在网络安全和信息化工作座谈会上指出，实现“两个一百年”奋斗目标，需要全社会方方面面同心干，需要全国各族人民心往一处想、劲往一处使。习近平强调：“凝聚共识工作不容易做，大家要共同努力。为了实现我们的目标，网上网下要形成同心圆。什么是同心圆？就是在党的领导下，动员全国各族人民，调动各方面的积极性，共同为实现中华民族伟大复兴的中国梦而奋斗。”2016年10月，习近平在中共中央政治局第三十六次集体学习讲话中指出：“网上网下要同心聚力、齐抓共管，形成共同防范社会风险、共同构筑同心圆的良好局面。”这是对党的群众路线理论和实践的丰富与发展，深刻阐明网络生态事关人民利益，为推进网络强国建设、促进网信事业发展指明了方向①。

（一）网络信息内容生态治理日趋系统化、完备化

2017年10月，党的十九大报告《决胜全面建成小康社会　夺取新时代中国特色社会主义伟大胜利》提出：“加强互联网内容建设，建立网络综合治理体系。”《互联网新闻信息服务管理规定》《互联网信息内容管理行政执法程序规定》《互联网新闻信息服务新技术新应用安全评估管理规定》《互联网论坛社区服务管理规定》《互联网用户公众账号信息服务管理规定》等法规，从管理主体、管理对象、管理要求、管理程序等方面重点着手，其中管理主体明确，管理对象细分，管理要求具体，管理程序有效，通过围绕《网络安全法》的相关要求制定管理细则，将治理理念逐步落地落实，形成管理规范的几何矩阵，做到切实可行，细密入微。

（二）网络信息内容生态治理进一步强调平台责任与义务

平台是网络信息传播的中枢，许多网络平台具有参与网络社会治理的技术能力，网络平台具有遏制有害信息广泛传播、防止损害扩大的能力②。2012年12月28日，第十一届全国人大常委会第30次会议审议通过了《关于加强网络信息保护的决定》。该决定明确了包括网络运营商有确保用户信息安全和配合信息安全执法的义务；明确了信息泄露受害人有要求网络信息

---

① 《习近平描绘网信工作“同心圆”　提出网络时代执政能力新要求》，中国共产党新闻网，2016年4月27日，http：//cpc.people.com.cn/xuexi/n1/2016/0427/c385474-28309438.html。

② 王利明：《论互联网立法的重点问题》，《法律科学》2016年第5期。

泄露者改正错误，并通过法律诉讼获取赔偿的权利；明确了信息安全的公益性原则。该决定公布后，许多网络运营商公开表态支持，积极履行社会责任，从而起到了治理主体的作用。目前各项法律法规在制定的过程中都在强调平台的治理职责，这也是一次立法创新与实践创新，顺应当前世界范围内对平台责权的关注趋势，并给出了中国方案。

（三）网络信息内容生态治理实行多部门协同治理模式

为落实习近平关于“加快网络社会组织建设”和“网上网下要形成同心圆”的重要指示精神，进一步凝聚网络社会组织广泛共识，构建网络强国建设强大“同心圆”，2017 年 6 月 2 日，中央网信办向各地网信部门印发《网络社会组织“同心圆”工程实施方案》，要求紧紧围绕网络强国建设中心任务，将与网信事业相关的各个领域、各个类型、各个地方的网络社会组织团结起来、发展起来、行动起来，通过“团结一批、凝聚一批、建设一批、影响一批”，团结凝聚一大批互联网从业人员、专家学者、志愿者和广大网民，形成共建网络强国强大合力。2017 年 6 月 7 日，全国网络社会组织工作推进会召开，交流网络社会组织建设和发展的经验与做法，研究网络社会组织面临的问题和挑战，共商网络社会组织发展方向和举措，部署开展网络社会组织“同心圆”工程。

（四）积极建设具有中国特色、彰显中国智慧的网络信息内容生态

在全球互联网治理领域，中国积极行动，提升了参与全球互联网治理的能力。2014 年 11 月，以“互联互通、共享共治”为主题的首届世界互联网大会在浙江嘉兴乌镇举办。习近平在贺词中指出：“互联网发展对国家主权、安全、发展利益提出了新的挑战，迫切需要国际社会认真应对、谋求共治、实现共赢。”2015 年 12 月，习近平在第二届世界互联网大会上发表主旨演讲时说：“要加强网络伦理、网络文明建设，发挥道德教化引导作用，用人类文明优秀成果滋养网络空间、修复网络生态。”同时他还指出：“推动互联网全球治理体系变革，共同构建和平、安全、开放、合作的网络空

间，建立多边、民主、透明的全球互联网治理体系。”2016 年 11 月，在第三届世界互联网大会开幕式上，习近平通过视频发表讲话。他指出，互联网发展是无国界、无边界的，利用好、发展好、治理好互联网必须深化网络空间国际合作，携手构建网络空间命运共同体。2017 年 12 月，习近平在致第四届世界互联网大会的贺信中提道，“倡导‘四项原则’、‘五点主张’，希望与国际社会一道，尊重网络主权，发扬伙伴精神，大家的事由大家商量着办，做到发展共同推进、安全共同维护、治理共同参与、成果共同分享”。中国的举措与方案在加强全球互联网治理中发挥了积极作用。

B.9
近年来互联网信息内容的变化与思考

钟海帆*

摘　要： 本文分析了近年来中国互联网信息内容的变化，提出一个观点：中国的网上信息服务秩序进入了一个新时期。主要表现在时政新闻和评论内容供给侧得到充分治理，大型商业网站淡化信息内容提供商（ICP）的角色，网民行为趋向非政治化和多样化，社交成为网民上网时间花费最多的行为，知识付费加强了互联网内容建设。本文对近年中国互联网信息内容的存在问题也进行了分析，主要体现在互联网信息内容违背公序良俗的问题比较突出，舆情研判的准确性受到挑战，利用互联网化解基层矛盾的工作有待突破，新闻单位的内容供给活跃度下降。针对这些特点和问题，文章提出了几点思考和建议，一是一手抓管理，一手促运用；二是更好地发挥舆情在社会治理方面的作用；三是通过改革和创新建立以大数据驱动政务创新的政府信息化建设新模式。

关键词： 网络新闻　互联网信息　网络治理

2018年4月21日，习近平同志在全国网络安全和信息化会议上强调，党的十八大以来，党中央重视互联网、发展互联网、治理互联网，统筹协调涉及政治、经济、文化、社会、军事等领域信息化和网络安全重大问题，作

* 钟海帆，深圳市互联网信息办公室专职主任、中山大学互联网与治理研究中心智库专家。

出一系列重大决策、提出一系列重大举措，推动网信事业取得历史性成就。这些成就充分说明，党的十八大以来党中央关于加强党对网信工作集中统一领导的决策和对网信工作做出的一系列战略部署是完全正确的。我们不断推进理论创新和实践创新，不仅走出一条中国特色的治网之道，而且提出一系列新思想新观点新论断，形成了网络强国战略思想①。

21 世纪的第一个十年，互联网在中国井喷式地发展，一批商业网站迅速成长，全国网民数量年年刷新，但也带来了谣言满天飞、网络欺凌、非法经营等严重问题。在诸多问题中，网民过于依赖从商业网站获取时政新闻，成为一个突出问题。在那个时期，约九成的网民从网上获取新闻，而商业网站是主要渠道，商业网站都一股脑儿往时政新闻上使劲，包括不遵守法律法规和协议、随意更改新闻标题等，新闻跟帖动辄上万、十几万，论坛置顶讨论异常火爆。网站行为引导了网民不假思索围观的行为，随处可见稍加浏览就任意发言的不负责现象，这些给社会带来了不稳定的因素。西方的互联网言论再发达，其传统媒体影响力还是一直发挥主导作用。如何改变商业互联网依赖时政新闻发展，是管理部门一直思考的问题。

2013 年后，情况发生了很大变化。一方面是全国自上而下、多部门联动、依法进行的互联网治理，规范了商业网站发布和评论时政新闻的行为，也逐渐培养了多数网民谨慎、理性发言的习惯；另一方面是技术的变化。这个变化，就是移动互联网和大数据的出现，网民从较为单一的时政评论，发展到较为平衡、全面的上网行为，即除了获取时政新闻，更多地包括经济、商业活动、娱乐、学习、社交等行为。可以说，中国近年的网上信息服务秩序进入了一个新时期。分析这些变化，研究存在的问题，提出有针对性的建议，对营造清朗网络环境是很有必要的。

---

① 《习近平出席全国网络安全和信息化工作会议并发表重要讲话》，中国政府网，2018 年 4 月 21 日，http：//www. gov. cn/xinwen/2018 -04/21/content_ 5284783. htm。

一　近年来互联网信息内容变化分析

本文所指的互联网信息内容，是指互联网向上网用户无偿提供具有公开性、共享性信息的服务活动，以及网民在网络平台自创的公开性、共享性信息活动。我们国家很早就认识到互联网信息服务规范的重要性，2000 年就以国务院令的方式下发了《互联网信息服务管理规定》，要求对经营性互联网信息服务实行许可制度；对非经营性互联网信息服务实行备案制度。因此，ICP（Internet Content Provider，互联网内容提供者）是所有提供信息服务网站的基础身份。在这个基础上，新闻、文化、广电、出版、药品监督管理、工商行政管理等部门也制定了相应的规定，形成了内容提供者和运营监管的“四梁八柱”。

（一）时政新闻和评论内容供给侧得到充分治理

从 2013 年以来，通过依法管理和多部门的联动，时政新闻和评论等内容变得有序了。2017 年 5 月，国家互联网信息办公室修订发布了《互联网新闻信息服务管理规定》，对互联网新闻信息服务许可管理、网信管理体制、互联网新闻信息服务提供者主体责任等做出了新的规定。同时，近年来，主流媒体大力推进传统媒体和新媒体的融合，传统媒体的优质内容大量进入移动领域。前者规范新闻源，后者改进内容供给侧，两者形成合力，使网上主要的时政内容被规范的信息源（主流传统媒体）主导。

例如，党的十九大召开期间，15 家中央主要新闻网站中发布党的十九大相关稿件数量排名前三位的是人民网、新华网和中国网，分别为 4101 篇、1154 篇和 1143 篇，占中央主要新闻网站发稿总量的 55.5%；党的十九大相关稿件被转载量排名前三位的是新华网、人民网和中国新闻网，转载量分别为 8096 篇次、2126 篇次和 901 篇次，占中央主要新闻网站总转载量的 72.9%。各网络媒体对要闻都做到了只转载、不原创。而在整个中国新闻网站 App 中，非原创量为 92%，原创量仅占 8%①。

① 参见《网络传播杂志》2017 年 10 月号，总第 167 期。

（二）大型商业网站淡化信息内容提供商（ICP）的角色

国家互联网信息办公室建立以来，业务全面铺开。在重拳出击、整治环境的基础上，互联网有关的所有业务全面开展。2017 年世界互联网大会，主题聚焦“数字经济”。而在业界，互联网企业负责人在各种活动中都强调更宏大的互联网应用。腾讯公司的马化腾谈互联网加制造业，百度的李彦宏谈 AI（人工智能），马云谈为网民在商业上赋权。

20 世纪 90 年代以来，商业网站一直都拥挤在与新闻时政有关的道路上，使我国的网站在新闻获取方面呈现某种畸形。近年来，互联网企业除了在媒体功能上将着力点放在财经、娱乐和社会新闻方面，大力开发互联网的商业应用功能。这些应用为全国网民提供财经信息和商业工具，网店、网上支付、微商等方兴未艾，网民利用手机上网的行为也趋于多元和实用，共享单车、鲜活食品快递、短视频、移动支付、O2O 零售、健康管理、物流、网上银行等 App 的运用率迅速增长。根据中国互联网络信息中心的报告：“2017 年上半年，商务交易类应用持续高速增长，网络购物、网上外卖和在线旅行预订用户规模分别增长 10.2%、41.6% 和 11.5%。网络购物市场消费升级特征进一步显现，用户偏好逐步向品质、智能、新品类消费转移。同时，线上线下融合向数据、技术、场景等领域深入扩展，各平台积累的庞大用户数据资源进一步得到重视。”①

（三）网民行为趋向非政治化和多样化

2017 年，一个网络流行词“佛系”逐渐被刷屏。该词的原始意义来自日本，在网民中的含义是一种“怎么都行、不大走心、看淡一切”的活法和生活方式。从“佛系”衍生出“佛系买家”“佛系职员”“佛系恋人”“佛系青年”“佛系男子”“佛系生活”“佛系追星”等称谓，虽

① 《一张图读懂 2017 年上半年个人互联网应用发展状况》，搜狐科技，http://www.sohu.com/a/163804374_288347。

然可能是短期流行的亚文化现象，但也从一个侧面反映出网民对政治的冷淡。

随着移动互联网的发展，过去网民上网以浏览和评论时政新闻为主的注意力，现在被分散到社交、通信、游戏、网购、学习、音乐、租车等，据“易观千帆”的统计分析，中国移动网民时间分布见图1。

（四）社交成为网民上网时间花费最多的行为

根据2018年1月31日中国互联网络信息中心（CNNIC）发布的第41次《中国互联网络发展状况统计报告》，中国的手机网民规模达7.53亿人（腾讯公司公布的微信用户也超过了7亿），较2016年底增加5734万人。网民中使用手机上网人群的占比由2016年的95.1%提升至97.5%，网民手机上网比例继续攀升。根据2016年9月企鹅智酷发起的社交分享调查，在6680名智能手机用户参与的问卷中，对于“你是否会在社交网络上分享信息”这个问题，有76.2%的调查对象回答“会”；每天会发1~2条的占23.1%；微信用户平均每天要刷30~40次朋友圈[①]。根据易观千帆的统计分析，微信用户平均每日在微信上费时2小时33分钟，若全为语音，则一天发送微信语音的流量超9MB。

（五）知识付费对于加强互联网内容建设具有重要意义

互联网自诞生以来，人人链接，信息海量。但发展到一定时期，当信息的量达到一定规模，有效内容、优质内容将日渐成为稀缺资源。在这个基础上，知识付费（知识电商）应运而生，一系列标志性的事件让内容付费渐渐成为时尚。例如，2016年5月15日，付费语音问答平台——“分答”

① 《中国社交洞察：中国网民每天刷40次朋友圈》，搜狐网，http://www.sohu.com/a/115123200_197694。

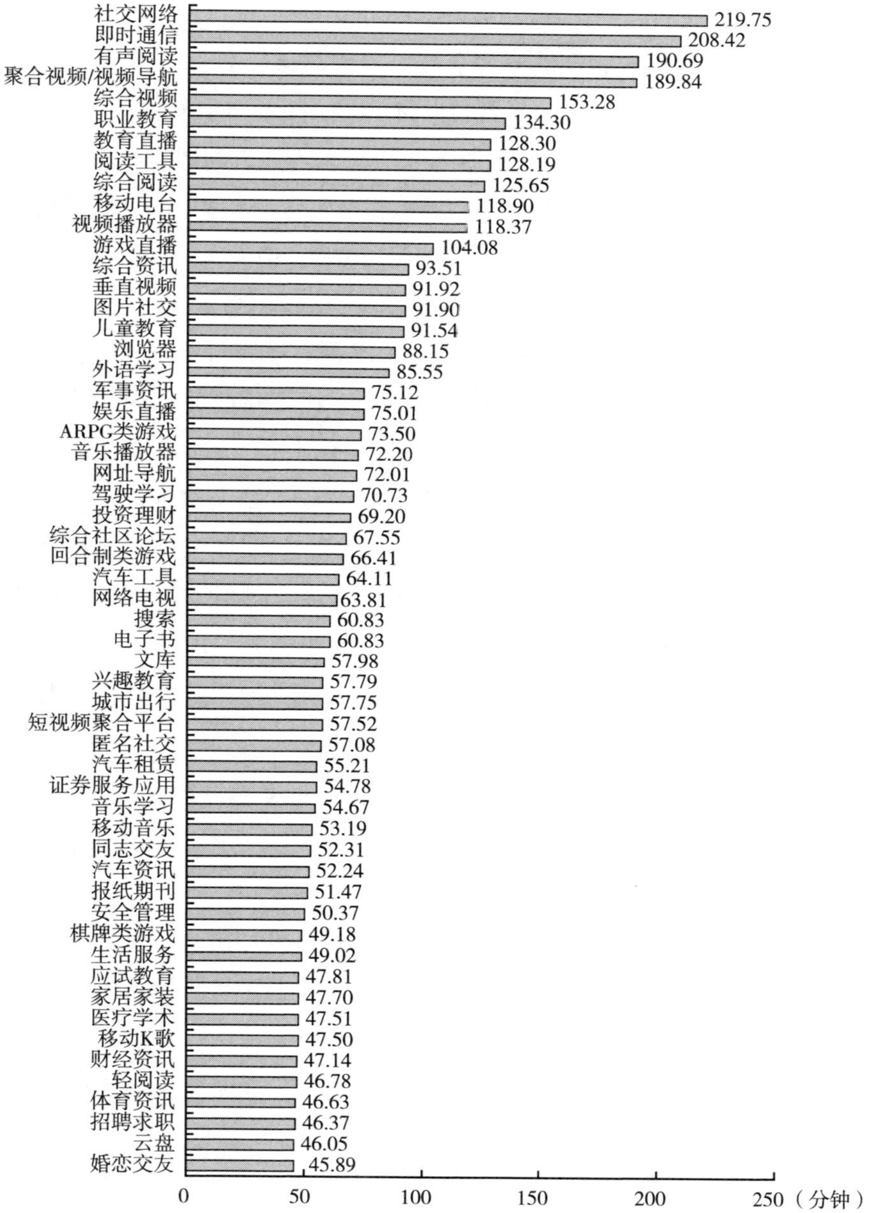

图1 中国移动网民时间分布概览

资料来源：易观千帆。

上线。通过这一平台，网民可以快速地找到能给自己提供帮助的那个人，及时为网民答疑解惑。随后，微信公众号“罗辑思维”创始人罗振宇创造了“得到”，将知识付费从别人的平台转向自己的 App，知乎上线知乎 live，喜马拉雅出现音频课程，一些微信公众号也以付费方式订阅课程产品。国外流行的 TED 式演讲成为一种时尚，其中，罗振宇连续三年举办“时间的朋友”跨年演讲，财经作家吴晓波做了“预见 2018”的跨年演讲，喜马拉雅 FM2017 年的知识付费节“123 知识狂欢节”，销售额为 1.96 亿元；豆瓣网推出了首款付费产品——“豆瓣时间”。2017 年，音频付费节目吸引了网民注意。北大教授薛兆丰当年 2 月在“得到”上线了《薛兆丰的北大经济学课》，付费听众迄今已有 18.9 万人，收入 3761 万元。上海音乐学院副教授在喜马拉雅开设的古典音乐欣赏节目在付费音频中排名前五位。2018 年 1 月，一款益智类全民竞答游戏 App“冲顶大会”风靡朋友圈，通过互动答题、闯关就可以赢走现金大奖。“冲顶大会”在微博单日阅读量达到 100 万+，鲸准热度、百度指数、知乎热度直线上升。10 天内，App store 排名总榜第 20 名、教育类第 1 名。映客的“芝士超人”，今日头条西瓜视频的“百万英雄”等纷纷跟进竞争。

尽管业界对知识付费能走多远有不少存疑，但知识付费的出现对中国互联网信息内容生产来说是极其重要的现象，因为它关系网上信息内容的整体质量，以及对全民族的影响。

互联网信息可以粗略地分成两大类，一类是即时性的，包括新闻、资讯、社交、即时通信；另一类是知识性的。前者占互联网信息的多数，属于浏览、浅阅读，后者是学习、深度阅读，甚至关系认知能力的改变和提高。在百度的网页上获得的多是即时性的信息，在百度百科上阅读则近似于学习。

自互联网诞生以来，“免费”与否就成为网民极为关注的话题，而所有互联网企业的门面都是打着“免费”旗号，在占领足够多的地盘、培育人们的习惯后才顺势收费的。“免费”大大提高了人们利用互联网的积极性，提升了社会利用信息改进生活质量、提高生产效率的整体能力。但“免费”

和“知识产权”是一对矛盾。没有“知识产权”，一些领域的原创能力将被严重打击，例如音乐创作。如果音乐人无法分享到互联网“免费”的好处，音乐创作生产的生态就会被破坏。十几年前正是乔布斯的“iPod”和iTunes Store商场，通过以0.99美元/首的低价吸引用户们挑选每一首音乐，才使音乐盗版问题得到缓解。这就找到了一条既支持原创版权，又将互联网技术发挥到极致的道路。把知识变成产品或服务，以实现商业价值，有利于人们高效筛选信息，也激励优质内容的生产。

从全社会来看，这就是一种打造全民学习型社会的新途径。其意义就像恢复高考后大量落榜者通过业余大学、自考提升自己一样。如果越来越多的网民不是在网上晒吃喝玩乐，而是交流读书、观影心得，让知识成为一种社交货币，整个社会风气也会为之一变。

过去，商业互联网挤在时政新闻的路上，因为新闻是免费的，商业网站由于渠道建设的优势白得了很多好处，而真正的内容提供商（主流媒体）的影响力却越来越低。这样的市场越来越不公平，传播秩序越来越遭到破坏，舆论环境也受到很大影响。沿着知识付费的路径，互联网企业就可以良性循环，实施网络内容的供给侧改革，加强网络内容建设。

二　存在的问题

（一）互联网信息内容违背公序良俗的问题比较突出

政治内容较为规范后，互联网低俗之风还是屡禁不止，其中一个突出表现，就是短视频和网络直播。近年来，短视频网络直播平台很火，成为一种时尚，唱歌跳舞讲故事就可以造就“网红”，也存在很大商机，这吸引了不少年轻人参与。由于商业因素的介入，不少直播平台成了低俗、色情、造假的重灾区。根据中央电视台2018年4月2日的报道，一些视频网站上出现了大量“少女妈妈”或“早孕妈妈”，其中有一定的比例其实是未成年人，如“未成年少女做妈妈”“全网最小二胎妈妈”等内容的视频。这些视频点击量高、关注度大，甚至在这样的视频平台中，形成一种风潮。直播平台一开始还以“算法”导致为由辩护，反映对这一问题认识不到位。低俗之风是相伴互联网信息传播产生的，直播平台目前是重灾区，但传统商业网站办的移动应用和新型的移动互联网信息应用也存在大量的问题，屡禁不止，目前还只能靠一次次的严打去整治。

（二）舆情研判的准确性受到挑战

在互联网的1.0时代，网民的讨论平台比较集中，主要是在新闻跟帖和论坛。时政新闻紧跟着评论，数量是直观的。在各种论坛上，不同的网民被感兴趣的主题帖召集在同一论坛讨论中，以“盖楼”的方式聚集。无论是新闻跟帖还是论坛，以及互联网2.0的博客，网上数据是开放的，搜索引擎畅行无阻，网民想要获取和了解的绝大部分信息都可以在浏览器中被直接检索出来，舆论的热度是可测量的。

移动互联网出现后，情况慢慢改变。先是在“弱链接”的新浪微博的时代，将主战场转移到微博。但微博快捷的讨论、转发功能，将其媒体功能发挥到极致，以致一度“失控”。直到强链接功能、社交色彩强烈的腾讯微信出现，移动互联网环境下的社交私密性不断增强，搜索引擎工具被不同系统、不同结构、不同资本背景所筑起的壁垒阻隔，互联网舆论场从此变得支离破碎，舆情热点开始变得分散化。

各种类似“今日头条”的移动 App 的出现，也使网民获取资讯的“入口”多元化。网民获取资讯的主要来源从桌面电脑转移到移动终端后，手机就成为各种移动内容提供商推送的争抢之地，由此发展起来的“定制”，也改变了过去一条信息多人传阅的特点，而呈现多元化的源头，这使信息获取者或舆情搜集者需要在多个渠道上去寻找。这也形成舆论场上的一个现象：对于某一类人很“热”的话题，对另一类人来说可能闻所未闻。

微信逐渐成为一个隐性的舆论场，在这个场域下是无数闭环的圈层。“信息茧房”这个形容人们在信息领域习惯性地被自己的兴趣所引导并将自己的生活桎梏于“茧房”中的现象，在微信这种工具中得到极大的加强。

人们因为不同的政治主张、兴趣爱好走到一起，在信息的汪洋大海中只挑选符合自己立场和爱好的信息。不同的圈层之间不相往来，意见也不交流，也容易导致现实生活中的人在思想上往极端化的方向发展。以上种种，使信息获取者或舆情搜集者得到的结果很难逼近真实的舆情，而测量其热度更是难上加难。

主管部门的整治行动、互联网的下沉趋势及资本竞争并购形成的平台壁垒，造就了一个表面上看起来逐渐有序的网络舆论空间，但可能也遮蔽了互联网原本有的活跃、开放、包容等要素。当然，或许这些并没有消失，而是如同冰层下的潜流。在表面平静的舆论中，有一些讨论热点会在短期内以难以准确说明原因的方式突然出现。例如 2017 年 12 月，微信朋友圈中突然很多人都在“晒十八岁照片”，短期内成为一个全国性的现象，有媒体做了专门分析，结论大概是最后一批“90 后”（生于 1999 年 12 月 31 日）度过了他 18 岁的生日，这意味着从法律上讲“90 后”一代已全部成年。这个解释其实很勉强，因为没法解释“90 后”以外的大批网民为什么跟风。这个没来由冒出极高热度的现象，很值得舆情搜集部门和监管部门认真分析。

（三）利用互联网化解基层矛盾的工作有待突破

网上话题热度测量越来越困难，导致“热议”“网红”这些词语的滥用，甚至导致商业操作。例如，新浪微博的热搜榜成为一种娱乐界的推广营销手段，一些企业及娱乐行业从业者为获取关注和流量而进行有组织的刷榜。此事愈演愈烈，最终被北京网信办于 2018 年 1 月发布公告通报批评，有关排行榜暂时下线一周。

互联网自进入中国以来，就为党和政府了解民情民意开辟了一个重要渠道。因此，网民热议的到底是什么，成为精准引导和决策的重要参考。近年来，这一功能似乎在削弱。

不只是商业网站，在体制内一些舆情研究机构发布的舆情排行榜中，不少舆情热点并不能准确地反映热度，或者说，热点舆情代表的不一定是

“真问题”。一些需要讨论而形成共识的公共话题，例如油改气、城市人口结构、城管执法、农村宅基地问题、家庭医生签而不约等都没有得到应有的分析和引导。而一些局部、偶发舆情引发的讨论却可能被当作热度很高的舆情来分析。

在基层，网络上的议论更多地集中在社区的切身利益上，如何利用互联网、通过辩论和引导等公众参与的方式形成共识，近年来成功的案例不多。例如，困扰几乎所有城市的“公共建筑邻避现象”“垃圾分类执法难”等问题，都很少见到官民互动的做法。

（四）新闻单位的整体活跃度下降

2018 年 3 月，一篇题为《真正的新闻正在死去，更可怕的是无人在意》的文章在微信上很快就获得“90 万 +”阅读量，反映了传媒业对公共事务漠不关心、受众也不在乎的情况，传达出一种焦虑。应该说，这种焦虑不无道理。近年来，优质的传统媒体整体退化，人员流失，新闻自采率很低，少有撼动人心的调查式新闻和深度报道。面对这些问题，解决的办法是大力加强网站和“两微一端”的数字化建设。但是，迄今为止，虽然涌现了中央新闻单位的客户端、地方的“澎湃新闻”等活跃的新媒体，但“两微一端”独立的新闻功能还没有发挥出来，多数功能仍以传统媒体的“二次加工”为主，新闻舆论的整体传播力、引导力、影响力、公信力有待加强。

三　几点思考

综上分析，中国的互联网信息内容传播秩序框架已经基本建立，传播态势基本稳定，网民的行为趋于多样化，互联网企业的发展与全球互联网业态的发展同步，甚至在某些领域还有所领先。互联网有害成分得到重视并有相应的对策措施。这是一个大背景，为我们建设和利用互联网奠定了坚实的基础。我们可以更多地研究充分发挥互联网在社会治理创新方面的作用。

（一）一手抓管理，一手促运用

2018年4月21日，习近平总书记在全国网络安全和信息化工作会议上强调，网信事业代表着新的生产力和新的发展方向，应该在践行新发展理念上先行一步，围绕建设现代化经济体系、实现高质量发展，加快信息化发展，整体带动和提升新型工业化、城镇化、农业现代化发展①。2016年10月9日，在中共中央政治局10月9日就实施网络强国战略进行第36次集体学习会上，习近平总书记指出，各级领导干部要学网、懂网、用好网，归根结底是要更好地服务于人民。随着互联网特别是移动互联网发展，社会治理模式正在从单向管理转向双向互动，从线下转向线上线下融合，从单纯的政府监管向更加注重社会协同治理转变，各级领导干部要学网、懂网、用网，积极谋划、推动、引导互联网发展，要正确处理安全和发展、开放和自主、管理和服务的关系，不断提高对互联网规律的把握能力、对网络舆论的引导能力、对信息化发展的驾驭能力、对网络安全的保障能力，把网络强国建设不断推向前进②。

管理方面，首先还是要加强立法。2017年，《中华人民共和国网络安全法》正式实施，宏观上对保障网络安全、维护网络空间主权和国家安全及社会公共利益，保护公民、法人和其他组织的合法权益，促进经济社会信息化健康发展制定了明晰的规制。国家互联网信息办公室加快了建章立制的步伐，出台了《互联网域名管理办法》《互联网新闻信息管理规定》《互联网信息内容管理行政执法程序规定》等规章。其中，在维护互联网传播秩序乃至政治秩序方面，最重要的是对《互联网新闻信息服务管理规定》的修订。新规修订的重点是许可管理、网信管理体制、互联网新闻信息服务提供者主体责任等，并将以论坛、博客、微博客、公众账号、即时通信工具、网

---

① 《习近平出席全国网络安全和信息化工作会议并发表重要讲话》，中国政府网，2018年4月21日，http：//www. gov. cn/xinwen/2018 –04/21/content_ 5284783. htm。

② 《习近平：各级领导干部要学网、懂网、用网》，新浪网，2016年10月10日，http：//news. sina. com. cn/gov/xlxw/2016 –10 –10/doc –ifxwrhpn9528914. shtml。

络直播等形式提供互联网新闻信息服务的均纳入管理范畴。这些法律法规的实施，从国家层面、社会层面、个人层面、行政执法单位层面、网络平台层面等全面保证了我们的互联网新闻信息传播在规范有序的环境中进行，守护了健康的传播生态，符合网民利益，利于长远发展。但也要看到，由于“信息”和“新闻信息”在实践中经常难以区分，也给执法提出了难题，有时候执法规模太大，只能一阵一阵地进行“专项整治”，难以使法律法规发挥常态作用。要解决这个问题，其中一个必须做的是，对2000年9月实施的《互联网信息服务管理办法》（国务院令）做出修订。

同时，立法尤其是互联网立法，需要公众参与。因为互联网的特点是全民参与，除了规定内容提供商、服务提供商要遵守法律，对全体网民的守法也提出要求。中国的网民数量超过7.51亿人，远超北美洲和欧洲的总人口。如此众多的网民都在网上生成内容，应长期进行宣传教育，而立法的公众参与就是一次宣传教育过程。要培育和发展社会组织，使行业协会成为网络社会管理的推动者。党委政府管理与行业自律相辅相成，不可或缺，我们既要加强党委政府的管理，也需要推进行业自律。通过积极培育和发展各类组织，充分激发基层活力，让社会组织参与网络社会管理。政府应对网上信息内容中的“颠覆类”“危害公共秩序类”等政治信息和谣言依法管控，大量“灰色地带”的信息还是要交由社会组织经由自律协议来实施，充分发挥各级举报中心的作用，媒体要积极报道群众举报，使举报成为一种关心社会公益的好行为。对违法的企业和个人，尽量通过群众举报，党委、政府依法处理的方式进行，形成全社会共建共享共治的良好网上生态环境。

近年来，互联网信息服务秩序进入新时期，利用互联网进行各种非法活动正在得到遏制，网上正能量发挥了主导作用，互联网的沟通交往、经商、娱乐、思想教育、学习和知识传承、民意表达会聚、民间自组织等功能得到平衡和全面发展。互联网信息服务秩序的正常化，为我们促进互联网信息运用和全面发展创造了有利条件。可以说，现在的主要矛盾，是有序和活力之间的矛盾。管理部门和全社会要在互联网传播秩序常规化管理条件下，进一步促进政府转型、治理手段创新和社会的全面进步。

多年来，我们在突发事件的舆情应对方面已经积累了很多重要经验。党委、政府，尤其是基层组织可以考虑在“主动运用”上下功夫。党委、政府部门应加强政府网站、新闻网站建设，经常发挥网站和“两微一端”的作用，重大政策出台前，先通过网络征求群众意见，采纳群众通过网络提出的合理化建议。有条件的基层政府，可以在政府工作报告形成前、人大会议召开前搜集意见建议。党委政府的信息公开应该更加主动，尤其是有关“三公消费”的信息。各级政府的年度财政执行情况在网上的公布，应加强可读性和针对性等。

（二）更好地发挥舆情在社会治理方面的作用

舆情搜集和研判工作机制，在中国国家治理体系和治理能力现代化的进程中作用重大。舆情的真实性和及时性，直接关系到是否坚持“以人民为中心”的发展思想。越是坚持正面宣传，越是要畅通舆情报送通道；越是强调正面引导，越是要“内外有别”、加强内部舆情的真实性和及时性。经过多年来的网上舆情洗礼，各级党委、政府对舆情研判工作高度重视，给予财政、人力的充足保障，但如何运用分配这些资源，从深层次反映了各级党委政府是否坚持“以人民为中心”的思想。由于有“处置”的一手，可能也给一些部门提供了“懒政”的可能：既然我们有能力直接将舆情简单地“处置”，为什么我们要将“负面”舆情上报呢？相对而言，善待批评，回应社会关切，发政务微博微信、开新闻发布会，需要调动政府更多的资源，是更为麻烦的事情。但在这一简一繁之间，就能检验我们的党委、政府的“以人民为中心”思想树立得是否牢固。

加强对舆情的分类研判。互联网舆情确实存在大是大非问题和国家安全问题，但全国性、全局性问题和网上出现的基层声音不能混为一体。把所有批评政府的声音都简化为有害信息、负面信息，是一种新的“懒政”行为，也是对人民群众不负责任的行为。有害政治类信息应依法处置，民生类信息应与解决问题的党委、政府部门联手，边报送边处理。在圈层化、分散的舆论热点中，特别要注意性质和趋势性的研判，注意流行数据后面的各种可能性，注意用通用工具无法大量检索的问题，不能把舆情工作形式化。

根据瑞信研究院的标准，中国的中产阶层达 1.09 亿人，占全国成年人口的 11%，位居世界第一①。在中等收入水平人数大大增加的今天，人民群众拥有的财富与日激增，与此同时对权益和权利的要求也会上升。近年来，网上的信息内容政治化大幅减少，但权益和权利类的要求越来越多。政府出台的一些看上去是为民、利民的举措，不同的利益相关方却不一定买账。例如，2018 年 3 月，中国教育部门出台了为全国中小学生减负的措施，一些地方教育部门就把减负简单地演变成“减少在校的学习量”，致使一些地方的学校三点半就放学，家长却要五点半、六点下班，因此反而增添了大量的麻烦。因此，有网民发微信称《请不要给我的孩子减负》，引起网络刷屏。该文不同意“减负”的原因是，减负是政府的退出，把孩子的教育交给了社会，让家长陷入课外培训的“军备竞赛”。因此出台公共政策的时候，就应该想到利益相关方可能会提出什么问题。如果政策已经出台，就应该找到公众提问题的“痛点”，研究应对口径，解决实际问题。

（三）通过改革和创新建立以大数据驱动政务创新的政府信息化建设新模式

加快实施高速宽带网络、全面感知体系、城市大数据、智慧城市运行管理、智慧公共服务提升等工程，以数据集中和共享为途径，推动技术融合、业务融合、数据融合，打破“数据烟囱”和“信息孤岛”，实现跨层级、跨地域、跨系统、跨部门、跨业务的协同管理和服务，让大数据真正成为社会治理的驱动力、政府管理的“幕僚高参”，乃重中之重。比如，建成全面感

① 《全球中产阶级财富总额前 10 排名　中国达 1.09 亿人》，腾讯财经，2016 年 5 月 17 日，https://finance.qq.com/a/20160517/024808.htm。

知城市安全、交通、环境、网络空间的感知网络体系，实现“一图全面感知”；建成基于大数据、信息共享和人工智能的决策辅助体系，实现“一键可知全局”；在公共安全、城市运行管理的各领域通过信息化手段建成反应快速、预测预判、综合协调的一体化城市运行管理体系，实现“一体运行联动”等。通过大数据，推动政府决策科学化、社区服务精准化、公共服务高效化，线上线下联动，打造共建共治共享的社会治理格局。

B.10
广东省政务微信指标体系构建与实证分析报告*

林功成**

摘　要： 基于层次分析法和专家访谈法，本文尝试建构政务微信的指标评价体系。通过对专家的问卷调查，本文对政务微信的各评价指标进行了权重赋值和排序。根据该评价体系，本文对2017年广东省内1682个政务微信的表现进行试评价，对指标性能和操作规范进行检验，结果显示，该指标体系能较科学地评价政务微信的传播力，可以为提升政务微信传播力提供有针对性的参考策略。

关键词： 政务微信　指标体系　广东

一　研究缘起

2012年8月，微信公共平台正式上线以来，政务微信逐渐兴起、数量不断增长，在应急管理、政务服务、信息公开和舆论引导等方面发挥了积极作用。2016年4月，习近平总书记在网络安全和信息化工作座谈会上发表

* 本文为“广州大数据与公共传播研究”人文社科重点研究基地和“广东省舆情大数据分析与仿真重点实验室”的成果，同时受广东省哲学社会科学“十二五”规划项目“公共事件中的微信舆论——传播规律及引导机制研究”（项目编号：GD15YXW01）的资助。

** 林功成，中山大学传播与设计学院副教授。

重要讲话，系统阐述了国家网络安全和信息化发展的一系列重大问题，从战略高度指明了发展移动政务的重大意义，习近平总书记指出，要以信息化推进国家治理体系和治理能力现代化，统筹发展电子政务，构建一体化在线服务平台，分级分类推进新型智慧城市建设，打通信息壁垒。

在政府大力推动下，自诞生以来，政务微信的数量呈现激增态势，全面覆盖了中国31个省级行政区及香港和澳门特别行政区[①]。其中，广东省作为改革开放的前沿阵地，在政务微信的发展上具有指标意义。从历史看，广东省历来被视为改革开放的排头兵，中央政府也往往会把改革的试点放在广东。在新媒体的使用方面，广东省各级政府很早就建设了电子政务平台，例如肇庆市公安局于2012年9月在全国范围内率先推出了公安政务微信“平安肇庆”。因此，本文选取了广东省政务微信作为评估对象，从活跃度、互动性和影响力等维度开展研究，尝试建立政务微信的评价体系，并在此基础上为政务微信的发展提出建议，希望能有助于提升政府部门运营微信公众号的能力和水平，并为全国政务微信的发展提供参考。

二　文献回顾

根据对中国期刊网的搜索，学术界对政务微信的研究肇始于2013年，相关研究论文数量持续攀升并在2016年达到高峰。对这些论文的检索发现，大部分研究者对政务微信的研究以观察法和案例法为主，经验证据停留在浅层的描述，如中国传媒大学对中央部委政务微信号的评估发现，各部委政务微信阅读量差距明显，多数部委政务微信公众号“重新闻轻服务”“重宣传轻互动”，与政务微博同质化趋势明显；部分账号活跃度不高，个别甚至沦为“僵尸号”[②]。中国社会科学院指出当前政务微信存在的“四大误区”，

① 唐绪军主编《中国新媒体发展报告》，社会科学文献出版社，2014。

② 转引自新华社《财政部政务微信在中国传媒大学发布的我国首份政务微信评估报告中综合影响力排名第二》，http：//www. mof. gov. cn/zhengwuxinxi/caizhengxinwen/201408/t20140815_1127415. html。

包括自我为中心，忽视用户体验；信息量上的贪大求全；重发布而轻服务，前端“发布”与后端“服务”未能兼顾；过度追逐粉丝数等①。不过，这些研究虽对政务微信的现状提供了观察视角，但结论大多以主观判断和浅层数据描述为主。

还有一些研究尝试建立系统的评价指标以量化政务微信的表现，例如，研究者采用了平台设计（包括微信的可获取性、功能完备性、页面友好性、菜单设置的易用性、帮助功能的易用性、跨平台协作的能力、运行的稳定性、对用户隐私的保护、安全性）、服务能力（包括自助服务的便捷性、实用性、个性化；交互服务的及时性、友好性、有效性）、信息内容（包括信息数量的丰富性、实时性和发布频率；信息质量的准确性、实用性和可读性；阅读量、转发量和点赞量）作为评价政务微信服务质量的指标②，但是这些指标过于复杂，在实际操作中涉及大量人工编码的工作，指标的可操作性较低。还有研究采用更为简便的方法，通过能够被爬虫软件自动抓取的数据进行指标编制，研究者将平均点赞量、总阅读数、单篇平均阅读数、发布量、政务信息数量、活跃天数、认证时间等作为评价指标③（见表1）。这种方法是目前对政务微信公众号进行评估的主流方法，也被绝大部分商业性机构采用。

表1　已有部分对政务微信的评价体系

研究机构	主题	评价指标	指标介绍及权重
人民网舆情监测室	全国政务微信影响力排行榜	每日推送文章数、推送次数、总阅读数、头条总阅读数、单篇平均阅读数、点赞数	未公布具体的评估权重和系数

① 转引自新华社《财政部政务微信在中国传媒大学发布的我国首份政务微信评估报告中综合影响力排名第二》，http：//www. mof. gov. cn/zhengwuxinxi/caizhengxinwen/201408/t20140815_1127415. html。

② 李民、谢丽彬：《服务型政务视角下政务微信公众平台服务质量评价研究》，《内蒙古财经大学学报》2017 年第 4 期，第 85 ~89 页。

③ 张节、李乌兰、闫旸：《政务微信的影响力评价》，《统计与决策》2016 年第 17 期，第 52 ~54 页。

续表

研究机构	主题	评价指标	指标介绍及权重
新华网舆情监测分析中心	全国政务新媒体综合影响力报告	互动指数	互动频率（转发、评论、点赞量）；互动质量（微信互动问答量、被评论和转发数的比值）
		受众指数	粉丝数、活跃粉丝数、通过认证天数
		传播指数	发布量、转发数（转发其他微博的数量）、发布质量（即原创内容的占比）
		成长指数	日均增粉量、发布量同比增长、原创信息量同比增长、月均转发及评论量同比增长
		内容指数	政务信息在发布量中的占比、民生信息在发布量中的占比、心灵鸡汤等无关信息占比的负数
		集群指数	覆盖度（下属单位开通政务微博或微信的比例）、上级互动（转发评论上级单位微博次数）、下级联动（被下属单位转发评论的次数）
南方周末数据实验室	中国政务微信排行榜	发布篇数、发布天数、总阅读量、上周总阅读数量	未公布具体的评估权重和系数
复旦大学数字与移动治理实验室	上海微信公众号 30 强	界面设计，关注量，内容质量，账号的服务性、互动性、创新性和技术稳定性	未公布具体的评估权重和系数
中国传媒大学互联网信息研究院	部委政务微信公众号	阅读量、发文频次、内容类型	以阅读量为主

续表

研究机构	主题	评价指标	指标介绍及权重
清华大学新闻与传播学院	微信传播指数	阅读指数	总阅读数(70%),平均阅读数(25%),最高阅读数量(5%)
		点赞指数	总点赞数(70%),平均点赞数(25%),最高点赞数(3%),点赞率(2%)*

注：*若阅读量小于1000，权重计算公式将不考虑点赞率，最高点赞数权重修正为5%。

资料来源：人民网舆情监测室：《人民网舆情监测室发布第一期政务微信影响力榜单》，http://yuqing.people.com.cn/n/2014/1020/c209043-25870904.html；《2014年全国政务新媒体综合影响力报告的评价体系》，http://news.xinhuanet.com/live/2014-12/14/c_127302433.htm；南方周末数据实验室：《中国政务微信排行榜》，http://www.infzm.com/topic/data.shtml；新闻晨报：《上海微信公众号评选30强公布，最强10强由网友选》，http://sh.qq.com/a/20141125/015526.htm；新华社：《财政部政务微信在中国传媒大学发布的我国首份政务微信评估报告中综合影响力排名第二》，http://www.mof.gov.cn/zhengwuxinxi/caizhengxinwen/201408/t20140815_1127415.html；新媒沈阳微博账号，http://weibo.com/1652867473/BwNuyyHlO?type=comment#_rnd1417502410735。

2014年7月，随着微信阅读量、点赞数的上线，量化评估公众号影响力成为可能。表1对2014年以来部分政务微信的评估进行了回顾，其中一半研究来自舆情监测机构，另一半来自高校。由于政务新媒体的发展受到了中央政府自上而下的推动，下级部门开通微信更看重其履行职能、完成工作任务的特点。因此各大舆情机构和高校都较看重对排行榜的编制，以作为部门绩效考评的有效管理方式。然而，这使现有微信的研究多强调榜单的商业价值，大多数评估在指标的科学性和系统性上有所欠缺，基本都未公布评估的流程和指标权重的计算公式。而且，这些指标过分依赖点赞量和阅读量作为衡量传播力的标准，且在指标权重计算上随意性较高。最重要的是，现有指标流于浅层描述，并没有从价值层面对当下政务微信的发展做出判断，因而事实上无法指导政务微信应该如何发展。

课题组认为，政务微信的发展所带来的不仅是民众获取信息方式的改变，更是传统舆论中心的转移和网络舆论阵地的兴起。对政府而言，推动政务微信的发展并非只是提供公共服务和宣传引导，而是为了回应移动互联网的发展浪潮，是在新媒体时代下实现公共管理的重要方式，是建立阳光型政府、服务型政府，实现国家现代化治理的重要手段。因此，对于政务微信的评估必须坚持价值导向为前提，并关注事实层面的变化。选取哪些指标及确定各个指标的权重成了本文关心的主要问题。本文试图采用层次分析法和专家调查法相结合的方式，尝试建构更为完善、更为科学的政务微信传播力指标评价体系。

三 研究问题与方法

关于如何评价政务微信的传播力，本文拟针对广东省内已认证的政务微信，尝试建立基于活跃度、互动性、服务性和影响力的政务微信评价体系。在整个工作中，课题组使用了 yaahp 9.0 和 SPSS 21.0 统计软件。

（一）样本来源

研究样本为截止到2017年10月底广东省内区县以上政府部门或其下属事业单位开设的微信公众号。课题组以市、区县、街道名为关键词在微信上搜索。最后共得到1682个微信公众号（省级86个，地市级697个，区县级899个）。课题组抓取了样本在2016年11月至2017年10月推送的全部信息。

（二）评价指标体系的初步设计

本文对广东省政务微信的发展现状和趋势进行评估与分析，并尝试建立指标体系以评估各微信公众号的表现。在对微信公众平台进行评估时，不仅要考虑点赞量和阅读量等客观评价指标，微信公众平台与公众的互动程度、活跃程度等变量也应纳入考量范围。通过仔细分析，本文将政务微信的指标体系划分为三个一级指标，即活跃度、互动性、可读性（见表2）。

表2 政务微信评价指标层次结构

一级指标	二级指标
活跃度	发文总量
	更新频率
互动性	回复速度
	回复的实用性
可读性	阅读量
	点赞量

活跃度：该指标考核微信公众号在传播过程中的活跃程度。二级指标分别是：①发文总量，指微信公众号发表的日志总数；②更新频率，由于不同微信的更新策略不同，有的公众号一次更新会推出多篇文章，有的公众号则只有一篇文章。因此，本文只计算最近一个月内更新的频率。该指标得分越高，表示政务微信的更新频率越高。

互动性：政务微信的主要功能是与网民沟通交流，民众在微信上的提问和意见应该引起政府部门的重视并及时进行处理，包括回应、实际调查和解决问题。课题组因此设置了两个二级指标进行测量，一是回复速度。课题组在工作日时在样本微信上留言“您好。如果对您的微信有一些建议，怎样能反馈给你们?”如果有回复，则将回复时间区分为“1”为当天，“2”为第二天，“3”为不回复。由于超过48小时后后台不能再对网友评论进行回复，因此超过2天便可视为不回复。二是回复的实用性。编码员按照自己的阅读体验打分，“1”为不详细或没用，“2”为一般详细或一般有用，“3”为详细或有用。该指标的分数越高，表示政务微信越重视与网民的沟通和反馈。

可读性：微信阅读量和点赞量的上线，使评估账号影响力成为可能。总阅读量和总点赞量越高，表示该微信内容的传播范围更广泛，被民众认可的程度越高。

（三）指标权重的确定

本文共建立了3个一级指标和6个二级指标。然而，各个评价指标对政务微信的传播力具有不同的重要性。为准确反映各指标的作用以及重要程度，在初步确定评价体系后，课题组采用专家调查法与层次分析法相结合来确定各指标的权重。权重系数代表了该指标在整个体系中的作用，以及各指标之间的相互关系，具体步骤如下。

1. 专家调查法

通过电子邮件向专家共回收调查问卷15份。这些专家包括新闻传播院校的专家5名、腾讯微信部门工作的业界人士5名，以及地方政府宣传部门的主管5名。问卷的设计依据层次分析法，将拟评估的复杂系统分解为简单的多层级系统，以两两比较的矩阵形式进行判断。

2. 对回收的有效问卷结果进行统计，并将指标的重要性进行量化转换

我们引入 1 ~9 标度以测量指标的相互重要性程度，专家须对 8 个二级指标的重要性进行两两比较。

3. 计算各比较判断矩阵的特征值，进而计算各项指标的权重

根据相关理论，层次排序计算可以归结为计算判断矩阵的最大特征根及其对应的特征向量的问题。将该特征向量标准化，即为本层次各因素相对于上一层次的权重。借助 yaahp 9.0 软件，我们完成了权重的计算，成功建立了政务微信评价体系。如表 3 所示，在对微信号的评估中，可读性的权重最大（67.47%），互动性次之（18.30%），活跃度最低（14.24%）。

表 3　政务微信评价的指标权重

一级指标	权重	二级指标	权重	总排序
可读性	0.6747	阅读量	0.3405	1
		点赞量	0.3342	2
互动性	0.1830	回复的实用性	0.1286	3
		回复速度	0.0544	5
活跃度	0.1424	更新频率	0.1179	4
		发文总量	0.0245	6

4. 一致性检验

由于判断矩阵的构造依据问卷调查的结果，而问卷调查主要依靠专家的主观判断。为此，我们利用 yaahp 9.0 软件对每一层次进行了一致性检验。若 bij >1，bjk >1 能导出 bik >1，则判断矩阵具有次序一致性。若导出的是 bik <1，则判断矩阵不具有次序一致性，需要舍弃。经过一致性检验，结果表明上述权重计算是可靠的。

（四）微信评估的计算方式

由于 6 个二级指标不在同一数量级，因此我们先对所有数据进行了标准化。具体来说，项目组对所有指标均采用标准差标准化（zero mean normlization）的换算，具体操作方法是将变量的观察值减去该变量的平均数，然后除以该变量的标准差。经过处理的数据符合标准正态分布，均值为0，标准差为1。我们对新数据进行处理，全部换算成1～100的数据，计算方法是：T＝10×Z＋70。最后，再乘以专家赋予的权重，以计算不同政务微信最后的得分和排名。

四 数据分析与指标验证

为检验指标体系的适用性，我们对广东省政务微信进行了试评价。在数据分析中，我们以政务微信的行政级别作为分类变量。省级和地市级政务部门拥有较丰富的行政资源，可为政务微信的开通提供政策或资源上的支持。而区县级政务部门则受限于各种因素，如部门的业务属性单一、面向的公众群体较为有限。虽然区县级政务号在近几年发展得很快，但其影响力和传播力较为有限。因此，我们也对不同行政级别的政务号进行了比较。根据数据统计，我们发现广东政务微信有如下特征。

（一）互动性：半数微信号回复及时，但省级政务微信的互动质量有待提高

对广东政务微信在2017年的表现进行评估的结果发现，在回复速度上，46.3%的微信号能够即时或在当天与用户进行互动，4.9%的微信号会在第二天进行回复，但有48.8%的微信号不回复用户的提问。在回复方式上，15.1%的微信号采用了人工回复，36.1%的微信号使用关键词回复，其他则不回复。在回复的实用性上，仅有17.7%的微信号回复具有较高实用性，12.7%的微信号回复被认为较为有用。20.9%的微信号虽有回复但并无针对性，这些微信号大多设置了自动回答功能，但后台编辑不能跟进问题的解决。

我们使用卡方分析对省级、市级、区县级政务微信的互动性进行了比较。超过一半的区县级微信号没有互动（53.1%），而在省级微信号和地市

级微信号中不互动微信号的比例仅有43%和44%。在回复形式上，省级微信号较多采取自动回复，地市级和区县级微信号虽然也较多采用自动回复，但其人工回复的比例显著多于省级微信号。我们对回复内容也进行了编码，结果发现，省级微信号因大量采用自动回复的方式，其回复被认为“不详细或没用”的占比较高（33.7%）（见表4）。

表4　不同行政级别微信公众号在回复方式和回复实用性上的差异

分类		省级	地市级	区县级	总和
回复方式	不回复	37(43.0%)	307(44.0%)	477(53.1%)	821(48.8%)
	人工回复	8(9.3%)	116(16.6%)	130(14.5%)	254(15.1%)
	自动回复	41(47.7%)	274(39.3%)	292(32.5%)	607(36.1%)
	总和	86	697	899	1682
	Chi-squared(df = 4) = 18.86, p <0.001				
回复实用性	不回复	37(43.0%)	307(44.0%)	477(53.1%)	821(48.8%)
	不详细或没用	29(33.7%)	148(21.2%)	174(19.4%)	351(20.9%)
	一般详细或有用	7(8.1%)	111(15.9%)	95(10.6%)	213(12.7%)
	非常详细或有用的回复	13(15.1%)	131(18.8%)	153(17.0%)	297(17.7%)
	总和	86	697	899	1682
	Chi-squared(df = 6) = 26.39, p <0.001				

（二）活跃度：省级/地市级微信号的活跃度高，但区县级微信号表现较弱

在发文量上，有124个微信号是“僵尸号”。在保持更新的1558个微信号中，全年共发布了54.05万篇文章，平均每个号发布了347篇文章。其中，发布文章数量最多的是“汕头市政府应急办”（2792篇）。在活跃天数上，调查仅针对最近一个月内的活跃天数进行了统计。由于订阅号和服务号在推送频次上存在区别，服务号每个月仅能推送4次，因此合并计算后平均活跃天数有所下降，样本微信号的平均月活跃天数是11天。

我们采用了方差分析对省级、市级、区县级微信号的活跃度进行了比较。分析结果显示，在发文量方面，省级微信号（均值为434.91篇）和地

市级微信号（均值为401.55篇）不存在显著差别，但二者均显著高于区县级微信号（均值为294.03篇）。在月活跃天数方面，省级微信号（均值为12.42天）和地市级微信号（均值为12.38天）的差异亦不大，但两者均显著高于区县级微信号（均值为10.02天）（见表5）。省级微信号和地市级微信号保持了较高的活跃度，而区县级微信号在总体上来说表现较弱势。

表5　不同行政级别微信公众号在发文量和月活跃天数上的差异

单位：篇，天

分类	行政级别	样本量	均值	标准差
发文量	省级	81	434.91	464.74
	地市级	660	401.55	444.08
	区县级	817	294.03	397.34
	总和	1558	346.90	424.79
月活跃天数	省级	81	12.42	10.57
	地市级	660	12.38	10.08
	区县级	817	10.02	9.96
	总和	1558	11.14	10.10

（三）可读性：阅读量和点赞量受行政级别的影响，整体可读性不断提高

在保持更新的1558个微信号中，全年推送的文章共得到了10.54亿次阅读和886.93万次点赞。平均每个号被阅读67.68万次，被点赞5693次；平均每篇文章被阅读1951次，被点赞16次。其中，“珠海交警”的总阅读量最高（7287.78万次），“佛山发布”的总点赞量最高（46.51万次）。

我们采用方差分析的方法对省级、市级、区县级政务微信号的可读性进行了比较。分析结果显示，在阅读量方面，统计显示，省级政务微信号（均值为230.84万次）和地市级微信号（均值为95.2万次）在统计学上的差异并不显著，但是两者分别与区县级微信号（29.02万次）之间存在显著差异（见表6）。这说明省级和地市级微信号面对的用户群体最广泛，其总

阅读量明显超过区县级微信。在点赞量方面，省级、地市级和区县级微信号三者之间存在显著差异。总体上看，阅读量、点赞量受到行政级别的影响，越高行政级别微信号的粉丝量越大，其阅读量和点赞量也越大。

表 6　不同行政级别微信公众号在阅读量和点赞量上的差异

分类	行政级别	样本量	均值	标准差
阅读量	省级	82	2308354. 45	5645973. 35
	地市级	660	951956. 53	4452758. 11
	区县级	816	290214. 89	1063765. 37
	总和	1558	676759. 77	3300466. 01
点赞量	省级	82	18821. 83	49873. 16
	地市级	660	7951. 54	32068. 48
	区县级	816	2546. 47	6714. 14
	总和	1558	5692. 76	24590. 43

（四）省级、地市级及区县级政务微信榜单

通过对政务微信的活跃度、互动性和可读性的分值计算，我们根据最终分值的自然排序，得到省级、地市级、区县级政务微信榜单见表7、表8、表9。

表 7　省级政务微信影响力前十名

账号	活跃度得分	可读性得分	互动性得分	总分
广东发布	93. 89	93. 62	92. 97	93. 55
广东共青团	73. 08	94. 55	92. 97	91. 21
广东消防	94. 01	91. 05	78. 92	89. 26
南粤女声	88. 30	87. 37	94. 05	88. 73
广东地税	90. 58	86. 89	92. 97	88. 54
广东旅游	87. 24	86. 15	92. 97	87. 56
广东人社	88. 23	85. 76	92. 97	87. 44
广东禁毒	77. 44	84. 10	100. 00	86. 07
广东农业	89. 62	81. 29	100. 00	85. 91
广东科技	71. 29	85. 13	100. 00	85. 89

省级政务微信依托高层次平台，整合全省政府资源，在推进政务公开、提高社会管理水平方面起到重要作用。例如，党的十九大期间，“广东发布”推送的《十九大报告，这四个新概念很重要!》《重磅！党的新一届中央领导机构诞生了!》这些文章都突破了“10 万 +”阅读量。省级政务微信在服务民众的同时，积极发挥政策宣传和解释功能，以简洁、清晰、明确的文字向公众传达了全省工作的核心内容与思想，有效地进行了社会意见整合和舆论引导。

地市级政务微信是政务微信体系建设中不可或缺的一环，起到承上启下的作用。例如，台风期间，地市级微信号第一时间传达权威信息及当地政府的应对措施。“珠海交警”推送的《告急！台风“帕卡”距珠海不足 700 公里！这些桥梁隧道道路或重新封闭!》、“佛山发布”推送的《“天鸽”刚刚登陆，佛山紧急动员！全市停业停运信息汇总》等多篇获得“10 万 +”阅读量的文章产生了广泛而良好的影响，积极发挥了媒介的社会预警和环境监控功能。同时，地市级微信号在实打实地提供实用信息之余，逐步树立了自己贴心、务实的形象，并形成当地用户凝聚共识、建构身份认同的重要平台。

表 8　地市级政务微信影响力前十名

账号	活跃度得分	可读性得分	互动性得分	总分
珠海交警	94.51	95.74	92.97	95.07
佛山发布	94.61	95.44	85.95	93.60
深圳卫计委	93.97	91.00	100.00	93.08
中山发布	93.75	95.74	72.97	91.30
肇庆市旅游局	90.22	88.70	100.00	90.99
中国广州发布	94.16	87.77	100.00	90.93
韶关旅游	94.25	86.48	100.00	90.07
东莞福彩	94.31	85.45	100.00	89.39
清远发布	94.52	88.58	85.95	88.95
河源发布	91.89	90.54	78.92	88.61

区县级政务微信数量庞大，是政务新媒体矩阵的主力军。虽然受限于用户群体相对较小的窘境，但上榜的公号紧扣本地用户的切身需求，成为政府与基层百姓最紧密的桥梁。例如，“顺德警察”在线上开通九项业务办理咨询服务，涵盖交警、出入境、治安、户政等方面业务，彻底打通了服务群众的“最后一公里”。可以说，区县级政府部门是行政体系中的“毛细血管”，与市民的关系最为紧密，区县级政务微信逐步成为最了解本地特色和社情民意以及最接地气的政务新媒体。

表 9　区县级政务微信影响力前十名

账号	活跃度得分	可读性得分	互动性得分	总分
南海发布	94.45	90.75	92.97	91.70
小榄发布	94.37	88.35	100.00	91.35
顺德警察	93.63	87.76	100.00	90.84
中山火炬发布	94.15	86.80	100.00	90.27
兴宁发布	94.17	86.13	100.00	89.82
龙岗发布	94.26	87.51	94.05	89.68
广州番禺发布	94.18	87.46	92.97	89.43
高明发布	94.48	89.23	85.95	89.38
南海旅游	92.76	85.18	100.00	88.98
鹤山发布	93.69	88.25	85.95	88.61

五　结论

相对已有的政务微信评估研究而言，本文采用了科学的方法以确定评价指标的权重，通过比较不同专家的评估在一定程度上降低了权重计算的主观随意性。且本研究所访问的专家不仅来自学术界，还有来自政府人士和媒体人士的参与，因此更能全面地代表社会各界对政务微信的态度。在指标筛选中，我们利用了现有的各种技术条件，除无法获取微信公众号的粉丝量外，本指标体系从指标的客观性、易得性、可操作性等角度出发，保证了评价指标的全面性和效力。因此，本指标体系较之已有研究更为合理，可推广至更大范围内使用。

最后，本文也认为政务微信的评估涉及技术和现实层面的很多复杂问题。若简单采用层次分析法，可能导致使用者过分看重结果的排序，将政务微信的传播表现用标准化数字来简单归纳，从而忽视了政务微信的独特性及它们所面对的不同现实条件。例如，在经济发达的珠三角地区政务微信的发展较快，历史基础较好，将它们简单地与经济不发达的粤北、粤西等地区进行横向比较有失公允。而各地的媒介环境也不尽相同，在移动互联网发展相对薄弱的地区，一味推动政务微信的扩散也有拔苗助长之嫌。因此，在未来的研究中，本文认为应适当采用定性方法作为补充，如对当地宣传部门的访谈及对当地互联网的应用和普及开展调查，这将会显著提高指标的效度。

B.11

2017年热点事件中的网络舆论演变分析

曾凡斌　程小妹*

摘　要： 本文采用案例分析法，选取了2017年热点事件中的“4·14辱母杀人案”、“求职少年李文星之死”和“江歌事件”，对这三例案件的网络舆论发展进行分析，指出网络舆论可划分为四阶段，分别为潜伏期、发展期、高峰期与衰退期。在潜伏期，敏感性的议题与网民的心理框架会催生议题进一步发酵；在发展期，意见领袖会促成舆论的成长与扩散，传统媒体与新兴媒体相互借力，助推舆论走向高峰；在高峰期，舆论场人声鼎沸，情绪与理性并存，新鲜信息的输入会导致其出现波动；在衰退期，伴随着事情的解决，议题分散或被新议题覆盖，各方疲乏，最终平息，而没有得到彻底解决的事件，将成为潜在舆情因子。

关键词： 网络热点事件　网络舆论　意见领袖　网络议题

一　引言

互联网技术的飞速发展为网民提供了十分重要的参与途径、组织渠道与动员平台，它所具有的高度开放性、互动性和去中心化等特点，降低了网民的参与门槛，同时培养了网民主动参与社会公共事务的公民意识，网民经常

---

* 曾凡斌，博士，暨南大学新闻与传播学院副教授；程小妹，暨南大学新闻与传播学院新闻与传播专业研究生。

围绕一些社会问题和社会现象进行围观、讨论，甚至争辩，由此而形成的网民舆论有时甚至能够影响公共决策。本文通过对2017年网络热点事件的具体分析来探究网络舆论的发展演变机制，从而能够更加准确地把握网络舆论的风向标，理解民意进而有效引导舆论，有助于媒体调整方略，守护好网络空间中的舆论重镇。

有国内学者认为，网络舆论是“公众（网民）以网络为平台，通过网络语言或其他方式，对某些公共事务或焦点问题所表现出来的意见的总和”[①]。也有研究者把网络舆论做了广义和狭义之分，并认为广义上的网络舆论几乎涵盖了所有的社会舆论形式，其中既可能有来自传统媒体表达的新闻舆论，也可能有来自草根阶层的公众舆论和真实民意，呈现明显的复杂性特点，而狭义的网络舆论仅特指网民在互联网上所表达的舆论[②]。本文所探讨的是狭义的网络舆论。

网络媒体传播迅速，内容海量，即时反馈，意见多元，而且门槛低，几乎人人都能参与。因此，网络成为社会各阶层的现实利益诉求与合法权利维护的平台与渠道，也成为社会矛盾的集中爆发地。随着网民公民意识的不断加强与媒体技术的高速发展，网民通过网络媒体参与公共事务讨论的趋势越来越明显，网络议题演化为网络热点事件并激起全民讨论已经成为当下互联网的常态。学术界对网络舆论形成演化机制的研究相当丰富，有些是侧重于研究网络舆论中的议题演化机制，对突发事件网络舆论议题的演变过程进行分析，认为突发事件催生的网络舆论议题，通常会形成多样性的议题漫射现象，在演化过程中经由引爆、质证、沉没、休眠四种模式，逐渐聚焦并进行价值沉淀[③]。官建文等以数据为基础，采取案例分析法来剖析突发公共事件舆论发展过程中网民议题结构

① 金兼斌：《网络舆论的演变机制》，《传媒》2008年第4期，第11～13页。

② 侯利强：《意见领袖存在的深层心理动因》，《山东视听》（山东省广播电视学校学报）2006年第11期，第15～16页。

③ 廖卫民：《突发事件网络舆论议题的演化及价值沉淀——以屠呦呦获诺贝尔奖议题为例》，《当代传播》2016年第2期，第83～86页。

的特点和变化，并通过框架视角分析公共话语的结构特征，揭示网络舆论的实质是“话语的抗争”[①]。有些侧重于网络舆情，如王平等从舆情的五要素及舆情过程的角度提出了影响舆情演变的关键因素，对舆情的主体、对象、本体、媒介及过程进行了详细的分析[②]。此外，刘怡等则是探讨网络反腐这一具体类型的热点事件的舆情形成演变机制[③]。熊光清则是从网络公共事件切入，同样采用过程分析的视角，将其分为引发、展开、变化和消退这四个阶段[④]。

当下媒介环境中，移动互联网逐渐成为主流传播媒介，对这种移动互联网下的网络舆论的演变机制进行探讨依然具有理论意义。当下网络舆论的发生发展已不再局限于网络场域之中，其所涉及的议题大都与现实社会问题紧密相关，是现实世界中经济、文化、社会的一种缩影。本研究中的网络热点事件是指在网络上传播，在一段时间内引起网民持续关注和讨论的事件。网络热点事件通常是现实社会问题、社会现象等在网络空间中的投射，能够真实反映网民的群体心态与社会价值观。

二　三个热点事件网络舆论演变统计

（一）研究对象

本文选择“4·14辱母杀人案”、“求职少年李文星之死”及“江歌事件”三个案例作为研究对象，选择这些事件的原因有以下几个方面。首先，

① 官建文、李黎丹、王培志：《突发公共事件网络舆论议题结构探析》，《现代传播》（中国传媒大学学报）2016年第38期，第72～78页。

② 王平、谢耘耕：《突发公共事件网络舆情的形成及演变机制研究》，《现代传播》（中国传媒大学学报）2013年第35期，第63～69页。

③ 刘怡、谢耘耕：《网络反腐舆情事件的形成与演变机制研究——基于2011～2013年重大公共网络反腐舆情事件的研究》，《现代传播》（中国传媒大学学报）2014年第36期，第69～74页。

④ 熊光清：《中国网络公共事件的演变逻辑——基于过程分析的视角》，《社会科学》2013年第4期，第4～15页。

考虑事件的代表性，案例类型上来说，这三个案例大多涉及司法伦理、社会诚信和道德伦理，事件的背后都存在长久以来难以解决的痼疾，所反映的并不是一个单纯的问题，而是多方利益、多元心态的角力，其网络舆论的内容形成比较丰富；其次，这些事件的网络关注度高，影响巨大，在各大平台发布的年度盘点中，均位于前十名；最后，这些案例触及网民的心理敏感区，引发了公众的自发行动，如集体请愿、签名等。

（二）研究方法

1. 采样对象

本研究舆论的采集主要集中在百度指数上。

2. 采样时间

通常而言，网络舆论从出现到衰退，甚至是完全消失所需的时间跨度较长，由克里斯·安德森的长尾理论可知，某一事件的网络舆论不可能完全消失，但是媒介的议程设置功能会提供新议题，冲击原有议题的生命力，从而转移人们的关注点。因此，我们在进行采样时会选取最具代表性的一段时间，以此来表现网络舆论在最关键时期的走向。

（三）采样途径

百度指数：http：//index. baidu. com/。

百度是目前中国最大的中文搜索引擎，百度指数就是百度搜索次数，是以百度网页搜索和百度新闻搜索为基础的免费海量数据分析服务，通过数据统计反映不同关键词在不同时间段内的“用户关注度”和“媒体关注度”。

（四）案情梳理与数据统计

1. “4 · 14”辱母杀人案

2016 年 4 月 14 日，山东聊城民营企业家苏银霞及其子于欢在工厂办公室被 11 名催债人暴力催债，并采用极端手段侮辱，长达一小时，在多次求助无果后，其子于欢用水果刀致 4 人受伤，其中一人杜志浩因失血过多休克死亡。

2017 年 2 月 17 日，山东省聊城市中院一审决议以故意伤害罪判处于欢无期徒刑。2017 年 3 月 23 日，《南方周末》在其官网上发布了深度调查性报道《刺死辱母者》。6 月 23 日，山东省高级人民法院下达终审判决，认定被告人于欢属防卫过当，构成故意伤害罪，判处有期徒刑 5 年。辱母杀人案事件的讨论持续时间并不长，但是强度高，主要集中于 2017 年 3 月 23 日至 4 月 5 日，在 6 月宣判的时候已经失去了讨论热度，因此本文以日为单位采集数据（见图 1）。

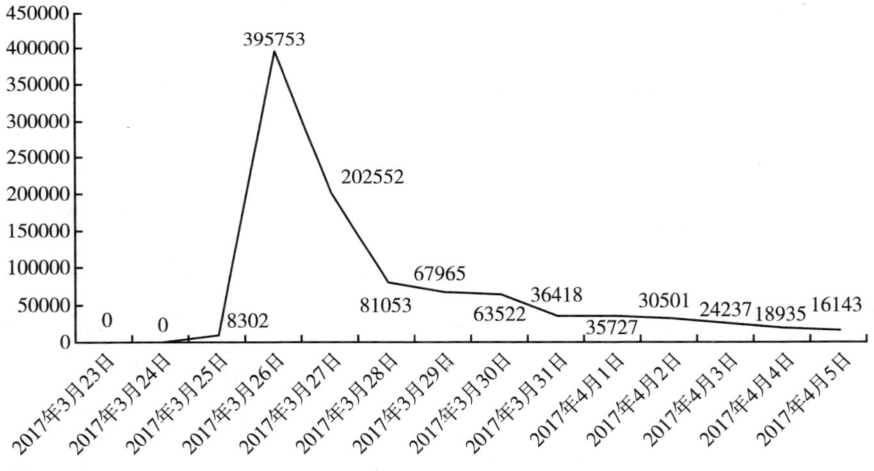

图 1　2017 年 3 月 23 日至 4 月 5 日关键词“辱母杀人案”百度搜索指数

从图 1 可以看出，此事件的网络舆论大致经历了潜伏期、发展期、高峰期和衰退期四个阶段。

2. 求职少年李文星之死

2017 年 8 月 2 日，自媒体“芥末堆”报道东北大学 2016 届毕业生李文星在名为“BOSS 直聘”的招聘平台上发简历找工作，却陷入了传销骗局，溺水身亡，引发舆论。8 月 2 日下午，天津市静海区城关派出所证实，7 月 14 日从一处水坑打捞出一具男性尸体，该男子后经确认为东北大学生李文星。该事件在网上的讨论从 8 月 2 日持续到 8 月 10 日，此后逐步消退（见图 2）。

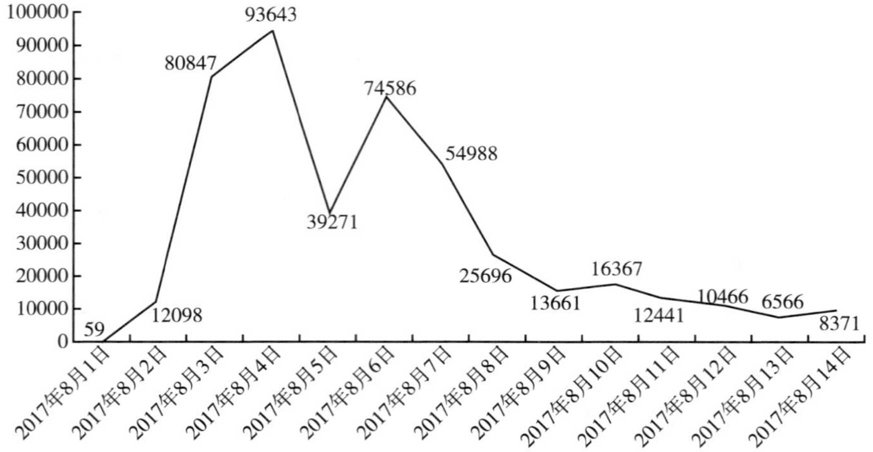

图2　2017年8月2～14日关键词“李文星”百度搜索指数

3. 江歌事件

2016年11月3日，中国留学生江歌在其日本出租屋门口遇害，与其同住的室友刘鑫在屋内报警。11月24日晚间，日本警方确定犯罪嫌疑人为刘鑫的前男友陈世峰。2017年11月9日，新京报“局面”栏目通过官微连续发布25条江歌案专访视频，累计播放量超3.7亿次，引起了公众的广泛关注。2017年11月11日，微信自媒体大号“东七门”发布文章《刘鑫，江歌带血的馄饨，好不好吃?》。次日，自媒体公众号“咪蒙”发表文章《刘鑫江歌案：法律可以制裁凶手，但谁来制裁人性?》，再度掀起舆论高峰。之后舆论平息了一段时间，一直到2017年12月11日，江歌案在东京开庭审理，再次进入人们的视野。12月20日，一审宣判，法院以故意杀人罪和恐吓罪判处被告人陈世峰有期徒刑20年，出现最后一个舆论高峰，此后舆论出现疲态，逐渐衰弱（见图3）。

通过对上述三个热点事件网络舆论演进过程的考察，本文将网络舆论的发展阶段划分为四个部分，即潜伏期、发展期、高峰期与衰退期。

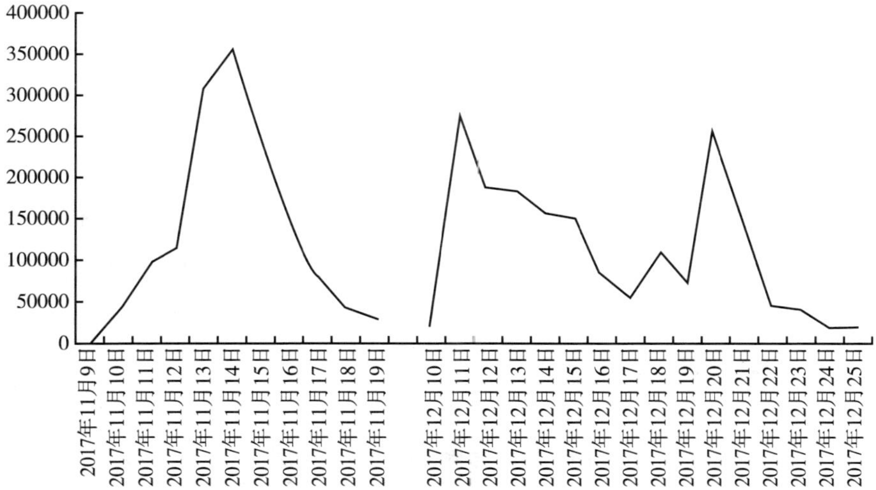

图3　2017 年 11 月 9 日至 12 月 25 日关键词“江歌”百度搜索指数

三　舆论潜伏期——敏感性议题与网民“框架化”表达

在传统媒体时代，舆论的形成完全由掌握话语权的主流媒体决定，媒体机构决定报道的内容和议题立场，有时辅以社会个体的意见，传播媒介的“把关人”身份严格限制了议题的出现和传播，舆论场更多地体现为从上而下的精英视角。因此，在某种程度上，传统媒体时代的舆论形成主要由主流媒体舆论引导的规则决定，议题本身的性质与舆论的形成并没有太大关系。而网络媒体时代的新的传播技术使信息提供者免除了媒介的把关，以往传统媒体的话语霸权被彻底颠覆，受众能够获得对传播的掌控，网络的监管范围也更加宽松。在这种背景下，网络舆论的兴起带有很大程度的自发性，即网友对议题自发进行讨论并形成集中意见，议题本身的性质及特点成为网络舆论潜伏期的重要影响因素，但并非所有的信息都能成为网民的议程。只有那些与网民现实利益相关，具备重要性与刺激性，包含多个敏感点的事件才能得到网民的关注。议题本身是网络舆论产生的现实根源，议题越敏感、越刺激，网民的关注度越强，越容易形成网络舆论。

喻国明曾在其著作中总结了八类容易形成网络舆情的热点议题：一是政府官员的违纪违法行为；二是涉及代表强制国家机器的政法系统、城管队伍；三是涉及代表特权和垄断的政府部门、央企；四是衣、食、住、行等全国性的民生问题；五是社会分配不合理、贫富分化；六是涉及国家利益、民族自豪感的事件；七是重要或敏感国家、地区的突发性事件；八是影响力较大的热点明星的火爆事件①。笔者参照此分类对2017年的热点事件议题进行分析，议题分布如表1所示。

表1　2017年网络舆情热点议题

热点事件类型	具体事件
社会执法	郭文贵盘古利益链、15岁自闭症少年雷文峰之死
社会民生	北京大兴区火灾事故、宁波老虎咬人、女子丽江旅游被打、求职少年李文星之死、刺死辱母者、江歌事件、章莹颖失踪事件、四川泸州中学生死亡事件
国家利益、民族自豪感	中国民众抵制韩国乐天、中共十九大、首艘国产航母下水、中印两军对峙、香港回归20周年、天舟一号发射、袁隆平"超级稻"创世界纪录、女排夺冠
影视娱乐	《人民的名义》刷屏、三生三世走红、《战狼2》走红、八卦公众号被封、关鹿公布恋情、薛之谦人设崩塌、麦当劳改名"金拱门"
网络安全	勒索病毒蔓延全球、蓝鲸游戏诱导青少年自杀
医疗教育	小学生性教育课本引争议、中国留学生马里兰演讲、红黄蓝虐童案、携程亲子幼儿园虐童案、莎普爱思滴眼液疗效之争、豫章书院体罚学生、"摇头爷爷"治脑瘫患儿、格斗"孤儿"、白马镇少年杀人事件、电视神医"伪养生"节目、"双一流"建设大学、湖南肺结核事件、榆林产妇坠楼事件
社会信任	杭州保姆纵火案、唐山"教科书式老赖"、We Phone创始人自杀疑遭骗婚、瓜贩提醒顾客有小偷后当街被害、茅台镇高端定制假茅台、左右脑年龄测试忽悠2390万人

① 喻国明：《中国社会舆情年度报告》，人民日报出版社，2011，第213～214页。

2017年的热点事件纷繁复杂，医疗教育、社会民生和社会信任等聚焦社会矛盾的议题依然是网民关注的焦点，这些事件背后都有深层次的社会根源和价值逻辑，事件本身只不过是社会复杂多样的一个缩影。如“4·14辱母杀人案”，其案件的敏感度不仅在于涉案情节侵犯了中国人自古以来的道德伦理，它还暴露了我国长期以来民间借贷的乱象、中小企业融资困难、高利贷泛滥等一直没有得到妥善处理。再如“求职少年李文星之死”，其俨然是2016年“魏则西事件”的翻版，除了大学生个人防护知识缺乏，更重要的是长期以来的互联网监管缺陷和屡禁不止的传销活动。“江歌事件”触及的则是道德伦理和社会的公平正义，网民用道德来谴责刘鑫及其家人。

如果说敏感性的议题是网络舆论诞生的土壤，那么网民的心理框架则是加速其成长的催化剂。社会学家戈夫曼在1974年出版的《框架分析》中对框架定义如下：“框架指的是人们用来认识和阐释外在客观世界的认知结构，人们对于现实生活经验的归纳、结构与阐释都依赖一定的框架，框架使得人们能够定位、感知、理解归纳众多具体信息。”① 戈夫曼认为“所有我们对于现实生活经验的归纳、解构与阐释都依赖一定的框架；框架使我们能够确定、理解、归纳、指称事件和信息”②。换言之，框架是个体处理信息的前提和规则，个体须依赖框架组织来调整行动，框架来自我们过去的现实经验，我们对新事物的认识与判断便是建立在这种既有的框架上。

在“4·14辱母杀人案”中，网民普遍采取了一种“锄强济弱”的表达框架。舆论几乎成“一边倒”的趋势，倾向于支持被告人于欢无罪释放，网民“大V”等自媒体在社交媒体上高呼“恳求判刺死辱母者无罪”。在于欢与死者杜志浩的官司中，网友天然厌恶杜志浩的黑社会性质组织成员身份，同情“弱者”于欢。造成这一现象的原因之一是，中国

---

① 郭庆光：《传播学教程》，中国人民大学出版社，2011，第208~209页。

② Owen Goffman, *Frame Analysis* Philadelphia: University of Pennsylvania press, 1974, pp. 10 - 11.

作为一个世俗文化悠久的传统社会，一向奉行“辱人父母，兹事体大”原则，民众对这一准则具有非常深的认同感。

在“求职少年李文星之死”和“江歌事件”中，网民普遍采取了“公平正义”的框架，为前者李文星之死不断抨击涉事网站BOSS直聘，拷问互联网监管机制为何一再缺失；对后者江歌之死，网民则展现了围观群众直观且天然的正义感，网民愤怒地谴责刘鑫及其家人，不仅是希望能得到一个公平、正义的审判，更是希望当事人在感情上回应受害者家属。同样，在2017年热点事件中有诸多涉及医疗教育类，如榆林产妇跳楼事件等，这些事件与网民切身利益相关，不断刺痛网民的神经，激发网民的正义感和权益感，网民希望事件能够得到妥善处置，建立长期的预防机制，使悲剧不再发生，也减小发生在自己身上的可能性。

四　网络舆论发展期——意见领袖与新老媒体联动

在网络舆论发展阶段，原本聚焦特定议题的网络舆情开始跳脱出对个体的关注，进一步向外扩散，成为某一类群体的具备价值诉求的社会事件或社会议题。而在这个诉求过程中，最为关键的要素是领头人物或领袖人物，即传播学视角下的意见领袖。这一经典概念最早由拉扎斯菲尔德等在《人民的选择》中提出，他认为，对于媒介所传播的信息和观点，并不是直接流向受众的，而是要经过部分会积极接受的人，他们率先从大众传媒获取信息，并形成自己的看法和观点，再以人际传播的方式来影响周围人意见的形成，这部分积极影响他们意见形成的人即为“意见领袖”，而另一部分人则主要依靠与这些意见领袖的接触来指导自己的行动，意见领袖作为媒介信息和影响的中继和过滤环节，对大众传播的效果产生重要影响①。意见领袖利用自己在公众中的威信或某个领域的专长，对议题进行评论和发表观点，为

① 保罗·F. 拉扎斯菲尔德、伯纳德·贝雷尔森、黑兹尔·高德特：《人民的选择：选民如何在总统选战中做决定》，唐苗译，中国人民大学出版社，2012，第152～153页。

他人提供信息、观点或建议，保证议题的生命力和传播效果，同时产生了对议题的引导能力，影响网民的态度与意见，进而促成网络舆论的成长与扩散。

如在“4·14辱母杀人案”中，学者易中天公开发表声明，支持当事人于欢无罪，并列举了四大理由，该微博点赞量达30万次。在江歌事件中，拥粉千万的自媒体公众号“咪蒙”于11月12日推送了一篇《刘鑫江歌案：法律可以制裁凶手，但谁来制裁人性?》的评论性质的文章，不仅有自己的叙事，还有自己的立场、观点和主张，文中充满了粗鄙的情绪宣泄。在文章的最后，咪蒙号召大家签名支持陈世峰死刑，这篇文章阅读量过百万，微信推文下被顶最高的留言评论点赞量近4万次。对大多数网民个体而言，他们不具备生产“意见和观点”的能力，更多倾向于对“意见与观点”进行选择。易中天和咪蒙以其个人具备的专业知识、伦理价值观对辱母事件和江歌案进行剖析，深度阐述，其发言立场契合了网民当下的痛恨义愤心态，更加容易得到网民的呼应，并最终左右网民的立场和舆论表达。

通常，网络舆论的快速扩散除意见领袖发挥个体的社会动员力量之外，还存在媒体组织的行动。媒体与意见领袖之间、媒体与媒体之间彼此互动，相互作用和影响，最终带来舆论在数量上的增加和空间上的扩散。这种互动扩散主要通过三种途径：第一种途径是从传统媒介扩散到网络媒介，当今社会，传统媒介和网络媒介形成紧密连接的机制，它打破了传统媒介和网络媒介之间的隔阂，为网络舆论跨媒介传播或扩散提供了更多的机会；第二种途径是从网络自媒体到新闻网站，网络自媒体作为网民自我发声的平台，各种类型的网民都会积极、主动地在网络自媒体空间中发布某个突发事件的信息，当这些信息具有一定的影响时就会获得新闻网站的转载或跟进，从而获得更大范围的传播；第三种途径是从网络媒介到传统媒体，随着媒介融合趋势的日益深化，许多最早在网络上暴露出来的线索最终会引起传统媒体的关注，转化为传统媒体的报道[①]。

① 张伟：《弥漫与消弭：网络舆情的演化模式与应对策略》，中国经济出版社，2017，第286～287页。

如“4·14辱母杀人案”中，最先将这起案件带入公众视野的是传统媒体《南方周末》的报道。2017年3月23日10时07分，《南方周末》官网发布此稿，但在互联网上并未引起多大热议。3月24日9时41分，此稿被章丘人论坛转载，依然没有引起任何关注。3月24日14时51分，凤凰网转载此文；3月24日15时13分，网易新闻转载此文，真正将这起案件带入了舆论漩涡，截至3月30日12时，网易上的跟帖互动量高达239万次①。可以说，这两大网络媒体是辱母杀人案被广泛传播的重要推手。在“求职少年李文星之死”中，该事件最早由自媒体“芥末堆”报道，随后《新京报》、澎湃新闻开始介入调查，新浪、网易等网络媒体也对此事进行转载报道。江歌事件中，《新京报》的人物专访栏目“局面”是最早对此事进行报道的专业媒体，但将此案件推上风口浪尖的无疑是各类自媒体。11月，案件尚未进行审理、许多案情细节并不明确，而自媒体早已走在事实前面，一大批“10万+”的文章蜂拥而出，舆情热度猛然高升。有文章分析称，11月9~15日，以“江歌”为关键词的微信文章为3993篇，总阅读数达到“3700万+”，其中“10万+”文章为124篇，阅读量“10万+”的原创文章为45篇②。由此可见，意见领袖的个体动员和其他多种媒体组织的介入及其相互作用共同推动网络舆论的发展走向高峰。

五　网络舆论高峰期——信息输入带来舆论波动

在网络舆论高峰期，网络舆论的关注度和影响力都上升到最高峰值，媒介的报道程度和网民的参与程度都呈现几何数量的增长态势，网络空间汇聚着巨大的舆论风暴。在移动互联网时代，网络舆论从开始形成到猛烈高涨通

---

① 《南方周末〈刺死辱母者〉，是如何传播与发酵的》，搜狐网，http：//www.sohu.com/a/132078450_470054。

② 《事实缺位造就的“江歌案”社交媒体舆论审判》，https：//www.sogou.com/link？url=DSOYnZeCC_rJ3V_nyruElOB27ydTamNT2v7phmXdUKpjXTv9p3SS6jaqA4Kra7LFe3nt1YhtPYzz6R0_c_kTVQ。

常只需要极其短暂的时间。以“4·14辱母杀人案”为例，该事件从2017年3月23日开始出现关注，两天后，经过各大媒体平台的转载跟进，于26日达到峰值；“求职少年李文星之死”从8月1日出现零星讨论，到8月4日达到舆论峰值；“江歌事件”中，从11月9日在网上爆发，到11月14日达到舆论峰值。这三起案例，从事件引起关注到进入高涨阶段只有几天的时间，而且这三起事件聚焦的都只是普通个体。但网络舆论的高峰期并不是静态平稳的，而是处于一个波动之中。引发波动的动因通常在于新鲜信息的输入刺激，它会导致网民的情绪和行为发生变化，且新鲜信息的刺激性越强，这种波动就越明显。如果相关事件的进展与网民的基本预期保持一致，不再出现新鲜信息，那么网络舆论的高峰便会随着事件平稳回落。如在“4·14辱母杀人案”中，百度指数显示其峰值点出现于2017年3月26日，当天山东省高级人民法院、省公安厅、省检察院均对此案做出回应，各方角度几乎已被挖尽，之后，再没有与案件相关的信息出现，舆论从高峰回落，逐步走向衰退。

如果事件在发展过程中，不断涌现新鲜信息，网络舆论的高峰期便会出现相应的波动，如在“求职少年李文星之死”中，从百度指数的搜索趋势图中可以明显看出该事件有三个关键节点，第一个是2017年8月4日，有关李文星深陷传销骗局的案情细节被进一步披露；第二个是8月6日，李文星误入传销组织经过查明，涉案人员已被刑拘，以及天津市政法委下“死命令”，20天取缔非法传销；第三个是8月10日，网信办约谈涉事网站BOSS直聘，责令其全面整改。每一次披露与案件相关的关键信息都带来了新的关注高峰。江歌事件也是如此，第一个高峰是2017年11月14日，在经过“东七门”和“咪蒙”及诸多自媒体的发言表态后，舆论几乎一边倒，刘鑫被推上风口浪尖，受到指责；第二个高峰出现于12月11日，江歌案开庭，案件再次进入公众视野；第三个高峰出现于12月18日，江歌案庭审第六天，陈世峰向江歌母亲磕头道歉，警方曝光案发现场画面；12月20日，江歌案一审宣判，被告人陈世峰被判有期徒刑20年，出现第四个高峰，此后舆论衰弱，不再反复。

网民对事件搜索、讨论的热度是随着事件进程中发生的某些转折点、争议点或事件传播中关键信息的发布出现显著变化的。这三起事件舆论的平息都是伴随着事件的完结，司法宣判或追究问责，对事情进行有效处理能够中和不同网民之间的态度、意见和情绪，降低其关注点和兴奋度。在这个过程中，媒体对议题的传播作用具有两面性。若媒体渠道堵塞，便极容易出现网络谣言，而使网络舆论跑偏。如在江歌事件中，有自媒体发布消息称，犯罪嫌疑人陈世峰家境殷实，大学时殴打女友，并致其休学一学期，校方为其安排单人宿舍，其后，陈世峰大学好友在澎湃新闻上发表致陈世峰信，否认了这些谣言。还有一些自媒体为了渲染和煽动网民情绪，发布刘鑫与友人聚会照片，故意将照片中的江歌模糊处理，指责其在江歌遇难后独自享乐。在11月份案情细节还没有完全披露时，纯粹报道客观事实的新闻屈指可数。网络上充斥着各种观点先行的充满情绪化的煽动性言论，自媒体凭一己之见兜售言论，舆论场中愤怒情绪成为主流，公众的关注点从案件事实本身跑偏到对刘鑫个人行为的讨论和批判。但同时，不少专业的主流媒体能够保持理性克制，缓和公众情绪，避免舆论失控。如2017年11月13日，《新京报》发布评论文章《杀气腾腾的咪蒙制造了网络暴力的新高峰》，反驳咪蒙文章中的极度理性模拟和非黑即白的价值判断；《南方都市报》于11月14日发布评论文章《江歌之死：舆论介入宜抱持冷静与克制》，认为在关键信息尚不充分的情况下，第三方应对介入保持尽可能的克制；11月15日，《人民日报》在微博及微信上发布新闻评论《江歌案：法律事件与道德事件》，冷静客观地探讨道德评判与道德审判的界限，舆论介入与舆论审判的平衡点。

六　网络舆情衰退期——各方疲弱，议题淡化

网络舆论进入高涨阶段后，其社会影响呈现逐渐衰减的趋势，网络舆情也会进入慢慢平息的消散阶段。具体而言，随着事件的推移，如果没有出现新的刺激因素，网民对事件或议题的关注度会下降，公众情绪减退，

出现疲态，各方媒体对事件的报道量减少，事件的社会影响逐渐萎靡，与事件相关的议题会逐步淡出公众的视野，多数网民会自动投向新目标。尽管如此，网络舆情的消散并不是能够平稳达成的，在此期间可能随着新信息的披露、案件的进展或者外部力量诸如司法宣判、政府行动等的进入形成新的热潮，但是与高峰期的反复高涨不同的是，尽管依然会引起话题，然而网民不可能对某一事件保持无限持续的关注，当这些极具爆破性的话题被充分讨论后，网民的情绪得到宣泄，失衡的心理逐渐随着事件结局的到来或结果的尘埃落定而得到一定程度的舒缓，话题会变得分散，网民注意力疲乏，整个议题无法再形成真正的刺激性因素，也无法激起更多的网民关注与讨论，舆论趋向稳定，衰退与消亡便成为网络舆论发展演变的最终归宿。

除了议题本身的发展疲弱，新议题的冲击也会加速网络舆情的衰弱。在“求职少年李文星之死”的网络舆论发展过程中，同时期的爆红电影《战狼2》无疑大大削弱了网民对此事的关注度，二者的搜索指数根本不处于同一量级，《战狼2》的搜索量动辄以百万次计，而李文星事件最高峰的搜索量不足10万。同时必须指出的是，在网络时代，信息不会消亡，所有的信息都存储于网络世界这片汪洋大海中，随时可以“再查询、再阅读”，因此，网络舆情会沉寂，但不会彻底地消灭或消失。

七 结语

目前我国正处于社会转型的不稳定期，各种问题伴随着改革的深入而逐渐凸显出来，民众浮躁，利益诉求多元，触及各类社会矛盾的议题能够引起网民的关注和议论，如腐败问题、教育改革、医疗社保等。这类议题一旦与网民“锄强济弱”和“公平正义”的心理框架相碰撞，便形成网络舆论。在网络舆论扩散过程中，媒体强大的动员能力通常表现为传统媒体与网络媒体的联动。传统媒体凭借其在长期发展过程中累积的专业采访能力、案件突破能力，能够为事件带来深入剖析，而网络媒体凭借其多媒体性、高互动性能够扩大信息的传播面，并且许多自媒体还能够作为意见领袖以其具备的专业知识、伦理价值观等对事件进行评论表态，在多种媒介主体的介入及其相互作用下，网络舆论的发展走向高峰。在高峰期，保持畅通的传播渠道能让网民的宣泄心理得到满足，也能充分发挥互联网的自净作用，让各种信息在相互碰撞中激浊扬清；保持适当的信息公开能避免网络谣言的出现，满足网民对真实信息的需求；保持理性的事实分析能缓和公众情绪，起到正面引导作用。

网民在互联网中发声，期望通过网络来解决现实社会问题，渴求真实信息的呈现，呼唤社会的公平正义，其最终诉求往往都是着眼于现实社会中事件的解决。可以说网络舆论的衰退是一场时间与网民精力的拉锯战，如果事件背后的痼疾没有得到真正解决，那么网民只不过是在这场拉锯战中败给了时间，这些事件不会消失，而会成为潜在的舆情因子，隐藏在网络世界的汪洋大海中，静静等待下一次的爆发。而倘若现实社会中问题解决的渠道能畅通无阻，那么网络便不会成为社会矛盾的爆发地。

网络法治发展

Rule of Law on Internet

B.12

网络主权：源起、争议与发展*

崔明伍　杨　会**

摘　要： 互联网是当今最为重要的全球性基础设施。随着互联网重要性的显现，传统国际关系向网络空间延伸。当前，网络空间正处于秩序构建和规则树立的关键时期。网络主权是其中最为复杂、最具根本性的问题。网络主权不仅直接关涉国家在网络空间的地位和作用，也与网络空间秩序和国际法制度的构建有密切的联系。而中国明确提出网络主权主张及构建网络空间命运共同体的理念，则为这一问题的解决提供了相当可行的思路和途径。

关键词： 网络主权　国家主权　网络空间　命运共同体

* 本文是教育部人文社会科学研究青年基金项目阶段性成果（项目编号：13YJC860005）。

** 崔明伍，博士，安徽大学新闻传播学院副教授；杨会，安徽大学新闻传播学院2016级硕士研究生。

一　网络主权概念的起源

关于网络主权，学界有不同的表述。在中文语境中，有的将其表述为“国家互联网主权”，有的表述为“国家网络主权”，有的表述为“互联网主权”，更多的是直接表述为“网络主权”。我国的法律中称“网络空间主权”。美国著名华裔学者吴修铭（Timothy S. Wu）在1997年的《网络空间主权？——互联网与国际体系》一文中率先使用了“cyberspace sovereignty”一词。[①] 英文中“网络主权”的表述还有“state sovereignty in cyberspace”“sovereignty in cyberspace”[②]，常见的还有“cyber sovereignty”“network sovereignty”等。今天“网络主权”的英语表达习用的是“internet sovereignty”[③]。尽管表述各异，其内涵差别不大。故本文中采用最简洁的“网络主权”说。

什么是“网络主权”？目前尚无公认的说法。有人称，在网络空间中，主权是“抽象的”“不成熟的”。因为就全球化虚拟“云端”的数据和应用程序而言，它的地理边界不像领土、领空和领海那样易于确定。[④] 这种说法有一定道理，或者说，国际社会有关网络主权的争议主要基于网络的全球化和无国界性。

当前，我国大多数学者主张“网络主权是国家主权在网络空间中的自然延伸”[⑤]，“是国家独立自主不受他国干涉地进行网络空间活动、处理网

---

① Timothy S. Wu, “Cyberspace Sovereignty? -The Internet and the International System”, *Harvard Journal of Law & Technology*, vol. 10（1997）, no. 3, pp. 647 - 666.

② Patrick W. Franzese. Sovereignty in Cyberspace: Can It Exist? *Air Force Law Review*, vol. 64（2009）, pp. 10.

③ Jiang, M.（2010）. Authoritarian informationalism: China's approach to Internet sovereignty. *SAIS Review of International Affairs*, 30（2）, 71 - 89.

④ Kris E. Barcomb, Dennis J. Krill, Robert F. Mills, etc. Establishing Cyberspace Sovereignty, *International Journal of Cyber Warfare and Terrorism*, vol. 3（2012）, p. 27.

⑤ 若英：《什么是网络主权?》,《红旗文稿》2014年第13期；支振锋：《网络主权指引国际治理新格局》,《人民日报》2016年1月5日。

络空间事务并对网络攻击行为实施自卫的权利”①。因此，“网络主权……是国家主权的新形式”，② “主要内容是国家在网络空间行使管辖权”③。就网络空间主权的内容而言，可以从传统的国家主权的内容上进行引申。刘阳子等认为，网络空间主权包括独立权、平等权、管辖权、防卫权等四个方面。④ 当然，与传统的国家主权的内涵相比，网络主权存在一些特殊之处。

美国学者克里斯·巴科姆等指出，由于网络空间的无国界性，目前尚无法准确定义网络主权，但国家在网络空间存在主权则是可以肯定的。不过，也有国外学者批评这个概念，特别是海外华裔学者，如美国北卡罗来纳大学夏洛特分校的蒋敏博士和英国伦敦大学皇家霍洛威学院国际关系高级讲师曾敬涵博士等。⑤

除了厘清网络主权概念的内涵，国内学者还重视网络主权对我国的重要意义。军事科学院研究员叶征认为，网络主权直接关系国家的安全稳定，网络主权易被忽视且易被侵犯，而不断捍卫网络主权意识的觉醒则让网络主权的维护更加有力。⑥ 网络主权也有助于保障国家法律法规在网域空间的可行性和合法性，有助于强化国家在网络时代的国际法地位，有助于维护国家在网络时代的经济主权，有助于为网域空间中的军事存在、建设国家信息关防提供法理依据。⑦

在我国，不仅学界非常关注网络主权话题，官方更是清晰地提出该主张。

---

① 王舒毅：《网络空间国家主权初探》，《保密工作》2012 年第 9 期。

② 刘阳子：《对国家网络主权的理解》，《中国信息安全》2012 年第 11 期，第 64 页。

③ 李鸿渊：《论网络主权与新的国家安全观》，《行政与法》2008 年第 7 期。

④ 参见刘阳子《对国家网络主权的理解》，《中国信息安全》2012 年第 11 期，第 62 页；林志朝、南玉霞《网络主权与国家主权的关系探究》，《西南石油大学学报》（社会科学版）2014 年第 16 期，第 80～81 页。

⑤ Jinghan Zeng, Tim Stevens & Yaru Chen , China's Solution to Global Cyber Governance: Unpacking the Domestic Discourse of "Internet Sovereignty" . *Politics & Policy*, Volume 45, No. 3 (2017): 432 - 464.

⑥ 参见叶征《对网络主权的思考》，《中国信息安全》2015 年第 7 期，第 28 页。

⑦ 参见汪重纶《倡导网络主权极其重要》，《光明日报》2012 年第 4 期，第 3 页。

2010 年 6 月 8 日，国务院新闻办公室发布《中国互联网状况》白皮书，第一次明确提及“互联网主权”：“互联网是国家重要基础设施，中华人民共和国境内的互联网属于中国主权管辖范围，中国的互联网主权应受到尊重和维护。”

2012 年国际电信世界大会（WCIT－12）上，中国虽然会同俄罗斯、伊朗、沙特等国提出主权国家对互联网加强管理的《信息安全国际行为准则》，但并未在国际社会中推广互联网主权观念，最终也撤回了上述提案。①

2014 年 7 月 16 日，国家主席习近平在巴西国会发表《弘扬传统友好 共谱合作新篇》的演讲。习近平强调，当今世界，互联网发展对国家主权、安全、发展利益提出了新的挑战，必须认真应对。虽然互联网具有高度全球化的特征，但每一个国家在信息领域的主权权益都不应受到侵犯，互联网技术再发展也不能侵犯他国的信息主权。②

2015 年 12 月 16 日，国家主席习近平出席第二届世界互联网大会开幕式并发表主旨演讲。习近平提出“四项原则”“五点主张”，其中“尊重网络主权”被置于首位。③

国家主席习近平在第三届世界互联网大会上通过视频发表讲话称：“中国愿同国际社会一道，坚持以人类共同福祉为根本，坚持网络主权理念，推动全球互联网治理朝着更加公正合理的方向迈进，推动网络空间实现平等尊重、创新发展、开放共享、安全有序的目标。”④

2015 年 7 月 1 日起施行的《中华人民共和国国家安全法》第 25 条规

① 胡凌：《信息基础权力：中国对互联网主权的追寻》，《文化纵横》2015 年第 6 期，第106～107 页。

② 新华网巴西利亚（2014）7 月 16 日电，http：//www. xinhuanet. com/world/2014－07/17/c_1111665403. htm。

③ 新华网杭州（2015）12 月 16 日电，http：//www. xinhuanet. com/politics/2015－12/16/c_1117481089. htm。

④《第三届世界互联网大会为推进全球互联网治理贡献中国智慧》，新华社杭州（2016）11 月16 日电。

定，要“加强网络管理，防范、制止和依法惩治网络攻击、网络入侵、网络窃密、散布违法有害信息等网络违法犯罪行为，维护国家网络空间主权、安全和发展利益”。这是“网络空间主权”第一次进入我国立法。2017 年 6 月 1 日施行的《中华人民共和国网络安全法》更是首次明确了网络空间主权原则。不过我国的两部“安全法”也没有对“网络空间主权”作立法解释。

2017 年 3 月 1 日，经中央网络安全和信息化领导小组批准，外交部和国家互联网信息办公室共同发布《网络空间国际合作战略》，就网络空间全球治理提出中国主张，倡导和平、主权、共治、普惠作为网络空间国际交流与合作的基本原则。在“主权原则”部分，该文件强调：“《联合国宪章》确立的主权平等原则是当代国际关系的基本准则，覆盖国与国交往各个领域，也应该适用于网络空间。”“明确网络空间的主权，既能体现各国政府依法管理网络空间的责任和权利，也有助于推动各国构建政府、企业和社会团体之间良性互动的平台，为信息技术的发展以及国际交流与合作营造一个健康的生态环境。”①

网络主权概念并非中国最先提出，但它“是中国提出并坚持的创新性主权观”②。习近平提出的包括“尊重网络主权”在内的“四项原则”“得到国际社会积极响应”。不过，一些欧美国家仍戴着有色眼镜看待网络主权③。因此，“建立网络主权主要面临来自三方面的挑战：一是国际社会对网络主权存在认识赤字；二是国家主权在网络空间的适用模式受限；三是网络空间治理主体和客体的多样性”④。

---

① 《网络空间国际合作战略》，中央网信办网站，2017 年 3 月 1 日，http：//www. cac. gov. cn/2017 – 03/01/c_ 1120552617. htm。

② 叶征：《网络主权已成为国家主权的全新制高点》，《中国青年报》2015 年 07 月 10 日 09 版。

③ Can China Maintain “sovereignty” Over the Internet. By Evan Osnos June 10, 2010. https：//www. newyorker. com/news/evan – osnos/can – china – maintain – sovereignty – over – the – internet。

④ 黄志雄：《网络主权论——法理、政策与实践》，社会科学文献出版社，2017，第 30 页。

二　关于网络主权的“多种声音”

主权是一个历史概念，也是一个发展中的概念。虽然国际社会暂未统一采纳“网络主权”这一术语，但各治理行为体基本承认国家主权在网络空间的事实存在。由于在网络权力格局中的位置不同，国际社会对网络主权的认知仍存在差异。

（一）中国、俄罗斯等新兴发展大国

网络新兴发展大国指的是一些在网络技术、网络能力和网络基础设施上具有强大实力的国家，这些国家正在通过加大对网络领域的投入，分享发达国家在网络空间中的支配地位。网络新兴发展大国认为网络空间具有明确的主权属性，为维护网络安全和社会稳定，国家应当在网络独立权、网络平等权、网络管辖权、网络防卫权四种网络权的基础上，建立并行使网络主权。网络新兴大国也注重通过竞争方式在网络技术、网络标准上抵御网络发达国家对网络的垄断；并且通过积极立法规范和限制境内外的非国家行为体在网络空间中的行为，将其纳入政府的管理。其中，中国与俄罗斯作为网络新兴国家，在网络主权的认知上具有一定的代表性。

如前所述，中国是网络主权的积极倡导者，并将其纳入相关立法。

俄罗斯是欧洲互联网用户最多的国家。2011 年，俄罗斯联合中国、塔吉克斯坦和乌兹别克斯坦，向第 66 届联大提交了《信息安全国际行为准则》，“重申与互联网有关的公共政策问题的决策权是各国的主权。对于与互联网有关的国际公共政策问题，各国拥有权利并负有责任”①。同时应尊重各国在网络空间中的主权，尊重人权和基本自由，尊重各国历史、文化和社会制度多样性等。2012 年 12 月，俄罗斯代表团在迪拜举行的国际电信联

① 《中俄等国向联合国提交“信息安全国际行为准则”文件》，外交部网站，2011 年 9 月 13 日，http：//www. fmprc. gov. cn/web/wjb _ 673085/zzjg _ 673183/jks _ 674633/jksxwlb _ 674635/t858320. shtml。

盟大会上提出“网络主权”等倡议。在国内，俄罗斯议会于2012年7月通过了《防止儿童接触有害其健康和发展的信息法（修正案）》（俗称“网络黑名单法”），并在当年11月正式生效。[①] 在第二届世界互联网大会开幕式上，俄罗斯总理梅德韦杰夫在致辞中明确表示治理互联网的国际规则主要是尊重国家主权。此外，俄罗斯联邦法律规定，外国资本不能控股境内重要的信息企业、网站，如Yandex、Mail. ru，不能和社交网站“联系”等。[②]

为充分顾及所有方面的意见和建议，中国、俄罗斯、乌兹别克斯坦、吉尔吉斯斯坦、塔吉克斯坦、哈萨克斯坦于2015年1月向联合国大会共同提交了新版“信息安全国际行为准则”。[③] 其中网络主权的内容和2011年版本并无区别。

（二）美国、欧盟等网络发达国家

网络发达国家指的是较早投入网络领域，在网络技术、网络基础设施和网络规制上都较为成熟的国家。阿尔温·托夫勒在网络尚未商业化时就预言：“未来世界政治的魔方将控制在拥有强权的人的手里，他们会使用手中掌握的网络控制权、信息发布权，利用英语这种强大的文化语言优势，达到暴力金钱无法征服的目的。”[④] 以美国为首的网络发达国家在强制性网络权和制度性网络权[⑤]上占据了主导地位，往往排斥网络主权的主张，因为没有主权的限制，它们可以将网络上的优势延伸至网络不发达国家。

美国在网络主权的问题上采取双重标准：一方面主张互联网为“全球

① http：//www. chinanews. com/gj/2013/08－13/5156118. shtml.

② 王路：《世界主要国家网络空间治理情况》，《中国信息安全》2013年第10期，第45～46页。

③ http：//infogate. fmprc. gov. cn/web/ziliao_ 674904/tytj_ 674911/zcwj_ 674915/t858317. shtml.

④ 阿尔温·托夫勒：《权力的转移》，四川人民出版社，1992，第105页。

⑤ 强制性网络权和制度性网络权主要是由于网络基础设施和管理机构被特定国家垄断而产生。强制性网络权是建立在进攻和防御性网络能力之上的权力，通过网络对他国实施惩罚的权力。制度性网络权是指通过控制网络空间当中某些正式的和非正式的机构对国际互联网进行管理的权力（参见传颖《主权概念的演进及其在网络时代面临的挑战》，《国际关系研究》2014年第1期，第78～79页）。

公域”和“互联网自由”，另一方面在实践行动中实施网络主权以保障其网络安全。虽说美国并不支持网络主权的表述，但它是最早在行动上践行网络主权的国家。美国率先对外颁布了《美国国家网络安全战略》（*National Cybersecurity Strategy*），又先后颁布了《网络安全国家行动计划》（*Cybersecurity National Action Plan*）、《网络威慑战略》（*Cyber Deterrence Strategy*）来保障网络安全。美国针对网络空间中的设备、数据、信息保护等方面积极进行国内立法，控制和规范网络空间中行为体的行为。特别是“9·11”事件之后通过的《爱国者法案》，在反恐的名义下加大对网络通信的监听力度，同时通过《网络情报共享和保护法案》（CISPA）、《禁止网络盗版法案》（SOPA）、《防止实时线上对经济创新能力的威胁和对知识产权盗窃法案》（PIPA）、《国土安全法》、《保护美国法》等法案，对互联网加以严密的监控。①

欧盟在实践中强化自己的网络主权。在2003年联合国召开的“信息社会世界峰会”上欧盟提议“设立由各国政府参与的‘合作模式’一起管理互联网”，遭到美国反对。② 2012～2013年，欧盟先后出台了《网络安全国家战略：致力于欧洲各国在网络空间加强安全》《网络安全战略：一个开放、可靠、安全的网络空间》。欧盟甚至曾倡议将互联网名称与数字地址分配机构（ICANN）总部设在日内瓦，遭到美国否决。美国“棱镜门”事件曝光后，欧盟法院在谷歌诉西班牙案中首创“被遗忘权”制度。在欧盟内部，2018年5月25日生效的欧盟《数据保护通用条例》（GDPR）虽然开宗明义指出，不能以保护个人数据中的相关自然人为由，对欧盟内部个人数据的自由流动进行限制或禁止，但其专设“限制情形”一节，授权成员国通过制定本国法规的方式做出例外或克减规定。也就是说，在数据保护上，欧盟并未完全排除国家主权的运用。

① 尹建国：《美国网络信息安全治理机制及其对我国之启示》，《法商研究》2013年第2期。

② 朱诗兵、张学波等：《世界范围内网络主权的主要观点综述》，《中国工程科学》2016年第6期，第92页。

（三）国际组织及非政府组织

联合国目前虽然没有使用“网络主权”这一术语，但承认网络空间的事实主权。2003 年 12 月在瑞士举行的联合国信息社会世界峰会（WSIS）第一阶段会议通过了《日内瓦原则宣言》，其中第 49 段（a）款明确表述：“与互联网有关的公共政策问题的决策权是各国主权。”① 2005 年在突尼斯召开第二阶段会议，会议通过的《信息社会突尼斯议程》第 35 段（a）款指出：“我们重申互联网的管理包含技术和公共政策两个方面的问题，并应有所有利益相关方和相关政府间和国际组织的参与。”② 2013 年 6 月 24 日，联合国大会发布了 A/68/98 文件，通过了“从国际安全角度看信息和通信领域发展政府专家组”所形成的决议。决议第 20 条的内容是：“国家主权和源自主权的国际规范和原则适用于国家进行的信息通信技术活动，以及国家在其领土内对信息通信技术基础设施的管辖权。”③ 虽然该协议条款并未使用“网络主权”的术语，然而在实质上承认了“网络主权”。我国对此表示欢迎，并积极支持联合国框架内的相关努力。2015 年 7 月 22 日，第四届联合国信息安全政府专家组发布报告 A/70/174，重申各国在使用通信技术时必须尊重“主权平等”“不干涉他国内政”等国际法原则。④

2013 年，北约卓越网络合作防卫中心国际专家小组编写出版了《关于可适用于网络战的国际法的塔林手册》（简称“《塔林手册》1.0 版”，*Tallinn Manual on the International Law Applicable to Cyber Warfare*），第 1 条“主权”规定：“一国有权对其领土内的网络基础设施和网络活动实施控

---

① Building the Information Society：a Global Challenge in the New Millennium，12 Dec. 2003，http：//www. itu. int/net/wsis/docs/geneva/official/dop. html.

② 《信息社会突尼斯议程》，http：//www. un. org/chinese/events/wsis/agenda. htm。

③ United Nations General Assembly，Report of the Group of Governmental Experts on Developments in the Field of Information and Telecommunications in the Context of International Security（A/68/98），p. 20.

④ 参见 United Nations General Assembly，Report of the Group of Governmental Experts on Developments in the Field of Information and Telecommunications in the Context of International Security（A/70/174）。

制。”第2条“管辖权”规定：“在不妨碍承担相关国际责任的情况下，一国可管辖：（一）在其领土内实施网络行动的人员；（二）位于其领土内的网络基础设施；（三）符合国际法的域外管辖情形。”① 2017年国际专家组编写出版的《塔林手册》2.0版第1条“主权（一般原则）”更加明确地指出“国家主权原则适用于网络空间”。第2条“对内主权”明确，在不妨碍履行国际法律义务的情况下，国家对其领土上的网络基础设施、人和网络活动享有主权。② 参与《塔林手册》2.0版起草的黄志雄教授认为：“作为我国网络主张基石的网络主权概念现在已经被国际上普遍接受，中国政府有关主权适用于网络空间的立场已经形成国际共识。”③ 网络主权作为国家主权在网络上的延伸，已经在国际上被广泛接受。

而以ICANN为代表的非政府组织始终限制政府在网络治理中的作用。虽然ICANN脱离了美国政府的直接管控，逐渐过渡到独立的国际组织，但在2016年3月召开的第55届ICANN公共会议上通过决议，将各国政府参与互联网治理的平台——政府咨询委员会（GAC）——的职能限定为“咨询”，防止其成为政府“干涉互联网治理的渠道”。④

三 关于“网络主权”问题的争议

虽然网络主权作为国家主权在网络上的延伸，已经在国际上被广泛接受，然而对网络主权的内涵及其行使方式等问题，有质疑甚至否定的声音。目前反对网络主权的理由主要集中在违背网络自由、分割了作为全域公域的网络空间、威胁跨境数据流动三个方面。

---

① 北约卓越网络合作防卫中心国际专家小组编《塔林网络战国际法手册》，朱莉欣等译，国防工业出版社，2016，第2~5页。

② Michael Schmitt (ed.), *Tallinn Manual 2.0 on the International Law Applicable to Cyber Operations* (2nd edition), Cambridge University Press, 2017, pp. 11, 13.

③ http://ssroff.whu.edu.cn/info/1009/2725.htm.

④ http://icann2016.org.

（一）违背网络自由

众所周知，网络发达国家一直强调信息自由，并将信息自由的要求扩大到国际互联网中。目前国际社会中关于网络自由相关的争议主要存在于互联网信息监管和内容审查方面。中国政府在多个国际场合一再提出，各国有权根据本国的网络发展水平、历史传统、文化语言和风俗习惯等，在充分考虑本国广大民众意愿和适当借鉴国际通行做法的基础上，制定本国的网络公共政策和法律，并依法管理互联网。

需要注意的是，即使在所谓“信息自由、公开”的美国，并不缺少互联网的监管和审查。前不久，美国科技巨头 Facebook 卷入数据泄露丑闻，一款大约 30 万人使用的随机测试应用程序，导致 8700 万 Facebook 用户信息泄露，其中 5000 万用户数据更被泄露给英国一公司。这一事件并非个案，美国网络安全分析机构 Risk Based Security（RBS）发布的《2017 数据泄露报告》显示，2017 年公开的数据泄露事件高达 5207 起，被泄露信息多达 78.9 亿条。[①] 数据安全问题正日益引发各界关注。这样的互联网巨头深度参与网络治理过程中，如果缺少政府在顶层设计、制度建设及公共服务上的主导作用，普通公众到底是享用互联网还是被互联网享用，结论不言而喻。实际上，网络主权并没有损及网络自由，因为网络自由者所称的信息自由从未诞生过。[②]

（二）分割了作为全球公域的网络空间

网络空间是继陆地、海洋、空气空间、外层空间之后的“第五空间”。一位法国战略专家曾说，一个国家想在 21 世纪立于不败之地，必须在网络战略上争取主动，在网络规则制定和加强网络治理方面牢牢把握主动权。目

---

① 倪光南：《信息核心技术　网络安全重要砝码》，《光明日报》2018 年第 4 期，第 11 页。

② Lord Hope of Craighead, “Is the Rule of Law now the Sovereign Principle?”, in Richard Rawlings, Peter Leyland and Alison Young (eds.), *Sovereignty and the Law*, Oxford University Press, 2013, pp. 89 - 97.

前西方国家将网络空间纳入全球公域，所谓的国际公域，在美国看来，是“不为任何一个国家所支配而所有国家的安全与繁荣所依赖的领域或区域”。[①] 因而网络主权是将公域国家化，是“分割全球互联网”，会对原本自由、开放、互联互通的互联网造成威胁。

目前，联合国框架下的公域，主要包括《南极条约》、《外太空条约》和《联合国海洋法公约》等国际法界定下的南极、外太空以及公海和洋底。网络具有公域的某些特点，但是否应被纳入全球公域的范围，各大国分歧严重。[②]

（三）威胁跨境数据流动

不管是否承认网络主权原则，数据主权或信息主权的问题得到越来越多国家的重视是不争的事实。美欧就走在数据立法的国际前列。前文提及的《欧盟数据保护通用条例》提出了大数据时代个人数据保护的新秩序愿景。根据该条例，“任何网站甚至App只要能够被欧盟境内的个人访问和使用、产品或服务使用的语言是英语或特定的欧盟成员国语言、产品标识的价格为欧元，都可以被理解为该产品、服务的目标用户包括欧盟境内用户，从而需要适用该条例”。[③] 除非放弃欧盟5亿人口的市场。

如前所述，国家的网络主权，既应该包括对其境内的有形的网络基础设施的主权，同时应该包括对无形的网络信息和数据的主权，二者是缺一不可的。如果只承认“信息主权”或“数据主权”而否认网络主权，在逻辑上是说不通的。

除此之外，“新主权理论”与“利益相关方模式”支持者也反对网络主权说。

其实，网络发达国家对“网络主权”的担心与批评是没有多少道理的。一方面，不管他们是否承认网络主权说，一国对互联网的管理与控制是客观

---

① National Military Strategy of the United States of America 2011.

② 吴心伯主编《美国问题研究》（总第19辑），上海人民出版社，2015，第138页。

③ 王融：《〈欧盟数据保护通用条例〉详解》，《大数据》2016年第4期，第4页。

存在的。如英国学者戴维·贝茨和提姆·史蒂芬斯（David J. Betz & Tim Stevens）指出，“近年来，制网络权（cyber-power）概念在安全和战略话题中越来越被人接受，在不久的将来可能获得更大的认同”。制网络权“横跨国家权力的各个要素——政治、外交、信息、军事和经济方面”，“它是国家权力在网络空间的体现，而不是一种新或不同的权力”。[①] 他们进而将“制网络权”归纳为强制性（compulsory）、制度性（institutional）、结构性（structural）、生产性（productive）等四种不同形态，涵盖了对网络基础设施的所有权、互联网的管理权、网络文化管理权，以及在网络空间制定和执行法律法规方面的权力。[②] 事实上，无论是网络强国，还是新兴网络大国，乃至网络不发达国家，都会制定有关互联网的规范性文件。这些文件的内容或涉及互联网的宏观管理，或仅及互联网某一专门问题。

另一方面，从技术发展的角度看，互联网不过是电信和信息技术的新形态而已。早期的电信和信息技术（如广播和电视）也已突破了传统的基于地理界限的主权学说。为此，欧洲理事会还通过了《跨境电视公约》（*European Convention on Transfrontier Television*）[③]，虽然该公约是为了保证信息在欧洲理事会成员国的自由流动，但其对广播电视机构的设立及其责任与义务都做了明确的规定。依该公约，一成员国的广播电视节目在内容和传播方式上符合公约规定，其他成员国不能径行限制该广播电视节目在本国领土上传播。换言之，电视节目的内容和传播方式是否符合公约规定，一般由成员国根据自己的国情判定。比之广播电视，互联网带来了更大量的跨境信息传播，增加了全球范围内的不确定性和系统性风险。如果认同国家对广播电视媒介的管理与控制，就没有理由要求各国

---

① David J. Betz and Tim Stevens, *Cyberspace and the State: Toward a Strategy and the State*, Routledge: New York, 2011, pp. 42, 43, 44。本文之所以将 cyber-power 译为“制网络权”，是因为原作者提出 cyber-power 是效仿军事上的制空权（airpower）和制海权（seapower）。

② 鲁传颖：《主权概念的演进及其在网络时代面临的挑战》，《国际关系研究》2014 年第 1 期。此文根据主权学说对原作者理论架构做了修订，用解释性（interpretative）制网络权替代了生产性制网络权。

③ https://www.coe.int/fr/web/conventions/full-list/-/conventions/rms/090000168007b0d8.

放弃对互联网的管控。

此外，西方对网络主权持负面评价，乃是基于一个抽象的认识，即主张网络主权的国家会为网络确定边界，控制信息流向本国。[①] 实践中，任何国家都不会允许信息无差别地进入本国，当然控制程度和手段千差万别。因此，各国与其对网络主权不停地争论，不如认真探讨基于国家主权的全球网络治理模式。

四　网络空间命运共同体的建构

习近平总书记在第二届世界互联网大会上声明，网络空间是人类共同的活动空间，网络空间前途命运应由世界各国共同掌握，每一个国家都是网络空间命运共同体的一员。网络空间命运共同体的提出，与主权独立、平等、合作的国际法原则高度一致，它丰富和塑造了网络空间主权的外部维度，即网络安全、平等参与、共同利用、善意合作，奠定了国际合作的基础，也为网络空间的未来发展指明了方向，即“互联互通，共治共享”。

必须承认的是，网络主权问题已经成为当前网络空间国际竞争的焦点问题。如今，“没有网络安全就没有国家安全”的观念已被越来越多的人接受。相同地，“没有网络主权就没有国家主权”的观念也会越来越深入人心。正如国家主权原则是现代国际秩序和国际法的基石，网络主权原则也应该是网络空间的国际秩序和国际法的基石。

“对于互联网的未来，最大的危险不是来自政府的过度反应，而是来自政府的根本不反应。”[②] 我国虽是最早正式提出网络主权的国家，但一定要

---

① Obar, Jonathan A. and Clement, Andrew, Internet Surveillance and Boomerang Routing: A Call for Canadian Network Sovereignty (July 1, 2013); TEM 2013: Proceedings of the Technology & Emerging Media Track - Annual Conference of the Canadian Communication Association (Victoria, June 5 -7, 2012), 参见 https://ssrn.com/abstract=2311792 or http://dx.doi.org/10.2139/ssrn.2311792。

② Jack Goldsmith & Timothy Wu, *Who Controls the Internet?: Illusions of A Borderless World*, Oxford University Press, 2008, p. 145.

明确的是，网络主权是一种防御性的主张，其核心在于保障本国主权在互联网领域的独立行使。对我国来说，当务之急是全面透彻地研究网络主权的内涵与行使方式，更加深入地参与网络治理国际对话和立法进程，在充分反映及保障自身权益的同时，又着眼人类共同利益和网络空间命运共同体，进而推动网络空间国际秩序和国际法制度的建构。我们应该坚信，“网络主权问题在网络空间国际规则中有特殊的重要性，成为诸多问题树的树根，其他问题由此衍生。在这一问题上厘清分歧、达成共识，才有国际合作的基础。”① 实践中，我们对网络主权的研究还不够深入，主要表现有二：一是没有形成有说服力的内涵解读，连相关立法都没有清晰解释网络主权；二是官方在不同场合提法不同，给人感觉是我们对网络主权概念的理解和使用较碎片化、多样化。

我们还应通过更加积极有为的对外交往，进一步树立中国作为有责任的网络大国的形象，化解某些国家由于意识形态及对中国缺乏了解，对我国在网络信息监管、网络安全等问题上的曲解与质疑。我们更要积极参与网络空间的全球治理，提出中国主张，形成中国方案，在实践中确立网络主权的合理性和合法性。笔者坚信，通过我们的不懈努力，网络主权的主张一定会被国际社会接受的。

① 郝叶力：《三视角理论框架下的网络主权》，社会科学文献出版社，2017，第49页。

B.13
《个人信息安全规范》的同意机制评析*

谢 琳　慕璧阳**

摘　要： 在大数据时代个人信息安全与数据流转的矛盾日益凸显的环境中，对同意机制和隐私条款的设计是平衡个人信息保护与信息流转效率的重要途径。在2017年12月29日发布的《信息安全技术　个人信息安全规范》（以下简称《个人信息安全规范》）中，同意机制占据重要地位。我国对欧盟相关规则进行借鉴融合，并在同意内容的区分和告知方式等方面进行创新。但与欧盟《指南》相比，我国规范还不够严格细致。我国应进一步做出针对同意机制的指导，细化同意标准，以最大化保障数据主体的知情权和选择权。

关键词： 个人信息　安全规范　同意机制

2017年12月29日，由国家质量监督检验检疫总局、全国信息安全标准化技术委员会联合发布了国家推荐性标准《信息安全技术　个人信息安全规范》，并于2018年5月1日正式实施。《个人信息安全规范》在《网络安全法》的基础上进行更加详细的指导性规定，对个人信息处理活动给出了具体操作规范。本文通过对比我国《个人信息安全规范》与欧盟第“29

* 本文系国家社会科学基金青年项目“大数据时代个人信息保护的场景风险监管模式研究”（项目编号：17CFX069）的阶段性成果。

** 谢琳，博士，中山大学法学院讲师；慕璧阳，中山大学法学院硕士研究生。

条”工作组的同意指南（以下简称《指南》），分析其如何对传统知情同意机制的困境进行突破，保障数据主体的选择权和控制权。

一 《个人信息安全规范》的制定

（一）《个人信息安全规范》中同意机制的内容创新

《网络安全法》第41条指出：“网络运营者收集、使用个人信息，应当遵循合法、正当、必要的原则，公开收集、使用规则，明示收集、使用信息的目的、方式和范围，并经被收集者同意。”《网络安全法》所遵循的是“知情—同意”的传统模式，但并未对“合法、正当、必要”原则的界定做具体阐述，也没有对知情同意的方式做出要求。并且传统的知情同意模式限制了数据流转，在大数据时代隐私保护安全与效率的矛盾更加凸显。关于如何走出用户知情同意困境，我国《个人信息安全规范》给出了新的处理方法。

《个人信息安全规范》将个人信息区分为一般信息和个人敏感信息，收集个人敏感信息时要取得个人信息主体的明示同意。对个人敏感信息的判定和列举在附录B中有详细说明。[①] 另外，在第5.5条中，根据是否为用户基本需求的标准，又将网络产品与服务分为核心业务功能与附加业务功能：“产品或服务如提供其他附加功能，需要收集个人敏感信息时，收集前应向个人信息主体逐一说明个人敏感信息为完成何种附加功能所必需，并允许个人信息主体逐项选择是否提供或同意自动采集个人敏感信息。当个人信息主体拒绝时，可不提供相应的附加功能，但不应以此为理由停止提供核心业务功能，并应保障相应的服务质量。”这意味着，只有当用户使用附加功能并涉及个人敏感信息时，才需要向其逐一明示数据收集的目的、方式和范围，并得到用户的主动同意，如点击或主动填写。当特定项目中出现隐私风险

① 《个人信息安全规范》附录B：个人敏感信息是指一旦泄露、非法提供或滥用可能危害人身和财产安全，极易导致个人名誉、身心健康受到损害或歧视性待遇等的个人信息。通常情况下，14岁以下（含）儿童的个人信息和自然人的隐私信息属于个人敏感信息。

时，通过创新科技设计进行数据保护可以在带来经济效益的同时实现隐私保护。[①] 在这种情况下，通过设计保护隐私（privacy by design）既保障了用户知情的透明度和用户选择自由，又提高了数据流转的效率。

并且，《个人信息安全规范》就个人敏感信息的收集、使用，以及个人信息的共享、转让、公开披露等事项征求授权同意如何实现的问题，在附录 C 中清晰地给出了参考界面模板。给互联网企业提供了清晰的指引。事实上，也已经有很多企业，如高德、京东等按此规范制定了相应隐私政策，并依据该模板在 App 内使用“增强式告知”的方式再次向用户告知附加功能相关的隐私条款。可见，我国《个人信息安全规范》中对同意机制的创新，无论是从突破知情同意机制理论困境，还是从有效保护个人信息的企业实务角度都有重要意义。

（二）同意机制的地位

欧盟《通用数据保护条例》（GDPR）第 4（11）条将同意定义为：“数据主体依照其意愿自愿做出的任何指定的、具体的、知情的及明确的指示。通过声明或明确肯定的行为做出的这种指示，意味着其同意与他或她有关的个人数据被处理。”在 GDPR 中，“同意”并不是数据处理的唯一合法基础，除用户同意外还有五种可以处理数据的合法理由：为履行与数据主体的合同；为履行法律职责；为保护数据主体或另一自然人核心利益；为了公共利益或官方要求履行的任务；为数据控制者或第三方的正当利益。可以看出，用户同意与其他合法基础处于平等地位。

我国《网络安全法》采用了以知情同意为核心的保护框架，《规范》尝试对这一问题进行修正。在第 5.4 条同意的例外中，列举出了 11 种无须征得信息主体授权同意的情形。虽然同意的例外不足以扭转同意为核心的体系，但是在一定程度上平衡了同意机制与其他合法利益，对同意机制的地位做出了新的调整。

---

① 参见 ICO. Big Bata, Artificial Intelligence, Machine Learning and Data Protection . 20170904. Version: 2. 2. p. 71。

无论在欧盟还是我国，同意机制在个人信息保护中都占据重要地位。那么，何种同意才是有效的呢？下文对欧盟和我国的有效同意标准做出比较研究。

二 同意必须是自由做出的

2017 年 11 月 28 日，欧盟“第 29 条”工作组（WP29）发布《指南》，[①] 对欧盟《一般数据保护条例》（GDPR）中的同意机制做出了具体指导。判断同意是否有效必须要求其是自由做出的；明确特定的；充分告知的并且是不含糊的意思表示。欧盟《指南》对每一标准进行了详细解释，并进行了举例说明。

“自由做出”意味着对数据主体的真正选择和控制。作为一般规则，GDPR 规定，如果用户没有真正的选择权，即如果他们不同意则会承担消极后果，那么同意将是无效的。[②] 如果将同意作为一种条款中不可协商的捆绑部分，那么推定为没有自由给出。因此，如果数据主体无法在不受损失的情况下拒绝或撤回其同意，则不会认定这种同意是自由的。

（一）权力失衡情况下很难自由做出同意

在权力失衡的情况下，数据主体很难真正自由地做出同意。例如，当数据控制者为政府时，政府不可能只依靠同意进行个人信息处理，此时数据控制者与数据主体之间的关系往往存在明显的权力失衡。在大多数情况下，数据主体除了接受数据控制者的条款，没有其他可行的选择。但在 GDPR 的法律框架之下，并不完全排除政府将同意作为数据处理基础的合法性。举例说明，某地市政正在规划道路维修工程，由于道路工程可能会长时间中断交通，市政当局为其市民提供电子邮件订阅服务，以获取工程进度和预计延误

① Article 29 Data Protection Working Party. Guidelines on Consent under Regulation 2016/679. Adopted on 28 November 2017.

② Opinion 15/2011 on the Definition of Consent (WP187), p. 12.

的最新信息。市政当局明确表示市民没有参加订阅的义务，并要求同意将电子邮件地址用于此专用目的。不同意的公民不会错过市政府的任何核心服务或行使任何权利，因此他们能够自由地接受或拒绝同意使用这些数据。[①] 这种情形中，市民的同意是自由做出的，并不受权力失衡的影响。

另外，在雇佣关系中也会出现权力失衡。鉴于雇佣关系造成的依赖性，数据主体不可能拒绝同意他的雇主进行数据处理，且不担心拒绝同意而造成的不利影响。员工不可能在不感到任何压力的情况下自由地回应其雇主的同意请求。因此，第 29 条工作组认为雇主以同意为基础，处理雇员的个人数据存在问题，因为它不可能是自由的。[②] 然而，同样这也并不意味着雇主绝对不能以同意作为处理数据信息的合法基础。比如，摄制组将在办公室的某个部分进行拍摄。雇主要求所有坐在该区域的员工同意拍摄，因为他们可能会出现在视频背景中。那些不想被拍摄的人不会受到任何影响，在拍摄期间雇主会为他们在大楼的其他地方安排相同的办公室。[③] 在这种情形下，无论员工是否同意，都不会产生任何不利后果，此时的同意可以证明是由员工自由做出的。

当然，除了政府与市民、雇主与雇员的关系背景，还有其他情况会产生权力的失衡。此时，就要特别注意如果有任何强迫，压力或无法行使自由意志的情况，同意都将会是不自由的。

（二）“限制性”同意被认为是不自由的

将同意与接受条款“捆绑”，或将合同条款、服务与要求同意处理接受该项服务非必需的个人数据的请求“打包”在一起，是不被允许的。如果同意是在这种情况下做出的，则推定它不是自由的。为处理个人数据征得的同意不能直接或间接地成为合同的对待履行，不能以履行合同为交换条件强制客户同意处理不必要的个人数据。

---

① Article 29 Data Protection Working Party. Guidelines on Consent under Regulation 2016/679. p. 7.

② Article 29 Data Protection Working Party. Guidelines on Consent under Regulation 2016/679. p. 8.

③ 同上。

评估是否出现“捆绑”或“打包”的情况，确定合同或服务的范围很重要。根据第29条工作组的意见，“履行合同所必需的”一词需要严格解释。对数据的处理必须是为了履行与每个单独数据主体的合同所必要的。例如，公司需要获取员工的银行账户信息，以便支付工资。[①] 在数据处理和履行合同之间必须要有直接的客观的联系，这种情况下，处理是为履行数据主体参与的合同之必要[②]则不需要其他的合法基础。但由于合同履行的必要性不是处理特殊类别数据的法律依据，因此注意处理的数据是否为特殊类别的数据，对数据控制者而言尤为重要。

将“限制性”作为同意是否自由的判断标准，则要求这一条件的审查需要十分严格。GDPR 第7（4）条中使用的“最大可能”[③] 一词不是绝对的，因此由于这种状况导致同意无效的情况可能会非常有限。GDPR 的一般原则是举证责任在数据控制者一方，在此款适用时，数据控制者要证明同意是由数据主体自由做出的将更加困难。然而，数据控制者可能会辩称，他们为数据主体提供了自由的选择。一方面，用户可以选择接受包括同意将数据用于其他目的处理的服务，另一方面，也可以拒绝同意而选择其他同等服务。因此，在用户拒绝同意的情况下，只要数据控制者有可能履行合同，就意味着该服务不是限制性的。前提是这两种服务都需要具有真正的等效性，不需要支付额外费用。

（三）同意包含多个目的时必须是可分的

一项服务可能涉及用于多个目的多项数据处理操作。在这种情况下，数据主体应该可以自由选择他们接受的目的，而不必同意一揽子处理。GDPR 绪言第43条（Recital 43）解释说，如果获得同意的程序不允许数据主体对

---

① Article 29 Data Protection Working Party，Guidelines on Consent under Regulation 2016/679. p. 9.

② GDPR 第6条1（b）：只有在适用以下至少一条的情况下，处理视为合法：处理是为履行数据主体参与的合同之必要，抑或处理是因数据主体在签订合同前的请求而采取的措施。

③ GDPR 第7（4）条：当评估同意是不是自由做出时，应尽最大可能考虑，还应考虑合同的履行，包括服务的提供是不是基于对履行合同不必要的个人数据的同意。

个人数据处理分别做出同意，则认为同意不会被自由做出。绪言第 32 条指出："同意应包含为同一或不同目的进行所有处理操作。当处理有多重目的时，同意应包含所有目的。"如果数据控制者将多个处理目的混为一谈，并未试图去为每个目的寻求单独的同意，则同意缺乏自由。

（四）拒绝或撤销同意不受损害

欧盟《指南》表明，数据控制者需要证明可以拒绝或撤销同意而不受损害。例如，控制者需要证明撤回同意不会导致数据主体支付任何费用，因此对于撤回同意的数据主体来说没有明显不利。[①] 即使数据主体拒绝同意，也不会遭受欺骗、恐吓、胁迫或承担重大不利后果。如果控制者能够证明某项服务可以撤销同意，而没有任何负面结果，这便可以表明同意是自由的。

在 GDPR 中，同意的撤回也被作为有效同意的标准之一。控制人必须确保数据主体有权随时撤回同意，撤回同意应该与做出同意同样方便。此外，数据主体应在撤回其同意时不受任何损害，控制者必须免费撤销同意并不降低服务水平。如果撤回同意，在撤销同意之前发生并进行的数据处理操作仍然合法，但是控制者必须停止相关处理行为。如果没有其他合法的理由来处理数据的处理，则应由管理者删除或匿名处理。除了控制者有删除义务，个人数据主体也有要求删除其仍储存于控制者一方中数据的"被遗忘权"。第 29 条工作组建议，即使没有数据主体的删除请求，控制者也应该评估继续处理有关数据是不是适当的。[②]

相比之下，我国《规范》对与同意自由标准的要求体现在第 5.1 条收集个人信息的合法性中："数据控制者不得欺诈、诱骗、强迫个人信息主体

---

① Article 29 Data Protection Working Party, Guidelines on Consent under Regulation 2016/679, p. 11.

② GDPR 第 17 条第 1 款 b 项：数据主体有权要求控制者无不当延误地删除有关其的个人数据，并且在下列理由之一的情况下，控制者有义务无不当延误地删除个人数据：数据主体根据第 6 条第 1 款（a）项或第 9 条第 2 款（a）项撤回同意，并且在没有其他有关（数据）处理的法律依据的情况下。

提供其个人信息。”以及第5.5条：“应确保个人信息主体的明示同意是其在完全知情的基础上自愿给出的、具体的、清晰明确的愿望表示。”我国《规范》在第7.7条个人信息主体撤回同意中做出了与欧盟《指南》相似的规定，明确撤回同意后不得再继续处理个人信息。但在第7.6条个人信息删除中并未包含撤回同意的情形，而仅明确了信息控制者违反法律法规规定或与信息主体约定时，应当停止并删除。可见这种信息主体的“删除权”与GDPR中的“被遗忘权”还是存在明显区别的。

另外，我国《规范》对同意的“可分性”给出了创造性的处理方式，即区分产品的核心业务功能和附加业务功能。如上文所述，信息主体可以单独拒绝附加功能部分的同意，而并不影响接收核心业务功能，数据控制者应保障相应的服务质量。且当附加功能需要收集用户的敏感信息时，需要明示同意。用户点击同意隐私政策后，还需要二次授权即再次点击同意才能开启附加功能。如此便破解了“一揽子”授权的情况。相比欧盟《指南》中对同意需要自由做出的规定，我国《规范》的区分框架更为清晰和严格。

但是，对于如何区分核心业务功能和附加业务功能的问题，我国《规范》并未明确界定，仅在附录C中做了简单的说明。[①] 一般认为：“核心功能是用户注册产品或服务的基本需求，而为提升用户体验而设计的功能则是附加功能。进一步如何界定基本需求和与提升用户体验的需求，则须按照行业现有的通行惯例和普通公众对某项功能收集个人信息的方式和用途的感受程度来确定。”[②]

---

① 《规范》附录C说明6：附加业务功能是核心业务功能之外的其他功能，常见的附加业务功能如：提高产品（或服务）的使用体验的附加功能（如语音识别、图片识别、地理定位等）、提升产品（或服务）的安全机制的附加功能等（如收集密保邮箱、指纹等）。《规范》附录C说明7：附加业务功能一般具有可选择、可退订、不影响核心业务等特点，个人信息控制者在识别附加业务功能时需要充分分析其是否具备这些特点，不得将附加业务功能等同于核心业务功能，强制收集个人敏感信息。

② 严少敏：《对用户知情同意规则的中国式探索兼论国标〈个人信息安全规范〉》，数据治理和网络安全研究联盟网站，2018年2月1日，http://www.dgcs-research.net/a/xueshuguandian/2018/0125/92.html。

三　同意必须是特定和充分告知的

（一）同意必须是具体特定的

根据 GDPR 第 6（1a）条，数据主体的同意他或她的个人数据为一个或多个特定目而处理，即数据处理必须与“一项或多项特定”目的有关，并且数据主体可以选择其中的每一项。该“特定性”条件旨在确保数据主体的用户控制程度和透明度。欧盟《指南》指出数据控制者必须遵守如下要求。

1. 对功能扩张做出限制

根据 GDPR 第 5（1b）条，[①] 获得有效同意的前提是，欲进行处理的行为是特定具体的、有合法目的的。在数据主体首次同意收集数据之后，要防止数据处理的目的逐渐扩大或模糊。这种现象也被称为功能扩张，它可能导致控制者或第三方超出预期目的使用个人数据，并导致数据主体丧失控制权。

只有当数据主体被明确告知数据的预期使用目的时，才能获得具体特定的同意。如果数据控制者在处理数据时又产生了新的目的，就需要为新的目的寻求新的同意。原始的同意不会使新的处理目的合法化。

2. 对信息进行区分

为使数据主体真正了解他们进行不同选择将产生的影响，数据控制者应该将提供的信息明确区分为与获得同意有关的部分和其他事项的部分，为每个同意请求独立地提供信息。这样便于用户清晰地了解同意的具体信息，并基于此做出特定的选择。

我国《规范》根据“目的明确原则”对信息处理目的范围也做出了相

① GDPR 第 5（1b）条：个人数据应为特定的、明确的、合法的目的收集，并且不符合以上目的不得以一定的方式进行进一步的处理。

似的规定。其中第7.3条对功能扩张做出了限制："使用个人信息时，不得超出与收集个人信息时所称的目的具有直接或合理关联的范围。因业务需要，确需超出上述范围使用个人信息的，应再次征得个人信息主体明示同意。"

除此之外，我国《规范》还考虑到了个人信息转让的情况。第8.3条规定："当个人信息控制者发生收购、兼并、重组等变更时，个人信息控制者应：a）向个人信息主体告知有关情况；b）变更后的个人信息控制者应继续履行原个人信息控制者的责任和义务，如变更个人信息使用目的时，应重新取得个人信息主体的明示同意。"这意味着，当个人信息转让后，使用目的超出原始同意范围的，需要重新获得同意。相较于欧盟《指南》，我国《规范》将功能扩张的情形进行了细化，强调了在个人信息确需共享、转让时要注意到的风险，保障数据主体的控制权。

（二）同意必须是充分告知的

1. 告知内容的最低标准

透明性是GDPR的基本原则之一，在获得同意之前向数据主体提供充分的信息使他们了解将要同意的内容是至关重要的，这样才能使他们做出明智的选择。欧盟《指南》对同意告知的最低标准做出了要求，为获得有效同意，至少需要告知以下信息：（1）控制者的身份；（2）寻求同意的每个数据处理的目的；（3）将收集和使用哪些（类型）数据；（4）是否有撤回同意的权利；（5）仅根据自动化处理（包括分析）个人决策的数据信息；（6）如果同意涉及转让，则说明在决策不当和保障不足的情况下向第三方转移数据的风险。[①]

对于第（1）项和第（3）项，第29条工作组强调，在实践中，如果是基于多个关联控制者寻求的同意，或者是数据将被转移给其他依赖原始同意

① Article 29 Data Protection Working Party, Guidelines on Consent under Regulation 2016/679, p. 13.

的控制者，这些机构都应该被列明。[①] 虽然数据处理者不需要被记为同意要求的一部分，但是为了遵守 GDPR 第 13 条和第 14 条，[②] 控制者需要提供接收者或接收者类别（包括处理者）的完整信息。

2. 告知的方式和形式

关于如何提供信息向用户告知，GDPR 没有特别说明，这意味着信息可以通过书面或口头陈述、音频、视频等各种方式呈现。但对于信息提供的清晰度，在 GDPR 绪言中做出了明确要求。在寻求同意时，数据控制者应确保他们在任何情况下都能保证语言的清楚明晰。这意味着任何一个普通人，而不仅仅是律师，都应该很容易理解该信息内容。不能使用冗长晦涩的隐私政策或充满法律术语的陈述，并应将同意与其他事项区分开来，以易理解和易于获取的形式展现。这个要求本质上表明，与做出是否同意决定相关的信息，不能隐藏在一般条款中。

GDPR 第 7（2）条[③]涉及事先制定的书面同意书。当同意作为纸质合同的一部分时，同意申请应与其他事项明确区分。如果纸质合同包含许多与同意使用个人数据无关的内容，则应以明显突出的方式或在单独的文档中处理同意问题。同样，如果以电子方式做出，同意请求也必须是单独的，它不能简单地作为条款中的一段出现。考虑到电子屏幕小或信息空间有限的情况，在适当的情况下可以分层呈现信息，以避免过度干扰用户体验和产品设计。

我国《规范》同样以“公开透明”作为原则之一，要求以明确、易懂和合理的方式公开处理个人信息的范围、目的、规则等，并接受外部监督。《规范》要求数据控制者充分尊重用户的知情权和选择权，第 5.3 条规定：“收集个人信息前，应向个人信息主体明确告知所提供产品或服务的不同业

---

① Article 29 Data Protection Working Party, Guidelines on Consent under Regulation 2016/679, p. 14.

② GDPR 第 13 条为数据主体收集的个人数据的提供，第 14 条为并非从数据主体处获得的个人数据的提供。

③ GDPR 第 7（2）条：如数据主体通过书面声明的方式做出同意，且书面声明涉及其他事项，那么同意应以易于理解且与其他事项显著区别的形式呈现。构成违反本法的声明的任何部分，均不具约束力。

务功能分别收集的个人信息类型，以及收集、使用个人信息的规则，并获得个人信息主体的授权同意。间接获取个人信息时，也应说明信息来源和合法性。”

除了传统的通过隐私政策或服务协议中的个人信息条款完成告知，我国《规范》还提供了增强式告知（enhanced notice）和即时提示（just-in-time notice）的思路。“增强式告知，即注册账号、安装程序，或首次使用时向用户展示的关于个人信息的提示，浓缩了隐私政策的核心内容。即时提示，是在用户使用过程中即时展示的关于具体个人信息处理行为的提示。其往往用于个人敏感信息的二次授权前的告知。”[①] 《规范》附录C中更鼓励以弹窗式方式进行告知，并提供了相应模板。通过这样的设计使冗长、晦涩的隐私条款清晰化，更加生动地向用户展示隐私条款的核心内容。并且严格区分“授权”和“同意”两个动作，充分保障用户的知情权和选择权。[②]

事实上已经有很多企业按照《规范》的模板，在App中做出了弹窗式告知的设计。例如京东，在首次安装或注册App时清晰展现隐私政策，用户点击同意后开始使用产品。在“隐私设置”选项中首次开启附加功能时，进行增强式告知，并在使用过程中，通过即时提示告知用户，请求获得附加功能中涉及个人敏感信息的二次授权。

四　同意必须是不含糊的意思表示

GDPR清楚表明，同意需要数据主体的声明或明确的肯定行为，这意味着它必须始终通过主动的积极行为或声明产生。被GDPR取代的欧盟旧指令《95指令》（95/46/EC）中第2（h）条仅将同意定义为“表明数据主体同意处理与他有关的个人数据的意思表示”。第29条工作组则指出，有效同

① 洪延青：《网络运营者隐私条款的多角色平衡和创新》，《网络空间战略论坛》2017年第9期，第46页。

② 陈湉：《对隐私条款的再思考及国家标准〈个人信息安全规范〉的破局之路》，一点资讯网站，2018年1月31日，http://www.yidianzixun.com/article/0IGxMGCE。

意需要通过明确的肯定行为做出不含糊的表述。[1] “明确的肯定行为”意味着同意必须是数据主体的明示同意。

（一）明示同意、默示同意与授权同意

欧盟《指南》指出在出现严重数据保护风险的某些情况下需要明示同意，主要包括在处理特殊类别的数据时的明示同意。明示同意存在效率低、成本高的困境，会给用户和数据控制者带来沉重的负担。而默示同意又存在被滥用的风险，会使用户丧失控制权。因此，需要找出一种平衡机制突破明示同意与默示同意的困境。

我国《规范》首先明确了明示同意的定义。[2] 同意包括书面声明和主动做出的肯定性动作，其中肯定性动作包括个人信息主体主动做出声明（电子或纸质形式），主动勾选，主动点击“同意”“注册”“发送”“拨打”等。在收集个人敏感信息时需要获得明示同意。

但我国《规范》中的“明示同意”与欧盟的“明示同意”范围不同。《规范》的起草者洪延青指出：“GDPR 中有两种同意的方式，一种是明示同意（explicit consent），指明确写着‘我同意’的字样让用户点击或勾选。而另一种是授权同意（unambiguous consent），指通过点击‘发送’或者点击‘拨打’等动作表明同意，但并不出现明文‘同意’。我国《规范》将这两种同意合并称为‘明示同意’，范围比欧盟的更为宽泛。”[3]

另外，我国《规范》中并未提及默示同意，而是采用“授权同意”方式，并将 GDPR 中考虑“正当利益”的部分归入授权同意的例外。洪延青解释：“首先，未提及默示同意，而采用‘授权同意’是怕企业会滥用默示同意。其次，目前承认‘授权同意’，是希望互联网企业做到明示同意，但

---

① Article 29 Data Protection Working Party, Guidelines on Consent under Regulation 2016/679, p. 16.

② 《规范》第3.6条：个人信息主体通过书面声明或主动做出肯定性动作，对其个人信息进行特定处理做出明确授权的行为。

③ 洪延青：《对“〈个人信息安全规范〉比欧盟与美国更严格”观点的几点回应》，一点资讯网站，2018年2月5日，http://www.yidianzixun.com/article/0IJIuOEo。

如果现实大量的场景做不到明示同意的话，还是需要用到授权同意的。”采用“授权同意例外”的列举方式而不是“正当利益”的灵活方式，是为了不超出《网络安全法》的框架，《网络安全法》原文中规定的是“经被收集者同意”，而并未出现“或其他正当事由”的字眼。① 所以为与网安法保持一致，并未采纳正当利益的说法。②

（二）对儿童明示同意的特殊保护

GDPR 对儿童的个人信息处理提供了特殊保护，如果儿童的年龄低于 16 岁，只有在征得监护人同意情况下或授权儿童同意的范围内，处理其个人信息才是合法的。欧盟《指南》指出该服务必须是直接提供给儿童的，如果服务提供者向潜在用户明确表示它只向 18 岁以上用户提供服务，那么就不被认为是“直接提供给儿童”的。③ 关于有效同意的年龄限制，GDPR 提供了灵活性，只要不低于 13 岁，成员国可以依法为这些目的规定较低的年龄。那么，提供跨境服务的控制者要注意遵守各成员国的国家法律来提供信息社会服务。发生冲突时应考虑儿童利益最大化来寻求处理办法。

我国《规范》选择的年龄标准是 14 周岁，并归入需要明示同意的范围。第 5.5 条第 3 款规定：“收集年满 14 周岁的未成年人的个人信息前，应征得未成年人或其监护人的明示同意；不满 14 周岁的，应征得其监护人的明示同意。”

在同意的基础上向儿童提供信息社会服务时，数据控制应该采取一定措施验证用户是否已经达到了同意的年龄，验证的方式应与项目的风险相匹配，并且不能造成数据的过度处理。比如在一些低风险的项目中，可以要求新用户披露其出生年份或填写表明他们是否为未成年人。

---

① 《网络安全法》第 41 条：网络运营者收集、使用个人信息，应当遵循合法、正当、必要的原则，公开收集、使用规则，明示收集、使用信息的目的、方式和范围，并经被收集者同意。

② 洪延青：《对“〈个人信息安全规范〉比欧盟与美国更严格”观点的几点回应》，一点资讯网站，2018 年 2 月 5 日，http://www.yidianzixun.com/article/0IJIuOEo。

③ Article 29 Data Protection Working Party, Guidelines on Consent under Regulation 2016/679, p. 24.

（三）通过电子方式获得同意

明示同意的一种方法是明确书面声明确认同意。最符合标准的方式，是数据主体向控制者写信或发邮件解释他同意的具体内容，但这在现实中是不可行的。理论上口头陈述也可以获得有效的同意，但是在记录陈述时，可能难以向控制者证明符合有效明示同意的所有条件。目前常用的做法是通过电子方式获得同意，当同意请求用电子方式提出时要特别注意减少对服务提供造成的干扰。

在大数据环境中，用户可能每天都要通过大量的点击和滑动来回复同意请求，会造成点击疲劳，使同意提示的警示效果下降，这对于用户来说是有极大风险的。

另外，还有部分数据控制者的同意提示并不显著，使用户在实际并不知情的情况下“被同意”。如 2018 年初的支付宝年度账单事件，支付宝将“我同意《芝麻服务协议》”以用户很难注意到的一行小字的形式标注在首页下方，并且默认勾选了同意，如果用户不取消勾选，就被视为自动同意。这便是对默示同意的滥用，“年度账单”的查看和《芝麻服务协议》并没有关联性，且这种预选的做法也是不被允许的。在国家互联网信息办公室网络安全协调局进行约谈后，支付宝立刻做出了整改，并对用户道歉。

五　结语

综上所述，在大数据时代，平衡个人信息保护与信息流转效率的重要途径就是对同意机制和隐私条款的设计。我国《个人信息安全规范》在借鉴融合 GDPR 的基础上，做出了几点创新处理方式。例如，在同意的可分性上，区分产品的核心业务功能和附加业务功能破解了“一揽子”授权的困境。在告知方式上，采用增强式告知和即时提示方式，弥补了传统隐私政策冗长、晦涩，或使用户点击疲劳而丧失信息控制权的情况。并以附录中隐私模板的形式呈现，对企业在实务中指导更为直接和清晰。还有其他创新之处是对《网络安全法》的细化，更是对传统知情同意困境的弥补。

我国《个人信息安全规范》中关于有效同意的标准的规定仍没有欧盟《指南》中的那么详细具体。在个人信息保护与数据流转矛盾日益突出的大数据时代，同意机制规范标准对保障数据主体的选择权和知情权意义重大。我国在《个人信息安全规范》的基础框架上，应进一步做出针对同意机制的指导，细化同意要素标准，使隐私条款更加清晰化，用户同意更具实效性。

B.14
2017年网络伦理治理研究报告*

牛 静 常明芝**

摘 要： 近年来，网络伦理失范问题凸显，如自媒体公众号的情绪化表达导致道德审判等网络暴力；直播和短视频平台上暴力、低俗和猎奇内容频发；大数据不正当利用和数据收集导致用户隐私泄露；算法推送导致“信息茧房”和“回声室效应”等。本文在回顾种种网络伦理失范问题的基础上，对2017年政府、媒体、公众对网络伦理失范问题的治理策略进行梳理，发现存在以下问题：多为事后治理，缺乏前瞻性；多为政府治理，平台治理效果不佳；缺乏用户治理等。最后，本文分别从政府、互联网平台、行业自律组织、媒体和网民本身出发，提出网络伦理治理的新思路。

关键词： 自媒体 伦理失范 隐私泄露 算法伦理

一 引言

互联网技术的发展，促使更多新颖、实用与智能化的新媒体平台出现，平台上的信息更加丰富。同时，网络平台上用户情绪化表达，用户隐私泄露

---

* 本文为2015年国家社会科学基金项目“新媒体环境下中国参与建构全球媒介伦理的路径研究”（项目编号：15BXW070）的阶段性成果。

** 牛静，华中科技大学新闻与信息传播学院副教授，博士生导师；常明芝，武汉传媒学院新闻传播学院教师。

和“信息茧房”等问题严重，虚假、低俗和暴力信息不断出现，这些网络伦理失范问题给网络伦理治理提出了更高的要求。2014 年中央网络安全和信息化领导小组成立，习近平担任组长，这说明国家高度重视网络媒体的治理和安全。

网络问题，主要有伦理问题和法律问题，由于法律问题有相应法律条文进行规范，本文着重分析网络伦理失范问题及其治理。“在网络空间中，只要是对社会和个人造成伤害的行为和现象，都是网络伦理失范的表现”，网络伦理失范分为三个层面“一是信息层面的失范，例如虚假信息、低俗信息等等；二是诱发的行为失范，例如青少年网瘾、网络暴力、黑客攻击等等；三是宏观社会效果层面的失范，例如社交媒体诱发的社会结构变革、数字鸿沟加剧社会分化等等”。[①] 本文梳理 2017 年网络伦理失范事件，主要分析信息和行为层面的失范现象，讨论自媒体、直播和短视频平台中出现的失范问题，在分析治理现状和不足的基础上，提出建设性的治理意见。

二　2017年网络媒体伦理失范问题及案例分析

2017 年，发生了很多网络伦理失范事件，如自媒体的情绪化表达、各类视频平台的暴力低俗和猎奇内容泛滥、用户隐私泄露、“信息茧房”等的出现，引起了国家、媒体和公众的关注。

（一）公众号等自媒体情绪化传播导致伦理失范

2017 年自媒体竞争越发激烈，为脱颖而出、吸引粉丝，很多自媒体账号对舆情事件，急于表达观点，刻意迎合公众情绪而罔顾事实真相。自媒体的媒体伦理失范问题在每一次热点事件中体现得尤为明显，于欢案和江歌案中自媒体的情绪化表达就较为突出。2017 年 3 月 25 日，《南方周末》发表

---

① 谢新洲、赵琳：《网络伦理的失范与出路——基于网络服务平台治理视角的分析》，《青年记者》2017 年第 12 期，第 14～17 页。

文章《刺死辱母者》，很快刷爆朋友圈。媒体和网民的监督、关注使这一案件得到了较好的处理，但该事件中部分自媒体的文章鼓吹暴力。自媒体上的信息呈现非理性特征，倾向于情绪化表达，出现鼓励暴力的伦理失范行为。

江歌案中自媒体更是扮演着舆论审判这一网络暴力的主要实施者角色。2016 年 11 月 3 日，青岛女留学生江歌在日本租住的公寓门前被杀害。2017 年 11 月，这一发生在日本的刑事案件随着“局面”栏目对当事人（江歌妈妈和刘鑫）的采访而达到舆论高潮，再次进入人们视野。“江歌案”中，前期舆论焦点在刘鑫身上，从庭审开始对犯罪嫌疑人陈世峰的讨论逐渐增多，逐步演化为对刘鑫的道德审判和要求判决陈世峰死刑的舆论审判。这其中反映出诸多问题，如自媒体缺乏公信力，非理性发声，通过煽情行文鼓动网民情绪，不可避免地会有鼓动网络暴力之嫌。[①]

一方面，自媒体人利用网络上被公开的他人隐私，对刘鑫展开“人肉搜索”，并发表大量评论文章，在关键事实尚未厘清的情况下，用情绪表达掩盖事实真相，对当事人实施网络攻击。如微信公众号“新闻哥”的《为闺蜜挡刀而死的江歌，你妈妈终于当面问了那个人：还有良心吗?》、“咪蒙”的《刘鑫江歌案：法律可以制裁凶手，但谁来制裁人性?》、“东七门”的《刘鑫，江歌带血的馄饨，好不好吃?》等自媒体文章都把矛头直指刘鑫。另一方面，自媒体对陈世峰进行了舆论审判。2017 年江歌案庭审前后，对陈世峰的讨论增多，江母在网络上发起了要求日本法院判陈世峰死刑的签名活动，截至开庭前获得了 450 万签名。此外，有 30 余万粉丝的微博博主“马克叔叔”发起的“江歌案：你支持陈世峰被判死刑吗”，据称有 1 万人参与了投票，其中 9719 人（88.9%）认为应该，认为应该支持相信法律的仅为 1081（9.9%）[②]。这种通过网民的意见判决犯罪嫌疑人生死的方式，是有违法律精神的，不符合法律程序。

---

① 展江、刘亚娟：《江歌命案何以成隔海打牛的“舆论审判”?》，《新闻界》2018 年第 1 期，第 18 ~27 页。

② 徐静波：《我看了江歌被害案的案卷》，“静说日本”微信公众号，2018 年 5 月 18 日，http：//mp. weixin. qq. com/s/VSfz – OaM7Fqz62qBJzkr5A。

（二）直播和短视频平台暴力低俗和猎奇内容泛滥

2016年被称为“直播元年”，2017年继直播平台的火热之后，又出现了短视频平台。不管是直播平台还是短视频平台上都存在网络伦理失范问题，如存在众多暴力、低俗和猎奇的内容，对网民特别是青少年产生不良影响。

首先，直播和短视频平台上有各种暴力内容。如短视频平台上存在大量的自虐视频、自虐伤害自己和伤害他人（如殴打女友等）的内容。其次，低俗内容屡现。如2018年3月31日，央视《新闻直播间》和《东方时空》对短视频平台上存在的大量未成年孕妇现象做了报道，报道称快手、火山小视频中有数以百计的未成年妈妈视频，并追问短视频的底线在哪里？恋爱、怀孕、生子……这些现实生活中未成年人的禁忌，都在网络中被轻易打破。此外，直播和短视频平台上有各种猎奇内容。2017年12月初，有关“中国高空极限运动第一人坠亡”的新闻引爆网络，死者名为吴永宁，年仅26岁。自2017年2月起，吴永宁开始在快手、美拍、火山小视频等多家视频平台发布各种高空挑战的视频，然而2017年11月8日，在长沙进行一次极限运动中失手坠楼死亡。这一事件看似是他个人的错误导致，但是往深处思考，这个年轻人的死亡与曾经给他点赞、打赏、叫好的围观群众和直播短视频平台密切相关。正如《人民日报》微博评论《管管“带血的直播”》所批评的：“爱玩高空极限挑战的吴永宁坠亡……蛊惑其冒险的打赏者，推波助澜的直播平台，或许都难辞其咎。此外，极限冒险表演，还具有危险的模仿效应。靠猎奇‘聚拢’流量，无节制消费用户，这种带血的直播真该管管了。”[①] 这些事件引发我们的思考，全民真人秀时代，平台规则、传播伦理和围观伦理的缺失亟须治理。

---

① 《人民微评：管管“带血的直播”》，《人民日报》法人微博，2018年4月28日，https://weibo.com/rmrb?topnav=1&wvr=6&topsug=1&is_all=1&is_search=1&key_word=%E5%B8%A6%E8%A1%80%E7%9A%84%E7%9B%B4%E6%92%AD#_0。

直播和短视频平台出现以上内容的原因大概有以下几点。首先，平台规则宽松。平台的逐利性，使其放松对暴力、低俗和猎奇内容的监管力度，因为这些视频才是吸引流量和注意力的关键所在。其次，平台内容审核存在不足，仅依靠机器审核是不够的。机器的审核是死板的，需要结合人工审核和网友举报，才能把不合规范的视频扼杀在萌芽中。再次，算法和人工智能推送信息加剧了暴力、低俗和猎奇内容的泛滥。心理学中有个“尖叫效应”，比如在满是人群的街道中，如果有人突然歇斯底里地尖叫，往往能快速吸引人们的注意力，博取眼球。① “尖叫效应”在直播和短视频平台传播中也有所体现，平台依靠算法和人工智能，在对用户浏览记录和兴趣进行分析的基础上，将更多契合“尖叫效应”的低俗信息提供给用户，从而取悦受众，扩大平台用户数。最后，直播和短视频平台用户传播伦理和围观伦理意识淡薄。为获得关注和打赏，不惜发布各种博取眼球的信息，用户传播伦理意识缺失。

（三）大数据环境下的隐私伦理问题

大数据背景下用户隐私保护问题面临挑战。用户隐私问题包括个人身份信息的泄露、个人行为信息的泄露和个人兴趣爱好信息的泄露等三个方面②。造成用户隐私信息泄露的原因是多方面的，包括大数据应用主体自身的道德素质的缺失；大数据技术的不完善与不成熟；大数据使用者的道德与立法原则的缺失③及网络平台型企业和商家营利模式的弊端等。其中最重要的是大数据应用主体道德素质缺失和网络平台型企业商业营利模式存在弊端，本文对其进行着重分析。

首先，大数据应用主体存在道德素质缺失。2018 年 1 月 3 日的支付宝

---

① 《算法主导信息推送　当心“尖叫效应”与“信息茧房”》，人民网，2018 年 4 月 29 日，http://media.people.com.cn/n1/2018/0502/c40606-29959140.html。

② 唐凯麟、李诗悦：《大数据隐私伦理问题研究》，《伦理学研究》2016 年第 6 期，第 102～106 页。

③ 唐凯麟、李诗悦：《大数据隐私伦理问题研究》，《伦理学研究》2016 年第 6 期，第 102～106 页。

年度个人账单事件引发用户对个人信息安全的关注。在“2017 支付宝年度账单”首页有一行特别小的字“我同意《芝麻服务协议》”，不但字特别小，而且已经帮你选择好“同意”了，此事件引发大家对支付宝等平台型企业和商家的批评和质疑，质疑其未经用户同意收集用户各种信息，导致用户隐私信息泄露。其次，这一现状是由网络平台型企业和商业的营利模式决定的。我国的网络平台型企业提供服务很少向用户收取费用，一般为用户提供免费的信息内容，那么他们是如何营利的呢？通过收集用户信息，为用户提供精准的广告推送来进行营利。所以，用户注册 App，打开网页都要点击“同意”隐私协议，同意获取个人信息。不点击同意按钮，根本无法打开相应 App 和网页。这些协议一般冗长且难懂，很少有用户会仔细阅读，所以很多点击“同意”的用户并不清楚这些平台收集了哪些信息，将如何使用这些信息。网络平台型企业和商家多是在用户无意识状态下收集、获取和使用用户信息。由此可见，各种 App 甚至是小的应用程序都收集我们的隐私信息，用户在网络上的隐私信息有随时被收集和使用甚至被侵犯的危险。

（四）算法推荐带来的“信息茧房”、“回声室效应”和内容低质化

“今日头条”和《一点资讯》这些新闻聚合客户端，其凭借先进的数据抓取技术、强大的算法，能够精准了解用户阅读习惯和兴趣，从而为用户量身定制新闻。但是算法推荐也存在一些伦理问题。首先，算法推荐容易产生信息茧房。当个人长期被禁锢在自己和算法所建构的“信息茧房”中，个人生活呈现一种定式化、程序化，容易使人产生盲目自信、心胸狭隘等不良心理，会认为自己的意见是真理，从而拒斥其他合理性的观点侵入，日益演化为极端思想和极端行为，容易产生网络“群体极化”。其次，算法推荐产生“回声室效应”。如在“今日头条”客户端中，用户点击比较正面的动态消息导致生成更加正面的内容，同样，点击负面的动态消息导致生成更加负面的内容，所以算法推荐使负面内容被放大和凸显，不利于正能量信息的传播。最后，算法推荐导致内容低质化。内容的点击量是算法推荐的一个重要

指标，点击量越高越有机会推荐给其他用户。低质化的内容本身就有很大的受众，算法推荐导致低质内容的广泛传播。这也导致很多头条号迎合这一趋势，制作“标题党”新闻，一味追求流量，社会责任感淡薄。2017 年 12 月 29 日，国家互联网信息办公室指导北京市互联网信息办公室，针对“今日头条”《凤凰新闻》手机客户端持续传播色情低俗信息、违规提供互联网新闻信息服务等问题进行严肃整改。一方面，约谈这些网络运营商的领导；另一方面，对违规问题严重的部分频道暂停内容更新。①

三　网络伦理治理现状

网络上频繁出现的伦理失范问题，引起了国家相关部门、媒体和公众的广泛关注。国家相关部门采取法律治理方式，传统媒体、自媒体和公众积极监督网络伦理失范事件，助推网络伦理失范事件的尽早解决。那么国家相关部门的法律治理方式、媒体和公众的监督具有什么特点和不足呢？下面对其进行详细分析。

（一）国家治理特点和不足

目前，我国对于网络伦理失范问题多以法律规范形式进行治理。本文梳理了 2017 年网信办、国家新闻出版广电总局②发布的与网络治理有关的新规定，除了 2017 年 6 月 1 日通过的《网络安全法》，还包括两份部门规章和 10 份规范性文件，这些文件围绕网络信息、新闻信息、网络直播、论坛社区、跟帖评论、群组社交、公众账号和网络视听节目等方面进行规定。这些新规定的具体发布机构、施行日期、文件名称、主题分类、主要内容见表 1。

---

① 中国财经：《今日头条、凤凰新闻 App 负责人被约谈　部分频道暂停更新》，中国财经网，2018 年 5 月 1 日，http：//finance. china. com. cn/roll/20171229/4491513. shtml。

② “国家新闻出版广电总局”为 2017 年的机构名称。根据 2018 年国务院机构改革方案，新组建国家广播电视总局，不再保留国家新闻出版广电总局。

表1　2016年底至2017年互联网制度与管理新规

发布机构/施行日期	名称	主题分类	主要内容
网信办 2016年12月1日	互联网直播服务管理规定	规范性文件	对互联网直播服务提供者和互联网直播服务使用者(互联网直播发布者和用户)的职责进行了规范,但更多的是对直播服务提供者的职责进行了规范。直播服务使用者的规范较少,包括(1)互联网直播发布者应当依法取得互联网新闻信息服务资质并在许可范围内提供服务;(2)互联网直播发布者发布新闻信息,应当真实准确、客观公正,转载新闻信息应当完整准确,不得歪曲新闻信息内容,并在显著位置注明来源,保证新闻信息来源可追溯;(3)互联网直播发布者在进行直播时,应当提供符合法律法规要求的直播内容,自觉维护直播活动秩序等;(4)用户在参与直播互动时,应当遵守法律法规,文明互动,理性表达
全国人大常委会 2017年6月1日	网络安全法	法律	《网络安全法》涵盖网络安全支持与促进、网络运行安全、一般规定、关键信息基础设施的运行安全、网络信息安全、监测预警与应急处置、法律责任等主要内容。特别是对用户的网络信息进行了保护,通过网络安全制度保护个人信息和网络隐私,意义重大
网信办 2017年6月1日	互联网信息内容管理行政执法程序规定	部门规章	对互联网信息内容管理行政执法人员的工作和职责进行了详细的规定,包括管辖权归属、立案条件、执法人员调查取证的行为规范、听证和约谈、处罚决定和送达以及执行和结案等
网信办 2017年6月1日	互联网新闻信息服务管理规定	部门规章	对互联网新闻信息服务者的资质及其从业人员和用户的责任进行了细致、完整、权威的规范。从互联网新闻信息服务者的许可,新闻服务提供者运行及对新闻服务的监督检查,以及相应的法律责任进行了全面的规范
网信办 2017年10月1日	互联网论坛社区服务管理规定	规范性文件	该规定对互联网论坛社区服务提供者的职责进行了详细的规定,包括建立健全行业自律制度和行业准则;落实主体责任,建立健全信息审核、公共信息实时巡查、应急处置及个人信息保护等信息安全管理制度;以及对用户的行为也进行了规范。顺应了新时代对互联网论坛社区服务的法治化要求
网信办 2017年10月1日	互联网跟帖评论服务管理规定	规范性文件	总体思路基本延续了中国网络治理一贯的指导原则:进一步明确政府相关部门的监督管理责任,进一步强化网络服务商的主体责任,而对于网民的规则依然着重在加强自律

续表

发布机构/施行日期	名称	主题分类	主要内容
网信办 2017 年 10 月 8 日	互联网群组信息服务管理规定	规范性文件	互联网群组信息服务使用者包括互联网群组建立者、管理者，他们应当履行群组管理责任，依据法律法规、用户协议和平台公约，规范群组网络行为和信息发布，构建文明有序的网络群体空间。互联网群组信息服务提供者仍然是主要的责任主体，应配备与服务规模相适应的专业人员和技术能力，建立健全用户注册、信息审核、应急处置，安全防护等管理制度。信息服务提供者应采取措施保护使用者个人信息安全，不得泄露、篡改、毁损，不得非法出售或非法向他人提供。还应合理设定群组成员人数和个人建立群数、参加群数上限
网信办 2017 年 10 月 8 日	互联网用户公众账号信息服务管理规定	规范性文件	对互联网用户公众账号信息服务提供者和使用者的责任进行了规范。明确了公众账号责任人即公众账号信息服务使用者，提出了完善的管理体系：(1)互联网用户公众账号信息服务使用者应当履行信息发布和运营安全管理责任，遵守新闻信息管理、知识产权保护、网络安全保护等法律法规和国家有关规定，维护网络传播秩序。(2)互联网用户公众账号信息服务使用者应当对用户公众账号留言、跟帖、评论等互动环节进行实时管理。对管理不力、出现法律法规和国家有关规定禁止的信息内容的，互联网用户公众账号信息服务提供者应当依据用户协议限制或取消其留言、跟帖、评论等互动功能。(3)互联网用户公众账号信息服务提供者和使用者应当配合有关主管部门依法进行的监督检查，并提供必要的技术支持和协助
网信办 2017 年 12 月 1 日	互联网新闻信息服务新技术新应用安全评估管理规定	规范性文件	对互联网新闻信息服务领域新技术新应用进行规范治理的重大尝试，规定了全国新技术新应用安全评估工作的主体是国家互联网信息办公室；鼓励支持新技术新应用安全评估相关行业组织和专业机构加强自律；互联网新闻信息服务提供者应当建立健全新技术新应用安全评估管理制度和保障制度；互联网新闻信息服务提供者应如何开展新技术新应用安全评估以及如何对评估结果进行进一步的处理等问题进行了详细的规定

续表

发布机构/施行日期	名称	主题分类	主要内容
网信办 2017 年 12 月 1 日	互联网新闻信息服务单位内容管理从业人员管理办法	规范性文件	贯彻党管媒体原则，从制度层面明确了从业人员行为规范，将监管范围覆盖互联网站、应用程序、论坛、博客、微博客、公众账号、即时通信工具、网络直播等各类新媒体平台，确保从业人员坚持马克思主义新闻观，坚持社会主义核心价值观，坚持以人民为中心的工作导向，确保互联网新闻信息真实、准确、全面、客观，不得从事有偿新闻活动。并且要做好从业人员的教育培训和监督管理
国家新闻出版广电总局 2017 年 3 月 10 日	关于调整《互联网视听节目服务业务分类目录（试行）》的通告	规范性文件	有两个方面的变化：一是在原有“计算机用户”的基础上，新增加“手机用户”这个服务对象，把“移动互联网”包含到公共互联网范畴中；二是明确了“专网及定向传播视听节目服务”概念，指出 IPTV、专网手机电视等系专网及定向传播视听节目服务
国家新闻出版广电总局 2017 年 7 月 27 日	国家新闻出版广电总局办公厅关于加强网络视听节目领域涉医药广告管理的通知	规范性文件	规定医药广告不得以专家做背书、以节目形态发布，使用虚假医药代言人误导消费者的，要立即清理
国家新闻出版广电总局 2017 年 8 月 2 日	关于规范报刊单位及其所办新媒体采编管理的通知	规范性文件	管理主要包括六个方面的内容：其一，坚持正确舆论导向；其二，统一管理要求；其三，严格审核内容；其四，规范新闻标题制作；其五，加强网络活动管理；其六，完善问责机制

通过对网信办和国家新闻出版广电总局相关制度和规范性文件的梳理发现，目前我国互联网治理具有以下几个优点。其一，具有较强的针对性。如2016年网络直播平台发展迅速，2016年11月4日网信办即出台了《互联网直播服务管理规定》，对直播服务提供者和直播服务使用者（直播发布者和用户）的职责进行了规范，2016年12月1日正式开始实施。网信办针对直播这一新的网络媒体和平台及其不断出现的现实问题，出台规范及时，具有较强的针对性。其二，具有较好的指导性。如《互联网用户公众账号信息服务管理规定》对互联网用户公众账号信息服务提供者和互联网用户公众账号信息服务使用者的职责进行了详细规定。从内容方面讲，制定有据，一般都在规范的第一条注明依据某法律或者规范制定本规范；同时，内容丰富，基于实际问题进行详细规范。其三，互联网治理力度加大。2017年网信办密集发布新规，新出台的部门规章和规范性文件数量达到历史新高。2017年网信办出台规范性文件7项，部门规章3项，法律《网络安全法》1部，网络治理力度加大。但是目前网络伦理治理也存在一些问题，具体如下。

1. 多为事后治理，缺乏前瞻性

当前国内互联网伦理治理主要以事后治理为主。其一，对网络服务使用者进行事后处罚。如《互联网直播服务管理规定》中规定“互联网直播服务提供者应当对违反法律法规和服务协议的互联网直播服务使用者，视情采取警示、暂停发布、关闭账号等处置措施”。其二，对网络服务提供者的违规行为，网信办采用事后约谈制度。根据《互联网新闻信息服务单位约谈工作规定》：“互联网新闻信息服务单位有下列情形之一的，国家互联网信息办公室、地方互联网信息办公室可对其主要负责人、总编辑等进行约谈。”其三，对违规问题严重的平台，责令短期下架整改甚至关停相关平台。根据《互联网新闻信息服务单位约谈工作规定》：“互联网新闻信息服务单位未按要求整改，或经综合评估未达到整改要求的……给予警告、罚款、责令停业整顿、吊销许可证等处罚。”如2017年4月，网信办同有关部门依法依规（《互联网信息服务管理办法》《互联网直播服务管理规定》等法律法规）在应用商店下架并关停“红杏直播”“蜜桃秀”等18款直播类应用。①

但是这种事后治理存在以下几个问题，一是事后治理是一种补救性措施，在对相应问题进行事后治理时，伦理失范现象对社会和个人的危害已经形成。二是这种事后治理不利于网络媒体的发展，因为没有一个前瞻性的治理标准，网络媒体在探索和试错中发展，不能大阔步前进。三是这种事后治理会导致资源的浪费，如2017年12月20日，360公司永久关闭“水滴直播”平台，这对企业和整个社会来说，都是一种资源的浪费。因此，为避免事后治理的弊端，网络治理应该增加前瞻性。

2. 多为政府治理，平台治理效果不佳

“政府承担监管责任，平台承担主体责任”是互联网治理的趋势。但目前我国的治理模式是以政府治理为主，平台自身治理为辅。新闻聚合平台、直播和短视频平台普遍存在一个现象，即政府采取治理手段后，平台才相应跟进治理，平台治理多是被动治理，平台主动治理效果不佳。虽然2017年网信办密集发布有关平台的规范性文件，如《互联网新闻信息服务管理规定》、《互联网论坛社区服务管理规定》和《互联网用户公众账号信息服务管理规定》都对服务提供者（平台）的职责进行了规范，但是平台治理主体性不足，作用微弱。多数平台往往片面看重经济效益而轻视社会效益，平台主动治理措施不健全，多为被动治理。部分平台也采取了一定的治理措施，以快手短视频为例，设有网友投诉举报通道、快手正能量、快手自律委员会及平台强大的人工审核员团队和机器审核等，但是这些举措对平台内容治理效果并不显著。因此，需要进一步强化网络服务商（平台）的主体责任，增强平台自我治理效果。

3. 缺乏用户治理

通过对网信办出台的网络治理新规进行内容分析发现，大多数网络治理新规所规定的监督管理主体只有平台，而对平台使用者的规范较少。如

① 《国家网信办下架并关停18款违法直播类应用》，中国网，2018年5月21日，http://media.china.com.cn/cmyw/2017-04-03/1013641.html。

《互联网直播服务管理规定》对互联网直播服务提供者的责任进行了详细的分析，但是对互联网直播发布者的规范较少，仅规定“应当提供符合法律法规要求的直播内容，自觉维护直播活动秩序”。另外，网络伦理失范事件发生以后，平台被追究责任，被约谈和整改，但是真正的信息传播者和视频上传者却没有得到有效的查处，这不利于形成系统、全面的治理体系，因此需要加强对用户的治理。

（二）媒体和公众监督伦理失范事件的特点和不足

除了国家对网络伦理失范事件进行及时的法律规制，传统媒体、自媒体及公众也对网络伦理失范事件进行了批评监督。通过分析在江歌案、吴永宁事件、2017 年末支付宝账单事件和算法伦理问题中，传统媒体、自媒体和公众如何监督网络伦理失范事件，总结出媒体和公众监督的特点和不足。

在网络伦理失范事件中，传统媒体、自媒体和公众的监督主要有以下几个特点。首先，目前对网络伦理失范事件起主要监督作用的是传统媒体，传统媒体做到了理性、客观和公正报道，但是传统媒体的舆论引导力和议程设置能力在下降，传播力和影响力大不如以前。其次，在重大舆情事件和冲突事件中，自媒体理性发声的文章较少，较多是进行情绪化表达。同时，非重大冲突的网络伦理失范事件，如支付宝账单和算法伦理问题，较少存在有影响力的自媒体予以关注。

总结媒体和公众的治理存在以下两点问题：其一，传统媒体不缺乏理性声音，但缺乏引导力，需要加强传统媒体的传播力和影响力；其二，自媒体和公众较多缺乏理性声音和传播伦理意识，需要加强自媒体人和网民的媒介素养和传播伦理意识。

四　网络伦理治理对策

网络治理应该是政府、网络平台、行业组织、媒体和网民共同协商治理的过程，目前对于伦理问题，政府治理多以强制性禁令为主，网络平台的治理多是被动性治理。同时，行业自律组织的规范作用缺位，自媒体和网民缺乏理性发声，参与网络治理的意识不强。因此提出如下治理措施。

（一）政府：改强制性禁令为禁令与引导性手段并行

针对政府法律治理存在的问题，下面提出两点解决方案。首先，增加治理的前瞻性和引导性。无论部门规章还是规范性文件都是禁令性质的规范管理，单纯禁令性质的治理在解决问题上有一定的效用，但侧重于问题出现之后的治理。互联网病毒式传播的特性决定了一种问题出现后会迅速产生不良影响。因此，政府应把强制性禁令与引导性手段结合起来，如扩充新闻奖的作品来源，设置自媒体相应奖项，鼓励自媒体理性发声，追求真相；鼓励新媒体平台创新自主治理方式，对治理效果明显的平台予以资金奖励等。其次，增加用户治理内容。网络治理规范中应增加规范用户行为的内容，如规定不应捏造事实、诽谤他人，不应利用网络便利展开人肉搜索和网络语言暴力，应理性发表观点等。

（二）互联网平台：改被动治理为主动治理

互联网平台的运营商可能是互联网企业，也有可能是媒体单位、官方或半官方机构等。无论是哪种类型的平台，都应积极采取主动治理措施。其一，治理个性化。不同平台可根据自身业务特点制定具体的机制规则，如直播平台和短视频平台的治理机制就有很大差异。直播平台需要随时监控，事后治理要把握好时效性，最大限度降低违规直播内容的传播；短视频平台是一种事前审核，需要把人工审核和机器审核结合起来，确定统一和严格的伦理审核标准。其二，治理动态化。平台的治理较国家相关部门的法律法规和规范性文件更有灵活性和及时性，平台应对不断出现的网络伦理问题，第一时间觉察，以最快速度整改。其三，治理大数据化和信息化。平台掌握着海量用户数据，通过对数据的综合运用、挖掘分析，能更好感知信息动向与安全态势，做好风险防范。[①]。

---

① 罗昕、支庭荣主编《中国网络社会治理研究报告（2017）》，社会科学文献出版社，2017，第41页。

（三）行业组织：建立行业自律组织

以后针对伦理失范问题，需要增加行业自律组织的治理。其一，各网络平台应该彼此合作，形成行业自律组织，制定行业内部的规范，有效管理各平台。各大平台在此方面已有相关的举措，2017 年初，百度、腾讯、京东、阿里巴巴等多家企业纷纷发布了年度企业社会责任报告、治理报告。① 2017 年 2 月，百度发布第四份《百度企业社会责任报告（2014 ~ 2016）》，2017 年 3 月，微信官方发布最新《微信平台谣言整治报告》等。其二，应该重视吸纳专家、网络意见领袖和用户加入行业组织，对行业内部规范进行监督，"形成平台行业规范实施的外部监督机制，促进治理多中心化"②。目前快手已经实施自己平台的监管机制，成立了行业内首家"社区自律委员会"，邀请知名学者、媒体人和普通用户共同参与对快手内容方面的监督，并在平台内设置了用户"一键举报"功能。

（四）媒体应当加强对网络伦理失范问题的监督力度

目前，无论是传统媒体还是自媒体都需要承担起一定的社会责任，对其他媒体上的网络伦理失范行为进行监督，一方面，传统媒体不应被自媒体等网络情绪和声音带偏，应坚持新闻专业主义，客观、理性和权威性发声。传统媒体应当在网络伦理失范事件中充当积极的监督者和理性的发声源。另一方面，加强自媒体在网络伦理失范事件中的监督作用，积极监督批评网络伦理失范事件，应理性发表事实和评论。如 2017 年"丁香医生"公众号对浙江"莎普爱思滴眼液"产品及其广告的监督，为其他自媒体人树立了榜样。

---

① 罗昕、支庭荣主编《中国网络社会治理研究报告（2017）》，社会科学文献出版社，2017，第 16 页。

② 吕鹏、王明漩：《短视频平台的互联网治理：问题及对策》，《新闻记者》2018 年第 3 期，第 74 ~ 78 页。

（五）培养自媒体人和网民媒介素养和传播伦理意识

未来网络伦理治理的思路，应该从“政府本位”向“平台本位”再向“公民本位”转变。[①] 现在这个时代人人都是信息的接收者，同时人人都是信息的传播者，所以培养网民传播伦理意识、提升网民媒介素养，使其理性发声，是网络伦理治理的重要组成部分。其一，提升网民以及全社会公众的媒介素养，加强网民对网络内容的识别能力和质疑能力，敢于举报网络上非法不实和不合伦理规范的内容，形成网民举报的强大力量。如快手短视频平台和微博平台便利的用户举报按钮（每条微博内容的右上角都有一个“V”按钮，点击即可举报相关微博和内容），便于用户随时监督网络内容。其二，培养自媒体人和网民的传播伦理意识，加强道德教育。教育公众理性发声，每次发声之前反思一下是否实事求是，是否坚持正确的道德标准。具体来说，学校教育和社会教育应加大传播伦理和传播道德的教育。

五　结语

综上所述，目前已有的网络伦理失范问题仍然存在，新的网络伦理问题不断出现，因此新的网络伦理治理思路和模式亟须付诸实施。我们应坚持五大原则，其一，坚持网络协商治理模式，政府、网络平台、行业组织、媒体和网民分工明确，共同治理互联网；其二，坚持“政府承担监管责任，平台承担主体责任”的互联网社会治理理念，增加互联网平台治理的有效性和主动性；其三，建立行业组织，形成行业自律，形成平台行业规范实施的外部监督机制，促进治理中心化。其四，发挥媒体的监督作用。其五，发挥网民的主体性，提升网民媒介素养，培养网民和自媒体的传播伦理意识。

---

① 陈昌凤：《互联网时代的传播伦理：从专业伦理向公民道德拓展——〈媒介伦理：案例与道德推理〉第九版读后感》，《新闻与写作》2013 年第 10 期，第 93 ~94 页。

B.15
网络版权治理的逻辑、困境及破解路径

彭桂兵　陈煜帆*

摘　要：　互联网的高速发展推动了网络文化娱乐产业的大繁荣，也导致大量网络版权纠纷的产生。在新形势下，网络版权治理应当坚持同步创新原则、利益平衡原则和社会共治原则，针对现有法律体系的滞后性与版权市场利益失衡问题，加强相关立法、执法、司法工作，尤其是改革我国版权法中的合理使用制度，倡导多主体参与，方能更好地实现网络版权治理，实现网络版权的利益平衡，推动相关产业的不断发展。

关键词：　网络版权　版权治理　版权侵权　利益平衡

由中国互联网络信息中心（CNNIC）统计并制作的第41次《中国互联网络发展状况统计报告》于2018年1月31日在北京正式发布。据该报告，截至2017年12月，我国网民规模已达7.72亿人，普及率达到55.8%，超过全球平均水平（51.7%）4.1个百分点。[①] 目前，中国互联网处于高速发

* 彭桂兵，博士，华东政法大学传播学院副教授；陈煜帆，华东政法大学传播学院传媒法制专业硕士研究生。

① 第41次《中国互联网络发展状况统计报告》，中国互联网络信息中心网站，http://www.cnnic.net.cn/hlwfzyj/hlwxzbg/hlwtjbg/201803/t20180305_70249.htm。

展时期，凭借海量网民带来的人口红利，网络文化娱乐产业的潜在消费者市场不可限量。2017 年，我国的网络娱乐用户规模实现高速增长，其中，网络视频、网络音乐、网络游戏、网络文学的用户规模分别为 57892 万人、54809 万人、44161 万人、37774 万人，网民使用率分别达到了 75.0%、71.0%、57.2% 及 48.9%。政策引导、企业支持、市场需求推动了网络文化娱乐产业的全面繁荣。

与此同时，伴随着传统优势企业的战略转型和新兴资本力量的入驻，少数企业在特定领域内“一家独大”的垄断局面逐渐终结，与版权相关的竞争成为网络文化娱乐产业占领用户市场的关键所在。然而，由于相关产业发展迅猛，自发性较强，网络版权监管难度也随之加大。激烈的版权竞争逐渐演变为混乱与无序，“版权合作”和“版权摩擦”的交替出现成为业内常态，不利于我国网络文化娱乐产业的健康发展，也损害了版权相关人的合法权益。此外，以微博、微信公众平台、头条号等为主要载体的 UGC（User Generated Content，用户生成内容）异军突起，网络版权纠纷的复杂性不断加深，相关矛盾与冲突也不断增多。在此背景下，加强网络版权治理迫在眉睫。

一　当前我国网络版权治理现状

（一）网络版权治理的立法沿革

对于“网络版权”这一概念，我国目前尚未有明确的法律法规加以界定，学界与实务界大都将其与“网络著作权”等同。在我国，与版权密切相关的《中华人民共和国著作权法》于 1990 年 9 月发布，由于我国当时尚未正式接入国际互联网，因此该法也并未将著作权置于网络环境中加以考虑。2001 年 10 月，新修正的《著作权法》开始实施，其增加了对著作权在网络环境中的保护及相应的侵权责任，明确提出著作权人享有信息网络传播权，并首次将该权利定义为“以有线或者无线方式向公众提供作品，使公众可以在其个人选定的时间和地点获得作品的权利”。

最早明确提出“网络著作权”说法的法律规范是《最高人民法院关于审理涉及计算机网络著作权纠纷案件适用法律若干问题的解释》（以下简称《解释》）。《解释》于2000年12月正式发布，并分别于2004年1月和2006年11月经两次修正。其对涉及网络著作权侵权纠纷案件的管辖、网络服务提供者的概念区分、网络环境中作品的定义与范围、网络服务提供者的侵权责任及认定，以及著作权人的救济途径等问题的法律适用等都作了比较明确而具体的规定。

2006年5月，依据《著作权法》提出的相关要求，国务院制定并通过了《信息网络传播权保护条例》。该条例以实现著作权人、表演者、录音录像制作者等权利人与网络服务提供者、作品使用者之间的利益平衡为重点，明确了网络环境下合理使用原则的运用，并借鉴欧美国家立法经验，引入了“通知与删除”规则、“避风港”规则等制度，形成了比较系统的网络版权保护规范。

2009年12月，《中华人民共和国侵权责任法》正式颁布。该法第36条明确规定了网络用户、网络服务提供者应当承担侵权责任的情形，强调了侵权认定的提示规则和明知规则，以及网络服务提供者在特定情形下的连带侵权责任。该条款也是涉及网络版权侵权纠纷的案件中，最常被引用的条款之一。

随着《信息网络传播权保护条例》和《侵权责任法》的先后出台，前文提到的《解释》（2006年）因内容与相关法律不协调、不适应审判实际而被废止，取而代之的是于2012年出台的《最高人民法院关于审理侵害信息网络传播权民事纠纷案件适用法律若干问题的规定》。该规定再次强调了互联网环境中的利益平衡原则，并对人民法院对此类案件的管辖、侵害信息网络传播权的直接行为和间接行为的构成及判定标准等问题进行了具体规定。此外，该规定还在司法层面明确了“通知与删除”规则、“避风港”规则等法律制度的具体裁判标准。至此，“网络著作权”的说法已在国家立法、司法层面被“信息网络传播权”这一概念取代。

（二）网络版权治理现状及成效

自2014年起，中国信息通信研究院（CAICT）每年都会发布《中国网络版权保护年度报告》，总结上一年度我国网络版权的发展状况及保护成效。而自2016年开始，国家版权局会在每年的4月26日，即世界知识产权日，召开中国网络版权保护大会，并发布上年度的《中国网络版权保护年度报告》，以宣传我国版权保护取得的成效。

依据在“2017中国网络版权保护大会”上发布的《2016年中国网络版权保护年度报告》，网络版权是指著作人对受著作权法保护的作品在互联网（包括移动互联网）环境下所享有的著作权利。[①] 该报告从立法、司法、社会和行政等多个层面，向社会各界全面展示了2016年度我国网络版权的保护情况。[②] 目前，互联网产业呈现领域不断细化、IP（知识产权）衍生开发盛行、开放平台大量涌现、用户付费意愿增强等新态势。而随着知识产权强国战略的不断深入，国家对网络版权的保护也愈发严格，重点领域立法逐渐精细化，网络版权纠纷司法解决机制日趋完善。此外，自2005年起，国家版权局已连续13年开展了以打击网络侵权盗版为主要任务的“剑网行动”，成果颇丰，效果显著。据媒体报道，自“剑网2017”专项行动启动以来，各级版权执法监管部门巡查网站5.5万家（次），关闭侵权盗版网站1655个，删除侵权盗版链接27.48万条，收缴侵权盗版制品151万件，立案调查网络侵权案件314件，会同公安部门查办刑事案件37件、涉案金额6900万元。[③]

① 《2016年中国网络版权保护年度报告》，国家新闻出版广电总局官网，http：//www.gApp.gov.cn/chinacopyright/contents/10397/330788.html。

② 中国信息通信研究院：《净化版权大环境　促进产业新发展——2016年中国网络版权保护年度报告（摘要）》，《中国出版》2017年第9期。

③ 张红兵：《开展新闻影视作品等四大领域版权专项整治　“剑网2017”关闭侵权盗版网站1655个》，《法制日报》2017年11月3日。

二　网络版权的治理逻辑：同步创新、利益平衡和社会共治

（一）网络版权治理应当坚持同步创新原则

在互联网时代，创新是发展的核心。然而，新技术的运用也会导致新问题的产生，游戏直播、体育赛事、内容聚合平台、云储存服务等与版权相关的热点、难点问题层出不穷，如曾轰动一时的“三一五中国作家讨百度书案”中，知名作家慕容雪村于2011年3月15日，联合韩寒、郭敬明、贾平凹等近50名知名作家及出版人，通过其个人微博发布了由他执笔的《3·15讨百度书》，共同声讨百度旗下产品“百度文库”未经作者许可便刊载其作品的行为，并对《侵权责任法》等法律法规中提出的“通知与删除规则”的可操作性提出质疑。[①] 再如，在中国首例电竞直播侵权案（耀宇诉斗鱼案）中，原告上海耀宇公司经官方授权，取得了“DOTA2”这款世界知名电子竞技类网络游戏的直播权，并通过自己经营的“火猫TV”网站对该赛事进行网络直播，然而，被告广州斗鱼公司未经授权，在其经营的“斗鱼”网站也对该游戏进行了直播，从而引发诉讼。[②]

上述案件都是伴随着我国互联网络技术的迭代更新而产生的，既然网络技术在不断提升，那么版权治理的相关措施也需要实现同步创新，才能为网络版权治理提供及时有效的保障。在立法层面，针对法律固有的滞后性，有关部门应当密切关注网络发展的最新动态，总结经验规律，以行政法规、部门规章、地方性法规等形式，灵活地应对网络版权治理过程中可能出现的新情况与新问题。同时，与网络版权治理密切相关的现有法律法规，如《著作权法》《信息网络传播权保护条例》等，都应顺应互联网高速发展的脚

① 滕昶：《近50位知名作家联手声讨百度》，《青年时报》2011年3月16日。

② 陈伊萍、陈颖颖：《首起电竞网络直播纠纷结案：潜规则不能证明合理性，斗鱼败诉》，澎湃新闻网，https：//www.thepaper.cn/newsDetail_ forward_ 1469687。

步，及时进行更新修订，在最大程度上减轻法律滞后性与互联网产业创新之间的冲突。在执法层面，以“剑网行动”为代表的各类网络版权治理专项行动，在复杂多变的互联网环境下，尽管成效显著，却也稍显乏力。互联网环境下的版权侵权行为门槛较低，形式多变，且比传统侵权行为更加隐蔽、复杂、多样。针对此种情况，执法部门在紧抓专项行动的同时，也应当注重网络版权治理的常态化，加强日常监管，建立预警机制，时刻对网络版权侵权行为保持警惕。在司法层面，面对繁杂多样的网络版权诉讼，司法机关应当有意识地掌握最新的网络版权技术知识，针对各个重点、复杂、疑难案件，要创新审理理念和方式，如提高赔偿额、引入刑法保护等，并以司法解释、典型案例、审理指南等方式，总结经验教训，守住网络版权治理的司法防线。

（二）网络版权治理应当坚持利益平衡原则

2018 年 2 月，经过国家版权局积极协调推动，腾讯音乐与网易云音乐就网络音乐版权合作事宜达成一致，相互授权音乐作品，达到各自独家音乐作品数量的 99% 以上，并商定进行音乐版权长期合作，同时积极向其他网络音乐平台开放音乐作品的授权。① 而戏剧性的是，就在此前的 2017 年 8 月，网易云音乐因多次侵犯腾讯音乐版权而被后者提起诉讼，腾讯音乐旗下的酷我音乐也因版权问题而被网易云音乐提起诉讼。

对整个网络娱乐文化产业而言，此次腾讯音乐与网易云音乐的版权合作是一个积极的信号。在网络环境下，版权合作是打破版权“壁垒”、推动公平竞争的关键所在。版权之争的核心在于利益之争，网络版权利益主体不同的利益诉求是导致版权冲突的根本原因。② 网络版权的权利人将版权视为垄断，希望以此来获取最大的“垄断利益”；为了能最大限度地占领市场，网络服务提供者往往会不遗余力地在相关领域内“收揽”各家版权；而网络

① 窦新颖：《腾讯音乐与网易云音乐达成版权合作》，人民网，2018 年 2 月 27 日，http：//ip. people. com. cn/n1/2018/0227/c179663 – 29836082. html。

② 徐亚东：《网络版权利益平衡的实现途径探讨》，《中国出版》2011 年第 13 期。

作品的使用者，即广大的消费者群体，则希望以最少的成本获取对作品最大限度的使用权。网络版权利益分享机制失衡，不同主体追逐不同的利益，围绕网络版权的矛盾与冲突在所难免。

互联网的包容开放推动全社会进入“信息共享”时代，利用网络快速、便捷地获取各类信息成为所有网民的共同诉求。然而，由版权竖起的“壁垒”成为“信息共享”之路上的一道坎，如何在保障版权权利人合法权益的同时兼顾社会利益和公共诉求，从而实现各方利益的平衡，一直都是学界和实务界密切关注的热点问题，也是网络版权治理的关键所在。坚持利益平衡原则，切实考虑各个利益主体的正当需求，才能改变网络版权市场的混乱无序状态，推动知识和信息共享，实现公共利益的最大化。在网易与《经济参考报》著作权纠纷案中，二审法院重点考虑了网易公司是不是合理使用《经济参考报》的文章。[①] 法院这样做的目的，就是要在保护网易公司的新闻版权与社会公众获取新闻信息这样两种利益间实现平衡。版权固然保护了版权人的财产利益，但也通过合理使用措施来制约版权人的财产利益，可以说版权法本身的制度设计就考虑到利益平衡的需要。

（三）网络版权治理应当坚持社会共治原则

网络版权治理的特殊性在于，网络版权保护范围较广，且伴随着客体的不断增加，该范围仍在不断扩张，进而导致网络版权侵权的分散化，牵涉的利益主体也不断增多。在此环境下，仅由政府机构等国家公权力来规制网络版权市场并非万全之策，网络版权的治理应当积极号召各类主体共同参与，坚持社会共治原则。

2016 年 4 月，时任国家新闻出版广电总局副局长、国家版权局副局长阎晓宏在中国网络版权保护大会上发言指出：“（网络版权治理）要改变单纯依靠政府部门力量的做法，把行业、企业包括社会公众的力量凝聚起来，

---

① 广州知识产权法院（2016）粤 73 民终 774 号。

形成政府有效监管、企业自我约束、行业自律与公众监督相结合的新格局。”① 坚持社会共治原则，是要以政府为主导，积极联动有关企业与行业组织，发挥消费者在市场中的监督作用，从而在整个社会中形成自觉地遵守版权法规、保护网络版权、抵制盗版侵权的良好风尚。具体而言，企业内部要建立完善的版权管理体系，积极与各方开展版权合作；相关行业组织，如中国电影著作权协会、中国音乐著作权协会、中国互联网协会等，要凭借自身在行业内的影响力，积极发挥组织协调作用，建立版权协商的畅通渠道，推动行业自律。此外，近年来，“知识付费”在我国悄然兴起，这意味着我国公众的版权意识逐渐提升，消费者的监督功能正在不断加强，这将为网络版权的社会共治打下良好基础。

三 当前网络版权治理的困境

（一）现有网络版权法律法规难以应对复杂多变的网络环境

著作权法定原则，要求任何司法判决规则必须通过立法明确体现出来，比如，著作权中没有涉及的作品类型及专有权利，法官不可以任意创造。遥想当年，我们的著作权法中没有相关的专有权利控制网络环境中的传播行为，最终立法部门创造了“信息网络传播权”这样新型的专有权利。著作权法定，就意味着解决著作权新问题，必须要及时更新立法内容。

相对于互联网的高速发展，我国版权相关的立法进程——特别是与网络版权相关的立法进程——依然落后许多。如前所述，目前我国现行有效的涉及网络版权保护与治理的法律法规和司法解释仅有《中华人民共和国著作权法》（2010 年修订）、《信息网络传播权保护条例》（2013 年修订）、《最高人民法院关于审理侵害信息网络传播权民事纠纷案件适用法律若干问题的规定》（2012 年）。由此可见，目前我国专门针对网络版权治理而颁布的法

① 阎晓宏：《着力构建网络版权保护良好生态》，《中国出版》2016 年第 15 期。

律法规依然很少，并且已至少五年没有进行修订。此外，网络直播、云服务、内容聚合等近年来兴起的、与网络版权密切相关的新事物、新问题仍处于立法“空白”的状态，长此以往，将会为网络版权治理留下法律隐患。

在“法无明文规定”的情况下，与网络版权相关的侵权行为将很难认定，甚至会出现“同案不同判”现象。前述“耀宇诉斗鱼案”中，法院经审理认定：“由于涉案赛事的比赛本身并无剧本之类的事先设计，比赛画面是由参加比赛的双方多位选手按照游戏规则、通过各自操作所形成的动态画面……比赛过程具有随机性和不可复制性，比赛结果具有不确定性，故比赛画面并不属于著作权法规定的作品。”① 而在另一起类似的案件，即上海壮游公司诉广州硕星公司等侵犯著作权及不正当竞争纠纷一案中，原告指控被告经营的《奇迹神话》网络游戏侵犯其《奇迹 MU》网络游戏的著作权。法院经审理认定：“……随着玩家的操作，游戏人物在游戏场景中不断展开游戏剧情，所产生的游戏画面由图片、文字等多种内容集合而成……上述游戏画面由一系列有伴音或者无伴音的画面组成，通过电脑进行传播，具有与电影作品相似的表现形式，故涉案游戏的整体画面可以作为类电影作品获得著作权法的保护。”② 在这两个案件中，法官给出的裁判理由十分相似，但各自的判决结果有“天差地别”，究其原因，还是由于立法未对网络游戏直播的版权认定做出明确规定所致。类似的司法判决还有很多，这反映出传统的版权保护框架已不再适应现有的网络新生事物的需要，“旧瓶装新酒”的审判方式终究不是长远之计，完善网络版权治理体系才是当务之急。

此外，传统的网络版权保护设计也显示出弊端，如源自 1998 年美国《数字千年版权法》的“避风港规则”在如今就引发了较多争议。“避风港规则”的主要内容是：如果网络服务提供商被权利人通知载于其所经营的网络平台上的内容涉嫌侵权，则有义务对涉嫌侵权内容进行删除；而若没有

① 参见上海市杨浦区人民法院（2015）浦民三（知）初字第 191 号民事判决书。

② 参见上海市浦东新区人民法院（2015）浦民三（知）初字第 529 号民事判决书。

通知并且不能证明网络服务提供商知情，则不可追究其侵权责任。[①] 因其独特的制度设计，该规则又被解释为“通知与删除规则”。我国《侵权责任法》第36条也对该制度进行了明确规定。然而，这样一条被用来减轻网络服务提供者对平台内容的审查义务的免责条款，却一度面临被滥用的风险。例如，在快播侵犯信息网络传播权案件中，快播公司便以未收到“通知”而没有“删除”义务的理由予以抗辩。[②] 再如，前述“三一五中国作家讨百度书案”中，百度声称其对用户在其文库中上传的侵权内容并不知情，并以其协议中规定的“通知与删除”程序作为抗辩。此外，尽管“避风港规则”赋予了版权人“通知权”，但面对浩如烟海的网络侵权内容，权利人每发现一次侵权行为就要发一次《权利通知书》，并不具有现实的可操作性。这一条款实际上是将本应由网络服务提供者承担的版权保护和内容维护职责推给了权利人自己，导致“避风港规则”演变成为网络服务提供者逃避侵权责任而撑起的保护伞。

（二）网络版权保护与社会公共利益失衡

版权制度的设计初衷，便是为了维护权利人自身的利益，进而演变成一种对知识和信息的“垄断”。19世纪中叶的英国贵族麦考利（Macaulay）曾指出，版权是一种垄断，它具有所有垄断形式的一般特征，它制造稀缺、抬高物价、降低质量。[③] 由此可见，公众忍受垄断的前提应当是版权所保护的对象可以促进公共利益，而作品版权的保护程度也应当与其所创造的社会价值相平衡。

进入现代社会后，网络技术的蓬勃发展为信息获取权的平等实现提供了优越的条件。互联网构建了“消失的地域”，使信息传输的成本大大降低，

---

① 刘颖、黄琼：《论〈侵权责任法〉中网络服务提供者的责任》，《暨南学报》（哲学社会科学版）2010年第3期。

② 徐明：《避风港原则前沿问题研究——以“通知-删除”作为诉讼前置程序为展开》，《东方法学》2016年第5期。

③ 李雨峰：《著作权制度的反思与改组》，《法学论坛》2008年第2期。

每一个社会公众都可以通过网络便捷地获取自己想要的信息。然而，信息的获取需要以成本付出为代价，若成本过高，则公众想要获取信息的欲望就会降低，信息的流动性减弱，不利于实现版权“私利”向社会“公利”的转化；若成本太低，则权利人创作激情会受打击，自身利益受损，优质的作品难以产生，也不利于营造重视和保护版权的社会氛围。权利人人的“私利”与社会大众的“公利”间的矛盾不解决，利益失衡的现状就难以得到改观。

此外，版权市场中各项授权机制不畅通，影响了作品的传播效率，进而影响网络服务提供者及权利人自身的利益。数字信息技术使网络版权的利用率大幅提升，同一热门 IP 可经过多次开发，进入小说、电影、电视剧、游戏、动漫等多个领域，从而最大限度地实现其版权价值。然而，我国当前缺少公平、通畅和沟通有效的权威版权授权交易平台，导致网络版权价格虚高、授权混乱，既影响了网络版权的转化和变现，又破坏了正常的市场秩序，不利于满足社会公众对网络文化多样的需求。

四　网络版权治理困境的破解路径

（一）加强立法、执法、司法工作，建立完善的网络版权治理法律体系

针对我国目前网络版权法律体系不够完善的现状，首先应当从立法层面改进现有制度设计，填补法律的空白。2014 年的《著作权法（修订草案送审稿）》一直处于搁置状态，至今没有发布新的内容和新的修订计划，《信息网络传播权保护条例》的合理使用制度设计及“通知与删除规则”等是否符合今天的互联网发展环境，这些立法问题都是亟待解决的。有关部门应当早日将其提上修订议程，以解决实际问题为目标，完善新形势下网络版权侵权的认定标准及合理适用的各个情形，使其能够随着网络技术的发展不断更新。必要时，国家还应当制定针对性较强的网络版权（著作权）保护法，

以作为对现有《著作权法》的有益补充。

网络版权侵权屡禁不止的一大原因在于执法力度还不够，除每年定期开展的针对网络侵权盗版行为的“剑网行动”外，其他国家层面的网络版权治理行动并不常见，也未形成一套完整的体系。对此，行政执法部门应当加大对各类危害网络版权行为的打击力度，重点关注网络云盘、深度链接、内容聚合等隐秘、复杂的网络版权领域。同时，还要坚持执法的常态化、规范化，让网络版权治理成为日常。除此之外，还应当注重行政执法方式的改进，如建立版权治理预警机制，加强各部门间的联动，建立版权失信“黑名单”制度等，多角度、多手段地灵活应对网络环境下形式多样的版权侵权行为。

作为网络版权治理的最后一道防线，司法审判的形式与技术也需要不断改进，才能适应网络的快速发展。针对暂时落后的立法，司法部门应当以出台司法解释、审理指南等方式来统一规范网络版权侵权案件的审理，并确立一套针对网络版权侵权案件特殊性的诉前禁令、举证质证等制度，以提高司法效率。可喜的是，有些地方高级人民法院已经制定了比较完整的网络版权的司法裁判规则，比如，天津市高级人民法院发布的《关于侵害信息网络传播权纠纷案件审理指南（试行）》、北京市高级人民法院发布的《关于涉及网络知识产权案件审理指南》，这些都是针对当前网络领域出现的新型问题而做出的有益立法尝试。此外，应加大对该类案件的惩戒力度，适当提高赔偿额度，必要时引入刑事诉讼，打击与网络版权相关的犯罪活动。

（二）多主体参与治理，达到网络版权利益平衡的最优状态

在网络产业发展的初始阶段，由于缺乏运作资本与版权资源，加上网络行业竞争十分激烈，为夺取市场份额，网络侵权是企业获得廉价资源、降低成本的有效方式。然而，这并不能作为对侵权“正当性”的抗辩，也不应该成为网络版权市场的常态。网络服务提供者应当积极承担社会责任，在用户和权利人面前做好表率，合法使用网络作品，做出合理的利益分配，自觉维护权利人的版权利益。此外，行业协会也要制定相关行

业标准，帮助企业实现自律的同时，积极搭建版权授权平台，发挥好自身的“桥梁”作用。

而针对现行著作权法中对于权利人版权的“过度”保护，有学者曾提出，有必要“淡化”“弱化”版权的专有性，以缓解其与公开、公用的矛盾。强调淡化版权专有性，并非是减损权利人的合法权益，而是以积极授权的方式促进信息在公共空间的涌流，提升版权的利用率，从而达到各方利益均衡的最优状态。近年来，以信息共享为核心的“Copyleft”（著佐权）的概念也逐渐在我国兴起。其允许他人以特定方式修改、散布作品，且任何从“Copyleft”许可衍生出的作品也必须遵守“Copyleft”许可的规定。“Copyleft”以“知识”的名义反思知识产权，让知识产权保护回归到制度的本源：鼓励创新，而不是简单的保护财产。[①] 促进网络版权向“著佐权”转化，有利于转变权利人固有的保守思维，使其以新角度看待新现象，推动实现权利人与平台方的利益平衡。但需要注意的是，“Copyleft”并不是要放弃版权，只是提醒我们更要注意版权的公共利益。如何在现行的制度下推动版权公共利益向更大范围扩张，笔者认为，最现实的策略就是改革版权法中的合理使用制度。我们现在司法判决中都引用了美国著作权法合理使用制度的“四要素说”及“转换性使用”的判断标准，比如，在上海美术电影制片厂与浙江新影年代文化传播有限公司、华谊兄弟上海影院管理有限公司著作权权属、侵权纠纷案中[②]，无论是一审还是二审，法院对判断新影年代文化传播有限公司在电影海报中对涉案美术作品的使用是否构成合理使用时，都使用美国著作权法合理使用制度的“四要素说”，并且二审法院又在“四要素说”的基础上增加了“转换性使用”的判断标准。法院认为，“‘葫芦娃’、‘黑猫警长’美术作品被引用在电影海报中具有了新的价值、意义和功能，其原有的艺术价值功能发生了转换，而且转换性程度较高，属于我国著作权法规定的为了说明某一问题的情形。”[③] 实际上，上海知识产权法院

① 温晓红：《Copyleft 思潮：对网络著作权扩张的反思》，《现代传播》2009 年第 2 期。

② 上海知识产权法院（2015）沪知民终字第 730 号。

③ 上海知识产权法院（2015）沪知民终字第 730 号。

引入“四要素说”并不新鲜，几年前，最高人民法院在《关于充分发挥知识产权审判职能作用推动社会主义文化大发展大繁荣和促进经济自主协调发展若干问题的意见》中就直接移植了美国合理使用制度的“四要素说”。基于此，笔者认为，目前改革版权法中的合理使用制度的时机已经比较成熟。合理使用制度是多元主体参与达到版权利益平衡的最重要保障机制。

在“知识经济”的大背景下，网络用户逐渐形成“版权付费”的意识自觉，这是我国网民版权意识觉醒的一大标志。而要提升网络用户参与网络版权治理的积极性，就需要掌握用户心理，形成平台与用户共赢的良性循环。例如，腾讯微信的公众号赞赏功能是为了鼓励原创优质内容，允许著作权人在对文章成功进行原创声明后启用该功能接受读者的自愿赠予。从版权保护与功能设计相结合的角度，赞赏功能以文章发布者享有作品著作权为前提，一方面张扬了著作权人的作品，另一方面降低了用户自行甄别“文章是否值得赞赏”的难度，由网络服务提供者为普通读者把关。[①] 通过“赞赏”行为，网络用户可以切身体会到支持原创版权、享受优质服务的满足感，同时激发自身参与版权创作的积极性，进而推动用户更加支持对网络版权的治理。

---

① 黄嘉慧、黄汉章：《平台生态时代的网络版权治理新规则》，《出版发行研究》2017 年第 1 期。

网络社会治理

Governance of Network Society

B.16

底线公平：全球互联网治理的理论分析与中国视角

宋　煜*

摘　要： 作为正在引领全球化进程的中国，迫切地需要参与全球互联网治理，而全球互联网发展也需要中国的参与。当前，全球互联网治理已经进入了变革的关键时期，推动“多边参与、多方参与”的治理格局，保障人人享有基本的互联网权利，更好地发挥各类非国家行为体的作用，日益成为政府和社会各界的关注焦点。在互联网时代，促进互联网公平治理，保障网络人权已经成为国际共识。源自社会福利领域的“底线公平”理论是一种可借鉴的互联网治理理念。本文从政府参与互联网治理的合法性角度，对互联网治理演变过程中的三

* 宋煜，中国社会科学院社会学研究所助理研究员。

种模式进行了分析，并在传承中国文化传统和国际实践的基础之上，提出了基于保障网络人权的网络底线公平理论，并从不同的视角解析了互联网治理中的底线设计策略。最后，本文从这一理论出发，提出了中国应对全球互联网治理问题的对策与建议。

关键词： 全球互联网　互联网治理　底线公平　数字鸿沟

一　问题的提出

互联网已经也必将长期成为全球化的重要基础设施，影响未来全球经济、政治、文化和社会发展的方方面面。作为正在引领全球化进程的中国，迫切地需要参与互联网治理，同时全球互联网的发展也需要中国的参与。早在2015年，习近平主席在乌镇互联网大会上提出要推动互联网全球治理体系变革，应当建立多边、民主、透明的全球互联网治理体系，倡议各国应该加强沟通、扩大共识、深化合作，共同构建网络空间命运共同体。

全球互联网治理事关人类福祉，也是人类平等与发展权力的重要博弈，这不仅是技术博弈，也是话语权博弈，更是理念的博弈。全球互联网治理不同于“虚拟社会治理”，也不同于某一区域内的“网络安全治理”，而是从人类社会全面发展的高度，积极参与全球治理的基础性工作。作为一个发展中大国和一个负责任的大国，中国必须也应当代表广大发展中国家，贡献中国智慧，发出自己的声音，提出具有中国特色、符合世界潮流的中国理论和方案。只有这样，才能切实兑现“共同构建网络空间命运共同体”的承诺，建设一个相互尊重、包容互信且极具活力的互联网世界。

全球互联网的发展长期存在地区不平衡、规则不健全、秩序不合理等问题，在治理理论上主要引进西方国家的理念，与广大发展中国家提倡的以国家主权为基础的“网络主权”仍存在较大落差。有学者认为，全球互联网治理模式经历了自由（无政府）主义模式、技术主义模式、社群主义模式、威权主义模式和多利益相关者模式的变迁。[①] 目前，“多利益相关方”治理理论大行其道，但背后的弊端也是显而易见的。多利益相关方仍然大量存在西方政客及其利益的代理人，这对缺乏互联网关键基础设施控制权的发展中国家而言，仍然是难以逾越的。只有从理念上创新，特别是抓住“命运共同体”的核心内涵，才能找到突破口。

当前，全球互联网治理已经进入了变革的关键时期，推动“多边参与、多方参与”的治理格局，保障人人享有基本的互联网权利，更好地发挥各类非国家行为体的作用，日益成为政府和社会各界的关注焦点。在互联网时代，促进互联网公平治理，保障网络人权已经成为国际共识。源自社会福利领域的“底线公平”理论是一种可借鉴的互联网治理理念。本文力图对全球互联网治理的主流理论进行解析，以具有中国学理特色的“底线公平”理论为基础，结合“数字鸿沟”和“互联网普遍性”的研究视角，提出“底线公平”的互联网治理理念和研究框架，最终形成一些可行的对策与建议。

二　全球互联网治理的理论分析

互联网治理模式是随着技术发展而不断演化的。在互联网的雏形“阿帕网”（Arpanet）建立之时，美国政府（军方）按照高度中心化的方式进行管理，以实现非中心化的远程信息通信。20 世纪 80 年代后期，美国政府开始取消用户的限制，科研教育部门和商业机构纷纷建立广域网，网络商业化发展自此开始。此时的互联网治理仍然是中心化的，或者可

① 罗昕：《全球互联网治理：模式变迁、关键挑战与中国进路》，《社会科学战线》2017 年第 4 期。

以称为“泛中心化”，即表面看是去中心化的，但实际控制仍然是某一个或某几个机构，但网络协议（规则）则是唯一的，如 TCP/IP 协议成为互联网的基本技术规则。即使在互联网日益普及“寻常百姓家”的今天，全球互联网治理的关键基础设施仍然掌握在几家屈指可数的机构手中，并通过政府或企业资助的形式，维持着其核心利益，而这未必是人类共同的利益。但无论是哪一种模式，其中最为关键的是政府是否应当参与互联网治理？如果可以，政府又代表了谁来参与？政府扮演何种角色，以及如何参与治理？简而言之，互联网治理的主要矛盾是政府参与的合法性问题。

（一）互联网治理的模式演变与发展

由于互联网早期的军事通信属性，政府及其军方的参与是顺理成章的，不存在合法性的问题。在教育科研机构大量研发和使用互联网之后，情况发生了变化，政府如何监管成为一个问题，甚至可以说，政府对是否应当监管也存在疑惑，更别提如何监管了。由于这一时期互联网仍然处于可控的使用范围内，政府参与的弱化也是可以理解的。但这一时期是短暂的。随着商业应用的快速发展，互联网产生的商业价值被极大地挖掘出来，各种商业问题和政治敏感事件逐渐浮出水面，更多的公众希望政府能够对互联网实施监管，但这又似乎与互联网追求自由创新的文化价值初衷背道而驰。最终，由企业联盟推举出的第三方组织具体负责互联网管理工作，并按照相关法规及时向政府进行报告，并接受和执行政府提出的监管任务。在此基础上，各类主体以“治理”的名义逐步参与规则制定（包括制定规则的规则），并据此来执行互联网监控活动。以上的分析表明，政府从未缺席过互联网治理，只是在西方话语体系中有“走入幕后”的趋势罢了。

从国家政府参与互联网治理的合法性角度来看，各种互联网治理模式的不同之处在于如何让代表公众利益的政府参与其中。按照政府参与的方式，笔者将其分为四类，如表 1 所示。

表1　不同互联网治理观点的理论目标、政府角色与参与路径

观点	理论目标	政府角色	政府参与路径
无政府主义	实现互联网空间的自由平等与自治	完全退出	不参与
多利益相关方	协调互联网治理参与方的多元利益	网络治理的参与方	通过代理人实现规制目标
国家网络主权	维护不同国家在互联网空间的主权	国家主权的维护者	直接参与规则制定和进行司法管辖
网络底线公平	保障不同群体在互联网时代的公平	公平底线的保障者	设定网络人权底线和扶助网络弱势群体

需要指出的是，后三种方式都是能够保证政府参与互联网治理的合法性的。唯一的不同在于政府角色与参与路径。“多利益相关方”模式中政府虽然是其中一方，但更多依赖其代理人来贯彻其核心利益，政府往往藏在背后进行协调和调度。“国家网络主权”模式则由政府的互联网主管部门为主体，相关企业和组织作为辅助者参与其中。本文重点提出的“底线公平”模式则从网络人权的角度提出互联网参与的“底线”（baseline），而这一底线的维护与保障是需要政府的，这就为政府参与互联网治理提供了一个新的思路。

（二）互联网治理的无政府主义观点

20世纪80年代，互联网作为一种新生的事物，与“自由、开放、平等”的价值理念不谋而合，其在发展初期曾经被描述成一个“绝对自由的社会”，其本质是没有政府干预的空间。正如劳伦斯·莱斯格所认为的“网络空间造就了现实空间绝对不允许的一种社会——自由而不混乱，有管理而无政府，有共识而无特权”①。互联网带给了人们许多美好的期许：诸如政治民主、言论自由等价值观似乎会在一夜之间成为现实。人们还期望网络能够促进政治的发展和社会的进步，使之成为表达诉求和体现利益的渠道，以

① 劳伦斯·莱斯格：《代码》，李旭译，中信出版社，2004。

弥补由于社会地位、社会关系等原因而在现实社会中无法实现的目的。这一观点认为，互联网作为一个自治的领域，拥有自己的主权和自由，不应、不需或不能被监管，国家应尊重网络空间自有独立的规则，即自发有序的互联网治理模式。[①] 最终这一观点被包裹成西方主导的用以对抗“国家网络主权”的理论武器，也成为其控制互联网的一套法理基础。

任何空间都不存在绝对的自由。随着实践的发展和研究的深入，人们对互联网治理逐渐形成新的认识，即“网络是一种社会控制工具”。这主要归因于技术手段的进步使对互联网的控制成为可能，而政府目标的强制性渗透也会导致信息独裁。[②] 网络社会的发展也成为政治发展的一部分。事实上，“互联网空间与现实世界是不可分割的部分，完全是由强大的政治和经济力量所驱动”[③]。那些认为政府不能规制互联网的传统观点已被事实证明是错误的，政府正在通过其所掌握的各种资源管理这个因互联网而生的社会。当然，政府也认识到一味压制互联网最终是不可能的，也注意到了互联网有利的一面，如中国政府大力推动“互联网＋政务”，促进其向服务型政府的转型。[④] 同时，在其理想化的认识之下，平等主义的价值观同样也值得借鉴。

（三）多利益相关方理论的问题分析

在全球互联网治理的理念中，“多利益相关方”（stakeholder）是最常被提起并被普遍使用的理论，也是全球治理的共识之一。“多利益相关方”起源于公司治理的大背景，兴起于美国20世纪80年代的兼并浪潮。公司兼并的结果不仅使股东利益可能受损，职工也可能失业，公司所在社区也有可能随着公司的搬迁而沦落。从公司治理的视角看，“多利益相关方”的核心观

---

① 罗昕：《全球互联网治理：模式变迁、关键挑战与中国进路》，《社会科学战线》2017年第4期。

② 蔡文之：《国外网络社会研究的新突破——观点评述及对中国的借鉴》，《社会科学》2007年第11期。

③ 丹·希勒：《数字资本主义》，杨立平译，江西人民出版社，2001。

④ 曾润喜、徐晓林：《社会变迁中的互联网治理研究》，《政治学研究》2010年第4期。

点是认为公司的“所有权”是共同拥有，股东只是利益相关方中的一员，公司应当尽可能地照顾利益相关方的利益。同股东一样，供应方、客户、债权人、职工以及社区都承担着公司的相应风险，故而应当分享公司的所有权。但是，各利益主体在“所有权”和“经营权”上并非平等。基于上述原因，“多利益相关方”理论将企业理解为利益相关方的合约，将公司的目标理解为公司价值的最大化，并且强调利益相关方参与推动信息沟通，并加强监督制衡方面的作用。①

全球互联网治理的“多利益相关方”模式始于2014年，② 包括中国在内的诸多发展中国家乐观其成，认为这是互联网全球共治时代的开始。从另一个角度来看，“多利益相关方”是国家网络主权弱化的体现，也是国家在行使其独立处理网络事务时因受到某些因素的制约而减弱的权力。正如公司治理“多利益相关方”理论所指出的，互联网治理中的多元利益相关者并非平等，存在强迫人们服从的正式制度与规则。在这个过程中，谁掌握了话语权，谁就掌握了主导权。当前，大多数互联网关键基础设施都是由西方私人公司拥有和运行的，如各大网络运营商和服务提供商。这些非国家行为主体是能够灵活地满足互联网及其用户需要，也能在一定程度上反映公共利益，拥有相当大的权力。但是，这些非国家行为主体背后又有着西方国家政府的身影，两者一唱一和，在“维护互联网共同利益”的旗帜下为了自己的目的而损害其他利益主体的权益。

互联网治理的“利益相关方”模式建立在现有互联网治理机构的基础之上，而非取而代之。从现实层面来看，“多利益相关方”强化而不是改变了现有的权力关系，这一模式是否可以持续，取决于政府在其中将如何扮演角色。如果所有参与国的政府都深深卷入其中，“多利益相关

① 刘芳：《项目利益相关方的动态治理关系研究》，博士学位论文，山东大学，2012。

② 2003年的信息社会世界首脑会议是首次采用“多利益相关方”模式进行互联网议题讨论的会议，也是一次广泛接纳利益相关方参与的进程，其中包括政府、政府间和非政府组织、私营部门和民间团体。2014年在巴西圣保罗召开的全球互联网大会上，“多利益相关方模式”的治理原则及未来互联网治理的线路图首次成为大会的焦点，获得广泛认可。

方”模式将不可持续；如果政府在其中只是扮演有限角色，这种模式将发挥作用。①

（四）国家网络主权论的缘起与发展

主权理论是迄今为止国际政治领域的奠基理论，是国际关系赖以维系的根据。主权一词源于拉丁文的“superranus”，原义是最高和较高的意思。近代主权概念是15、16世纪欧洲政治经济发展的产物。随着威斯特伐利亚体系（Westphalian System）的产生而形成的近代意义的国家主权概念是在17世纪中叶以后了。此后，具备对内对外双重属性的国家主权便成为国家的象征，国家的完整和独立主要体现为主权的完整和独立。随着互联网时代的到来，人们对国家主权观念的认识出现了新的变化与发展，不仅对传统国家主权造成了冲击，也使之向内部和外部扩散，并加剧了主权的不平等。同时，国家是否具备网络空间的管理权，即互联网空间的管理问题也凸显出来。阿尔文·托夫勒曾预言：谁控制了信息，控制了网络，谁就控制了世界。如果说控制了太空等于控制了通向未来之道的咽喉的话，那么控制了互联网就等同于控制了通向未来的神经系统。因此，基于国家主权理论的“网络主权”概念必然会出现。

“网络主权”是国家主权在其虚拟的网络空间中的体现，是一个国家在其所辖的网络空间范围内，通过控制网络信息，保证国家安全，享有的对内处理事务的最高权力和独立自主地参与国际信息活动的权力。随着互联网的发展与经济全球化的推进，国家之间的相互依存逐渐加强，一个国家除非不使用互联网，否则一旦进入就必然会受到规则的约束，很难自创一套规则以按照自己的意愿来选择流入国内的信息，因而也就成为一种相对的国家主权。联合国信息安全政府专家组的报告提出：网络主权原则是指国家主权和国家主权衍生出来的国际准则与原则，适用于国家开展的信息通信技术相关

① 邹军：《全球互联网治理的新趋势及启示——解析“多利益攸关方”模式》，《现代传播》2015年第11期。

活动，也适用于各国对本国领土上信息通信技术基础设施的司法管辖。[①] 因此，一个国家的网络主权主要体现在对互联网关键基础设施的控制和司法管辖上，也体现在对网络活动的规制上。这些行为的实施仍在本国主权范围之内，由相关的政府部门和机构直接参与的，这是国家网络主权理论的基本特征。

三　底线公平理论的提出与解释

2003 年信息社会世界首脑峰会第一阶段会议上发布的《原则宣言》指出："交流是一种基本的社会过程，是人类的基本需要，而且是所有社会组织的基础。每个人，无论身在何处，均应有机会参与信息社会，任何人都不得被排除在信息社会所带来的福祉之外。"可以说，网络人权是一种基本的人权，是人在互联网时代的生存权与发展权。作为人类的第五空间，[②] 公民权利在网络空间行使时要和在现实生活中一样，在享受法定自由和利益的同时，也要遵守法定的界限和规则。一是保障人民平等使用互联网的权利；二是依法保障人民互联网的言论自由。在相当长的一段时期内，网络人权的讨论都过多地强调"网络言论自由"的部分，而忽略了大众平等使用互联网，并充分共享发展成果的权利。互联网治理的"底线公平"理论正是针对这一问题而提出的。

（一）底线公平理论的主要观点

"底线公平"理论是中国学者针对西方社会福利理论提出的具有中国文化传承的社会建设理论。其基本假设是在社会建设中的各类主体应在底线公平基础上最大限度地形成共同性，找到均衡点，增强协调的效果，进而实现

---

① 第 70 届联合国大会：《关于从国际安全的角度看信息和电信领域的发展政府专家组的报告》，2015 年 7 月 22 日。

② 在陆地、海洋、天空和太空等有形的物理空间之后，无形的网络空间被视为是人类的第五空间。

社会正义的目标。所谓底线公平，即所有公民在社会保障中应当具有的一致性的、基本的权利。在这一理论基础上，在互联网治理中倡导网络空间“底线公平”，就可以成为全球互联网治理的道德制高点。

在社会福利领域的底线公平模式中，作为社会福利体系之价值理念的社会公平，其含义不再是笼统抽象的社会公平，而是具体的“底线公平”。其主要观点包括以下几个方面：第一，底线公平首先强调政府的责任底线；第二，政府责任和能力也是有限的；第三，社会政策的重点应是关注大多数人的基本利益，优先满足弱势群体和底层群众的迫切需要；第四，底线公平是经济发展和社会公平的结合点；第五，底线公平有助于降低和克服社会公平的模糊性和随意性；第六，将公平区分为无差别的公平和有差别的公平，可以有效地增强社会包容度，协调贫富各方利益，促进社会团结。①

（二）底线公平理论的文化传承

“底线公平”理论来自中国传统文化的土壤。古代思想家墨子认为，“民有三患，饥者不得食，寒者不得衣，劳者不得息，三者民之巨患也”，提出统治者要“兴天下之利，除天下之害”，使“饥者得食，寒者得衣，劳者得息”。管子也认为：“饥者得食，寒者得衣，死者得葬，不资者得振，则天下之归我者如流水。此之谓致天下之民。”② 这些都可视为古代最早的“底线公平”主张，隐含着追求社会正义与公平的内涵，也体现出中国传统社会的治理逻辑。

“底线公平”理论来自中国社会建设的实践。当前，中国已步入经济社会高速发展期和矛盾凸显期，经济快速发展和社会机制相对滞后引发的民生问题尤为突出。利益关系的复杂性、利益主体的多样性、价值取向的多元性、利益结构的分化性交织在一起，以前所未有的态势深刻地呈现在人们面前。底线公平就是使中国既能够可持续发展，又能够实现社会公平，而且公

① 景天魁：《适度公平就是底线公平》，《中国党政干部论坛》2007 年第 4 期。

② 刘洪清：《古代的“底线公平”》，《中国社会保障》2015 年第 4 期。

平的实现还会成为健康发展的动力，经济发展也能够为保证社会公平提供可能。二者形成相互促进而不是相互抵消、相互融合而不是相互抵牾的“和谐”状态，这里的界限就是“底线公平”。[①]“底线公平”理论的发现就是底线公平要比一般公平更有利于真正实现社会公平。在中国这样的各种社会差距巨大的复杂国情下尤其如此。在全球网络空间治理的视角下，这种差距巨大的复杂性是同样存在的。

网络治理视角下的“底线公平”是指根据互联网的基本状况和发展需要，划定一条国际社会共同认可的底线。底线以下的部分是每一个公民在网络生活和网络发展中共同需要的部分，其基本权利必不可少，否则将对其在网络上的生存权和发展权产生剥夺。因此，无论能力高低、无论地区差异，都需要社会和政府来提供这种保障。问题的关键是如何确定底线并加以测量，从而保障全球网络空间的公平与正义。

（三）底线公平理论的国际实践

根据国际电信联盟（ITU）的统计数据和估算，截至2016年底，有39亿人——世界上53%的人口没有使用互联网。在美国和独联体地区，大约1/3的人口是不使用互联网的。而几乎75%的不使用互联网的人口在非洲，只有21%的欧洲人不使用。在亚太地区和阿拉伯国家，不使用互联网的人口比例非常相似，分别为58.1%和58.4%。[②]不懂得使用电脑进入网络空间或者没有条件进入网络空间的群体，慢慢会成为网络空间的遗弃者。

十余年来，在各方共同努力下，国际社会在促进全球信息化建设、缩小数字鸿沟方面取得了良好成效。在理念研究与推广方面，2015年有联合国教科文组织大会通过的“互联网普遍性”（internet-universality）概念，与

① 景天魁：《三十年民生发展之追问：经济发展、社会公正、底线公平——由民生研究之一斑窥民生发展之全豹》，《理论前沿》2008年第14期。

② 《ICT Facts and Figures 2016》，国际电信联盟网站，2016年7月，https://www.itu.int/en/ITU-D/Statistics/Pages/facts/default.aspx。

“底线公平”理论有一定的可比性。“互联网普遍性”是建立在互联网在人类事务中日益无处不在的认识基础上的，它突出了这一趋势所依托的行为准则和价值观，并强调对其予以加强的必要性，从而使互联网有助于实现人类的最高价值，无处不在并且能够服务于每个人，让互联网发展和治理的普遍参与落到实处。2017 年 5 月，为推动落实“互联网普遍性”概念，教科文组织启动了“界定互联网普遍性指标”项目，以建立一个“界定互联网普遍性”的指标框架。通过该指标框架可评估互联网普遍性概念中包含的四项基本原则在各国和国际上的实现水平，从而有助于推动实现可持续发展目标（SDGs）。[①] 从某种角度来讲，这一指标框架的建立，也是对互联网“底线公平”与评价的实质性推进，以便有效地评估各个国家的互联网环境，促进政策变革的循证对话，并在国内和国际范围促进互联网普遍性的目标，并在其领土范围和责任领域倡导“互联网普遍性”。

（四）互联网治理中的底线策略

“底线公平”理论是从中国问题出发，具备国际视野的，由中国学者提出的对社会保障和社会福利的基础性的理论探讨。“底线公平”理论强调政府保障社会公平的责任底线和公民实现社会公平的基本权利底线的同一性，体现了研究者运用辩证思维研究社会建设问题的方法自觉。底线公平的关键是如何确定“底线”。“底线”可以理解为一种“界限”，清晰且必须得到大众的广泛认同，同时也是可持续发展的。[②] “底线”的划分体现了社会成员权利的一致性和差异性。底线以下部分体现权利的一致性，底线以上部分体现权利的差异性，所有公民在这条“底线”面前所具有的权利一致性就是最终要实现的“底线公平”。

网络治理视角下的“底线公平”是指根据互联网的基本状况和发展需

① 参见《教科文组织“界定互联网普遍性指标”项目》，联合国教科文组织网站，2018 年 6 月，https：//zh. unesco. org/internetuniversality/first-report。

② 景天魁：《适度公平就是底线公平》，《中国党政干部论坛》2007 年第 4 期。

要，划定一条国际社会基本认可的标准。底线以下的部分是每一个个体在网络生活和网络发展中共同需要的部分，其基本权利必不可少，否则将剥夺其在网络上的生存权和发展权。因此，无论能力高低，无论地区差异，都需要政府和社会来提供这种保障。[①] 互联网治理的“底线公平”理论使政府参与互联网治理具备了合理性，参与的角色与价值也得到了明确界定。只有通过政府充分协调各利益主体，才能够让保障“底线公平”落到实处。另外，社会在互联网治理中的作用也必须加强。只有这样才能有效地保障“底线”的社会认可度，达成社会共识，才能保障全球互联网治理的公平与正义。

确定网络空间治理的“底线”，就是确定网络控制权等相关权力的水平高、低的标准线，按照以上所说的底线公平的规定性，就是要确定政府责任与市场作用的界线、网络权力中基础部分与非基础部分的界线、相关规则的重点和次序、无差别的公平与有差别的公平的界线。这些界线都是互联网治理中的一些基础性的问题，如互联网用户占本国人口的比例、用户男女性别比例、宽带普及率、宽带用户比例（固定/移动）、互联网使用成本/宽带接入价格、互联网带宽分布等。[②] 除此之外，我们也可以参照“数字鸿沟”表现维度和“互联网普遍性”指标框架来进行完善。

1. 弥补数字鸿沟视角

根据相关研究，数字鸿沟的表现维度包括六个方面：接入和获取鸿沟、素养鸿沟、心理鸿沟、技术使用鸿沟，以及国际、社会、政治和经济层面的数字鸿沟，不同人口特征层面的数字鸿沟等。[③] 规划和设定互联网治理的底线政策和标准可以从这六个方面（维度）进行统一考虑，并要充分考虑社

---

① 宋煜、张影强：《全球网络空间治理的理论反思：一种尝试性的分析框架》，《数字治理评论》2017 年第 1 辑。

② 这部分的底线是按照国际电信联盟（ITU）发布的《ICT Facts and Figures 2016》中相关指标提出的。

③ 闫慧、孙立立：《1989 年以来国内外数字鸿沟研究回顾：内涵、表现维度及影响因素综述》，《中国图书馆学报》2012 年第 5 期。

会政策的可操作性。如针对接入和获取鸿沟，应当制定相应的接入和使用成本指标等（见表2）。

表2　关于数字鸿沟表现维度的分类

一级指标	二级指标
接入和获取鸿沟	信息通信技术 数字化资源 质量和数量
素养鸿沟	ICT 素养培训 ICT 技能 信息素养和能力
心理鸿沟	需求 态度 满意度 意愿 信心
技术使用鸿沟	ICT 的使用 互联网功能 应用质量
国际、社会、政治和经济鸿沟	全球因素 社会因素 政治因素 经济因素
不同人口特征鸿沟	收入因素 年龄因素 性别因素 种族因素 地理因素

资料来源：参见闫慧、孙立立《1989 年以来国内外数字鸿沟研究回顾：内涵、表现维度及影响因素综述》，《中国图书馆学报》2012 年第 5 期。

2. 互联网普遍性视角

联合国教科文组织在“界定互联网普遍性指标”项目中，按照“权利—开放—可及—多方”原则提供了一个指标框架，包括权利性指标、开放性指标、可及性指标、多方参与指标和交叉性指标。按照项目书的描述，每类指标都包括定量和定性指标在内的一系列指标，并对指标总数进行了限制，以确保大多数国家的政府或其他利益相关方可以收集到指标并加以分析。其中，定量指标应是以合理的成本从大部分地理区域定期且可靠地收集的数据集中产生，而定性指标对其进行适当的补充，可以通过适合各国国情的研究和分析方法进行评估。目前，该项目共形成了五大类35个指标项目，作为“底线”设定与评价的标准参考之一（见表3）。

表3　“界定互联网普遍性指标”项目主要指标类别

一级指标	二级指标
权利(R) 权利性指标	权利和在线权利的法律和监管框架 表达自由,包括在线内容监管和新闻自由 信息权利 隐私权,包括数据保护 安全和监控 经济、社会和文化权利,包括受教育和文化表达权利 性别权利 儿童与青少年的权利
开放(O) 开放性指标	法律和监管框架 技术创新的开放标准和范围 开放软件和应用程序 开放基础设施、服务和应用市场 开放数据 开放获取信息,包括教育资源 妇女参与互联网技术、政策和业务 国家主权和跨境管辖权
可及(A) 可及性指标	法律和监管框架 普遍接入政策/宽带战略 基础设施的质量/带宽 可承受性 数字素养/能力 信任和数字安全

续表

一级指标	二级指标
可及(A) 可及性指标	内容和语言 性别包容/性别方面的数字鸿沟 涉及儿童与青少年的获取问题
多方(M) 多方参与指标	磋商和参与的法律和监管框架 参与政策制定 互联网治理公开辩论的程度 消费者权利 性别多样性
交叉(X) 交叉性指标	将互联网纳入国家战略性政策 与可持续发展目标的关系 法律和监管框架的适应性/前瞻性规划 性别作为横向因素 儿童和青少年

资料来源：《教科文组织“界定互联网普遍性指标”项目》，https：//zh. unesco. org/internetuniversality/first-report，2018 年 4 月。

3. 社会福利底线视角

在社会福利领域，“底线”是指社会成员基本需要中的“基础性需求”，比如最低生活保障制度、公共卫生和大病医疗救助和义务教育制度等。解决温饱的需求（生存需求）、公共卫生和医疗保障的需求（健康需求）和基础教育的需求（教育需求），这三项需求是人人躲不开、社会又公认的“底线”。[①] 借鉴这一界定方式，互联网治理的“底线”也存在三个维度：网络生存底线、网络健康底线和网络教育底线。

网络生存可以理解为对接触和使用互联网获取信息的基本需求，这涉及软硬件基础设施、网络终端普及率、宽带普及率、使用和接入成本等，主要是保证每个人都享有使用网络空间服务的权利；网络健康主要指网络空间治理的每一个参与主体要保障网络的安全和健康发展，这包括设备安全、信息安全、软件安全和网络运行环境的安全等，参与主体要坚持维护网络健康发

① 景天魁：《社会保障：公平社会的基础》，《中国社会科学院研究生院学报》2006 年第 6 期。

展的价值观，协力打击网络犯罪和恐怖活动，保证人人都拥有一个开放健康的网络空间；网络教育需求意味着每个人都应当具有获得最好的互联网教育的权利，从而消除互联网发展在人与人之间所形成的“数字鸿沟”。以上这些底线，正是中国在网络空间治理理念中所提倡的，更需要我们在国际上旗帜鲜明地予以呼吁，达成更广范围的共识。①

四　启示与建议

中国已经进入了发展的新时代，数字经济已经成为引领经济增长的重要引擎。中国需要互联网，互联网也需要中国。“共同构建网络空间命运共同体”是中国的承诺，需要中国的理论视角和可行方案。互联网治理的“底线公平”符合全人类的共同利益，在此基础之上，也带给我们一些启示。

（一）加快互联网治理领域的立法进程

互联网治理的“底线公平”首先需要法律的支撑。加快互联网治理领域的立法进程，是保障人人可以通过互联网创造、获取、使用和分享信息和知识的基础。2016 年 11 月，为保障网络安全，维护网络空间主权和国家安全、社会公共利益，保护公民、法人和其他组织的合法权益，促进经济社会信息化健康发展，我国正式发布网络安全法，标志着我国互联网治理法制化进程的实质性展开。网络安全法对维护网络空间主权，规范网络安全实践，指导下位法的制定完善等意义重大。“底线公平”特别强调政府的责任，“底线”更是政府责任的“底线”，需要通过建章立制的形式落地。如同社会福利的底线公平体现为建立和完善最低生活保障制度一样，网络空间的底线也是需要有相应的社会政策来保障。

为更好地支持中国参与全球互联网治理，有必要在互联网关键基础设施

① 宋煜、张影强：《全球网络空间治理的理论反思：一种尝试性的分析框架》，载郑跃平主编《数字治理评论》第 1 辑，社会科学文献出版社，2017。

建设、数字资源开发利用、数字知识产权管理和保护、行业组织参与国际互联网治理、海外网络志愿服务发展等领域加强基础研究和政策研究，出台有针对性的政策和规范，特别是在互联网普及教育领域开展“数字扶贫”的立法工作，将网络空间的“底线公平”落到实处。只有这样，我们才能真正地将“网络空间命运共同体”的理念转变为可行的政策体系和实施方案，才能为全球互联网治理的参与方提供一条可以感受到的中国道路。

（二）推动互联网行业社会组织走出去

推动互联网行业社会组织走出去，是推动全球互联网变革与优化治理的必要途径，更是倡导和落实中国互联网治理的“底线公平”理念的主力军。我国的互联网行业组织参与全球互联网治理的时间并不短，但发言权仍然与国家实力不相匹配。由于互联网技术起源于美国，技术标准与规则仍然受制于人，新的规范也需要获得其国内机构的认可和约束。同时，大多数的互联网管理机构都在美国，并受到美国国内法律和部门的规制。而对互联网的高度重视和投资、民间智库及企业之间的互动是美国政府参与互联网治理的重要特征之一。以中国为代表的广大发展中国家在这一方面的力量是比较薄弱的。中国的相关行业组织与机构存在定位不准、机制不畅、资源不足等问题，提出的方案缺乏国际视野和实践经验，导致难以在现有的治理平台发挥其应有的功能。①

加强本国内部各类第三方组织的培育工作，积极总结中国开展网络空间治理的经验。同时，要加强国家间相关组织的交流，积极宣传适合大多数国家的互联网治理理念，合纵连横，获得更多国家、机构和大众的认可与支持，有效地破除垄断。特别是要强调网络人权中的“底线公平”，积极参与包括“互联网普遍性”在内的项目磋商机制，让更多的行业社会组织“走出去”，积极参加全球互联网治理的规则制定。

① 宋煜：《推动社会力量参与全球网络空间治理》，中国社会科学网，2017 年 4 月 24 日，http：//www. cssn. cn/jjx/201704/t20170424_ 3495996. shtml。

（三）加强互联网治理的人才队伍建设

加强互联网治理的人才队伍建设，是保障互联网“底线公平”的根本。互联网作为一个不断演进和变化的技术手段，推动了政治、经济、文化和社会的不断发展，其复杂度和专业性是毋庸置疑的。无论是个人电脑主导下的互联网，还是手机等移动终端，甚至未来物联网基础上的互联网架构，都需要大量的专业人才。他们不仅要熟悉技术，还要对互联网治理有清晰的认识，特别是对互联网“底线公平”理念高度认可。只有这样，他们才能够代表国家和行业组织，与全球互联网治理的参与方打交道，传播好中国声音。

当前，我国参与全球互联网治理的高端人才数量较少，既懂技术又懂业务的专业人士更是缺乏，对人才的职业化和评价机制仍难以满足国家和社会的需要。要加强与教育机构的合作，从人才教育的基础性工作出发，培养更多高素质人才介入全球互联网治理领域的研究与实践推动，保障人才梯队完备。要建立适应中国国情的人才评价机制，完善行业社会组织人才发展的政策协同机制。重点做好互联网领导型人才、创新型人才、技术型人才的培养、引进和使用，在现有的行业组织、科研机构和龙头企业中有意识地挖掘这样的专业人才，是现阶段较为可行的选择。

（四）发出全球互联网治理的中国声音

推动全球互联网治理“底线公平”的中国方案，前提是要发出中国的声音。最基础的工作是加强全球互联网治理研究，充分考虑现在和未来全球互联网治理的状况和趋势，充分表现中国在互联网治理领域的发展道路、治理模式和制度领域的“中国自信”。第一步就是要总结经验，讲好中国故事，传播中国观点，形成全球网络空间治理的“中国经验”和“中国学派”。在此基础之上，以全球视野和为人类公平进步的责任感为使命，搭建起一个全球网络空间治理领域的交流平台，进而提出中国网络治理的“底线”规则并予以实现和推广。通过加大与全球该领域学者的交流沟通，传播中国观点，争取全球共识。这些并不仅仅是学术界的工作，也是全社会的职责，更是作为“共建全球网络空间命运共同体”的倡导者所应当尽之责任。

五 结语

“底线公平”在全球互联网治理领域的应用，是中国传统文化在新兴领域的一种传承，也是在全球治理中彰显中国智慧的一种体现。互联网治理的底线政策是否公平，除了要确定好底线是什么，关键在于如何把握度。要确定底线，就不是只找几个数据，或者用国内的数据与国外的数据做简单的比较就能完成的。必须依据对那些基础性问题、基本关系的深入研究，找到有标志意义的“量”。每一个“量”又需要结合各自的国情，充分考虑需求、供给和成本，最终找到一个“度”。可是全球网络空间治理体系中有许多具体制度或项目，每个制度或项目都有一些可以标志以上基本关系的“量”和“度”，要想以所有这些“量”“度”为标准把底线设计好，将是极其繁杂的。

互联网从诞生之日起，一直处于不断演变的过程中，出现了许多新概念和新事物，必须用发展与包容的眼光来研究全球互联网治理的问题。网络空间治理的理论繁多，从无政府主义观点到多利益相关方治理模式，从基于网络主权的国家治理到社会组织主导的民间治理，都在一定阶段和范围发挥着作用。当前和今后的一段时期内，全球网络空间治理仍将处于“多利益相关方”治理状态下，其改革与重构也将在很大程度上延续既有的权力格局。随着世界各国对“网络主权”和“网络底线公平”认识的进一步深化，在现有模式下突破创新，充分利用现有规则建立代表中国和广大发展中国家利益的理论体系，做好网络立法工作、强化行业社会组织与机构的建设，加大人才培养和梯队建设，并在学术研究领域积极总结中国经验，提出中国观点，讲好中国故事，就成为当前比较可行的手段。

B.17
跨界融合："互联网+"城市社区治理创新研究

宋星洲　邵梓捷*

摘　要： "互联网+"是创新2.0下的互联网发展的新业态，是知识社会创新2.0推动下的互联网形态演进及其催生的经济社会发展新形态。城市社区作为社会治理的单元细胞，是社会治理现代化的基层服务管理平台。在"互联网+"时代，如何将"互联网+"与城市社区治理有机融合，从而实现社区的协同治理，已经成为我国社区发展的一项重要议题。本文以G省D区城市社区治理创新作为研究个案，通过了解和分析D区"互联网+"社区治理的现状，指出当前"互联网+"社区治理存在的问题，并试图提出相应的对策和建议，使城市社区在治理上能突破原有格局、使社会力量得到整合优化，从而实现治理能力和服务水平的提升，最终推动社会善治。

关键词： "互联网+"　社区治理　协同治理

2013年党的十八届三中全会《中共中央关于全面深化改革若干重大问题决定》指出全面深化改革的总目标是完善和发展中国特色社会主义制度，推进国家治理体系和治理能力现代化；2015年的国务院《政府工作报告》

---

* 宋星洲，中山大学政治与公共事务管理学院博士研究生；邵梓捷，中山大学政治与公共事务管理学院特聘副研究员。

提出，"制定'互联网＋'行动计划"；2018年习近平总书记在党的十九大报告中，更是明确要求："打造共建共治共享的社会治理格局。"① 同时，报告指出领导十三亿多人的社会主义大国，我们党既要政治过硬，也要本领高强，要增强改革创新本领，保持锐意进取的精神风貌，善于结合实际创造性推动工作，善于运用互联网技术和信息化手段开展工作。这既是对现实生活中正在蓬勃发展的"互联网＋"浪潮的正名，也是上层建筑主动适应生产力发展升级的一种表现。② 近年来，我国城市社区治理取得了一系列成绩，积累了较为丰富的社区治理经验。但随着我国社区需求、利益主体向着多样化发展，"互联网＋"社区治理模式与传统管理模式之间仍然存在诸多矛盾。在当前"互联网＋"的环境下，如何利用"互联网＋"实现社区的协同治理，发挥"互联网＋"在社区治理现代化发展中的推动力量，实现全面深化改革的总目标，值得深究。

一　D区"互联网＋"社区治理案例分析

本文之所以选取G省的Z市D区为案例进行研究，是因为其在城市社区治理创新方面探索出的"互联网＋社区治理"新模式，既符合G省Z市经济文化社会发展实际情况，又对G省中等发达地区和后发地区具有普遍意义和借鉴价值。一方面，D区是G省Z市的政治、经济、文化中心，也是G省以及Z市社会管理改革创新的实验区。Z市经济在G省处于中等水平，由于地理位置相对偏远，受外来文化冲击小，优良传统文化品质得以传承，社会结构和秩序、科教文卫、社会保障呈现相对稳定的发展状态，这为D区治理创新奠定基础。另一方面，D区也有其自身发展的特殊性。社区结构以普通住宅小区为主，并通过老城改造、缓慢扩张实现城区发展；组织资源有长有短，缺乏专业社工、专业社会服务机构和新型社会组织，但党组织健全，政府

① 国务院《关于积极推进"互联网＋"行动的指导意见》（国发〔2015〕40号）。

② 后向东：《"互联网＋政务"：内涵、形势与任务》，《中国行政管理》2016年第6期，第6～10页。

机关、企事业单位、社会团体以自己独有的方式在社区建设中发挥作用；人口结构中，常住人口中户籍人口与非户籍人口的比重大约为3∶1；财政实力有限，但政府创新社区服务管理模式，在现有的财力和能力基础上，借助社会力量的支持，实现社区服务管理“多元共治”、社会管理“协同善治”的目标。

D区是G省Z市政治、经济、文化中心，辖6个街道（2013年调整为4个街道），88个社区（其中66个城市社区，22个乡村社区。2013年调整为60个社区），总人口约37万，总面积152.3平方千米。2011年，D区第七次党代会对未来五年工作作出“加快转型升级、创新社会管理、建设幸福D”的重大战略部署，把“社会管理创新特色明显，形成D品牌”作为D区未来的三大发展目标之一，明确要求要在创新模式、机制、载体上下功夫。2013年以来，D区按照Z市委“两区引领两化”五年行动计划关于推行网格化管理和实施“D区城市社区服务管理”省社会创新试点工作的要求，把推行网格化社会服务管理作为创新基层社会治理的重要载体，建立了“网络全覆盖、资源共分享、责任更到位、管理无盲区、服务零距离”的网格化社会服务管理新模式。主要思路是以服务居民需求为导向，充分运用网格理念和现代信息技术，将社区划分成若干网格，建立以“人、地、物、事、组织”等为核心的基础信息数据库，依托电子地图，把社区信息全部定位到网格，把工作力量整合下沉到网格，把社区事务逐项分解到网格，使每一个网格成为社会服务管理的基本单元和组织节点。2015年12月31日在D区网格化服务管理的基础上，出台实施《关于全面推动D区智慧社区互助平台（省市共建项目）建设工作方案》，结合2015年20个试点取得的经验，在提供信息咨询服务、社区党建、志愿服务、社区社会组织孵化培育、居民议事互助、法律互助、家庭理财服务、社工培训交流八大服务上提出新要求，探索“互联网+社区治理”新模式。本文就从四个方面对D区的治理现状进行阐述和分析。

（一）网格化管理、科学构建服务管理体系

通过规范管理网格化责任区、下沉各类资源，理顺社区工作关系，明确工作职责，构建网格化社会服务管理工作体系。一是合理划分网格。针对原

有街道社区管理范围交叉、服务资源分散，部分职能部门不接地气、职责不清等问题，2013年4月D区对街道和社区进行区划调整，将6个街道调整为4个，88个城乡社区调整为60个。围绕全区一张网、街道大网格、社区中网格的要求，在社区试点运行基础上，按照300户、1000人左右的规模和便于居民自治、便于服务管理原则划分单元网格，先期对38个城市社区划分为298个网格。二是统筹推进人员、经费、资源"三个下沉"，即推动部门干部进区入网、社区干部进网入户；将每个社区办公经费由年不足1万元增加到6万元；整合街道社区办公、活动用房更多用于便民服务，使社区资源服务居民发挥更大效用。同时，整合各类资源下沉社区，推进10个管理、服务及社会参与类项目建设，逐步搭建科学、便捷、高效的网格化服务管理体系。三是建立工作制度。出台《D区推行网格化社会服务管理的意见》和《D区推行网格化社会服务管理实施方案》等系列文件，统筹推进网格化社会服务管理的各项工作。开展"居站分离"工作，新设立31个社区公共服务站。推进社区行政管理事项准入管理制度，明确街道社区、各职能部门工作职责，建立网格事件闭合工作流程，规范各类事件的工作流程、处理单位、协助单位及处理期限。

（二）组建网格队伍，定员定责，实现服务管理扁平化

一是组建网格队伍。按照"3+10+N"模式，组建网格管理员、服务员和志愿者三支队伍，配备社区民警、城管、司法、安监、消防、物管等十大专业服务力量和"两代表一委员"、社区党员、热心市民等N支志愿力量，分工承担网格社会服务和管理事务。同时，街道社区根据网格的自身特点合理配备网格负责人，并制定网格工作重点。二是提升综合素质。注重提升社区工作者的工作水平，鼓励社区工作者参与专业社会工作培训和考试，对已获得社会工作师资格的社区工作者分别按初级每人2000元、中级每人3000元的标准予以奖励。三是强化服务责任。通过制定网格管理制度，明确网格服务管理人员的岗位职责，由社区专职工作人员担任的网格管理员做到"一进二访三到位"，即每天至少进网格一次，积极开展日常巡访与上门

探访，做到发现问题及时上报、协调处理、监督落实到位。四是实行组团式服务。网格管理员牵头协调下沉网格人员组成网格管理服务团队，以重点联系和专业化服务为主，建立街道社区、部门协调联动机制，由过去多层次逐级上报处理向网格层级的扁平化联动管理转变。五是建立评价体系。建立区直职能部门、街道社区、网格责任人和网格专业工作人员等多层的监督评价体系，运用技术监督评价、定量考核评价和群众反馈等方式，实现多层次的监督管理和考核评价。

（三）搭建智慧平台，强化支撑，促进服务管理智能化

结合D区列入国家智慧城市试点，首期投入700多万元提升软硬件水平，搭建社会服务、城管执法、治安防控平台，强化技术支撑，努力实现网格效能的最大化。一是搭建网格化社会服务管理平台。建设社会服务管理数据中心，整合了公安、人社、计卫、城管等20多个部门200个业务台账及全部社区数据；开发包括基层党建、城市管理、综治维稳等在内的社会管理平台，依托电子地图，按照“区—街道—社区—网格”层次，对辖区内“人、地、事、物、组织”等进行明确标注，以最直观的方式呈现辖区内各类信息和正在发生的事件；整合D社区在线、“两代表一委员”网络问政平台、D志愿时系统、社区微博微信群等平台，实现了对辖区内“人、地、事、物、组织”等各类信息的动态管理，全面感知辖区整体社会情况，对辖区内社会服务管理进行多角度的分析，为城市管理、便民服务、决策分析提供数据支撑。二是搭建城管执法平台。率先在全市建成集行政执法业务和电子监察于一体的“执法通”防控平台，以网格为单位开展市政管养服务与城管执法，实行信息网上录入、流程网上运行、活动网上监督，实现城管执法和项目审批更规范、更阳光、更高效，得到省、市充分肯定和推广，《中国纪检监察报》作了专题报道。三是搭建治安防控平台。在综治维稳、城市管理等重点区域新建30个高清探头和智能行为分析系统；以网格为单位，整合城区公共区域视频探头1800多个，接入智能化网格视频监控平台，构建平安“天网”工程。

（四）依托"互联网＋"，多元共治，推动服务管理社会化

依托"互联网＋"，积极引导社会服务管理重心下沉，构建社区精细化服务体系。一是发挥基层党组织作用。深化结对共建活动，全面推进党建联抓、文明联创、服务联做、稳定联保、环境联建的"五联共管"工作模式，为群众办实事好事。2012 年，"创新'五联共管'模式，构建区域化党建新格局"项目被 G 省委组织部确定为 G 省示范书记项目并在全省推广。按照区域化党建要求，推进社区"大党委"建设，对社区辖区内的市直、区直机关事业单位党组织、"两新"组织在不改变党组织隶属关系的基础上，以"委员制"的形式组建"大党委"，共同参与社区的党建和社区建设工作。各社区联合党委各成员单位、在职党员为社区的建设与发展献计献策，积极参与社区服务管理活动，为社区解决民生实事 126 件，参加走访慰问、创卫、创文等各类活动 4000 多人次，落实支持资金近 100 万元，取得了良好成效。开展在职党员双重管理，积极探索网格建支部、楼栋建小组的组织设置模式，把同一网格内的党员编入一个党支部，将党的"神经末梢"延伸到居民楼栋，依托"网格"实现社区党组织的全覆盖。全区机关、企事业单位 4000 多名党员已到社区报到，并认领公益岗位、参与社区网格服务。二是发挥社会组织作用。降低社会组织登记门槛，建立社会组织评估机制，以项目化推进政府购买社会组织服务，大力培育发展社会组织，引导扶持社会组织提供公共服务和公益服务，强化"两新"组织党建工作。2013 年以来城区新增社会组织 55 个，一批准社会组织在街道备案。全区共有非公有制企业党组织覆盖率达 89.06%，新社会组织党组织覆盖率达 86.2%。充分发挥群团组织枢纽作用，培育发展和扶持引导青年商会、手牵手志愿服务协会、"五心"社团、阳光心理咨询服务中心等一批社会组织常态化参与社区公益服务。三是发挥社区居民自治作用。以星荷豪苑小区、和基小区等七个小区为试点，积极构建以社区党组织为主导，小区党支部、业委会和物业公司共同参与的小区居民自治模式，逐步健全了党务事务听证咨询、工作听证会、事务协商会、业委会财务公开等制度。四是发挥志愿服务作用。充分利用 Z 人人公益网、D 志愿者系统，

加强志愿服务队伍建设，拓展志愿服务领域。目前覆盖全区的60个“社区志愿服务站”全部投入使用，2010年以来先后五批在全市选拔366名大学生挂任社区党组织副书记兼社区志愿服务站副站长，并建立长效合作机制，搭建起社区党组织书记、社会人士和高校学生“三位一体”社区志愿服务管理模式。

二 “互联网+”城市社区治理与传统管理模式的矛盾

（一）思想认识

一方面表现在传统管制思想的束缚。改革开放之前，我国城市社区实行的是以单位制为中心，以街居制为辅助的社会管理模式。随着经济社会条件的变化，单位制已经逐步瓦解，但是传统的管制思想根深蒂固。地方政府虽然尝试改变态度，不反对社会组织加入治理体系，但并未主动吸收和接纳社会力量，不敢真正放权于社会。社区居民由于长期受到传统管制思想的束缚，形成对某种路径依赖，对社区治理持冷漠态度。另一方面表现在主导者对“互联网+”的认识水平。目前我国的社区管理体制依然处于从社区管理向社区治理转型的阶段，政府部门依然对社区拥有比较强的控制力，一些政府部门对“互联网+”的发展和应用还缺乏正确的认知，主要表现为：一是消极对待，仍然沉浸在既有的治理模式中，不愿打破现有的利益格局，没有动力或不愿尝试互联网治理创新；二是简单盲目，认为只要将传统的社会公共服务和管理与互联网结合就能带来创新，视“互联网+”为“万能钥匙”；三是缺乏规划，对“互联网+”的规律认识不足，存在“一刀切”“一把抓”“打乱仗”的倾向。[①] 这些认识上的混乱，如果不能加以纠正，必定会对社区治理模式创新的成功造成不小的影响。

① 王国华、骆毅：《论“互联网+”下的社会治理转型》，《人民论坛·学术前沿》2015年第5期，第120~124页。

（二）体制层面

以D区为例，调研中反映的最大难题，一方面是层级分工上权责不统一。对作为区政府派出机构的街道办事处，没有明确界定其行政服务和管理的范围；区属机关和企事业单位相互独立运行，与街道办事处之间的关系缺乏有效的政策和法律依据；社区内的各种社会组织缺乏有效的法律法规和行为规范；社区治理的运行机制尚未形成条块结合的监督机制。另一方面，主体间存在协作障碍。"互联网+"的核心内容在于信息资源的发掘和共享，这也意味着多元治理主体之间要进行合作，共享资源。长期以来大量信息资源由一家主导的政府控制，其他治理主体必须获得政府部门的许可才可以获得资源，因此政府部门是否愿意开放这些信息，开放的形式、范围，都将会极大地影响其他社区治理主体的工作效率。

（三）平台建设

从D区"互联网+"社区治理建设效果来看，不同部门牵头达成的效果有很大差异，在平台建设过程中还存在各个部门各做各的、单打独斗的现象。每一个部门都有自己的平台、网站，资源浪费严重，也导致每一个平台网站投入的资金有限，服务设施设备比较差，进一步加重了人员短缺。同时，各部门之间沟通协调不强，导致先进经验做法难以推广铺开，其他部门还要再次摸索，浪费大量时间和资金。此外，"互联网+基层社会治理"构建过程中仍有很多可利用的社会资源尚未整合进政府的建设体系中，缺乏相关的信息安全标准、技术标准、审核标准等制度文件。

（四）资源保障

"互联网+"参与的社区治理创新与其他形式的创新最大的不同就在于它对于技术手段的依赖性，脱离了必要的硬件设备，整个创新进程也就无从谈起，这也就意味着需要大量资源的投入。而除了硬件方面的投入，相应的技术人员也是必不可少的一环，离开这些人员的日常维护和管理，再好的硬件设备也会无法运转，而这又需要一笔额外的资源来支撑。但是，总体来说我国的大部分城市社区的资金来源都非常有限，基本上只能依靠政府拨款，而拨款的金额一般也仅够维系社区的日常运作而已，并没有余力来进行这些软硬件建设，除非政府部门下拨专项工作经费，但是这种经费往往也是临时性的，也许能够满足一时的需要，却不足以应对长期的维护和运行成本。如果不能解决这个问题，基于“互联网+”的社区治理创新是很难持续下去的。

三 “互联网+”背景下的城市社区协同治理

（一）摆脱传统思维，树立正确理念

首先，政府要明确多元主体的角色定位，确立平等的主体关系。多元治理主体主要包括社区党组织、政府组织、社区自治组织、其他社区社会组织、社区居民、社区中的企业和单位。在社区治理中，社区党组织应发挥政治领导作用；政府组织减少对社区的直接干预，从行政权力向社会权力转变；社区组织发挥自治的职责；其他社区社会组织开展各种活动，积极为社区服务；社区居民积极主动参与社区治理；社区中的企业和单位依法展开活动，维护社区居民的合法权益。同时，社区协同治理不仅要各个主体各司其职，而且要加强各主体间的协同合作。因此，社会协同治理需要在多元主体职责分明的基础上，疏通各主体间信息交流的渠道，创建协商讨论的平台，加强合作，化解治理过程中产生的矛盾，这样才能整合各种治理资源，形成合力，促使公共利益最大化。其次，社区的治理者要意识到互联网技术更大规模地影响和介入社区治理是一个不可扭转的趋势。传统的社区治理模式必须做出相应的改变，应该真正意识到网络不仅是一种媒介，更是一个重要的话语平台、一种社会管理的手段，将其真正视为社区居民舆情和居民利益诉求的集散地，[①] 以平等的姿态积极地投身

① 李潇、王道勇：《城市社区治理中的网络参与问题分析——基于上海市 X 社区的个案研究》，《科学社会主义》2013 年第 4 期，第 120 ~ 122 页。

其中，尊重互联网空间的发展规律和话语体系，对各类互联网新技术抱持一种开放的态度，大胆运用这些新技术手段，寻找在"互联网+"背景下社区治理的新路径、新方法。但同时，要避免过于神话"互联网+"，应该认识到"互联网+"只是提供了一种全新的思路和更多的技术手段，但它并不是万能的，甚至会带来新的问题，其应用的成效如何，最终依然取决于使用者的认识水平和智慧。

（二）健全体制机制，加强制度保障

第一，进一步明确权力边界。政府权力边界的界定，应基于"互联网+"时代出现的几个变化。一是互联网助力"市场的手"。"互联网+"创新实现了信息资源及其利益的重新分配，[①] 对现有相当一部分由政府行政主导或"单中心"治理模式下的公共服务和公共治理形成了冲击，而这种冲击从时代的发展来看是积极的，是符合"善治"发展规律的。互联网正在将社会资源更加合理地配置到"市场的手"中，形成更有效率、更加以人为本的社会治理结构。二是社会治理主体的多元化。包括市场主体、社会组织、基层自治组织和社会个体等多元的社会主体，在更加多样、更加前沿的线上和线下空间发展壮大，它们是政府有力的分担者和合作者。三是"线上"和"线下"治理面临诸多制度"真空"和治理"盲点"，需要"政府的手"的力量维护社会的稳定与公平正义。第二，建立信息共享机制，适度合理地向多元主体放权。"互联网+"需要跨界融合，社会服务向"线上"转移是大势所趋。要使相关部门打破利益藩篱、提高办事效率，信息资源共享、大数据的作用十分明显。从政府自身来看，政府是各类组织中最大的数据源和信息源，政府在治理过程中每时每刻都在源源不断地产生信息。[②] 政府要将"不该管""管不好"的社会事务交给市场，交给具有自主管理和自我服务能力的社会主体，尽可能地向多元主体放权，通过制定相关

---

① 黄璜：《互联网+、国家治理与公共政策》，《电子政务》2015年第7期，第54~65页。

② 汪玉凯：《"互联网+政务"：政府治理的历史性变革》，《国家治理》2015年第27期，第11~17页。

的规则和政策，完善信息共享机制，引导和规范多元主体市场化或公益化的治理行动。

（三）整合社会资源，推进平台建设

一是搭建智慧社区互助平台，整合社会资源。推进智慧社区互助平台基础建设，逐步形成覆盖城市社区的智慧社区互助网络。充分利用社区、小区的场地和信息化资源，逐步建立覆盖城市社区的智慧社区互助平台服务点。建立综合式、集成式、共享式的智慧社区数据中心，对社区、小区内各种服务资源进行全面采集、动态管理、及时发布，为社区居民提供实时服务，打造社区级智慧化、精细化、亲民化的政务民生综合服务平台。并通过培育发展社会组织和志愿服务队，将居民的个性化服务需求与社区内社会组织进行对接调配，并为社区社会组织提供包括活动监管、项目策划、技能培训、场地保障等多项支持，把更多的专业服务力量注入社区。

二是建设云政务公共平台，提升街道对资源的整合能力。利用云计算技术，市区级政府能够从顶层盘活存量基础设施，提高政府服务设施的可及性，进而推进社区综合服务设施的建设与普及，降低政府总的行政成本，解决信息孤岛问题，避免新的重复建设。云政务的服务平台将使街道运行环境、业务流程发生改变，有助于整合社区人口、交通、安防监测、综合执法、食品安全等方面的信息共享。基于互联网的政府网站是政府信息在线服务的重要渠道。政务微博、政务微信和政务 App 成为政府信息公开、听取民意、回应诉求、吸引公众参与的新平台。借助传统媒体和新媒体，通过大数据平台建设，基层政府能够打造一个“没有围墙”的基层政府治理体系，为企事业单位和公众提供开放化、社会化、集成化的政府信息服务，提高基层政府的透明度和决策的科学民主性。

（四）做好硬件支撑，加强物质保障

一方面，加快基础设施建设，增加资金投入。作为“互联网 +”的主要推动者之一，政府部门应该进一步加快网络基础设施的建设步伐，扩大网

络服务的覆盖范围和受益人群，敦促各互联网运营商切实做到"增速降费"，降低互联网的使用成本，提升互联网的使用体验，为"互联网+"全面介入社区治理提供坚实的硬件基础。同时，应该充分发挥现阶段社区治理模式创新中的"发动机"作用，增加对于社区建设的资金投入，明确中央与地方的拨款比例，制定详细的拨款细则，并对资金的具体使用进行监管，确保社区治理创新有足够的物质基础。

另一方面，引入社会力量，实现多元主体协同治理，通过引进企业、商家进社区，打造"政府引导，市场运营"的运营模式，拓宽资源渠道。社区治理模式的创新打破了政府的一元管理模式，更多的社会力量得以参与社区治理，社区治理创新所需的资源应当也要由这些新增的治理主体来共同承担，社区也应该建立起适合自身特点的资源渠道，不能仅依靠来自政府部门的持续投入，多元化的资源渠道也有利于维护社区自治的基础，也更能激励其他治理主体积极参与社区治理创新。

四 结论

"互联网+"的本质为跨界融合，"互联网+"城市社区治理是一个新兴的、涉及多学科的研究领域，本文通过探讨D区"互联网+"城市社区治理的现状、治理创新，并在此基础上提出当前"互联网+"城市社区治理这一模式在运行过程中存在什么问题，针对这些问题提出相应的对策建议。本文从理念、机制、平台建设和资源保障等方面去了解"互联网+"社区治理，探讨如何使政府、社会组织、居民等多元治理主体形成治理合力，发挥各自功能，实现协同治理，研究层次相对比较丰富，同时认识到"互联网+"不仅是一种技术，还是一种思维方式和生活方式，对社会治理不管是在技术层面还是在制度体制层面都会产生极大的刺激和挑战，甚至会带来革命性的重大变革。因此，基于对D区的研究所提出的当前"互联网+"城市社区治理模式，不仅符合D区经济和社会发展的实际需求，对我国处于城镇化发展中后期阶段的广大地区亦具有借鉴意义。

在“互联网+”时代，“互联网+”参与城市社区治理已是大势所趋，为此政府必须拿出自我革命的精神，要敢于打破垄断格局与条框的自我限制，破除束缚生产力发展的因素，积极探索“互联网+”与城市社区治理的深度融合，从而实现社区的协同治理，最终达到“善治”的目的。

B.18
2017年中国网络文化发展报告

付晓燕*

摘　要： 本文浓缩2017年中国政府互联网文化治理相关政策，并统整CNNIC、CNRS、Nielsen等调查机构的年度报告，知名互联网上市公司的年报，以及各大媒体对2017年度中国网络文化行业发展的趋势分析等内容，勾勒出2017年中国网络文化产业的整体发展样貌。经由“十九大”“新时代”“人工智能”等年度流行语的比喻，2017年中国网络文化正逐渐发展成实体社会情境与在线互联网更加紧密的互动生态。这种实体社会与在线社群相互构造的网络文化，成为思索2020年中国网络文化发展的核心轴线。

关键词： 网络文化　文化产业　文化成熟

根据CNRS数据，2017年互联网在中国民众中的日到达率稳定提高到79.6%，在2016年76.0%的高基础上又增长了3.6%，日均接触时长达到189分钟，占每天时间的13%。除去一天八小时睡眠时间，中国人平均一天时间中的近1/3（26%）都在上网。网络媒体消费所占时长为所有媒体之最，互联网成为居民生活中普及最广泛的第一信息媒体，也自然而然地成为中国文化实践的最重要的平台。

本文浓缩2017年中国政府互联网文化治理相关政策，并统整

* 付晓燕，博士，中山大学传播与设计学院副教授。

CNNIC、CNRS、Nielsen 等调查机构的年度报告，知名互联网上市公司的年报，以及各大媒体对 2017 年度中国网络文化行业发展的趋势分析等内容，勾勒出 2017 年中国网络文化产业的整体发展样貌。经由“十九大”“新时代”“人工智能”等年度流行语的比喻，2017 年中国网络文化正逐渐发展成实体社会情境与在线互联网更加紧密的互动生态。这种实体社会与在线社群相互构造的网络文化，成为思索 2020 年中国网络文化发展的核心轴线。

一　2017年中国“互联网 +文化”发展政策

（一）党的十九大报告定调推动网络文化的繁荣

2017 年习近平总书记在党的十九大报告中提出坚定文化自信，推动社会主义文化繁荣兴盛，并要求加强互联网内容建设，建立网络综合治理体系，营造清朗的网络空间。报告中指出，要推动文化事业和文化产业发展。满足人民过上美好生活的新期待，必须提供丰富的精神食粮。要深化文化体制改革，完善文化管理体制，加快构建把社会效益放在首位、社会效益和经济效益相统一的体制机制。完善公共文化服务体系，深入实施文化惠民工程，丰富群众性文化活动。

在弘扬中国文化方面，党的十九大报告指出要高度重视传播手段建设和创新，特别是健全现代文化产业体系和市场体系，创新生产经营机制，完善文化经济政策，培育新型文化业态。这些论述将“互联网 +”文化产业提升到了一个前所未有的高度，表明了党中央对网络文化繁荣发展的高度重视。

（二）史上最严网络监管出台，双管齐下治低俗

网络是一把双刃剑，既给网民带来了丰富多彩的网络文化，也将网民置于前所未有的网络风险之中。以国外为例，Facebook 进入发展中国家时，常

常被视为一股好的力量而受到欢迎。

为提升中国互联网治理成效，2017 年 6 月 1 日，广电总局联合中国网信办发布重磅文件《关于进一步加强网络试听节目创作播出管理的通知》，对网络视听节目的创作播出提出进一步要求，视频全行业将面临全面整改。该通知指出，近年来一些网络试听节目存在价值扭曲、娱乐至上、内容低俗等问题，须及时整治。随后，“毒舌电影”“关爱八卦成长协会”等一批炒作明星绯闻隐私和发布低俗庸俗信息的知名娱乐八卦账号被关闭。通过挤压过度商业化、过度娱乐化和存在低俗倾向的视听节目的生存空间，将劣币逐出了网络视听领域。

二 2017年中国网络文化产品的发展状况

（一）网络社交走出熟人圈的突围

根据 CNRS 2017 年的数据，41.5% 的城市居民表示他们经常通过社交媒体，同网友进行交流。据腾讯公布的数据①，截至 2017 年 9 月，微信日登录用户超 9 亿，较去年增长 17%，日发送消息 380 亿条，日发送语音 61 亿次，这两个数据相较去年分别上涨 25% 与 26%，日成功通话次数超 2 亿次，较去年增长 106%。微信用户日发表朋友圈视频次数 6800 万次，较去年增长 26%。2017 年第三季度微信的月活数就增长到 9.8 亿，同比增长 15.8%。

在中国这样的熟人社会，作为舶来品的社交应用节节败退，反而是本土互联网公司腾讯孕育出了微信这样的国民级应用，但陌生人交友在中国一直有其存在的市场，2017 年，多年深耕陌生人社交的“陌陌”和“探探”都看到了曙光。财报显示，2017 年四季度归属于“陌陌”的净

① 赵新培：《微信日登录用户超 9 亿　日发送消息 380 亿条》，《北京青年报》，2017 年 11 月 10 日，http：//www.xinhuanet.com/tech/2017－11/10/c_ 1121933353.htm。

利润为 1.1 亿美元，上一年同期净利润为 9150 万美元，持续 12 个季度盈利。2017 年全年，“陌陌”净营收达到 83.6 亿元，同比增长 138%，这主要是由于直播服务、增值业务、移动营销业务的显著增长。不按照美国通用会计准则计量，2017 年全年归属于陌陌的净利润 23.4 亿元。2017 年第四季度，“陌陌”净营收达 24.5 亿元，同比增长 57%。截至 2017 年 12 月底，“陌陌”月活用户达到 9910 万。而成立于 2014 年，专注于一对一的配对社交的“探探”在 2017 年拥有了 1.1 亿注册用户，有效用户约 7000 万，月活用户 2000 万，日活用户 700 万。其中最值得关注的是，“90 后”的使用比例达到了 75%。

而中国青少年宫协会儿童媒介素养研究中心发布的《中国儿童的数字化成长及网络素养状况研究报告》① 显示，截至 2017 年 12 月，3 岁时，已有 25.2% 的儿童每天使用网络超过 30 分钟；到 14 岁时，60.8% 的儿童每天使用网络超过 30 分钟，儿童触网进一步低龄化。从 8 岁开始，就有 11.3% 的儿童曾经主动添加他人为网友，或加入 QQ 群，到 12 岁这一比例超过 51.1%，在青少年中社交媒体的使用率很高，QQ 达到 84.7%，微信达到 59.9%，在社交平台拥有粉丝的青少年网民有 33%。同时，26% 的 14 岁的儿童在网络上曾经主动与自己的偶像或明星交流过。

可见，2017 年，互联网的个体尤其是年轻一代已经不满足于仅通过微信的“强联结”来刷存在感，也试图通过弱联结去探索世界。不同网络社交 App 的使用为这些年轻网民编织出了一张更为复杂的关系网。

（二）网络综艺和电视综艺平分秋色

随着移动互联网的发展和人们对视频文化消费需求的增加，我国的网络视频市场规模日益壮大，截至 2017 年底，用户达 5.5 亿。②

① 张海波：《2016～2017 中国儿童的数字化成长及网络素养状况研究报告》，新华网，2018 年 1 月 13 日，http://www.xinhuanet.com/info/2018-01/13/c_136892421.htm。

② 史一棋：《网络综艺如何困中求变》，《人民日报》，2018 年 4 月 12 日，http://society.people.com.cn/n1/2018/0412/c1008-29920413.html。

如果说2014年是网络综艺的元年，那么2017年就是网络综艺全面崛起之年，正如《明日之子》总监马昊所言："电视上做选秀，越来越难，未来的选秀只在互联网，因为年轻人都在这。"国家广电总局发布的《2017网络原创节目发展分析报告》也显示，2017年新上线网络综艺节目197档，较上年稳中有升。其中重点节目126档，投入较大、专业水准较高的节目日渐增加。2017年新上线网络综艺节目播放量总计552亿次，同比增长120%，其中排名前十位的网络综艺节目播放量达231亿次，占总量的42%，头部效应较为明显。

2017年网络综艺节目的低俗倾向得到显著扭转，整体格调积极健康。同时，"大制作""现象级"助推头部网络综艺节目影响力提升。相比已经有十年历史但已逐渐沉没的电视选秀，《中国有嘻哈》《明日之子》都成为2017年夏天爆款网综，尤其是《中国有嘻哈》完全将小众垂直的嘻哈音乐一夜甩进大众视野，为选秀节目开拓了新的思路。[①] 同时，"diss""battle""你有freestyle吗"等众多热词也一夜之间火遍网络，成为2017年度的网络热门词语。独具互联网特色的大数据技术、日趋成熟的宣发模式及广告赞助助力网络综艺节目制作发行良性发展，让老牌综艺望尘莫及。

不同于往年网络综艺集中在谈话讨论类、真人秀类、竞技选拔类、脱口秀类、互动娱乐类，2017年文化类网络综艺节目如《见字如面》《了不起的匠人》《演说家》等给网络综艺注入了一股清流。但除了头部综艺，网络综艺整体盈利难的情况依旧，90%的网综仍未实现盈利，无法收回投资。

（三）中国短视频应用海外实力圈粉

CNNIC第41次《中国互联网络发展状况统计报告》显示[②]，截至2017

① 冯遐：《2017年电视综艺和网络综艺平分秋色》，《北京晨报》，2017年12月26日，http：//www. chinanews. com/yl/2017/12－26/8409579. shtml。

② CNNIC：第41次《中国互联网络发展状况统计报告》，http：//cnnic. cn/hlwfzyj/hlwxzbg/hlwtjbg/201801/P020180131509544165973. pdf。

年12月，中国的网络视频用户数量已达到5.79亿人，相比2016年增加了3437万人，占中国网民总数的75.0%。使用手机观看网络视频的用户人数也达到5.49亿人，比2016年增加了4870万人。调查数据还显示，2017年中国网络视频用户付费比例达42.9%，相比2016年增长了7.4个百分点。

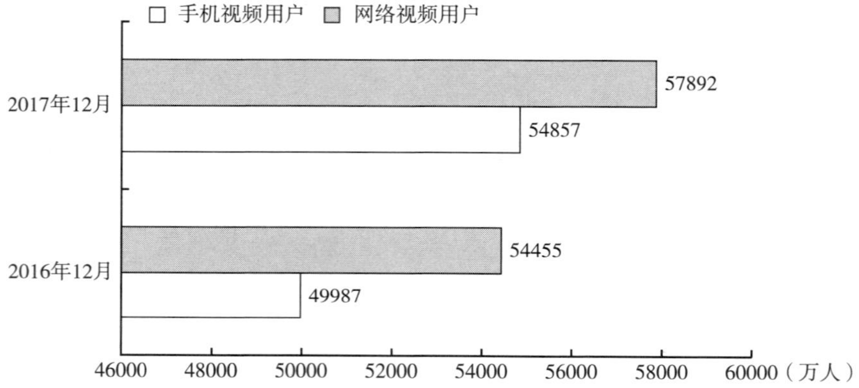

图1　2016年12月至2017年12月网络视频/手机视频用户规模

资料来源：CNNIC，2017年12月。

日本经济新闻的一则调查报道称，每100名日本女生中，超过24名在玩一款名为Tik Tok的短视频应用。目前，Tik Tok已成为日本最主流的视频类App之一。与此同时，Tik Tok还开始风靡东南亚，在泰国、越南、菲律宾等多国的应用商店中名列前茅。甚至在亚洲流行文化的风口韩国，Tik Tok也成为广受年轻人追捧的短视频应用。事实上，这款广受全球用户追捧的App，正是当下火爆中国市场的“抖音”海外版①。

抖音海外版在日本的成功具有示范价值，不过除抖音外，包括火山小视频、快手、小咖秀等十几款中国短视频应用也在海外实力“圈粉”，它们正

① 转引自《“Tik Tok们”海外“圈粉”　彰显中国网络文化魅力》，新华网，2018年4月13日，http://www.xinhuanet.com/tech/2018-04/13/c_1122678239.htm。

与全球互联网巨头展开直面竞争。

2017 年，在中国互联网产品的出海史上具有里程碑式的意义：搭载文化影音内容的中国互联网应用，不仅第一次实现了互联网公司影响力上的反超，更是文化影响力上的一次逆袭。海外市场，中国互联网公司直面 Facebook、Snapchat、YouTube 等国际互联网巨头的挑战，潜移默化间进行网络流行文化的反转。在国内，于 2016 年底上线的音乐短视频社区应用抖音在 2017 年用户规模快速增长，并在 2017 年 11 月以 10 亿美元并购了北美同类产品 Musical. ly。

2017 年已经日渐成熟的网络音乐领域又开始了“音乐与社交”“音乐与短视频”的融合，这一趋势已经展露成为未来行业新增长点的潜力。同时，2017 年传统网络音乐行业的版权壁垒逐步建立，以腾讯音乐和网络云音乐为代表的多起版权诉讼事件轮番引爆网络，使创业者很难在该领域与大型网络音乐集团进行竞争，因此 UGC 音乐内容和新的展现形式成为行业创新的焦点。

（四）网络文学圈热闹纷繁

据 CNNIC 调查报告，截至 2017 年 12 月，中国网络文学用户规模达到 3. 78 亿，较上年底增加 4455 万，占网民总体的 48. 9% 。手机网络文学用户规模为 3. 44 亿，较上年底增加 3975 万，占手机网民的 45. 6% 。[①] 从 1998 年痞子蔡在键盘上敲下《第一次亲密接触》起，作为数字化阅读的主要内容，中国网络文学已经有了 20 年的历史。网络文学虽然脱胎于传统文学，但在语言风格、审美趣味、类型样式、生产与传播机制等方面形成了自己的特点[②]。网络文学变革了书写和阅读方式，形成蓬勃的文化市场。2018 年 3 月 19 日，阅文集团（00772. HK）发布了上市后首份年报，2017 年阅文集团实现营收 41 亿元，同比增长 60. 2%；净利润 5. 561 亿元，同比增长

① CNNIC：第 41 次《中国互联网络发展状况统计报告》，http：//cnnic. cn/hlwfzyj/hlwxzbg/hlwtjbg/201801/P020180131509544165973. pdf。

② 彭兰：《网络文化产品带来文化新景观》，《人民日报》2017 年 9 月 10 日。

1415%。具体来看，阅文集团财报数据显示，2017 年在线阅读收入同比增长 73.3% 至 34.206 亿元；版权运营业务收入同比增长 48.0% 至 3.662 亿元。在网络文学作为 IP 最主要源头及 IP 一体化开发的趋势下，网络文学公司业绩普遍表现较好。另一个网文巨头掌阅也在 A 股成功上市，2017 年掌阅全年发放稿酬超过 3 亿元人民币，掌阅文学签约作者电子收入超过 100 万元的有 40 余位。2017 年百度文学宣布完成 8 亿元人民币融资，磨铁图书也宣布完成 3 亿元人民币的融资。因此，2017 年，也是网文圈热闹非凡的一年。

中国 3.33 亿人的网络文学用户造就了 90 亿元的市场规模，越来越多的资本试图进入网络文学 IP 市场①。据不完全统计，中国拥有 680 万网络作家。过去 20 年间，网络文学日更新文字量达 1.5 亿字。近年来，伴随网络平台的快速发展和成熟，中国原创内容迎来了爆发期，经济发展、国家实力提升给文化“走出去”提供了更多的机会和平台。

根据统计，中国的文化产品出口在全球范围内保持第一的位置，早在 2010 年就占全球文化出口产品的 21%，截至 2016 年已连续四年保持领先。2017 年末，阅文、掌阅开始新一轮的布局和运作，依靠原创 IP 纷纷涉足海外市场，并做出了不俗的成绩。2017 年度有一批优质原创文学作品被授权翻译成英文、日文、韩文、泰文等，迅速在中国港澳台、新加坡、马来西亚等 60 多个国家和地区取得了销售排行第一的成绩。值得一提的是，网文巨头的海外布局并非简单的版权出售，而是结合不同国家的文化需求，因地制宜，以网文作为原始 IP，联动影视、游戏、动漫、电影等周边泛娱乐产品共同发展。例如，掌阅抓住了日本的 ACG 属性，其主打漫画改编的策略颇具成效。

正如浙江省网络作协副主席、秘书长夏烈所言：“从全球看，以中文写作的网络文学的活跃程度、读者数量、影响力和鲜明特色都是其他语言的网

① 严粒粒、黄天然、赵路：《中国数字阅读大会在杭开幕　互联网时代阅读变革引关注》，浙江新闻网，2018 年 4 月 13 日，http://zjnews.zjol.com.cn/zjnews/hznews/201804/t20180413_7015381.shtml。

络文学难以匹敌的。中国网络文学已经可以同好莱坞电影、日本动漫、韩国偶像剧并称为‘世界四大文化奇观’。”①

（五）网络教育边“烧钱”边“占坑”

2017 年，资本市场对在线教育的抢夺进入了白热化阶段。在线教育会成为互联网下一个抢眼的增长点，几乎成了以网易 CEO 丁磊为代表的互联网、金融和教育等多个领域的精英们的共识。事实上，《中国儿童的数字化成长及网络素养状况研究报告》的数据也显示，整体上儿童对线上学习持正面态度，比较喜欢的比例超过不喜欢的。遇到问题上网寻求答案的比例在初中生（14 岁）中从 15.4% 增长到了 26.3%。而仅拥有 30 万用户，年收入却达到了 50 亿元人民币的儿童在线教育平台 VIPKID 成为中国排名第一的教育领域独角兽。VIPKID 也通过互联网开创出了新的教育文化：以人工智能、人脸识别等技术为核心竞争力，以学生为中心，通过数字化的手段，形成一套实时反馈、持续迭代、可追踪的教育系统，充分发挥了老师和学生的潜能。

而在成人网络教育领域的一只中国独角兽网易有道，在 2017 年，该平台服务的用户规模已经达到 8 亿人，旗下教育类产品矩阵的日均活跃用户已超 1700 万，有道词典用户在 2018 年初突破 7 亿人大关，2017 年度用户付费收入规模较 2016 年增长 530%。有道精品课是网易旗下付费用户量最大的教育产品，其中排名前三位的品类单月营收超 1000 万元，2017 年度收入过百万元的老师有 23 位。

在线教育经历了 2013 ~ 2014 年的投资火热，由于盈利模式普遍不乐观，在 2015 ~ 2016 年却转冷，虽然对大多数网络在线教育机构而言盈利仍然在路上，但受到网易有道和 VIPKID 等先驱良好的业绩鼓舞，大型机构和投资人的“占坑”热情在 2017 年又有所回涨。中国大数据分析公司易观 2018 年

① 严粒粒、黄天然、赵路：《中国数字阅读大会在杭开幕　互联网时代阅读变革引关注》，浙江新闻网，2018 年 4 月 13 日，http://zjnews.zjol.com.cn/zjnews/hznews/201804/t20180413_7015381.shtml。

4 月 19 日在北京发布《中国互联网教育平台专题分析 2018》报告显示，2017 年中国互联网教育市场规模达到 2502 亿元人民币，同比增长 56.3%。该数据分析公司预计互联网教育市场在未来三年内仍将维持增长的态势，2020 年中国互联网教育市场交易规模有望突破 4000 亿元人民币。①

（六）网络游戏厂商海外竞争力提升，游戏青少年玩家保护措施优化

游戏产业目前已经成为互联网行业的重要支柱，为经济发展带来了全新活力。中国互联网络信息中心（CNNIC）发布的第 41 次《中国互联网络发展状况统计报告》中的数据显示，截至 2017 年 12 月，我国网络游戏用户数量达 4.42 亿人，占网民整体的 57.2%。手游用户提升明显，达 4.07 亿人，占手机网民的 54.1%。2017 年，网络游戏行业整体的业务收入达 1341 亿元，较之 2016 年的发展态势，2017 年网络游戏的收入保持着更高的增幅，全年均保持在 20% 以上。

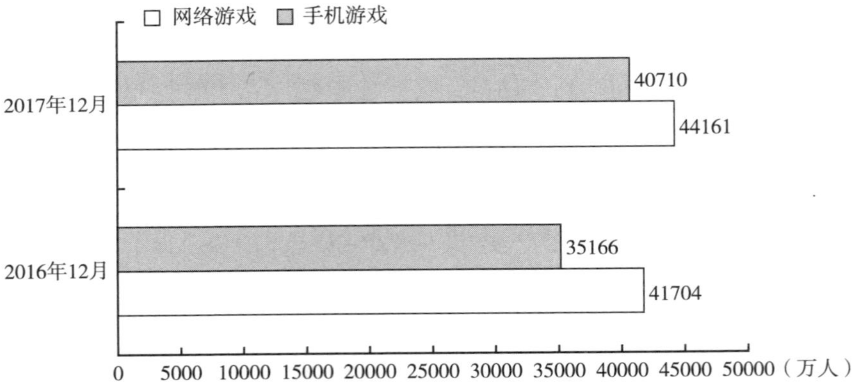

图 2　2016 年 12 月至 2017 年 12 月网络游戏/手机游戏用户规模

资料来源：CNNIC，2017 年 12 月。

① 阮煜琳：《2017 年中国网络教育市场规模超过 2500 亿　同比增长过半》，中新社，2018 年 4 月 19 日，http://news.sina.com.cn/o/2018-04-19/doc-ifzihneq1443679.shtml。

2017 年网络游戏用户增长 5.9%。截至 2017 年 12 月，网络游戏直播用户规模达到 2.24 亿，较上年底增加 7756 万，占网民总体的 29.0%。第三方应用商店与苹果应用商店 App 数量占比，2017 年 6～11 月，游戏类应用一直占较大比例。截至 2017 年 11 月底，游戏类应用数量超过 111 万款，占比达 28.4%；生活服务类应用规模位于第二，超过 49.7 万款，占比为 12.7%。①

2017 年，国产游戏厂商竞争力不断提升，并开始布局海外市场。以腾讯、网易、蓝港互动、心动网络为代表的中国游戏厂商在 2017 年均在海外表现不俗。一些代表性国产自主研发精品游戏在本土市场获得成功后试水欧美和东南亚市场，并于年底获得多个国际性游戏奖项，并将自身优秀的产品经验和运营模式向其他国家输出。《2017 年中国游戏产业报告》② 显示，2017 年中国自主研发网络游戏海外市场实际销售收入达 82.8 亿美元，同比增长 14.5%，较五年前增长近 15 倍。这些优秀的游戏公司不仅在海外市场增加了营收，更难得的是将中国优秀的传统文化带到海外。

从行业监管情况来看，主管部门和游戏厂商在 2017 年共同致力于规范市场经营行为在一定程度上降低了不良网络游戏内容可能对未成年用户身心健康造成的危害。2017 年 2 月，在文化部指导下，腾讯推出未成年人家长监控体系和健康游戏防沉迷系统，协助家长对未成年子女的游戏账号进行监护，并限制了低龄群体的游戏时长。2017 年 10 月，国家新闻出版广电总局表示《绝地求生》类游戏中的血腥暴力内容不利于青少年的健康成长，推动国内游戏厂商对于类似游戏内容进行改进，避免了可能产生的不良社会影响。

① CNNIC：第 41 次《中国互联网络发展状况统计报告》，http：//cnnic.cn/hlwfzyj/hlwxzbg/hlwtjbg/201801/P020180131509544165973.pdf，2018 年 1 月。

② 《2017 年中国游戏海外营收超过 80 亿美元》，人民网，2018 年 4 月 17 日，http：//game.people.com.cn/n1/2018/0417/c40130－29931095.html。

三 总结与反思：促进网络文化的成长与成熟

亦如上述各类年报与统计资料的归纳所展现的，2017 年的中国网络文化，正从千禧年初期的孕育阶段，逐渐通过青少年的叛逆阶段，走向成人的稳定与成熟阶段。检视 2017 年，中国网络文化产业中的各类亮点文化工程，其在“网络社交”“网络教育”“网络游戏”“网络阅读”等数字内容产业面向，均出现巨大与飞跃的变革，具体丰富了中国文化产业的总体实力。

在检视当前中国网络文化的发展质量方面，现有的网络文化内涵，则仍须致力于培养“积极健康”“向上向善”的网络文化涵养的迫切问题。当代中国知名网络研究学者彭兰教授曾具体指出当代网络文化涵养的发展，可区分为三个阶段。首先，实现从宣泄到内省的转变。网民主要是通过自发创作的网络文化作品来宣泄情感与意见。其次，则是从破坏性到建设性的转变。网民通过挑战主流文化的意义框架，以大量恶搞、无厘头等文化来重构新形式的网络文化。最后，也是最终的成熟阶段，则是实现从娱乐至上到成熟价值的转变，从整体来看，建构一个更为健康的网络文化，从而促进社会的文化传承与社会进步①。因此，正如彭兰教授的观察，2017 年的中国网络社会的集体文化样貌，正是逐渐从破坏走向建设、从娱乐走向成熟的发展样貌。从长远来看，中国的网络文化也终将在逐渐走向成熟的过程，成为维系整个社会经济与文化发展的推动引擎，推动中国社会走出下一世代的进步文明。

① 彭兰：《网络文化产品带来文化新景观》，《人民日报》2017 年 09 月 10 日。

B.19

网络空间食品安全谣言的治理与反思

邸敬存*

摘　要： 近几年来，有关部门对网络空间食品安全谣言实行了以“严惩”为取向的重拳治理，并试图将这种治理精神物化为法律（规章）。为震慑谣言传播，有关部门或以“损害商业信誉、商品信誉罪”“敲诈勒索罪”等罪名对当事者科以刑罚，或由涉事企业提起索赔数额巨大的民事诉讼，或是频繁实施行政处罚，以期找到合理的治理措施。

关键词： 食品安全谣言　互联网　网络治理

在我国当下，对谣言的认知和界定主要有两种影响较大的思路。一是对谣言进行道德审视，将其视为没有根据的传闻或恶意捏造的“虚假”信息。《辞海》就将其界定为“没有事实根据的传闻；捏造的消息”①。二是摆脱道德审视的束缚，从社会心理学、文化学等视角界定谣言。比如，周裕琼将其界定为：“未经官方证实却在民间广为流传的对现实世界的假设。”② 李若建将其界定为：“一种非官方的、在一定时期和一定范围内传播的包含有虚假成分的信息。”③ 后一种思路更有助于把握其本质与传播规律。因此，本

* 邸敬存，河北经贸大学文化与传播学院讲师，博士。

① 《辞海》，上海辞书出版社，1999，第1158页。

② 周裕琼：《当代中国社会的网络谣言研究》，商务印书馆，2012，第14页。

③ 李若建：《虚实之间：20世纪50年代中国大陆谣言研究》，社会科学文献出版社，2011，第2页。

文将谣言界定为社会大众通过不同媒介自发或故意传播的、未能准确核实的、或真或假的信息。食品安全谣言则指在不同媒介空间传播，尚未被证实或证伪，却在社会大众中被广泛“信任”的各种食品安全信息。

我国网络空间的食品安全谣言现象较多。2017 年有报道称，食品安全谣言占据网络谣言的 45%。[①] 相关部门已经采取诸多措施进行综合治理，这包括企业澄清、媒体辟谣、专家解释、法律惩治等。其中，专家、媒体强势辟谣，法律严厉惩处，是近几年来的综合治理所表现出来的突出特征。但总的来看，效果并不十分理想。谣言并没有在所谓“重拳”的打击下销声匿迹，不管社会情感接纳与否，其在自身规律的作用下仍然广泛传播，并继续影响社会。例如，在媒体总结的 2018 年 1 月的十大网络谣言中[②]，食品安全谣言占据三席。2018 年 2 月的十大朋友圈谣言中，食品安全谣言又占据两席。[③]

因此，有必要对我国近些年来网络空间食品安全谣言的治理情况进行系统分析，从而为未来采取更为科学的治理措施提供有益借鉴。

一　以“严惩”为基本的价值取向

面对网络空间的食品安全谣言，不同责任主体从各自的身份与职责定位出发，分别采取不同的治理措施，共同建构了食品安全谣言的综合治理。

2017 年 2 月 27 日，国务院新闻办公室举行新闻发布会，国务院食安办主任、国家食品药品监督管理总局局长毕井泉介绍我国食品安全监

① 《网络谣言中食品安全谣言占 45%　人民日报：该治治了》，人民网，2017 年 4 月 18 日，http://finance.people.com.cn/n1/2017/0418/c1004-29217473.html。

② 《人民日报：2018 年 1 月朋友圈十大谣言，最后一条太坑人》，新浪网，http://k.sina.com.cn/article_6439768046_17fd70fee001005t6z.html。其中，食品安全谣言分别是：“兰州拉面含蓬灰致癌”“久煮火锅会让人中毒”“水煮蛋蛋黄绿了会致癌”。

③ 《2018 年 2 月朋友圈最新十大谣言　谣言内容及真相一览》，深窗网，http://city.shenchuang.com/city/20180301/850152.shtml。其中，食品安全谣言分别是：“八宝粥是用海绵做的”“粉丝是塑料做的”。

管工作情况，新华网在对此报道时说："国务院食安办主任、国家食品药品监督管理总局局长毕井泉表示，对于近期在网上传播的'塑料紫菜'等食品谣言，要按照国家相关法律法规进行严厉打击。"这非常明确地向社会传递了"严惩"食品谣言的信号。

2017年2月13日至3月14日，国家食品药品监督管理总局起草的《食品安全欺诈行为查处办法（征求意见稿）》［以下简称《办法（征求意见稿）》］公开征求意见。这是将"严惩"价值取向物化为具体"规章"的尝试。《办法（征求意见稿）》第11条和第21条①分别设置了规制信息传播条款和违规处罚条款。

第十一条【信息欺诈】有下列情形之一的，属于食品安全信息欺诈：

（一）单位和个人利用网络、媒体、移动社交平台等载体，编造、散布、传播虚假食品安全信息；

（二）媒体杜撰新闻事实，播发故意歪曲事实真相的食品安全新闻；

（三）媒体播发含有虚假事实、数字、图标、专家发言等的食品安全新闻；

（四）媒体对食品安全新闻图片或者新闻视频内容进行影响其真实性的修改。

第二十一条【信息欺诈法律责任】违反本办法第十一条规定，单位和个人编造、散布、传播虚假食品安全信息，构成违反治安管理行为的，应当移交公安机关依法处理。违反本办法第十一条规定，媒体或者媒体从业人员存在虚假新闻欺诈行为的，由县级以上食品药品监督管理部门移送有关部门依法处理，并向社会公告。

① 《食品安全欺诈行为查处办法（征求意见稿）》，12348中国法网·公益，http://zqyj.chinalaw.gov.cn/readmore?listType=2&id=1641。

虽然是征求意见稿，但上述条款①代表了有关部门的立法取向。该征求意见稿中有几点内容应特别注意：一是根据上述规定，食品药品监督管理部门对食品的一般信息传播具有了直接执法权，至少是“控制”“移交”权；二是只要进行转发，或媒体传播含有虚假成分的信息，哪怕是无心之失也构成违规。也就是说，根据《办法（征求意见稿）》的立法精神，不管是媒体还是个人，在传播食品信息时必须完全真实。否则，将面临被处罚的危险。

2017 年 7 月 14 日，国务院食品安全办、中宣部、公安部、食品药品监管总局等 10 部门联合下发《10 部门关于加强食品安全谣言防控和治理工作的通知》，以具体指导食品安全谣言综合治理。该通知第 2 条规定：“凡没有事实根据或者缺乏科学依据的食品质量安全信息均可判定为食品安全谣言。”② 该通知第 4 条标题为：“落实媒体抵制谣言的主体责任。”该条除了强调媒体要加强内容和导向管理，还具体规定：③ “凡经权威部门认定的食品谣言，一经发现，应立即采取删除、屏蔽、断开链接等必要措施。微博、微信等自媒体要及时清查发布食品谣言信息的相关平台账号，对违规内容和评论一律不予通过，对严重违规的账号要严肃查处。”

通知第 7 条则规定要严惩造谣者。一是各级网信、通信主管部门要督促网络运营者“及时采取警示、停止传输、关闭账号等处置措施，严惩食品安全谣言的传播者”。二是公安机关接到报案后，“应当依照刑法、治安管理处罚法、食品安全法等法律法规，严厉惩处谣言制造者和传播者。”三是指导受到谣言侵害的食品经营者依法追究侵权者的行政、民事、刑事等责任。

如果通知得到严格贯彻，所有涉及食品安全的信息都必须十分准确才不会有被惩罚的危险。很显然，主管部门是想通过严厉的惩处来震慑与遏制食

① 至于两款内容是否与法律和宪法相协调，本文不予讨论。

② 《10 部门关于加强食品安全谣言防控和治理工作的通知》，中华人民共和国中央人民政府网站，2017 年 7 月 26 日，http://www.gov.cn/xinwen/2017－07/26/content_5213553.html。

③ 《10 部门关于加强食品安全谣言防控和治理工作的通知》，中华人民共和国中央人民政府网站，2017 年 7 月 26 日，http://www.gov.cn/xinwen/2017－07/26/content_5213553.html。

品安全谣言的传播和泛滥。自2013年9月最高人民法院、最高人民检察院发布《关于办理利用信息网络实施诽谤等刑事案件适用法律若干问题的解释》以来，我国对网络“谣言”采取的是“严惩”态度，上述关于如何处置食品安全谣言的回应、规章、通知等，均可视为“严惩”取向在食品安全领域的延伸和拓展。

二 以法律手段严惩谣言当事人

在近些年来的食品安全谣言治理实践中，公权力部门加大了法律惩处力度，诸多当事人受到行政治安处罚，还有一些人被判刑。在2017年的“塑料紫菜”谣言事件中，福建、天津、四川、甘肃、青海等地公安机关共抓获18名涉案人员。其中，至少一人被科以刑罚。如此大规模的惩处，其目的是形成震慑效应，以遏制谣言传播。

（一）适用“损害商业信誉、商品信誉罪”等罪名惩治涉事者

在最近几年食品安全谣言的刑事惩处中，已经多次适用“损害商业信誉、商品信誉罪”，如“蒙阴蜜桃打防腐剂”谣言案、“蒙牛‘曲霉菌’”谣言案、“金龙鱼地沟油”谣言案等。

在“蒙牛‘曲霉菌’”谣言案中，犯罪嫌疑人许某被认定“实质性修改”并上传“蒙牛刚刚被查出黄曲霉菌超标”谣言，于2017年9月被判处有期徒刑10个月，并处罚金7万元。在2016年的“椰果饮料会吃死人”谣言案中，当事人刘某、邓某因制作上传有关视频被判处有期徒刑9个月，并处罚金人民币5000元。在“金龙鱼地沟油”谣言案中，两名涉案人员因发布“地沟油被金龙鱼回收”相关视频，涉嫌损害商业信誉、商品声誉犯罪，于2017年7月被天津警方刑事拘留。

我国刑法第221条规定，损害商业信誉、商品声誉罪可“处二年以下有期徒刑或者拘役，并处或者单处罚金”。构成该罪须同时具备三个要件：一是客观行为上捏造并散布了虚伪事实；二是主观上为“故意”；三是给他

人造成重大损失或者有其他严重情节。2017 年 11 月，王某被山东省蒙阴县人民法院以损害商品声誉罪判处有期徒刑 1 年，并处罚金人民币 3 万元。

在“塑料紫菜”谣言中，涉案人员王某则被以“敲诈勒索罪”处罚。2017 年 4 月，王某在食用晋江某品牌紫菜后，怀疑其为塑料制品，“在没有依据、未向相关部门反映、未经调查核实的情况下，录制‘紫菜是塑料做的’视频并发布朋友圈”①。王某向涉事企业索要 10 万元，涉事企业私下向王某支付 5.3 万元。后王某主动投案，其家属则退还所收款项。晋江法院认为，王某构成敲诈勒索罪，因有自首、悔罪、退款等情节，最终判处其有期徒刑 1 年 10 个月（最高刑期 2 年），并罚款 3 万元。

（二）依据《治安管理处罚法》惩处涉事者

除了刑事处罚，公安部门还频繁做出行政处罚。2017 年 7 月 26 日，国家食药监总局召开食品谣言治理座谈会，披露重拳治谣言情况。其中，“31 起网络谣言的责任人被处以行政拘留、罚款”②。这些谣言有海南“塑料大米”谣言，“杨梅打膨大剂”谣言，“吃辣条导致儿童死亡”谣言，“棉花肉松”谣言，“吃大盘鸡感染 H7N9”谣言等。

“吃大盘鸡感染 H7N9”③ 或类似谣言也曾经在各地被反复处罚。2016 年 5 月，山东郓城毛某、李某因散布“吃樱桃感染 H7N9 死亡”谣言分别被行政拘留 5 日和 7 日。2016 年 11 月，云南红河州李某因散布“食物传播禽流感”谣言被行政拘留 10 日。2017 年又有多人被处罚：2 月，广东深圳邹某、许某被分别拘留 5 日和 3 日；3 月，在安徽亳州涡阳李某被行政拘留；3 月广东湛江麻章谢某被行政拘留 5 日。3 月，广东湛江传谣者被拘留 10 日；4 月，甘肃玉门传谣者被拘留 7 日。

---

① 王选辉：《“塑料紫菜”视频造谣者犯敲诈勒索罪，一审被判一年十个月》，澎湃网，https：//www. thepaper. cn/newsDetail_ forward_ 1886853。

② 张鑫：《“牛奶又出事了”抹黑蒙牛等四起谣言涉案人被刑事追究》，澎湃网，https：//www. thepaper. cn/newsDetail_ forward_ 1743401。

③ 需要注意的一个现象是，最近两年来还出现众多因传播所谓人感染“sb250 病毒”“sk5 病毒”“sk6 病毒”谣言而被拘留的案例。

2017 年 5 月，散布“塑料大米”谣言被行政处罚至少有三起，分别发生在内蒙古巴林右旗、海南东方（被拘 5 日）、海南海口（被拘 5 日）。海口市案例情况为海口市女子苏某因怀疑自家吃的米是塑胶制作，自制视频上传网络，警方认为苏某虚构事实、发布虚假信息扰乱公共秩序，对其行政拘留 5 日。

（三）企业提起索赔数额巨大的民事诉讼

在食品安全谣言综合治理中，涉事企业除了组织力量进行辟谣、请求公权力积极介入，一些企业还提起索赔数额巨大的民事诉讼。典型案例有 2015 年康师傅谣言案、2015 年娃哈哈谣言案及 2016 年肯德基谣言案等。

娃哈哈谣言案大体如下。2015 年 1 月，吉林女子于某转发一条 QQ 空间信息。其内容为：“妇幼保健院提示您：请不要给宝宝喝爽歪歪和有添加剂的牛奶饮料，告诉家里有小孩的朋友，刚看了新闻，可口可乐、爽歪歪、娃哈哈 AD 钙奶、多美滋、雅培、美汁源果粒奶优菠萝味的，都含有肉毒杆菌。现在紧急召回，希望有儿女的爸爸妈妈相互转告。”娃哈哈公司将于某诉上法庭，索赔 20 万元。法院最后调解：娃哈哈放弃索赔，但于某“必须签署调解书公开承认这是谣言，对娃哈哈造成了伤害，公开对娃哈哈进行赔礼道歉”[①]。

2015 年，肯德基将某 3 家公司的 10 个公众号告上法庭，“每个被告要求最高达 150 万元人民币的赔偿，共计 350 万元”[②]。2016 年，上海市某法院一审判决 3 家公司赔偿肯德基 60 万元，并在腾讯、新浪、搜狐等门户网站新闻板块赔礼道歉。

---

① 朱银玲、方力、尚法：《娃哈哈里含有肉毒杆菌是谣言　转发谣言者被告上法庭》，浙江新闻网，2015 年 5 月 29 日，http：//zjnews. zjol. com. cn/system/2015/05/29/020673761. shtml。

② 《6 个翅 8 条腿？肯德基诉微信号造谣索赔 350 万》，新华网，2015 年 6 月 2 日，http：//www. xinhuanet. com/fortune/2015 －06/02/c_ 127868858. htm。

网络国际治理

International Governance of Internet

B.20

欧盟数据保护改革：云计算面临的挑战*

Marina Škrinjar Vidović 著　杜靖莹　黄锐浩 译**

摘　要： 欧盟委员会（EC）将数据保护立法视作云计算在欧洲发展和扩张的一大主要障碍。根据欧盟委员会要促进欧盟（EU）云计算的发展环境建设的目标，本文旨在评估在欧盟《通用数据保护条例》（以下简称《条例》）框架下，云服务提供商的新角色、责任后果和个人新权利。分析表明，鉴于欧盟把数据保护置于一项基本权利的地位，《条例》大大提高了云计算中数据保护的标准，这使欧盟内云服务提供商面临比非欧盟竞争有更高要求的挑战。进一步分析表明，通过提高隐私保护技术和《条例》的域外适

* 本文为司法部国家法治与法学理论研究课题“云计算时代下个人信息保护制度研究——以个人信息权财产属性为视角”（项目编号：13SFB3031）、广东省省哲学社科“十二五”规划课题“从隐私权到自决权：云计算时代个人信息保护研究”（项目编号：GD13YFX01）的阶段性成果。原文载于 *Croatian Yearbook of European Law and Policy*, Vol. 12, 2016, pp. 171 - 206。囿于篇幅，翻译时对原文有删减。

** Marina Škrinjar Vidović，荷兰乌得勒支大学（Utrecht University）。杜靖莹，中山大学法学院助教；黄锐浩，中山大学法学院助教。

用，再加上巨额违规罚款，《条例》提供的工具或许可以使非欧盟的服务提供商将其商业模式调整为符合欧盟标准，从而重新平衡可能出现的市场中云计算服务瓦解情形。本文认为《条例》提供了或许能使全球数据，尤其是云计算的保护标准提高的工具。

关键词： 个人信息保护　云计算　欧盟通用数据保护条例

译者按：欧盟《通用数据保护条例》（*General Data Protection Regulation*，GDPR，以下简称为《条例》）已于2018年5月25日正式生效，将带来一系列诸如数据定位、搜索、保护和监控方面的重大制度改革，关乎诸多企业，影响广泛。云计算产业作为近年来产值不断跃升的全球性朝阳行业，与上述方面息息相关，欧盟为此也专门发布了“欧盟云计算行动计划”等意见。我国同样相当重视云计算产业。2015年1月，国务院发布了《关于促进云计算创新发展培育信息产业新业态的意见》；2016年国家“十三五”规划纲要表明“积极推进云计算和物联网发展”。本文对《条例》中云计算提供商的新合规要求进行分析与评估，为我国云计算企业的欧盟地区经营业务提供指引，并为我国云计算产业的本国合规实践提供借鉴。

一　在云计算背景下的数据保护改革

《欧盟数据保护指令》（DPD①，以下简称《指令》）于1995年通过并于

① Directive 95/46/EC of the European Parliament and of the Council of 24 October 1995 on the protection of individuals with regard to the processing of personal data and on the free movement of such data [1995] OJ L281/31. The *Data Protection Directive* was transposed by the EU Member States and the three European Economic Area States: Iceland, Liechtenstein, and Norway by the Decision of the European Economic Area Joint Committee No 83/1999 Amending Protocol 37 and Annex XI (Telecommunications Services) to the EEA Agreement [2000] OJ L296/41. Switzerland has also implemented the Directive in the areas related to the Schengen Agreement: Annex B (Article 2 (2)), Agreement between the European Union, the European Community and the Swiss Confederation on the Swiss Confederation's Association with the implementation, Application and development of the Schengen Acquis [2008] OJ L53/52.

1998 年 10 月 25 日生效。从那时起，《指令》一直是欧盟数据保护领域的主要法律文书。

然而，数据保护制度近年来一直是欧盟最为棘手的问题之一，其原因众多。《里斯本条约》[①] 于 2009 年 12 月通过，其中最重要的变化之一是《欧盟基本权利宪章》[②] 具有法律约束力——数据保护被确认为一项单独的基本权利。这显示了对《指令》中基本层面的重视，在近年来[③]欧洲法院（CJEU）的判例法中已经很明显。此外，当前收集、处理和获取数据的方式已不同于 20 年前。然而，尽管《指令》为数据保护提供了坚实的基础，它既没有为处理数据收集和存储的爆炸式增长作准备，也没有专门针对处于监管灰色地带的云计算。[④]《指令》的另一个缺陷是，它没有在欧盟[⑤]范围内产生所需的国家立法协调机制。CJEU 的裁决授权国家数据保护机构（DPA）

---

① Treaty of Lisbon amending the Treaty on European Union and the Treaty establishing the European Community [2007] OJ C306/01.

② Charter of Fundamental Rights of the European Union [2012] OJ C326/391. The Charter recognises the right to privacy in art 7 and the right to the protection of one's personal data in art 8.

③ In this regard, see M. Brkan, "The Unstoppable Expansion of EU Fundamental Right to Data Protection. Little Shop of Horrors?" (2016) 23 (5) Maastricht Journal of European and Comparative Law 812.

④ According to C. Millard, Cloud Computing Law (OUP 2013) 3, "Cloud computing is a way of delivering computing resources as a utility service via a network, typically the Internet, scalable up and down according to user requirements". According to Mell and Grance, the cloud model is composed of five essential characteristics (on demand self-service; broad network access; resource pooling; rapid elasticity; measured service), three service models (Software as a Service - SaaS; Platform as a Service - PaaS; and Infrastructure as a Service -IaaS), and four deployment models (Private cloud, Community cloud; Public cloud and Hybrid cloud). P. Mell and T. Grance, The NIST Definition of Cloud Computing (2011) National Institute of Standards and Technology, US Department of Commerce (Special Publication 800 – 145) <http://nvlpubs.nist.gov/nistpubs/Legacy/SP/nistspecialpublication800 – 145.pdf> accessed 16 May 2016.

⑤ 参见 Peter Hustinx, "EU Data Protection Law: The Review of Directive 95/46/EC and the Proposed General Data Protection Regulation" 26 – 27 <https://secure.edps.europa.eu/EDPSWEB/webdav/site/mySite/shared/ Documents/EDPS/Publications/Speeches/2014/14 – 09 – 15_ Article_ EUI_ EN.pdf> accessed 16 May 2016, and the Commission's First Report on the Transposition of the Data Protection Directive <http://ec.europa.eu/justice/data – protection/document/transposition/index_ en.htm> accessed 16 May 2016。

也为对数据保护规则有多种不同解读的状况埋下了祸根[①]，欧盟范围内的这种差异反过来又成为企业高昂的行政负担成本。[②] 最后，斯诺登对几个国家大规模未经授权的监视行动的揭露引起了欧盟公民对隐私保护的关注，推动建设了欧盟的改革数据保护框架。

与此同时，欧盟委员会（EC）在其电子议程中设定了释放云计算潜力的目标，预估欧盟云计算的累计经济影响可能高达9400亿欧元，以及2015～2020年[③]将达到380万个就业机会。然而，欧盟委员会已将数据保护立法列为云计算在欧洲[④]发展和扩张的主要障碍之一。欧盟委员会还特别强调，27个国家的立法框架差异化在单一数字化市场层面上，尤其是在有厘清国际云数据传输规制上的需求时，使具有成本效益的云端解决方案失效；其他评论则强调，需要提高数据处理的透明度及确定云端提供商的相关位置。

数据保护工作组即所谓第29条数据保护工作组（WP29，以下简称工作组）[⑤] 于2012年7月1日[⑥]通过了关于云计算的意见。工作组在该意见中概述了云计算服务的大规模部署会如何引发数据保护风险，其中主要是缺乏对

① Eg, according to Case C-230/14 Weltimmo EU：C：2015：639, a company might be subject to multiple data protection authorities；in Case C-362/14 Schrems EU：C：2015：650, national data protection authorities are empowered to decide on a case-by-case basis whether a particular data transfer meets all the relevant requirements prescribed under the national legislation and EU directive.

② 参见 Commission, "Data Protection" (2015) Special Eurobarometer 431/ Wave EB83. 1 - TNS opinion & social, Summary, 2 <http：//ec. europa. eu/public_ opinion/archives/ebs/ ebs_ 431 _ sum_ en. pdf> accessed 10 May, 2016。

③ Commission, "Unleashing the potential of Cloud Computing in Europe" Communication COM (2012) 529 final, 8, quoting IDC (2012) "Quantitative Estimates of the Demand for Cloud Computing in Europe and the Likely Barriers to Take-up" <http：//eur-lex. europa. eu/LexUriServ/LexUriServ. do? uri = COM：2012：0529：FIN：EN：PDF> accessed 21 October 2016.

④ ibid.

⑤ The Article 29 Working Party is set is up under the Directive 95/46/EC. It is composed of representatives from all EU Data Protection Authorities, the EDPS and the European Commission. It has advisory status and acts independently.

⑥ WP 29 Opinion 05/2012 on Cloud Computing, adopted on 1 July 2012.

个人数据的控制，以及没有充分的信息来说明如何、在哪和由谁来对数据进行（子）处理。尽管并非必须，该意见还给出了一份如何应用目前《指令》的建议清单，欧盟委员会对此表示欢迎。①

云计算的发展似乎已经显示了《指令》所表现出的所有缺点。数据在云端迅速转移的能力及其实体位置透明度的缺乏给决策者带来了难题。虽然欧盟的立法都是关于保持对数据的控制并依赖控制者能完全控制数据处理的假设，但是云计算的使用会降低直接控制的水平。此外，大多数云计算合同都将云端处理者的责任限制在与数据主体的潜在风险并不相当的水平。

面对新技术的挑战和现行数据保护指令中存在的上述缺陷，欧盟在2009年宣布启动了欧盟数据保护改革程序，经过多年深入谈判，欧洲议会于2016年4月通过了受期待已久的《条例》（GDPR）②。《条例》将取代《指令》并将直接适用于每个欧盟成员国。尽管如此，在《条例》于2018年5月24日生效之前，《指令》仍然是规范欧盟这一领域的主要法律工具。且《条例》本身并非专门针对云计算，而是表现为技术中立。这意味着无论使用何种处理个人数据的手段，《条例》的规则都适用；然而，由于云端中发生的数据处理的性质，它将对云计算产生特定的影响。

在欧洲议会、欧盟委员会和部长理事会的三方谈判中，欧洲法院（CJEU）在制定《条例》方面发挥了积极的作用，因为《条例》的最终文本受到了欧洲法院在谈判期间所做出的裁定的高度影响。2014年，法院在*Digital Rights Ireland*案③中发布了一项具有里程碑意义的裁决：它使2006年数据保留指令无效——因该数据保留指令出于执法目的，要求私人提

---

① Commission（Unleashing the potential of Cloud Computing in Europe）9.

② Regulation（EU）2016/679 of the European Parliament and of the Council of 27 April 2016 on the protection of natural persons with regard to the processing of personal data and on the free movement of such data, and repealing Directive 95/46/EC（General Data Protection Regulation）［2016］OJ L119/1.

③ Joined Cases C-293/12 and C-594/12 *Digital Rights Ireland* EU：C：2014：238.

供商在相当长的时间内保留电子通信元数据。欧洲法院认为欧盟立法机构已经超越了《欧盟基本权利宪章》（第7条，第8条和第52条第1款）某些规定中相称性原则的界限，从而将欧盟公民的隐私和数据保护权作为一项基本法律置于中心地位。其中 *Google Spain* 案[①]是最重要的，不仅因为欧洲法院承认了“被遗忘权”，更因为它分析了互联网搜索引擎是否应该被视为数据控制者或数据处理者和欧盟数据保护法的领土适用，以及将数据保护权延伸至互联网。

在 *Schrems* 案[②]中，法院宣布欧盟与美国之间数据传输的安全港适当性判决无效，称其提供的数据保护水平与欧盟不相当。法院还特别指出，美国情报机构获得的数据传输权干扰到了尊重欧盟公民私生活权和欧盟公民个人数据受保护权，由此提高了数据保护作为基本权利的地位。此外，该判决提升了 DPA 的地位——它获得了评估和应对欧盟委员会所作出的适当性决定的权力。

在“数据保护是一项人权”和“确保欧盟云端市场发展的环境”之间形成协同效应，在很多方面都具有挑战性。考虑到欧盟委员会的计划是要一方面推动欧盟云服务提供商的建立和运营，另一方面旨在向欧盟公民确保他们在欧盟委员会控制之下的云端数据是安全的，本文旨在确定《条例》是否会使欧盟云服务提供商更容易解决这些合规问题，从而确保对他们而言会有一个有利的环境。因此，本文分析了《条例》下云服务提供商的新角色和职责。新义务的影响将在其实施范围内进行分析，包括加密、域外法权和跨境数据流的规定。考虑到近十年来云计算发展的热门话题，本文引用了一些研究复杂云环境下数据保护规则最重要的学者意见以供参考。本文的目的并不是分析云计算的技术方面，尽管其最重要的方面将被提及，以分析《条例》的最终规定及其影响；本文也并不打算对《条例》下的云计算提供任何形式的综合经济分析。本文目的更为有限——仅强调和提示《条例》

---

① Case C-131/12 *Google Spain and Google* EU：C：2014：317.

② Case C-362/14 *Schrems* EU：C：2015：650.

的繁重措施会产生的潜在影响。

本文的结论是,《条例》显著提高了与数据保护作为一项基本权利的立场相符的标准,从而使欧盟云服务提供商处于比非欧盟竞争对手更苛刻的地位。然而,通过适用隐私保护技术和域外应用《条例》,可能发生的(云)市场衰败现象或许会得到再平衡,使非欧盟服务提供商将其商业模式调整为符合欧盟标准。这可能会提高全球云市场的数据保护标准。

二 云端服务提供商的新责任

《条例》向云服务提供商以两种不同方式施加了一系列新义务:引入数据处理者的合同性责任和引入以强化数据主体权利。二者都会在下文中谈及。

(一)数据控制者和数据处理者间关系的变化

根据欧洲数据保护法,区分数据控制者和数据处理者对妥善分配责任及确定所适用的法律至关重要。在这方面,云计算中的两个主要角色是云客户端和云服务提供商:云客户端可能会被视为数据控制者;而云服务提供商则可能被视为数据处理者。然而,在云计算中,有时或许很难确定服务提供者是数据处理者还是数据控制者。实际上,使用一项云计算服务的个人(数据控制者),不太可能明确其所控制的个人数据处理的目的和方式。[①] 在云数据库中,数据被存储在云端的服务器和其他存储设备中,而后经重组并交

① DPD (Directive 95/46/EC of the European Parliament and of the Council of 24 October 1995 on the protection of individuals with regard to the processing of personal data and on the free movement of such data [1995] OJ L281/31) art 2; GDPR [Regulation (EU) 2016/679 of the European Parliament and of the Council of 27 April 2016 on the protection of natural persons with regard to the processing of personal data and on the free movement of such data, and repealing Directive 95/46/EC (General Data Protection Regulation) [2016] OJ L119/1] arts 4 (7) and 28 (10).

付给使用正确信息登录数据库的用户。[①] 信息和个人数据将从一个数据中心快速传输至另一个，而用户却无法控制数据处理的“方式”。此外，还有许多以消费者为导向的云服务，如向用户提供免费服务，而云端提供商使用所收集的个人数据（如用于定向广告）来帮助支付这些服务；在这种情况下，云服务提供商将成为数据控制者。考虑到云服务的性质，云计算提供商所扮演的角色应该根据具体情况来确定。[②]

在现行《指令》下，云端提供商作为数据处理者的直接责任[③]比较少，而且主要是确保数据处理过程的安全。[④] 在这方面，《工作组》在其关于控制者和处理者的概念的意见中指出：“认识到在复杂环境中应用定义的困难，在这种情况下，可以预见许多情形，涉及控制者和处理者单独或联合地具有不同程度的自主性和责任。”[⑤] 它强调有必要“在控制者和处理者之间分配责任，以便在实践中充分保证符合数据保护规则”。因此，为调整参与者的角色和定义，在《条例》的一些领域中，现在是由数据处理者直接担责，同时对其违规的罚款也相当重，这将大大改变数据处理者在云端环境中的地位。这意味着，如果服务提供者不遵守其新义务，就将面临监管当局直

① C. Millard, Cloud Computing Law (OUP2013) 3, "Cloud computing is a way of delivering computing resources as a utility service via a network, typically the Internet, scalable up and down according to user requirements", 9.

② P. Hustinx, "Data Protection and Cloud Computing under EU Law" (speech at the Third European Cyber Security Awareness Day, BSA, European Parliament, 13 April 2010) 3 <www. edps. europa. eu/EDPSWEB/webdav/shared/ Documents/ EDPS/ Publications/ Speeches/ 2010/ 10 - 04 - 13_ SpeechCloudComputingEN. pdf> accessed 10 May 2016.

③ Therefore, in Google Spain and Google (Case C - 131/12 Google Spain and Google EU: C: 2014: 317) the CJEU found that the definition of "data controller" should be broadly construed, in order to provide "effective and complete protection of data subjects". Given this, it decided that the operator of a search engine is to be considered a data controller rather than a data processor. The search engine operator determines the purposes and means of that activity and thus of the processing of personal data that it itself carries out within the framework of the activity and is thus a controller.

④ Arts 16 and 17, DPD (Directive 95/46/EC of the European Parliament and of the Council of 24 October 1995 on the protection of individuals with regard to the processing of personal data and on the free movement of such data [1995] OJ L281/31).

⑤ WP 29 Opinion 1/2010 on the concepts of "controller" and "processor", adopted on 16 February 2010.

接采取执法行动的风险。

在这方面，根据《条例》，云服务提供商将被要求遵守一些新的具体义务（specific obligations），包括对所有数据处理活动保留足够的文档记录，[①] 实施适当的安全标准，[②] 进行数据保护影响日常评估，[③] 指定一名数据保护官员，[④] 遵守国际数据传输规则，[⑤] 并与国家的 DPA 进行合作。[⑥]

目前，充当处理者角色的大型云服务提供商（如 Google、Facebook 和 Apple）都有标准的、不可协商的服务条款。基于这类云端提供商的盛行，公司接受他们的此种没有讨价还价余地的合同，也因此对数据的控制程度要比作为控制者本应拥有的低。这就是为何《条例》第 28 条是影响云计算服务的关键条款之一——它列出了处理者和控制者之间的强制性合同条款（obligatory contractual terms）。该合同现在将定义处理者如何代表控制者执行数据处理，并为控制者和处理者之间的责任转移提供了一个关键工具。在这方面，控制者与处理者之间的合同将必须界定处理的客体和持续时间、处理的性质和目的、个人数据的类型和数据主体的类别及处理的义务和权利。[⑦] 然而，更重要的是处理者的附加特定合同义务，包括确保处理的工作人员承担保密义务；采取适当的安全措施保护数据不受损失、变更或未经授权处理；仅在得到处理者事先许可的情况下才允许使用子处理器；与控制者达成协议，以满足根据规则履行数据主体权利的必要技术和组织要求；协助控制者履行其通知监管当局和数据泄露的数据主体的义务；在处理结束或服务协议终止后交出所有个人数据；并在某些情况下向控制者和监督机构提供

① GDPR（EU）2016/679 of the European Parliament and of the Council of 27 April 2016 on the protection of natural persons with regard to the processing of personal data and on the free movement of such data, and repealing Directive 95/46/EC（General Data Protection Regulation）［2016］OJ L119/1 art 30.

② Ibid, art 32.

③ Ibid, art 35.

④ Ibid, art 37.

⑤ Ibid, art 44.

⑥ Ibid, art 31.

⑦ Ibid, art 28（3）.

所需信息。

尽管如此，《条例》仍保留了现行制度：由控制者负责处理者的行为。此外，《条例》规定，在代表控制者进行处理的情况下，控制者应仅使用提供足够保证的处理者来实施适当的技术和组织措施，以使处理过程符合《条例》的要求并确保数据主体的权利受到保护。这一规定提高了云服务提供商的标准，同时也为客户创造了要测试和检查其购买的解决方案的义务。①

处理者只能按照控制者的指示进行操作。如果处理者对个人数据自行做出决定，而非遵循控制者的指示，那么该处理者将被视为处理活动的控制者，并受到控制者对该处理的完全合规义务的约束。② 必须指出的是，该规定不适用于 IaaS 中云服务提供商的应用，在这种情况下，通常是控制者本身使用提供者的资源处理数据，而不是提供者主动为控制者处理数据，所以引用控制者指导处理者对 IaaS 中的数据处理并无意义。③ 考虑到《条例》倾向于技术中立，它不符合该技术运作的实际情况。

《条例》也增加了另一项新的要求，以解决不同角色之间的责任和确保数据主体权利保障的落实。这涉及共同控制者（joint controllers）有义务在安排中规定各自的责任，特别是他们有义务允许个人行使其个人信息的权利，并向个人提供通知。④ 共同控制者各自都对处理造成的整体损

① 参见 Mark Weber, The GDPR's Impact on the Cloud Service Provider as a Processor（2016）16（4）Privacy & Data Protection。

② GDPR（EU）2016/679 of the European Parliament and of the Council of 27 April 2016 on the protection of natural persons with regard to the processing of personal data and on the free movement of such data, and repealing Directive 95/46/EC（General Data Protection Regulation）[2016] OJ L119/1 art 28（10）.

③ K. Hon, J. Hornle, C. Millard, ‘Data Protection Jurisdiction and Cloud Computing: When Are Cloud Users and Providers Subject to EU Data Protection Law?’ The Cloud of Unknowing, Part 3（2012）26（2－3）International Review of Law, Computers & Technology 129, 152.

④ GDPR（EU）2016/679 of the European Parliament and of the Council of 27 April 2016 on the protection of natural persons with regard to the processing of personal data and on the free movement of such data, and repealing Directive 95/46/EC（General Data Protection Regulation）[2016] OJ L119/1 art 26（1）.

害负有责任。[①]

为确保《条例》的有效实施，所有前述事项都指向引入一个新的责任机制，通过这个机制，处理者可以与控制者一起承担连带责任。控制者和处理者都将受到《条例》下的行政罚款（administrative fines），最高可达2000万欧元或占全球总营业额的4%（以较高者为准）。[②] 更重要的是处理者将向他们所处理数据的所有者直接承担责任。个人将有权寻求司法救济，并向由于不遵守《条例》从而侵犯其权利的处理者索要赔偿。此外，根据《条例》的治外法权规定，可以在个人所在的欧盟成员国的法院对非欧盟处理者提起诉讼。但是，只有在处理活动未遵守《条例》针对处理者的特别义务、违反控制者合法指令或在其之外的情况下，处理者才对其处理活动造成的损害承担责任。在这种情况下，处理者若能证明无须对损坏负责，则可以获得豁免。

直到现在，控制者和处理者都是通过合同来定义它们的角色和权限。但是，拟议的新条款将在未来的合同中引起重大变化。[③] 例如，《条例》从根本上改变了处理者与控制者、个人和DPA之间的关系。在现行《指令》下，处理者与DPA没有直接的联系。但是，未来DPA将拥有对处理者的调查权，并能够获得处理者所拥有的所有个人数据。它将有权访问处理者的处所、发出警告、规范合规性、禁止处理活动和最终做出罚款。如前所述，（雇用超过250名员工的）处理者须承担保有处理活动记录的新义务，以便根据申请向DPA提供所记录的信息，这很可能需要处理者在记录保存功能上进行一定的资金投入。

为证明符合实施适当技术和组织措施的要求，处理者可以遵守由代表控

---

① GDPR（EU）2016/679 of the European Parliament and of the Council of 27 April 2016 on the protection of natural persons with regard to the processing of personal data and on the free movement of such data, and repealing Directive 95/46/EC（General Data Protection Regulation）［2016］OJ L119/1 art 26（1）.

② Ibid, art 83.

③ 参见 the analysis by V. Hordern, "The EU General Data Protection Regulation: A Brave New World for Processors"（2016）World Data Protection Report, 16 WDPR 02, available at <www.hldataprotection.com/ files/2016/03/Hordern-Art-16WDPR02.pdf> accessed 10 December 2016。

制者和处理者的协会或机构起草的经批准的行为准则或行业标准（Codes of Conduct or Industry Standards）。[①] 这些草案必须提交给主管监督机构，他们将就草案是否符合规定发表意见：若符合，将进行后续注册。这些守则一旦按照规定被采纳，肯定会有助于起草未来的控制者—理者合同。根据欧盟通信委员会在“发挥欧洲云计算潜能”（Unleashing the Potential of Cloud Computing in Europe）中所设想的行动，欧盟委员会在云端选择产业集团内建立了云服务提供商行为准则小组。该行为准则已提交给工作组寻求意见[②]，据此，在撰写本文时，守则仍然不符合最低限度的法律要求，并且存在一些实质性问题（例如，角色的定义、数据处理的透明度、欧盟对个人数据定义的适用性、对数据可移植性的参考及对国际转让的要求等）。收到工作组意见后，“云服务提供商行为准则”目前正在定稿。考虑到《条例》在技术上中立，该准则对云服务提供商无疑是非常有用的，它可以帮助他们根据云产业的具体环境进行调整从而与新规定保持一致。

工作组和《条例》都排除了一些活动：虽然这些活动构成了个人数据的处理，但不在欧盟数据保护法的范围之内。与云计算相关的争议例外之一是家庭豁免（Household Exemption）。考虑到云提供商有向个人和最终用户提供云计算服务的趋势，关于云提供商是否会被欧盟数据保护框架覆盖及个人数据是否会得到适当保护，存在不确定性。在这方面，《条例》明确表述如下：

> 不适用于自然人在纯粹个人或家庭活动过程中处理个人资料，因此不涉及专业或商业活动。个人或家庭活动可能包括对应和举行地址，或在此类活动的范围内进行的社交网络和在线活动。但是，本法规适用于

---

① GDPR（EU）2016/679 of the European Parliament and of the Council of 27 April 2016 on the protection of natural persons with regard to the processing of personal data and on the free movement of such data, and repealing Directive 95/46/EC（General Data Protection Regulation）[2016] OJ L119/1 art 28（5）in conjunction with art 40.

② WP29 Opinion on C-SIG Code of Conduct on Cloud Computing, adopted on 22 September 2015.

为个人或家庭活动提供个人资料处理手段的控制者或处理者。[①]

通过插入最后一句话，《条例》填补了“家庭豁免”方面的空白，并提供了一项明确的要求，即在向处于家庭豁免范围内的自然人提供服务时，对云端服务提供商与常规数据处理者有相同的要求。

处理者在《条例》下的新义务在应用于商业化服务（如云基础设施服务）或作为平台即服务模型（IaaS / PaaS）时被批评为不适当和烦琐。[②] 问题是，考虑到个人数据的宽泛定义和处理者的新角色，尽管处理者仅向云端用户提供资源并且不知道所存储数据的性质和/或缺乏获取该相应数据的能力，云端设施服务仍属于《条例》的职权范围内。为满足《条例》的要求，他们的地位和商业模式将会发生根本性的变化。

云服务提供商的另一个负担是前面提到的要求控制者事先向另一（子）处理者提供特定或一般性的书面同意。[③] 云服务一般通过在各种卫星中使用转包商提供。[④] 但是，由于典型的云情景可能涉及更多的分包商，（需要）处理个人数据以进一步处理不兼容目的的风险相当高。[⑤] 现在，根据《条例》，分包商在参与时必须确保与控制者和处理者之间的合同中的数据保护义务相同；特别是他们必须提供足够的保证，以实现适当的技术和组织措施来符合《条例》的要求。如果子处理者未履行义务，初始处理者仍对处理

---

① GDPR（EU）2016/679 of the European Parliament and of the Council of 27 April 2016 on the protection of natural persons with regard to the processing of personal data and on the free movement of such data, and repealing Directive 95/46/EC（General Data Protection Regulation）[2016] OJ L119/1, recital 18.

② 参见 Kuan Hon, ‘GDPR: Killing Cloud Quickly?（Privacy Perspectives, 17 March 2016）<https: //iApp. org/news/a/gdpr - killing - cloud - quickly/> accessed 15 December 2016。

③ In line with WP 29 Opinion（WP 29 Opinion 05/2012 on Cloud Computing, adopted on 1 July 2012）.

④ 参见 in this regard, EU Expert Group on Cloud Computing Contracts' ‘Discussion Paper on Subcontracting’, 25 March 2014 <http: //ec. europa. eu/justice/contract/files/expert_ groups/expert_ group_ subcontracting_ discussion_ paper_ en. pdf> accessed 15 December 2016。

⑤ WP 29 Opinion（WP 29 Opinion 05/2012 on Cloud Computing, adopted on 1 July 2012）11.

者的行为负全责。正如 Hon 女士强调的那样，① 只有云行业中控制其供应链的大参与者（美国）才更可能将《条例》义务转嫁到子参与者的责任链上，反之小 SaaS 提供商在与 Amazon、Google 或 Microsoft 谈判时则难以接受这些额外的义务。由此，她预测，这将使更大型的参与者主宰欧洲的云市场。② 工作组也认识到（这种）失衡的谈判立场，其倡议敦促委员会为消费者和商业利益组织提供更积极的功能，以便更多地进行谈判，平衡了大型云计算提供商的一般条款和条件。③ 与此同时，工作组还指出："小型控制者在大型服务提供商方面的合同权力不平衡不应被认定为'控制人接受不符合数据保护法的合同条款和条款'的理由。"④《条例》对现有合同没有过渡性安排，因此所有处理个人数据的服务提供商，无论是否基于云计算，都将必须与数据控制人员签订的合同重新进行谈判，以确保符合《条例》规定适当分配责任。

（二）增强个人权利的措施

正如立法者所述，⑤《条例》的目的是将数据的控制权交还给数据主体。

---

① 参见 Kuan Hon's series of publications on the GDPR influence on cloud computing < www. kuan0. com/publications. html > accessed 15 December 2016; particularly Graeme Burton, 'Costs and Administrative Burdens of GDPR Will Help US Companies Dominate the EU's Cloud Computing Market' (V3, 27 October 2016) < www. v3. co. uk/v3 – uk/news/2475499/costs – and – administrative – burdens – of – gdpr – will – help – us – companies – dominate – the – eus – cloud – computing – market > accessed 15 December 2016。

② However, see the contrary opinion of P. Bindley cited in N. Ismail 'Capability and Not the Size of Cloud Service Providers Will Determine Which of Them Thrive Under the GDPR' (Information Age, 14 November 2016) available at < www. information – age. com/size – matter – cloud – post – gdpr – 123463175/ > accessed 20 December 2016.

③ WP29 Opinion (WP 29 Opinion 05/2012 on Cloud Computing, adopted on 1 July 2012) 23.

④ GDPR (EU) 2016/679 of the European Parliament and of the Council of 27 April 2016 on the protection of natural persons with regard to the processing of personal data and on the free movement of such data, and repealing Directive 95/46/EC (General Data Protection Regulation) [2016] OJ L119/1.

⑤ 参见 Commission, "Protection of Personal Data" (European Commission: Justice) < http: // ec. europa. eu/justice/data-protection/ > accessed 15 December 2016。

与此相一致，该法规加强了现有的并同时创建了两项新的“个人数据保护权利”：删除权（right to erasure）和数据可携带权（right to data portability）。这将对云服务提供商产生直接影响，因此在下面进行更详细的分析。

删除权建立在欧洲法院所承认的所谓“被遗忘权”基础上。① 根据《条例》通过的条款，在下述情况中，控制者必须删除个人数据，不可无故延迟：数据不再与其收集目的相关联；数据主体撤回同意或没有其他合法理由处理；数据主体反对处理；个人数据已被非法处理；个人数据必须按照国家法律予以删除；已经收集了有关向儿童直接提供信息社会服务的个人数据。在相关批评②“删除权与其他基本权利冲突”后，《条例》的最终文本规定：删除权必须与言论自由权和信息权相平衡，遵守联盟或成员国的法律义务，履行公共利益或行使官方权力，公众对健康的利益，科学研究和历史研究及行使或捍卫法律诉求。

《条例》通过厘清线上运营商的义务来加强删除权，公开个人数据的运营商应采取“合理步骤”通知处理个人数据的其他运营商，以清除个人数据相关的链接和复制品。③ 《条例》没有界定“合理步骤”，因为这些步骤取决于可用的技术和实施成本，但考虑到在云环境中大规模传输数据的可能性和具体数据的位置难以在碎片化的云端中被确定，以及关于谁是原始控制者、原始控制者如何能够识别其需要在复杂的云环境中通知其他控制者的公开问题，可以假设：删除权将给云提供商带来沉重的负担。④

---

① Case C－131/12 *Google Spain and Google* EU：C：2014：317.

② 参见 V. Reading，‘The EU Data Protection Reform 2012：Making Europe the Standard Setter for Modern Data Protection Rules in the Digital Age’（speech held at the DLD Conference in Munich，22 January 2012）< http：//europa. eu/rapid/press-release_ SPEECH －12 －26_ hr. htm > accessed 1 December 2016。

③ GDPR（EU）2016/679 of the European Parliament and of the Council of 27 April 2016 on the protection of natural persons with regard to the processing of personal data and on the free movement of such data，and repealing Directive 95/46/EC（General Data Protection Regulation）［2016］OJ L119/1 art 17（2）in conjunction with recital 66.

④ In that regard，see ENISA，‘The Right to Be Forgotten － Between Expectations and Practice’（European Union Agency for Network and Information Security，20 November 2012）< www. enisa. europa. eu/publications/the－right－to－be－forgotten > accessed 20 September 2016.

然而，这一规定的主要不足之处在于，数据控制人员在考虑删除数据的请求时，（谁）将负责法官和陪审团的角色。[①] 数据控制人员很有可能不会挑战高风险的行政罚款（再次达到2000万欧元或占全球全年营业额的4%，以较高者为准），并且他们通常会根据数据主体的要求清除数据，这可能影响到后续在言论自由和信息权利间实现平衡，而不考虑强加的安全规定。考虑到在行使删除权前假定在不同的基本权利间进行平衡测试，而该测试至今仍由欧洲法院负责执行，因此寄期望于云服务提供商有资格参加此项活动是不现实的。所以，最好应该由工作组提供[②]关于适用删除权的非常明确的指示，并且应该加强国家DPA作为咨询机构在查询删除权方面的作用。

另一项新的繁重措施是采用数据可携带权[③]，这旨在解决供应商锁定问题。数据可携带权指当根据同意或合同提供和处理数据时，要求数据控制者确保他们能够以可用和可转换的格式将他们拥有的关于数据主体的个人数据移交给他人。目前，大多数云提供商不使用标准数据格式和服务接口，以促进不同云提供商[④]之间的互操作性和可携带性。对中小企业来说，这种在控制者之间传输个人数据的新权利造成了不成比例的重大的额外负担，这要求他们对新系统和进程进行大量投资，以确保数据传输的进出口机制。[⑤]

---

① In this regard, see eg G. Francoise, "The Right of Erasure or Right to be Forgotten: What the Recent Laws, Cases, and Guidelines Mean for Global Companies" (2015) 18 (8) *Journal of Internet Law* 1, 8; M. L. Rustad and S. Kulevska, "Reconceptualising the Right to be Forgotten to Enable Transatlantic Data Flow" (2015) 28 (2) *Harvard Journal of Law & Technology*.

② In this regard, WP29 already adopted on 26 November 2014 the Guidelines on the implementation of the Court of Justice of the European Union judgment in Case C – 131/12 Google Spain SL and Google Inc. v Agencies Espanola De Protection De Dates (Aped) and Mario Costa Gonzalez.

③ GDPR (EU) 2016/679 of the European Parliament and of the Council of 27 April 2016 on the protection of natural persons with regard to the processing of personal data and on the free movement of such data, and repealing Directive 95/46/EC (General Data Protection Regulation) [2016] OJ L119/1 art 20.

④ WP29 Opinion (WP29 Opinion on C – SIG Code of Conduct on Cloud Computing, adopted on 22 September 2015) 12.

⑤ See P. Swire and Y. Lagos, "Why the Right to Data Portability Likely Reduces Consumer Welfare: Antitrust and Privacy Critique" (2013) 72 (2) *Maryland Law Review* 335.

根据欧盟云计算合同专家组的报告,[①] 数据迁移应视为云提供商提供的额外收费服务。但是，这可能会造成“大（型)”云提供商增加从一个服务转移到另一个所需的交易成本的风险，并以这种方式将用户锁定到他们的系统中。在云提供商在市场上占据主导地位的情况下，这可能被认为是一种滥用行为。[②] 因此，有一项政策建议，即数据可携带性规则应与欧盟竞争规则和政策相辅相成。[③] 在 2016 年 12 月 13 日发布的“数据可携性权利准则”中，工作组强调，《条例》第 12 条禁止数据控制者收取提供个人资料的费用，除非数据控制者能够证明这些请求显然没有根据或过度，“特别是因为它们具有重复性”，所以控制者不会为提供个人数据收取费用。[④] 此外，它指出，实际上《条例》第 12 条侧重于一个数据主体提出的请求，而不是数据控制者收到的请求总数，因此，整个系统实施成本既不应向数据主体收取费用，也不应用于拒绝回答可携带性请求的理由。但是，云市场将如何应用这一建议还有待观察。

在纳入用于增强个人权利的新措施及数据处理者在《条例》之下的新责任后，云服务提供商将不得不大幅改变其运营方式。政策、程序、技术、培训和工作人员需要投资，以确保完全符合《条例》的要求。例如，根据英国信息专员公署（Information Commissioner's Office，以下简称公署）关于《条例》合规预期成本的研究,[⑤] 英国司法部进行了自己的研究，结果显示，

---

① EC Expert Group on Cloud Computing Contracts, Synthesis of the Meeting of 11/12 December 2014 <http://ec.europa.eu/justice/contract/files/7th_expert_group_synthesis_-final.pdf> accessed 1 December 2016.

② P. De Filippi and L. Belli, ‘Law of the Cloud v Law of the Land: Challenges and Opportunities for Innovation’ (2012) 3 (2) *European Journal for Law and Technology* 6.

③ Eg B. Engels, ‘Data Portability Among Online Platforms’ (2016) 5 (2) Internet Policy Review <https://policyreview.info/articles/analysis/data-portability-among-online-platforms> accessed 20 September 2016.

④ WP29 Guidelines on the right to data portability, adopted on 13 December 2016, 12.

⑤ 参见 London Economics, “Implications of the European Commission's Proposal for a General Data Protection Regulation for Business” (Final Report to the Information Commissioner's Office, May 2013) <https://ico.org.uk/media/1042341/implications-european-commissions-proposal-general-data-protection-regulation-for-business.pdf> accessed 20 December 2016。

英国企业的成本每年可能高达 3. 2 亿英镑。[①] 所有这些都可能对价格产生实质性影响，并可能扰乱云计算市场。在这方面，欧盟委员会可能会利用这种可能性来共同资助投资，并通过欧盟资金和计划提供免费培训，以支持小型服务提供商履行新的法律义务。[②] 此外，欧盟委员会应提供额外措施以确保大型云计算供应商的一般条款和条件更加平衡，因为《条例》未能解决这一问题。最好应当是由工作组编写关于执行删除权的详细指示，并应加强 DPA 在这方面作为一个咨询主体的地位。

然而，即使在违反《条例》义务的情况下，大型云计算公司也能够更好地承担罚款，这对初创公司和小型服务提供商来说却并非如此（实际上，《条例》对云服务提供商带来的担责压力截然不同）。虽然《条例》规定控制者和处理者之间存在连带责任，但客户可以选择他们想要谁支付罚款，然后由供应链中的责任方退还给数据处理者。[③] 因此，即使损害是由控制者造成的，处理者也可能会被起诉，或许是因为它被视为更大型、强势的一方。[④] 如果处理者和控制者之间的合同没有得到妥善协商并且不够详细，赔

---

① One responder to the survey predicted that GDPR would cost their company £ 5 million to become compliant, and £ 1 million a year to maintain it.

② The EU already promotes and supports the research and development of privacy enhancing technologies, privacy by design and privacy by default settings through research priorities in FP 7. In this regard, see Commission Staff Working Paper – Impact Assessment Accompanying the document Regulation of the European Parliament and of the Council on the protection of individuals with regard to the processing of personal data and on the free movement of such data (General Data Protection Regulation) and the Directive of the European Parliament and of the Council on the protection of individuals with regard to the processing of personal data by competent authorities for the purposes of prevention, investigation, detection or prosecution of criminal offences or the execution of criminal penalties, and the free movement of such data, SEC (2012) 72 final, 95.

③ Bindley However, see the contrary opinion of P Bindley cited in N Ismail "Capability and Not the Size of Cloud Service Providers Will Determine Which of Them Thrive Under the GDPR" (Information Age, 14 November 2016) available at < www. information – age. com/size – matter – cloud – post – gdpr – 123463175/ > accessed 20 December 2016.

④ Kuan Hon, "Open Season on Service Providers? The General Data Protection Regulation Cometh…" (SCL - The IT Law Community, 4 August 2015) < www. scl. org/site. aspx? i = ed43376 > accessed 1 December 2016.

偿问题最终可能会在法庭程序中结束，[①] 在此期间，处理者可能失去其市场地位，其服务可能不再与市场上的其他服务兼容。为避免这种情况，工作组建议：小型的云服务处理者应该被授权进行合同谈判。正在定稿的行为准则或许能提供帮助，它将调整规章要求与云行业的特定环境，并且应该对确定责任和责任划分有更详细的规定。

数据处理者的新职责和数据主体的权利反映了立法者有意确保欧盟公民个人数据的最高级别保护作为一项基本权利。显然，因为欧盟的云计算环境是有利的，所以正倾向于确保欧盟公民的隐私和安全。这可能会导致市场中断，支持占主导地位的非欧盟云服务提供商。但是，《条例》的实际影响必须根据其适用范围来确定。这包括关于匿名化，领土应用和跨境数据流的规则，这些规则将在后文中进一步分析。

三　云计算生态中的匿名化与再识别风险

《条例》将“个人信息”界定为任何可以指向已识别或可识别自然人（或称数据主体）的信息。[②] 该自然人能够被直接或间接地（尤其是通过标识符）进行识别。《条例》也进一步列举了标识符的类型，[③] 但采取的是非穷尽式列举（采用“例如”的措辞）。《条例》对于个人信息的定义很大程度上受到《指令》的影响，这反映了欧洲立法者有意扩大个人信

① GDPR（Regulation（EU）2016/679 of the European Parliament and of the Council of 27 April 2016 on the protection of natural persons with regard to the processing of personal data and on the free movement of such data, and repealing Directive 95/46/EC（General Data Protection Regulation）[2016] OJ L119/1）art 82（6）.

② ibid, art 4（1）.

③ GDPR（Regulation（EU）2016/679 of the European Parliament and of the Council of 27 April 2016 on the protection of natural persons with regard to the processing of personal data and on the free movement of such data, and repealing Directive 95/46/EC（General Data Protection Regulation）[2016] OJ L119/1）: Identifiers are: name, an identification number, location data, an online identifier or to one or more factors specific to the physical, psychological, genetic, mental, economic, cultural or social identity of that natural person.

息保护范围的倾向，而这种倾向在工作组的意见[①]和欧洲法院的判例中也得到体现。[②] 不仅如此，《条例》还扩大了标识符号的范围以涵盖网络标识，[③] 如 IP 地址[④]、Cookie 及其他标识符（如射频标记），因为它们都会留下痕迹，尤其是与其他特定标识符或服务器接收到的信息结合时，可能会被用于构建数据主体的画像并进行识别。因此，对个人信息的定义范围越广，云服务提供商受到《条例》规制的可能性就越大。此外，适用《条例》的第二个前提是个人信息正在被处理。虽然处理个人信息的

① WP 29 Opinion 4/2007 on the concept of personal data, adopted on 20 June 2007.

② Eg. Case C – 101/01 Bodil Lindqvist ECLI: EU: C: 2003: 596: The name of a person in conjunction with his/her telephone number, and information about his/her working conditions or hobbies constitute personal data; Case C – 212/13 Rynes ECLI: EU: C: 2014: 2428: The image of a person recorded by a camera constitutes personal data because it makes it possible to identify the person concerned; Case C – 201/14 Bara ECLI: EU: C: 2015: 638: Tax data transferred are personal data, since they are information relating to an identified or identifiable natural person; Case T – 259/03 Nikolaou ECLI: EU: T: 2007: 254: The information published in the press release was personal data, since the data subject was easily identifiable, under the circumstances. The fact that the Applicant was not named did not protect her anonymity; Case C – 582/14 Breyer v Germany ECLI: EU: C: 2016: 779: the ECJ stated that dynamic IP addresses held by a website operator constitute personal data as long as the operator has the legal means which enable it to identify the data subject with additional data which the [ISP] has about that person.

③ GDPR (EU) 2016/679 of the European Parliament and of the Council of 27 April 2016 on the protection of natural persons with regard to the processing of personal data and on the free movement of such data, and repealing Directive 95/46/EC (General Data Protection Regulation) [2016] OJ L119/1 recital 30.

④ In line with the Case C – 70/10 Scarlet Extended ECLI: EU: C: 2011: 771 and Breyer (Case C – 582/14 Breyer v Germany ECLI: EU: C: 2016: 779); as well as with WP29 Opinion 4/2007 (WP 29 Opinion 4/2007 on the concept of personal data, adopted on 20 June 2007) 16. Presently MSs have different views as to whether IP addresses constitute personal data that are subject to data protection laws. For example, courts in Sweden (Antipyratbyran), Spain (Promusicae) and Austria have all found that IP addresses are personal data in the context of such cases, taking a broad view of personal data as does the Article 29 Working Party. But in its decisions, courts in France (the Limewire, Anthony G and Henri S decisions) and Italy (the Peppermint case) have both found IP addresses not to be personal data. See detailed analyses: time. lex, 'Study of Case Law on the Circumstances in Which IP Addresses Are Considered Personal Data (Final Report, 2 May 2011) 209 <http: //www. timelex. eu/frontend/files/userfiles/files/publications/2011/IP_ addresses_ report_ –_ Final. pdf> accessed 15 December 2016.

规定与《指令》规定一致,[①] 但很可能会囊括云计算中的大部分数据处理情形，包括简单的数据储存行为（Infrastructure as a Service，IaaS，基础设施即服务）。

然而，云服务的性质是与《条例》的数据保护规定相违背的，原因在于云服务天然地处在数据隐匿（data indifferent，或称 data blind）状态中。[②] 特别是 IaaS 服务，它并不是围绕处理个人信息而设计的。在这种情况下，充当数据处理器的云服务提供商通常不会识别服务器上的个人数据，尤其是当他们无权根据服务协议识别此类个人数据或者用户使用加密工具对数据加密时。[③] 事实上，用户可以在上传数据到云端前就对数据加密，此时云服务提供商没有解密途径可寻，从而避免了额外的隐私风险。[④] 因此，在云计算生态中的数据保护框架下，拥有加密数据且不具有解密途径，因而对数据具体内容和性质并不了解的数据处理者，是否需要遵从外延宽泛的数据保护规定呢？关键在于云服务提供商在上传到云端前已经进行匿名化、假名化和加密处理的数据，是否仍在个人信息的定义范围之内。

目前，根据《指令》第 26 条的表述，数据保护原则不适用于匿名数据。但对“匿名化”的定义和适用是有弹性的，特别是如何将个人信息充分匿名化后才能不受《指令》的规制。[⑤] 工作组在其关于匿名技术的意见中

---

① GDPR（EU）2016/679 of the European Parliament and of the Council of 27 April 2016 on the protection of natural persons with regard to the processing of personal data and on the free movement of such data, and repealing Directive 95/46/EC（General Data Protection Regulation）［2016］OJ L119/1 art 4（2）.

② This is true for the IaaS and PaaS service. See M Maggiore, ‘Cloud Computing: Obligations under the Directive v GDPR’（June 2016）Data Protection Law & Policy. However in many consumer-oriented cloud services, users are provided with free services while cloud providers use collected personal data（eg for targeted advertising）to help pay for them.

③ 参见 WP29 Opinion（WP29 Opinion on C – SIG Code of Conduct on Cloud Computing, adopted on 22 September 2015）7。

④ 参见 Kuan Hon, “Dark Clouds?”（2016）43（4）Intermedia Journal of the International Institute of Communications。

⑤ C. Millard, Cloud Computing Law（OUP2013）3, “Cloud computing is a way of delivering computing resources as a utility service via a network, typically the Internet, scalable up and down according to user requirements”, 168.

对假名化、深度加密或匿名化的个人数据作了严格的解释，[①] 对这些技术的可靠性表示怀疑并要求谨慎处理。在上述意见中，工作组以非常抽象的方式分析了再识别的真正风险，并表示技术在不断变化，无法排除再识别的风险（尤其是存在将不同数据库结合起来分析的可能）。

借助科技的发展、数据库的整合并在数据之间建立联系，从而识别出与之相关联的自然人，对破解匿名技术或进行数据再识别毫无疑问是有帮助的。[②] 不过，学者认为如果遵循工作组对于匿名化的意见，那么会使欧盟的立法保护范围过于宽泛，阻碍了 IT 业务的整体发展。有学者表示："一部企图设限的法律很可能是包罗万象的，这破坏了隐私和信息流动之间的平衡，扩张到了所有情形下所有数据的处理。"[③]

在实践中，并非所有的指令都接受工作组对匿名化的严格要求。例如，公署的准则中声明："DPA 并不要求匿名化后完全去除风险——你只需能够减少风险，直到风险比较遥远……100% 的匿名化程度是最理想的，在某些情形下可能达到，但这并不是我们判定责任的标准。"[④] 公署和瑞士 DPA[⑤] 都同意采纳基于风险来评估再识别及对相关数据主体带来的影响。[⑥] 因此，服务商的责任在于对保护隐私采取合理的注意义务，留意目前的技术发

① WP29 Opinion 05/2014 on Anonymisation Techniques, adopted on 10 April 2014.

② Many scholars have analysed the re-identification problem. Eg, see P Ohm, 'Broken Promises of Privacy: Responding to the Surprising Failure of Anonymisation' (2009) 57 UCLA Law Review 1701. IS Rubenstein and W Hartzog, 'Anonymization and Risk' (2016) 91 Washington Law Review 703; D Nunan, M Di Domenica, 'Exploring Re-identification Risk: Is Anonymization a Promise We Can Keep?' (2015) 58 (1) International Journal of Market Research 19.

③ P Ohm, 'Broken Promises of Privacy: Responding to the Surprising Failure of Anonymisation' (2009) 57 UCLA Law Review 1741.

④ Information Commissioner's Office, 'Anonymisation: Managing Data Protection Risk. Code of Practice (ICO 2012) < https://ico.org.uk/media/for-organisations/documents/ 106 1/anonymisation-code.pdf > accessed 20 September 2016.

⑤ 参见 Swedish Data Protection Authority, "Cloud Services and the Personal Data Act" <http://www.datainspektionen.se/in-english/cloud-services/> accessed 20 September 2016。

⑥ 参见 also the test for assessing the risk of identification proposed by Ohm (P Ohm, 'Broken Promises of Privacy: Responding to the Surprising Failure of Anonymisation' (2009) 57 UCLA Law Review)。

展。当然明智的服务商应该对新兴的再识别技术保持警惕，如果无法跟上新技术的发展，也无法及时采取合理的注意义务。[①] 同时，数据的预期储存时间也很重要，例如，仅被储存一个月的匿名数据可能不会被视为个人信息，在一个月内进行再识别的可能性比在几年内进行再识别的可能性要小很多。[②]

《条例》与《指令》同样都规定使用无法被识别的匿名数据不会落入欧盟的监管保护框架中。[③] 这符合数据保护框架中的匿名状态要求，从法律和监管角度看，它是公共数据与个人数据之间界限的标志，是数据保护立法的关键。

此外，为适应再识别技术的发展，《条例》引入了新的法律概念，即“假名化”。《条例》将假名化定义为一种经处理后无法在没有额外信息帮助下指向特定数据主体的过程。若要对数据进行假名化处理，需要将标识符分离储存，并通过技术或管理手段确保无法指向已识别或可识别的自然人。与加密类似，假名化被认为是数据保护的手段，[④] 且被表述为“通过系统默认或设计保证数据安全的数据保护方法”（Data Protection by Design by Default 或 PbD Techniques）。[⑤]《条例》鼓励数据控制者对所收集的数据进行假名化。例如，在假名化数据泄露时，如果促成再识别的数据没有被影响到，则数据主体不需要被通知。[⑥] 进一步而言，进行假名化处理的数据控制者将以更放松的姿态把数据用于其他目的，或是科学和历史研究，[⑦] 只要是符合

---

① C. Reed, “Information ‘Ownership’ in the Cloud” (2010) Queen Mary University of London, School of Law, Legal Studies Research Paper No 45/2010, 20.

② K. Hon, C. Millard and I. Walden, “The Problem of ‘Personal Data’ in Cloud Computing” (2011) 1 (4) *International Data Privacy Law*.

③ GDPR (Regulation (EU) 2016/679 of the European Parliament and of the Council of 27 April 2016 on the protection of natural persons with regard to the processing of personal data and on the free movement of such data, and repealing Directive 95/46/EC (General Data Protection Regulation) [2016] OJ L119/1) recital 26.

④ Ibid, art 32.

⑤ Ibid, art 25.

⑥ Ibid, recital 29.

⑦ Ibid, recital 156.

《条例》规定的数据安全及设计保护要求的。[①]

不过，根据《条例》的规定，假名化降低了再识别的风险，并不意味着《条例》排除了其他数据保护措施。[②] 匿名化和假名化数据在什么程度上会被再识别仍然存在许多争议。这个问题的重要性在于它决定了一个数据处理操作是否需要受到《条例》的规制，尤其是考虑到对处理者设定的新义务将会大大加重他们的负担。《条例》强调数据控制者需要采取合适的技术或管理措施降低再识别风险。[③] 而对于区别假名化数据（受《条例》规制）和匿名数据（不受《条例》规制），《条例》则采用了《指令》条款中的规定：在风险评估中需要考虑所有可能使用的合理手段，比如利用控制者或其他人来直接或间接地确认自然人身份。[④] 为判断所使用的手段是否合理，需要考虑所有客观因素，包括对身份进行确认需要花费的金钱和时间；考虑现有处理技术以及技术更新。引入“合理成本”（reasonable effort）这种客观标准而不是目前非常宽泛的工作组意见，《条例》会为匿名化和假名化数据的适用条件提供更大的灵活性。[⑤] 例如，在数据控制者删除了身份识别关键信息，且其余的间接身份识别符对识别出个人的风险影响很小，数据控制者可以争辩说没有合理的再识别风险，不落入《条例》所规定的义务范围。

欧洲法院近期的判例 *Breyer v. Germany* 具有重要意义。[⑥] 虽然欧洲法院没有直接处理再识别问题，但在判决中阐述了可识别与否的“客观”和“相关”两个不同的标准。[⑦] 法院认为，如果数据控制者能够合法地从第三方获取额外信息来识别一个人，那么动态 IP 地址就能够构建出个人信息。

---

① Ibid, recital 78.

② Ibid, recital 28.

③ Ibid, recital 75.

④ Ibid, recital 26.

⑤ See G. Maldoff, “Top 10 Operational Impacts of the GDPR”: Part 8 – Pseudonymization (The Privacy Advisor, 12 February 2016) <https://iApp.org/news/a/top-10-operational-impacts-of-the-gdpr-part-8-pseudonymization/> accessed 15 September 2016.

⑥ Case C-582/14 Breyer v Germany ECLI: EU: C: 2016: 779.

⑦ Ibid, para 25.

相应地，如果没有合法的渠道获得数据进行识别，那么动态 IP 地址就不能够构建出个人信息。所以，虽然欧洲法院没有直接考虑再识别的可行性问题，但我们能够从中得出结论，即欧洲法院采取了《条例》所定义的“合理成本”这种客观标准。[①]

随着科学研究的发展，想要完全对个人信息进行匿名化变得更加困难，也让从匿名数据中重新识别数据主体的难度降低，所以越来越多的数据将会采取假名化手段而非匿名化手段进行处理。[②] 另外，如果匿名化技术被认为是不可靠的，那么很有可能会造成技术信任危机。[③] 虽然数据保护的概念是现代数据安全法律的重要内容，但如果没有强制性规定和法律激励措施，那么开发者和数据控制者将不会为用户更新数据保护技术。[④] 这在云服务提供商的用户协议条款中有所体现——分析表明大部分公司在用户协议条款中并没有涉及隐私保护。[⑤] 虽然使用隐私保护技术必将给公司带来额外的支出，但采取合法方式，如鼓励对数据进行假名化处理，并引入“合理成本”这种针对再识别的客观标准，也许会激励云服务提供商在处理数据时对数据进行匿名化和假名化，从而提高数据主体的安全度，特别是保护云服务中储存的大量数据。事实上，采纳客观标准，《条例》实现了数据保护这一基本权和欧盟云计算市场发展二者之间的平衡。当然，我们仍然需要在客观标准的

---

① See also the analysis of G Spindler and P Schmechel, Personal Data and Encryption in the European General Data Protection Regulation' (2016) 7 (2) Journal of Intellectual Property, Information Technology and E-Commerce Law <www. jipitec. eu/issues/jipitec – 7 – 2 – 2016/4440 > accessed 15 September 2016.

② Kuan Hon and others, "Cloud Accountability: The Likely Impact of the Proposed EU Data Protection Regulation" (2014) *Tilburg Law School Legal Studies Research Paper Series*, No 07/2014, 10.

③ D. Nunan, M. Di Domenica, "Exploring Re-indentification Risk: Is Anonymization a Promise We Can Keep?" (2015) 58 (1) *International Journal of Market Research* 19, 22.

④ G. Hornung, "Regulating Privacy Enhancing Technologies: Seizing the Opportunity of the Future European Data Protection Framework" (2013) 26 (1 – 2) *European Journal of Social Science Research* , 181.

⑤ K. Stylianou, J. Venturini, N. Zingales, "Protecting User Privacy in the Cloud: An Analysis of Terms of Service" (2015) 6 (3) *European Journal of Law and Technology* 16.

执行层面做努力。

工作组曾在2015年9月22日通过的《云服务产业集团之云计算领域行为准则》（C-SIG Code of Conduct on Cloud Computing）第02/2015号意见的结尾中，要求采纳其对于匿名化的高标准规定（如上文所述）。这种态度是否会随着《条例》条款和近期判例的推动而有所变化，值得我们期待。

四　结论

人们普遍认为，《指令》目前的法律框架并没有为技术和互联网所控制的社会中的个人提供足够的数据保护。一方面，云服务提供商认为数据保护立法已经过时，并且不可能实施创建新的全球虚拟互联世界的技术；另一方面，过时的立法导致无政府状态，并使个人不受保护。因此，在云环境下的个人数据保护工作中，《条例》提供了一个更好的方向。

在《条例》生效后，云服务提供商将从根本上改变他们对数据保护的态度，并将数据保护考虑纳入其业务活动的核心。考虑到一方面是作为欧盟人权的个人数据的现实状况，另一方面则是当前云端中的庞大数据量以及数据主体对数据的缺乏控制，（因此）责任的转移似乎是合理的。

总体而言，该《条例》严重依赖《指令》的主要概念，例如关于个人数据的定义、角色划分、适用范围和跨境数据流。正如通过文中所指出的那样，这些规定与欧洲法院的调查结果及“工作组”提出的意见相一致。

尽管饱受非议，控制者—处理者角色仍然在《条例》范围内，但责任的内容与形式已经改变。特别是在某些情况下，处理者可以直接承担责任并须向资料当事人支付赔偿。该规定未能将商品化服务（IaaS，PaaS）排除在应用程序之外，即使它们不清楚所存储数据的性质和/或缺乏访问此类数据的实际能力。这似乎与试图找到真正控制数据处理者的《条例》目标不一致。

由于云环境中的大量传输数据和数据的未知位置，删除权将成为云服务提供商实施的挑战。在云计算中的数据保护环境中定义角色也会遇到挑战。控制者必须评估一项删除请求是否合法，但在面临巨额罚款的情况下，这种删除请求往往很可能会被批准，因此可能与信息权和言论自由相冲突。删除权对云服务提供商施加了巨大的责任，有关机构应准备有关其应用的详细说明。有关数据可携带性的规定可能会被滥用，因为大型云提供商可能会为锁定用户而提高转换成本。这些问题也必须由竞争规则来规范。

所有这些规定都将对云服务提供商产生直接影响，他们的角色和义务将发生实质性变化。相反地，直到现在，它们都不在数据保护规则的范围内，或者说至少其义务都是微不足道的。鉴于控制者与处理者之间的大部分合同关系目前都是基于“采取或不采纳”标准的选择性条款，因此该法规对未来的合同进行了强制性规定。小型云供应商将很难就新的分包义务进行谈判，从而使“大公司”处于更好的市场地位。一些新的合同义务给云服务提供商带来了新的管理负担，并且努力达成合规可能会导致云服务价格上涨。因此，预计在全球市场上，欧盟云服务提供商将无法与非欧盟云服务提供商竞争。

考虑到云处理者一般并不了解他们存储的数据，而且他们的服务没有指向数据保护。如果加密数据免于数据保护规则，那么云服务提供商将处于免于适用数据保护规则的良好状态。不幸的是，尽管定义了假名数据为评估重新识别风险提供了更大的灵活性，且最近的判例法已经支持了该规则，对云计算而言，该规定却还并没有走得这么远。

总之，《条例》本身似乎并不提供释放欧盟云计算潜力的措施，但显然提高了与“数据保护是基本权利”这一立场相一致的标准，从而使欧盟云服务提供商的处境比竞争对手更为艰难。然而，该议题可能会受《条例》域外效用的影响。

在这方面，《条例》的范围已经扩大，现在它适用于欧盟内外的公司。即使欧盟境外的公司在欧盟境外处理个人数据，只要他们活跃在欧盟市场并向欧盟公民提供产品和服务，这些公司将受到欧盟数据保护制度的约束。此外，只有当欧盟法律标准适用于第三国的处理时，才能将数据转移到第三国，从而扩大了该规则的域外适用范围。[①] 而申请范围和跨国界数据转移的规定将产生固有的管辖权冲突，这将给企业带来不确定性。虽然在某些情况下难以执行，但是巨额罚款可能会迫使支配市场的大型非欧盟云提供商提高标准以遵守《条例》。

因此，可以得出结论：在《条例》下，欧盟正在全球化经济中推动欧洲的数据安全和隐私标准受认可，这将对云计算市场产生特别影响。力求合规的实际结果是可能会提高欧盟内外乃至全球的隐私标准，从而在提高云计算隐私保护方面产生所谓的“布鲁塞尔效应”。[②]

从欧盟数据保护条例，到即将出台的美国—欧盟贸易协议中可能包括数据保护和电子商务事项，以及国际上对美国安全机构收集全球个人信息的担忧，数据保护在国际上是一个快速发展的领域法律和政策议题。《条例》似乎为在国际市场上应用欧洲隐私政策提供了手段。但是，时间会向我们展现它的成效究竟如何。

---

① C. Kuner, “Extraterritoriality and Regulation of International Data Transfers in EU Data Protection Law” (2015) 5 (4) *International Data Privacy Law* 241.

② M. Rotenberg and D. Jacobs, “Updating the Law of Information Privacy: The New Framework of the European Union” (2013) 36 *Harvard Journal of Law and Public Policy*, 637. 译注：欧盟法最重要的影响力在于它的法律被一些非欧盟国家或民族采用和效仿，这就是由占大型国际经济交易主导地位的欧盟所创建的所谓的“布鲁塞尔效应”，或称 the “ratcheting-up” effect.

B.21
欧盟互联网发展现状与治理实践

丁存霞*

摘　要： 互联网的发展和治理已经是世界性的难题。全球互联网的快速发展，关涉信息安全、知识产权、公民隐私、国家安全等政治、经济、文化领域中的诸多问题，是世界各国共同面临的全新系统工程。近年来欧盟在互联网发展和治理方面做了诸多努力，并取得了一定成效。本文将梳理并呈现欧盟互联网发展的现状、欧盟互联网发展与治理实践及经验借鉴。

关键词： 欧盟　网络治理　网络安全

一　欧盟基本概况

（一）欧盟地缘人口简述

欧盟，全称为欧洲联盟（英语为"European Union"；德语为"Europäische Union"，法语为"Union européenne"），是由原德国、法国、意大利、荷兰、比利时、卢森堡六个国家建立的欧洲共同体发展而来的。现有成员国28个（英国于2016年6月23日举行全民公投决定退出欧盟，2017年12月8日正式与欧盟达成脱欧协议），总占地面积为

* 丁存霞，博士，中山大学传播与设计学院、中山大学互联网与治理研究中心副研究员。

4379963平方千米，2016年人口密度为120.7人/平方千米，2016年国内生产总值为16.398万亿美元①。

（二）欧盟互联网发展概述

由于欧盟区域的异质性加深了彼此间的数字鸿沟，大量资金注入发展和创新互联网也并未能完全有效地解决该问题。根据欧盟统计局对后共产主义国家和欧洲发达国家的数据分析，欧盟成员国用于发展和创新的互联网的资金并未被完全有效地利用。由于欧盟各国家的平均收入不同，投入互联网建设的资金有所不同，但是由苏联发展而成的欧盟成员国中，互联网建设的资金不依赖本国的投入，而是主要来源于欧盟的专项经费。

欧盟虽然在努力地实现数字单一市场的目标，但在成员国之间及跨年龄和收入群体之间的互联网使用的异质性仍然存在。这种异质性在ICT部门中通常用“数字鸿沟”来形容。移动宽带为国家和地区之间减少了连接差距的可能性，同时，手机或笔记本电脑通过移动宽带的互联网接入给欧洲公民提供增强教育、数字素养和知识经济的可能性。

通过对EU-28在国家层面上的数字鸿沟进行深入研究发现，低、中、高教育群体之间存在差异，特定的国家教育群体在信息和通信技术的应用（电子学习、公民参与和跨境电子商务）上也存在差异。欧盟的东部和南部国家与欧盟表现最好的欧洲经济体相比，ITC的渗透性较低，低收入者进行互联网行为较少，事实上富人才是互联网的真正使用者。所以，这些国家的互联网应用水平不能等同于整个欧盟的水平。另外，基于在线行为模式的分析，欧盟东部和南部国家的公民可以分为落后的非互联网用户、混乱的普通用户及高级用户三类。

关注公民的互联网行为，对了解欧盟的数字鸿沟有一定的重要性。表1提供了欧盟国家互联网20个具有特色的在线活动及其频率的统计。排列表格的最上部是有关休闲和消费的内容，相反，需要与网站进行互动的复杂行

---

① 参见世界银行网站，欧盟GDP、人口，data.worldbank.org.cn/region/EU。

为及与增加人力资本相关的活动相对靠后。可见，互联网使用效率较低。因此，各成员国应提高公众意识，积极应对数字鸿沟，防止互联网的低效使用。根据2001年世界经济合作组织数据显示，各国应主要关注提高网络基础设施的质量，促进国家与联盟项目合作、拓展个人和商业部门之间的合作领域以及提高公民的ICT相关技能。

表1 按欧盟公民百分比进行的在线活动

Online activity(在线活动)	比例(%)
Sending/receiving e-mails(收发电子邮件)	71
Finding information about goods and services(查找有关货物和服务的信息)	66
Playing/downloading games, listening to music or watching videos(玩/下载游戏、听音乐或观看视频)	64
Reading online news sites/newspapers/news magazines(阅读在线新闻网站/报纸/新闻杂志)	58
Participating in social networks(参与社会网络)	52
Internet banking(网上银行)	49
Seeking health information(健康信息搜索)	48
Consulting wikis (to obtain knowledge on any subject) 咨询维基(获得任何学科的知识)	45
Travel and accommodation services(旅行和住宿事务)	40
Looking for information about education, training or course offers (教育、培训或课程提供的信息搜索)	32
Telephoning or video calls(电话或视频电话)	32
Uploading self-created content to any website to be shared(自创内容上传到任何网站共享)	28
Downloading software (软件下载)	23
Selling goods or services(商品销售与服务)	18
Any of the learning activities(学习活动)	18
Job search or sending an Application (求职或发送申请)	17
Civic or political participation (公民或政治参与)	14
Posting opinions on civic or political issues via websites (通过网站发布公民或政治问题的意见)	11
Doing an online course (of any subject)(完成在线课程)	6
Creating websites or blogs(创建网站或博客)	5

资料来源：欧盟统计局－互联网使用和活动（2016），2015年数据。

1. 欧盟互联网发展现状

（1）北欧

欧盟的北方国家互联网使用率通常高于欧洲大陆其他国家。其中丹麦、瑞典和芬兰三国互联网使用率较高，其归因于这些国家互联网的技术建设与公民的互联网技能提升的双重驱动。芬兰是前移动电话的先锋，精通欧盟的移动宽带领域。丹麦奠定了数字化在政府领域的基础，这一战略使丹麦在较短的时间内将电子服务扩展到税收、教育、医疗和许多其他领域。同时，丹麦的数字识别概念已经渗透到商业部门及私有财产数据库，提高了政府运作的效率。北欧的其他国家在移动领域效仿芬兰，但每个国家在数字战略方面都有自己的优先考虑。北欧人的电子政务战略使电子服务更加人性化和有益于社会。丹麦人在网上获取政府信息方面占主导地位，但爱沙尼亚在电子政务的实施方面超越了丹麦政府。爱沙尼亚引进电子 ID 基础设施，促进公民与政府机构、银行和其他机构进行任何类型的电子识别，成功推出数字公共服务。爱尔兰是欧盟成员国和国家间电子商务的领头羊，为电子商务和电子商务的发展提供了一个成功的私营部门增长模式。爱尔兰，不仅是中小企业的欧洲基地，而且是 Google、Facebook、Dropbox、LinkedIn 和 Airbnb 等代表的技术巨头的重要基地，这些领域的进步是由内部决策和技术的有用性推动的，而不是来自外部环境的压力。

即便英国作为世界金融中心之一，信息技术和私营部门数字化的整合却不及爱尔兰。2011～2015 年英国在技术业务的投资达到了 15.7 亿英镑，但仍然无法达到预期效果。英国政府充分意识到潜在的危机，迅速将商业部门的数字化纳入其国家数字战略。在网民的互联网行为中，英国公民在购买网上商品或服务中表现比较活跃。因此，网购率的增加趋势与成员国的商品与服务的供应是相关的。

（2）西欧

对比其他研究对象，西欧互联网应用的强项是电子商务。比利时、荷兰、卢森堡在西欧其他国家中占据电子商务的主导地位，同时，它们在互联网连接性领域中的表现也位居欧盟榜首（见图 1）。

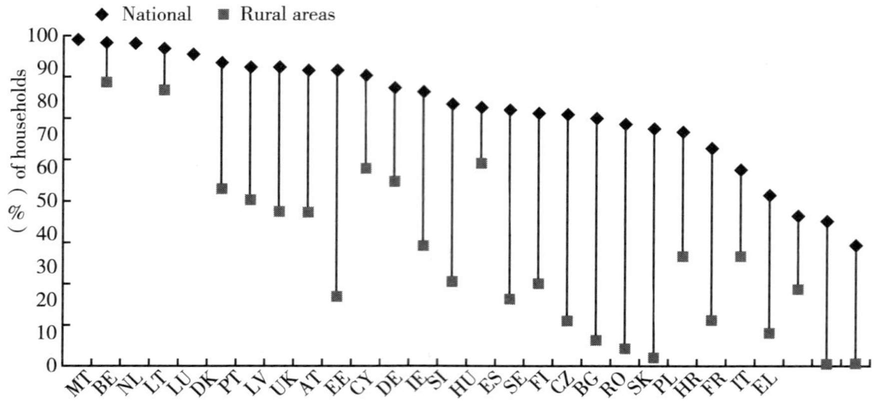

图1　下一代接入——国家和农村覆盖差距

资料来源：欧洲委员会—欧洲宽带覆盖率（2015）。

与其他国家相比，比利时、卢森堡和荷兰超过95%的NGA宽带网络覆盖，即使在农村地区，高速互联网的可用性也不会大幅下降。荷兰在欧洲自由化之前就开始了宽带基础设施的建设，但到了2014年，荷兰政府的财政紧缩政策导致信息和通信技术投资减少，以致难以跟上现阶段主要数字创新。

根据联合国电子政务发展指数，法国属于全球互联网公共服务水平最高的十个国家之一。但是，法国公民的数字素养低于西欧地区的平均水平。

（3）中东欧

中东欧不同于北欧和西欧成员国，它们普遍处在落后的地位。罗马尼亚和保加利亚在欧盟预算中的一部分收入投放到通信技术领域中。保加利亚的城乡覆盖差距大，罗马尼亚虽然只有一半多的家庭可实现互联网连接，但其中有一半以上的可联网家庭享受着超高速宽带技术。但罗马尼亚在许多其他数字指标方面落后。在欧盟28国成员中罗马尼亚电子商务和电子政务领域的国家增长率是最低的。

以捷克共和国、斯洛伐克、波兰和匈牙利为代表的VISEGRAD集团总体表现略好于其东南部的欧盟成员国。他们在相似的历史条件下发展，有密切的关系、价值观、传统和思维方式。所有这些国家都必须从中央计划经济转变为市场经济。匈牙利主要致力于 NGA 覆盖和采用快速宽带的建设，捷克共和国在网上交易方面表现良好。斯洛伐克是该地区的领导者，在数字技能测量方面表现良好，而匈牙利在电子政府的使用方面占上风。波兰和捷克共和国在公共行政中引入信息技术。波兰是欧盟投资最多的国家，由于结构性资金的法律问题和财政资源管理不善，欧盟委员会于 2012 年暂停了对项目的融资。捷克共和国实施的电子政务部分设计项目的缺失分析和不良影响评价降低了政治决策的透明度，还有许多应用程序在启动过程中遭受了严重的停电。

（4）南欧

从地理区划上看，斯洛文尼亚是南欧国家，但电子服务和数字技能的相似性重新组合了 VISEGRAD 集团的业绩。马耳他在 NGA 宽带覆盖中占据主导地位。意大利由于国家正遭受着高额的公共债务，近年来只关注经济措施而忽视了数字经济以及基础信息技术的建设。塞浦路斯由于 LTE 技术实施得比较晚，移动宽带在国内的普及率极低。在希腊，移动宽带的相似性是显而易见的。西班牙在 2011～2015 年成功地连接了 53% 户家庭，这一进步速度是整个欧盟中最快的。与葡萄牙一起，这些国家无疑是该地区领导人中互联网覆盖率最高的国家。

2. 欧盟网民结构及行为

欧盟网民通过互联网除了处理工作事务还进行各种各样的活动。据欧盟委员会相关部门统计，浏览新闻和网络购物行为是欧洲网民主要的网络活动行为。由于支付的需要，使用网上银行的行为也是非常频繁（见表 2）。

在欧盟成员国中丹麦、瑞典和比利时拥有最活跃的互联网用户，其次是爱沙尼亚、荷兰和芬兰。随着各国经济增长放缓，欧盟成员国的网络用户近几年来（从 2014 年开始）也随之呈现增长放缓的态势。从 2014 年开始，欧盟成员国的网上用户进行网上商品及服务购买的成交额增加将近 13%。

表2 欧盟网民网络行为

网络活动类型(年龄阶层:16~74岁)	网民占比
浏览新闻	68%(2015年)
音乐、视频和游戏	49%(2014年)
视频通话	37%(2015年)
社交网络	63%(2015年)
网上银行	57%(2015年)
网上购物	65%(2015年)

资料来源：参见 European Commission, Europe's Digital Progress Report 2016: Use of Internet Services by Citizens in the EU, http://ec.europa.eu/newsroom/dae/document.cfm?action=display&doc_id=15810, p3。

2010~2015年，欧洲用户在网上订购商品和服务增加了13个百分点，电子商务更受到接受过高等教育的年轻人的青睐。网购成为欧盟青年人消费的主渠道，但是由于近年来跨境电子商务的运输成本和时间成本高，网民消费的热情有所下降。卢森堡是欧盟中网络化程度比较高的一个小国家，网民们对跨境网购行为比较支持，大概有68%的网民认同跨境电商。相比之下，罗马尼亚的国民对跨境网购的支持率相当低，仅有2%。根据《互联网销售》杂志（C Internet Retailer）统计，亚马逊（Amazon.com）是欧盟最大的购物平台，2010年电子商务所带来的经济交易就达到93.6亿欧元。

网上银行是网民进行网上消费的重要保障。欧盟各成员国的网民对网络银行的安全性都保持着谨慎的态度，所以网上银行的行为比较稳定，没有出现比较大的波动。2012~2015年，欧盟的网上银行增加了5%的用户量；但是，由于芬兰的电子商务比较发达，其网上银行的用户占网民总数的93%。

网络社交打破了时间和空间的限制，在全球范围内呈逐年上升的趋势，欧盟的网民也在这种趋势下表现出较为热情的参与度。据欧盟统计局统计数据，2015年欧盟国家63%的网民积极参与网络社交，其中16~

24 岁年龄阶段的青少年是参与网络社交的主力军，占网民总数的 90%。在欧盟的社交网络平台中，占据主导地位的是脸书（Facebook），我国腾讯集团旗下的 QQ 因为欧洲即将生效的数据保护和隐私监管法规，宣布于 2018 年 5 月 20 日退出欧洲市场。网络社交平台使用的网民中匈牙利的占比最高，第二是比利时，第三是罗马尼亚。法国的网络社交用户在欧盟成员国中最低。

二　欧盟互联网发展战略

（一）欧洲网络安全战略的顶层设计

1. 战略法律构建

为建立一个公开、安全和可靠的网络体系，欧盟委员会于 2013 年通过《欧盟网络安全战略》[①]，该网络安全战略中明确各方的权利和义务，并要求各个成员国设置预制相应的战略体系和法律制度，成立专门的网络安全机构负责处理各种网络威胁与安全事务。2015 年欧盟银行业管理局针对隐私保护条例制定了《网络信息安全指令》以确保用户的隐私。2016 年欧盟为建立起安全有效的高水平网络系统，在《欧盟网络安全战略》的基础上实施颁布了《网络与信息系统安全指令》[②]，要求各成员国在各自国家层面形成专门法案，并成立网络与信息安全战略主管机构，共同协作处理跨境安全事务。

2. 加强监管机构的建设

在各成员国的国家层面，成立网络黑客攻击的应急小组，以处理网络攻

① Cyber security Strategy of the European Union: An Open, Safe and Secure Cyberspace, JOIN (2013) 1.

② Directive (EU) 2016/1148 of the European Parliament and of the Council of 6 July 2016 concerning measures for a high common level of security of network and information systems across the Union, OJL 194, 19. 7. 2016, p. 1 – 30.

击、网络犯罪行为的防范与管控。欧盟加强监管机构不仅停留在各国国家层面，还对欧盟内部以及对外合作领域加强合作共建工作。2013 年，“欧盟打击网络犯罪中心”在海牙成立，标志着欧盟联合打击网络犯罪的统一专门机构诞生，“欧盟打击网络犯罪中心”有效地联合了各成员国公共安全系统的专家重点监控犯罪行为和黑客攻击以及犯罪交易行为，共同治理网络安全。2015 年，《2015—2020 欧盟安全议程》[①] 的颁布，为打击恐怖主义和极端言论等网络恐怖主义的危害安全的行为提供了工作方向和物质保障。在国际层面，欧盟加强与联合国、北约等合作组织的合作，共同开展网络安全联合治理。

3. 网络反恐重点设计

为贯彻和执行《欧盟网络安全战略》以提高治理网络恐怖犯罪活动的效率，欧盟委员会就网络入侵行为、非法获取数据行为以及通过网络获得恐怖犯罪工具等行为进行刑法界定，出台《关于惩治攻击信息系统行为的指令》，对上述违法犯罪行为进行量刑规定。

（二）探索网络治理新模式

1. 明确公私合作领域，共担网络安全责任

通过政府公共部门与非营利私有机构的合作，在分享合作利益的同时共担网络安全治理的责任。《强化欧洲网络恢复系统并培养竞争性和创新性网络安全产业》[②] 于 2016 年 7 月进行公布，以此作为“欧盟数字化议程”的一部分，希望通过政府机构与非政府组织进行网络安全技术的创新和服务产品的开发。通过对新技术的研发创新对涉及国家经济命脉的关键领域提供网络安全防范与治理的方案。

2. 推动欧盟数字单一市场进程

2015 年全球移动供应商协会（GMSA）发布的《移动经济——2015 欧

① The European Agenda on Security, COM (2015) 185 final.

② Strengthening Europe's Cyber Resilience System and Fostering a Competitive and Innovative Cybersecurity Industry, COM (2016) 410 fina.

洲》报告中明确指出，未来五年欧盟经济的重要增长点在于移动互联网产业。为彻底改变欧盟现今碎片化的移动互联市场，增强数字市场整体竞争力以及培育本土企业的竞争优势，欧盟于 2015 年出台《数字单一市场战略》为网络经济的发展提供明确的方向，同时推动建立统一的网络商务平台，打破各成员国之间的壁垒，实现欧盟内部各个领域的互通，鼓励欧盟内部人才的交流、资本的流通、商品的流转和市场的竞争。

（三）发展网络安全新技术

欧盟鼓励各成员国之间进行不同领域的项目创新研发，针对云计算、智能识别、网络黑客寻治技术、智能电网、物联网等项目进行大力的资助，希望通过技术的更新来获得网络安全领域的制导权。欧盟大力推广 5G 通信技术，通过建立信任度高的基础设施，以期保证欧盟更为有效的移动传输网络。欧盟政府联合各大电信运营商推动 5G 移动的普及。2014 年，欧盟通过数据保护法退出大数据发展战略，建立起数据与共享平台，构建健全的数字生态环境。

（四）数字议程——欧洲2020战略

数字市场研究和开发的政治步骤经过多年的发展，任何项目都需要一段时间来获得足够的权力，从而对欧洲政府产生重大影响。1994 年欧洲委员会提出的信息社会行动计划中 ICT 首次进入欧盟的利益范围。在 2000 年之前，ICT 部门的发展与获得社会资本和数字技能有着密切的联系。这个时代紧随其后的是欧洲——一个信息社会（1999）、欧洲 2002 战略和欧洲 2005 行动计划，分别反映了经济的知识增长和为创造就业和私人投资提供一个合适的环境。欧洲 2010 年出版的数字议程包括承诺承担 101 项政治行动，作为欧洲 2020 战略的一部分，加强数字技术的使用和刺激 ICT 组织的投资。

欧洲数字议程（DAE）战略分为七大建设方向：建设一个充满活力的数字单一市场，发挥数字经济对社会经济发展应有的效能；建立可操作性互联网标准，实现互联网深入实体经济内部；建立信任和安全互联网体系，解决数字创新的空间问题；建成快速和超快速的互联网接入，完善基础设施；深入数字化研究和创新，解决数字创新的动力问题；增强成员国的数字素养、技能和包容性，加速欧盟整体数字化进程；构建一个国际化的维度，加强欧盟与国际的合作。欧洲委员会和成员国对实施欧洲数字议程（DAE）战略以期创新欧洲经济新动力，恢复欧洲经济与强化互联网治理。同时，EC 创造了反映对欧洲数字议程评估绩效的 12 个目标，以对欧盟的数字议程战略进行实时的考核反馈（见图 2）。

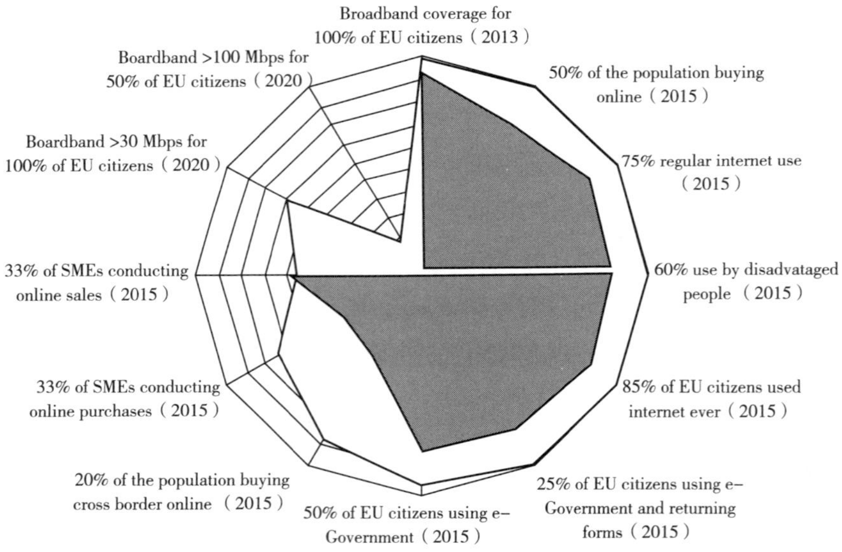

图 2　欧洲数字议程的选定目标

资料来源：欧盟统计局，欧洲委员会数字议程记分牌（2010 年和 2016 年）使用 2011 年值。

将电子商务纳入目标也给欧盟带来了挑战。特别是私营部门在跨境维度上的参与低于预期水平。欧盟实现了所有欧盟公民宽带覆盖的目标，但采用快速（ >30 Mbps）和超快速（ >100 Mbps）宽带的过程仍然缓慢。在接下来的几年里，只有通过巨大的改进才能实现欧洲 2020 战略的目标。尽管欧盟拥有必要的技术来操纵电子监管，但在欧盟层面的统一立法保障方面却严重不足。信息技术行业的法律缺陷给企业家的行为带来了不确定性。数字议程强调数字经济的快速发展。然而，重要的是要意识到数字经济的速度比其他经济体快 7 倍。基于这一事实，法律制度常常滞后于 ICT 的快速发展。

三 欧盟互联网治理与实践

（一）欧盟成员国内部关于网络安全治理体系

1. 欧盟网络安全治理机构

"欧盟的欧盟委员会（EC）、欧盟理事会、欧洲议会和对外行动署负责宏观整体的政策策略制定，其中，三大机构中还有专门负责网络安全治理的部门，欧盟委员会中的通信网络、内容和技术总司（CNECT）、部长理事会中的交通、电信和能源理事会（TTE）、欧洲议会中的工业、研究和能源委员会等专门负责电信和网络领域的形势研判和政策制定。对内事务总司也管辖欧盟网络数据安全，信息情报总司负责网络间谍的监控，它们虽然不是主管网络安全的部门，但涉及网络空间的事务也要与其他部门进行协调合作。对外行动署作为欧盟共同外交部门，负责欧盟网络外交。"① 此外，欧盟还设立多个专门的职能部门对网络安全进行专项工作，如负责互联网调研与普及的欧洲网络与信息安全局；负责防范与打击网络违法犯罪的欧洲警察组织；负责打击网络攻击与情报的欧洲防务局与欧盟军事参谋部；专门打击网络犯罪的欧洲打击网络犯罪中心等。这些专项工作的职能部门，职能清晰，目标明确，在欧盟委员会的统一领导下协助治理。

① 宋文龙：《欧盟网络安全治理研究》，博士学位论文，外交学院，2017 年 5 月。

2. 欧盟联合体的网络治理法规

欧盟从互联网的普及推广以来，重视网络安全与用户隐私工作。根据欧盟发展需要不断完善网络治理的法律法规（见表3）。

表3　欧盟联合体的网络治理法规

年份	政策法规
1992	信息安全框架决议
1994	欧洲信息高速公路计划
1995	关于合法拦截电子通信的决议;数据保护指令
1998	关于制定技术标准和规章领域内信息供应程序的指令
1999	关于打击计算机犯罪协议的共同宣言;关于采取通过打击全球网络非法内容和有害内容以推广更安全地使用互联网的多年度共同体行动计划的决定;欧洲电子签名指令
2000	电子商务指令
2001	网络犯罪公约;关于向在第三国的处理者传输个人数据的标准合同条款的委员会决定
2002	关于网络和信息安全领域通用方法和特别行动的决议;关于电子通信网络及其相关设施接入和互联的指令;关于电子通信网络和服务授权的指令;关于电子通信网络和服务的公共监管框架指令;关于电子通信网络和服务的普遍服务和用户权利指令;关于电子通信行业个人数据处理与个人隐私保护的指令;远程金融服务指令;关于对信息系统攻击的委员会框架协议
2003	修订关于采纳通过打击全球网络非法内容和有害内容以推广更安全地使用互联网的多年度共同体行动计划的决定;关于建立欧洲网络信息安全文化的决议;关于执行电子欧洲2005行动计划的理事会决议;关于为监管电子欧洲2005行动计划,传播实践范例和改善网络和信息安全而采纳多年度计划的决定
2004	关于建立欧洲网络信息安全局条例;关于协调公共建设工程合同、公共供应合同和公共服务合同授予程序的指令(政府采购指令);关于知识产权执法的指令
2005	关于打击信息系统犯罪的欧盟委员会框架决议;关于制定促进更安全使用互联网和新型在线技术的共同体多年度计划的决定
2006	关于存留因提供公用电子通信服务或者公共通信网络而产生或处理的数据的指令(数据存留指令);关于欧盟理事会确认、标明欧洲关键基础设施,并评估改善保护的必要性的指令的建议;信息数据监管指引规则
2007	关于建立作为安全和自由防卫总战略一部分的"对恐怖主义和其他相关安全风险的防范,预备和后果管理"的特殊计划的决定;关于同意在共同体内通过协调方式对使用超宽带技术的设备使用射频频谱的决定;关于建立欧洲信息社会安全战略的决议
2009	关键信息基础设施保护指令;欧洲用户本地终端存储数据的指令
2010	数字欧洲计划
2011	保护电子标签个人信息安全协议;欧洲理事会保护儿童免受性剥削和性虐待公约

续表

年份	政策法规
2012	欧盟数据保护框架条例
2013	欧盟网络空间安全战略;确保欧盟高水平的网络与信息安全相关措施的指令;欧盟关于针对信息系统攻击的指令
2015	数字单一市场战略;一般数据保护条例;欧盟网络中立法令
2016	网络与信息系统安全指令

(二)欧盟与国际组织关于网络安全治理合作

1. 欧盟与美国网络安全治理合作

在打击网络恐怖主义上，欧盟与美国深入合作，并且积极配合美国，争取网络空间的话语权。2006 年欧盟与美国签订网络数据保护协议，实现“SWIFT”的数据共享。2006 年、2008 年、2010 年以美国为主导的“网络风暴”安全演习，欧盟全程参与，以检验基础设施在网络攻击中的实际应对能力。2010 年、2012 年欧盟主导网络欧洲的网络攻防演习，美国也积极参与其中。

2. 欧盟与中国网络安全治理合作

根据 2016 年《中国互联网络发展状况统计报告》，2016 年中国在线网民数量达到 7. 1 亿人，欧盟在线网民数量 5. 8 亿人，欧盟和中国是全球互联网用户最多的，彼此拥有巨大的网民群体，面临的安全威胁也是同样的严峻。2010 年，在中欧信息技术、电信和信息对话上，欧盟的信息社会与媒体总司与中国工信部达成互访合作的意向，为双方深化合作迈出重要的一步。2012 年“中欧网络工作小组”在北京举行，共同达成加强合作与交流、应对网络障碍与威胁的共识；2013 年中欧领导人共同发表的《中欧合作 2020 战略规划》中就双方进行网络经济与安全治理的合作达成合作共识；2016 年，习近平主席在欧洲访问期间，再次强调中欧在网络安全防治的重要性。中欧的网络安全治理合作从基本技术交流上升到了双方的战略层面，推动共建人类命运共同体迈出重要的一步。

四　欧盟互联网治理经验与启示

欧盟互联网的治理所取得的成效，对我国互联网治理具有一定的启示。

（一）加快制定我国网络安全战略

目前我国对网络安全治理仅停留在被动防御的阶段，尚未出台相关的国家安全战略。构建网络安全的战略体系，首先要明确我国网络安全发展的战略目标、重点和主要内容，明确网络空间是我国的新领域。以战略的高度全方位指导我国网络安全建设，促进国家安全与社会稳定。

（二）制定切实可行的战略实施方案

网络安全涉及面广，必须联合各职能部门共同制定行之有效的方案。欧盟《网络安全战略》注重战略的现实可操作性及实施的全方位性。我国政府机构可以借鉴欧盟设置专门的网络信息安全管理机构，对全国网络信息安全、防止网络犯罪、监控网络恐怖主义等违法犯罪行为进行统一的管理，提高网络安全的国家战略地位与全民的网络安全意识。在专门的网络治理机构中，实现多部门的协同配合与人才的流通优化，制定符合中国特色社会主义的网络空间建设与治理的可实施方案。

（三）加强国际网络空间的合作与交流

网络安全是全球各国面临的共同挑战，只有将网络安全治理置于全球治理系统之内，才能发挥其系统的整体性功能。现阶段，我国要充分深化上海合作组织的成员间网络信息安全治理合作，扩展上海合作组织的合作领域；充分深化金砖国家的网络共同体合作，提升我国在网络信息安全领域的影响力和话语权；最后，积极参与全球网络治理体系建设工作，参与移动信息技术标准的制定及国际信息安全标准的制定。

附：

文章涉及缩略语列表

DAE(欧洲数字议程)	The Digital Agenda for Europe
DESI(数字经济与社会指数)	Digital Economy and Society Index
EC(欧盟委员会)	European Commission
EU(欧洲联盟)	European Union
ERDF(欧洲区域发展基金)	European Regional Development Fund
EAFRD(欧洲农村发展农业基金)	European Agricultural Fund for Rural Development
FE(固定效应)	Fixed Effects
HSPA(高速分组接入)	High-Speed Packet Access
ICT(信息通信技术)	Information and communication technologies
LTE(长期演进)	Long-Term Evolution
Mbps(兆/秒)	Megabits per second
NGA(下一代宽带接入)	Next Generation Broadband Access
OECD(经济合作与发展组织)	Organisation for Economic Co-operation and Development
OLS(普通的最小二乘法)	Ordinary Least Squares
RE(随机效应)	Random Effects
WEF(世界经济论坛)	World Economic Forum

B.22
空间治理的领跑者：美国互联网发展与治理研究报告

刘 洋*

摘 要： 美国长期引领世界互联网行业发展与空间治理的前沿，以行业创新和政府制度建设为代表的软实力优势明显。在产业发展方面，前沿研究成果的产业化速度快，行业增长点由通信、IT、硬软件等传统板块向大数据、云计算、物联网等为代表的信息服务模块转移。2015 年发布的“数字经济议程”，指引了美国数字经济发展的方向。在网络空间治理方面，以三大战略性文件为指导框架，美国网络治理法律完备、机构健全、技术先进、多元主体参与。近年来，互联网相关法制建设紧跟无人机、面部识别系统、手机应用等前沿问题。“棱镜门”事件挑战了美国在国际网络空间治理领域的传统权威，美国开始寻求平衡国家利益与国际争论的折中方案，于 2016 年 6 月正式接受了 ICANN 的监管权限移交方案。

关键词： 行业创新 网络治理 美国

一 美国互联网发展现状

美国国土面积为 936.4 万平方千米，排名世界第四位。截至 2016 年 7

---

* 刘洋，博士，中山大学传播与设计学院讲师，中山大学互联网与国家治理研究中心研究员，中山大学粤港澳发展研究院研究员。

月，美国人口大约为3.24亿，位居世界第三。其经济发展引人瞩目，长期是世界第一大经济体。与此同时，美国也是世界互联网大国，自始至终引领着世界互联网技术的创新发展，并稳居互联网安全治理领头羊的地位，对全球互联网发展做出过也正在做出重要贡献。

根据《2015年全球信息技术报告》[①]，美国每百万人口拥有的安全网络服务器数量达1306个，在全球143个国家中排第11位，超过世界上所有其他与其人口同量级或地域面积同量级的国家。移动通信的平均费用从低到高在全球143个国家中排名第76位，高于平均值。固网使用费用排名第71位，也略高于平均值。

如表1所示，1984～2015年近30年的时间，美国有电脑的家庭从8.2%增长至80%，联网家庭也由1997年的18%增至77%。但根据美国皮尤研究中心（Pew Research Center）的调查，2004～2015年美国成年人拥有电脑的比例徘徊在70%左右，没有太大变化，而平板电脑在美国成年人中的拥有率由2010年的4%迅速增长至2015年的45%，智能手机则由2011年的35%增至2015年的68%。[②] 数字刊物 *Computer World* 的资料显示，美国1996年总上网人数已达2800万人，2000年更是激增至一亿多人。[③] 2016年数据显示，美国网民数量已达2.87亿人，占人口总量的88.5%，全世界排名第三位，仅次于中国和印度，互联网普及率与加拿大、比利时齐平，居世界第20位。[④]

---

① 世界经济论坛（WEF），The Global Information Technology Report 2015，http://www.weforum.org/docs/WEF_GITR2015.pdf。除特殊说明外，后文所引用的不同年份《全球信息技术报告》数据均来自此链接，不再做重复注释。

② Pew Research Center，http://www.pewinternet.org/2015/10/29/technology-device-ownership-2015/，2015年10月29日。

③ Kenney，M. 2003. The growth and development of the Internet in the United States. In B. Kogut (Ed.)，*The global Internet economy*，Cambridge：MIT Press，pp. 69-108.

④ Internet Live Stats，http://www.internetlivestats.com/internet-users-by-country/，参见国际电信联盟、联合国人口司、印度网络及移动通信协会、世界银行发布的数据。

据 KPCB 每年发布的《互联网趋势报告》①，截至 2016 年，美国成年人在 PC、移动终端等数字媒体上的日均消耗时长达 5.6 小时，其中上网时长约 3 小时，2010～2015 年复合增长率达 11%。12～24 岁的美国年轻人超过一半使用 Facebook、Instagram、Snapchat 等社交网络，87% 的美国年轻人智能手机从不离身，60% 的美国年轻人相信未来五年一切事情都在移动设备上办，44% 的美国年轻人每天都拍照或拍视频。智能手机的使用非常普及，使用的热门服务集中于驾驶导航（84%）、跟踪突发新闻（84%）、了解社区活动（79%）、紧急情况求助（52%）、获取公交信息（46%），其他按需服务包括订餐、订票、旅游、打车、同城送货等也已经相当流行。

表 1　美国家庭电脑拥有和联网情况历年数据（1984～2015 年）

年份	总户数（千）	有电脑家庭占比（%）	联网家庭占比（%）
2015	—	80.0	77.0
2012	122048	78.9	74.8
2011	119250	75.6	71.7
2010	119545	76.7	71.1
2009	119296	74.1*	68.7
2007	117840	69.7*	61.7
2003	113126	61.8	54.7
2001	109106	56.3	50.4
2000	105247	51.0	41.5
1997	102158	36.6	18.0
1993	98736	22.9	—
1989	94061	15.0	—
1984	87073	8.2	—

注：2007 与 2009 两年关于有电脑家庭的比例是根据前后年份预估出来的，1984 年、1989 年与 1993 年的调查不涉及联网的问题。2015 年的数据来自世界经济论坛（WEF）发布的 The Global Information Technology Report 2015，http：//www.weforum.org/docs/WEF_GITR2015.pdf。

资料来源：美国统计局《当前人口调查》，http：//www.census.gov/hhes/computer/publications/2012.html。

① Mary Meeker，Internet Trends 2017，http：//www.kpcb.com/internet-trends，网站还可调取 2016 年、2015 年、2014 年的报告。除特殊说明外，后文所引用的不同年份《互联网趋势报告》数据均来自此链接，不再作重复注释。

美国移动通信和网络通信市场的竞争程度均属最佳①，并在全球信息产业经济中有优异表现。据《互联网趋势报告》2016 年的数据，市值前 15 位的互联网公司中，美国公司仍占据 11 个席位。其每百万人口拥有 65 个信息通信类应用专利，全球排名第八位。知识密集型产业的就业人数占总就业人口的 38%。美国在全球网络布局也引人瞩目。截至 2011 年，美国国防部在全球几十个国家的数百个设施内，拥有 1.5 万个网络和 700 万台计算机。② 这些数据凸显美国在互联网发展及治理中的卓越表现。

二 互联网信息产业发展与应用

（一）信息产业发展现状

1. 发展现状与基本数据

根据美国商务部 Select USA 项目发布的基础数据③，美国 IT 产业的市场份额为 3.8 万亿美元，约占全球 IT 市场的 25%。每年给美国的 GDP 贡献 7.1%，在私营领域总体贡献的 GDP 中约占 11.6%。全美约有十万个 IT 类企业，其中超过 99% 为雇员 500 人以下的中小型公司。IT 产业的总体就业人数约为 200 万，其中绝大多数是高学历高技术人才。

互联网相关的投资随市场大势有升有降。2000 年美国互联网相关的投资总额从 1995 年的 19.381 亿美元激增至 2000 年的 807.015 亿美元，

---

① 世界经济论坛（WEF），The Global Information Technology Report 2015，www.weforum.org/docs/WEF_ GITR2015.pdf。

② 美国国防部《网络空间行动战略》（*International Strategy for Cyberspace*），https://www.whitehouse.gov/sites/default/files/rss_ viewer/international_ strategy_ for_ cyberspace.pdf。

③ 美国商务部 Select USA Program，Software and information technology spotlight，https://www.selectusa.gov/software – and – information – technology – services – industry – united – states。

随后几年迅速跌落至100亿美元左右，2009年经济危机期间探底值为91.736亿美元，近年来逐渐回升，2015年最新数值是402.378亿美元，约为历史峰值的一半（见表2）。2014年美国数字服务的出口产值约为4000亿美元，约占美国出口服务的一半，占所有产品和服务类出口总值的16.7%。①

表2　美国互联网相关投资（1995～2015年）

单位：亿美元

年份	投资额	年份	投资额
1995	19.381	2006	130.418
1996	41.13	2007	148.375
1997	63.457	2008	136.662
1998	118.643	2009	91.736
1999	425.202	2010	107.994
2000	807.015	2011	157.344
2001	265.886	2012	158.70
2002	114.967	2013	193.182
2003	93.053	2014	341.634
2004	105.746	2015	402.378
2005	108.505		
总计	4031.407		

美国互联网产业的总体商业环境优良，位居全球第五。其中，前沿技术的产业化居全球第二位，风险投资的活跃度居全球第三位。美国互联网公司注册也较便捷。注册公司所需的时长，从低到高排列，美国在全球143个国家中居第26位，约为6天。注册公司所需的步骤，从低到高排列，美国居第58位。② 但也有制约产业发展的短板，最显著的制约因素是

① Alan B. Davidson, The Commerce Department's digital economy agenda, https://www.commerce.gov/news/blog/2015/11/commerce-departments-digital-economy-agenda。

② 世界经济论坛（WEF），The Global Information Technology Report 2015，http://www.weforum.org/docs/WEF_GITR2015.pdf。

高税负，税率由低到高在143个国家中居97位，平均税负约占企业利润的43.8%。[①]

2. 信息技术产业的消费

2015年美国在全球IT市场的消费份额为39.33%，居首位，西欧紧随其后，占比为31.74%。来自Accelerance和Gartner的研究报告显示[②]，2006~2015年，全球在信息产业领域的消费从2006年的2.86万亿美元上升到2015年的3.52万亿美元，期间有升有降，峰值为2014年的3.73万亿美元。研究分析称这个峰值可能直到2019年都将不会被超越。2016年的全球IT消费预计为3.54万亿美元，仅比2015年增长0.6%。尽管全球IT消费增长放缓，但美国长期稳居消费市场首位。

按照消费总额排序，由高到低的几大板块分别为通信服务、IT服务[③]、硬件设备、软件、数据服务系统。在2015年的数据中，除数据服务系统板块有1.8%的消费增长率，其余板块的消费均为负增长。根据2016年数据，增长最快的为软件消费，硬件设备和通信服务保持负增长。这表明，软件、数据服务等软性IT板块将引领未来产业的发展，硬件和基础设施领域的消费市场接近饱和，没有太大增长空间。

3. 引领全球信息技术发展前沿

美国互联网信息技术的发展紧跟行业动态，引领了云计算、大数据、物联网等全球网络信息技术发展的前沿。IBM作为云计算的主要倡导者，采用研发和并购双管齐下的战略，总计投入30多亿美元收购了多家云计算相关企业。Google则是大数据技术的主要推动者和创新者，2011年以7亿美元收购数据算法分析公司ITA Software。此外，Google也在人工智能研究、无人驾驶、虚拟现实和仿真现实等领域处于世界领先

① 世界经济论坛（WEF），The Global Information Technology Report 2015，http：//www.weforum.org/docs/WEF_ GITR2015.pdf。

② Accelerance，http：//www.accelerance.com/research/global - it - market - size - facts - and - figures；Gartner，http：//www.gartner.com/newsroom/id/3186517，2016年1月18日。

③ 指信息技术在商业和相关领域的应用，包括IT技术在企业优化管理领域的应用、企业服务类软硬件的开发和建设等，如企业网站开发与管理、银行客户服务软件的开发等。

地位。2014 年 Facebook 在全球社交网络广告市场有 75% 的份额。[①] 在市场力量的主导下，美国政府也将云计算和大数据等关键技术视为国家战略予以推进。

根据国际数据公司（International Data Corporation）的预测[②]，2015 年后全球云计算服务的市场盈利将增长一倍，预计将由 2015 年的 700 亿美元增长到 2019 年的 1416 亿美元。近年全球的云基础设施飞速发展，其体量和份额已逼近传统的数据中心。根据 2018 年发布的《互联网趋势报告》，2016 年全球公有与私有的云基础设施建设支出近 360 亿美元，占 IT 基础设施建设总支出的 37%，比 2014 年增长 37%。而美国约占全球云计算服务市场的半壁江山，云计算服务市场排名靠前的公司长期由美国公司占据。其中，平台类服务是云计算服务中增长最快的领域，其次为设施类服务。

（二）政府规划与投入

1. 保障政府财政投入

2011 年美国政府发布《联邦云计算战略》，要求美国政府在每年总计约 800 亿美元的 IT 开支中将 25% 左右的部分迁移至云计算。2012 年奥巴马政府正式宣布“大数据研究和发展倡议”，联合六个政府部门总计投入 2 亿美元。

美国商务部于 2015 年 11 月发布《数字经济议程》，订立了美国数字经济发展的四个关键事项[③]：一是打造自由开放的国际网络空间，促进信息和数据的跨界流动；二是保护网络安全和个人隐私权，改善网络空间尤其是电子商务领域的信任现状；三是保障所有家庭、企业和从业人员有网络入口；

---

① 《Facebook 去年占全球社交网络广告市场 75% 份额》，新浪科技，2015 年 4 月 4 日，http：//tech. sina. com. cn/i/2015 - 04 - 04/doc - icczmvun8443641. shtml。

② 参见 http：//www. idc. com/getdoc. jsp? containerId = US40709515，转引自 https：//www. selectusa. gov/software - and - information - technology - services - industry - united - states。

③ Alan B. Davidson, The Commerce Department's digital economy agenda, https：//www. commerce. gov/news/blog/2015/11/commerce - departments - digital - economy - agenda.

四是注重创新和知识产权保护。

根据美国官方公布的联邦政府预算，2014 年信息技术板块总预算为 818.6 亿美元，2015 年为 843.61 亿美元，2016 年为 863.33 亿美元。2016 年的总体预算相较 2015 年增长了 2.3%，其中来自国防部贡献的增长率为 2.9%，其他非国防系统的民用政府部门 IT 板块预算总体增长了 1.9%。可见，美国在国防安全领域的网络信息技术安全方面投入力度较大。除国防部外，总体预算量最大的两个部门分别为健康与人类服务部（Department of Health and Human Service）和国土安全部（Department of Homeland Security）。另外，对比 2015 年和 2016 年各部门的数据，IT 板块预算增长最显著的部门是人力资源管理办公室（Office of Personnel Management），年度增长率为 47.8%；其次是劳工部（Department of Labor），增长率为 22.7%。此举表明了美国政府促进信息技术产业就业增长和政府部门雇佣高技术人才的决心。

2. 促进研究成果的市场转化

根据美国白宫发布的新闻简报①，美国政府行政部门、美国大学协会（Association of American Universities）、公立和赠地大学协会（Association of Public and Land-grant Universities）及 135 家美国大学共同发布声明，将加强产、学、研、政四领域的深化合作，鼓励大学与产业在信息技术领域的合作，并有包括卡内基梅隆大学、弗吉尼亚大学和乔治亚技术学院在内的 40 多家大专院校与奥巴马总统就研究成果的产业转化进行了电话商议。Coulter 基金会、美国国家科学基金会和科学促进协会联合拨款 40 万美元，共同推出“大学商业化成果奖”（University Commercialization Prize），这项奖励专门用于改进和鼓励大学研究成果的商业转化。Coulter 基金会与约翰霍普金斯大学、路易威尔大学、密苏里大学和匹兹堡大学联合推出一项 2000 万美元的自主计划，用于拓展新技术在生物医疗、护理和健康领域从实验室向市

① 参见白宫网站，https：//www. whitehouse. gov/the – press – office/2011/09/16/president – obama – signs – america – invents – act – overhauling – patent – system – stim。

场的成果转化。依托高校及科研机构发展信息产业是美国自互联网发展之初就鼓励并积极施行的战略。

（三）政府监管与干预

1. 政府联合多方力量共同干预

由美国商务部主导的互联网政策专责小组（Internet Policy Task Force）①，联合了国家通信与信息局（National Telecommunications and Information Administration，NTIA）、专利与商标局（Patent and Trademark Office，PTO）、美国标准技术研究院（National Institute of Standards and Technology，NIST）和美国国际贸易管理局（International Trade Administration，ITA）多个部门，并邀请互联网相关行业和教育领域等多利益共同体，对互联网经济、治理、法制、政策等多个领域的重要问题进行了持续研究和商谈，主要涉及隐私权、版权保护、全球信息跨国界自由流动和网络安全四个方面。

该小组关注的问题几乎覆盖了当今互联网经济发展和空间治理的所有最前沿领域。如隐私权方面，近两年来密集发布了一系列关于无人机监管、面部识别系统与公民隐私、大数据与消费者隐私、手机应用与用户数据等信息技术隐私领域前沿问题的商谈记录与报告。在版权保护方面，一方面对现有法律法规和政策制度进行解读与商议，如对《数字千年版权法案》的解读与修订，以及解读美国商务部于2013年发布的《数字经济下的版权政策、创造力与创新力绿皮书》；另一方面，对互联网版权保护领域亟待立法的前沿问题广泛征求意见，如网络空间内的个人文件共享与侵权的法定赔偿判定、首次销售原则（First-Sale Doctrine）② 在数字环境中的适用范围等。

2. 保护本土产业和控制外部渗透

美国政府一方面出面保护美国本土的核心信息技术和互联网核心产业，

---

① https：//www. ntia. doc. gov/category/internet – policy – task – force.

② 关于 first-sale doctrine 的解释可参见 https：//en. wikipedia. org/wiki/First-sale_ doctrine。

防止技术流失和技术开放，另一方面在涉及国家网络空间安全的领域，主动联合市场力量进行控制和干预。此外美国政府还雇用一批专业技术公司和承包商对美国政府提供定向对口服务，如进行大数据分析的 Palantir Technologies[①] 和博思艾伦咨询公司 Booz Allen Hamilton。后者是斯诺登曾效力的公司，2003 年国土安全部与其合作的起步资金为 200 万美元，到 2004 年 12 月便飙升至 3 亿美元[②]。基于美国政府披露的 2010 财年数据[③]，按照合同资金量 BAH 在美国政府前 100 名承包商中排名第九位，合同量达 37 亿多美元。另外被雇用的还有隶属于波音公司的信号分析处理厂商 Argon ST[④]，其擅长 C4ISR 系统[⑤]的解决方案，而波音公司也是美国政府承包商中的大户，在 2011 年所有政府承包商中合同量排名第三位。

在 2011 年排名前 20 的美国政府承包商中[⑥]，信息技术产业的承包商就占了九家，按照合同资金量从高到低依次为 SAIC 公司（Science Applications International Corp.）、惠普、L-3 通信公司、博思艾伦咨询公司、计算机科学公司（Computer Sciences Corp.）、哈里斯通信有限公司（Harris Corp.）、CACI 公司、戴尔、Verizon 通信公司。

（四）网络应用

1. 电子商务

互联网对美国生产服务等经济业态也产生了重要影响，促使其电子商务的持续繁荣。以零售业、制造业、批发贸易及相关服务业为例，都利用互联

① 参见 Palantir Technologies 公司简介，https：//en. wikipedia. org/wiki/Palantir_ Technologies。

② Robert O'Harrow Jr.， Costs Skyrocket As DHS Runs Up No-Bid Contracts， http：//www. washingtonpost. com/wp-dyn/content/article/2007/06/27/AR2007062702988. html，2007-06-28.

③ https：//washingtontechnology. com/GIG/washingtontechnology/TopLists/Top-100-Lists/2011. aspx。

④ 参见 Argon ST 公司简介，https：//en. wikipedia. org/wiki/Argon_ ST。

⑤ C4ISR 为指挥、控制、通信、计算机、情报、侦察的英文缩写，英文全拼为 command，control，communications，computers，intelligence，surveillance，reconnaissance。

⑥ https：//washingtontechnology. com/GIG/washingtontechnology/TopLists/Top - 100 - Lists/2011. aspx。

网在开展业务。除了制造业和批发贸易因2008～2009年世界经济危机的影响而在这两年出现营收略微下降，整体趋势是逐年上升的。零售业总值在1998～2014年期间一直保持稳步增长（见表3）。

表3　美国电子商务历年变化（1998～2014年）

单位：亿美元

年份	零售业总值	制造业装船总值	批发贸易总值	相关服务业利润值
1998	49.84	—	—	—
1999	144.92	7295.63	—	—
2000	276.14	7558.07	—	—
2001	342.70	7242.28	—	—
2002	446.40	7519.85	8804.28	—
2003	571.89	8426.66	9693.93	—
2004	726.55	9961.74	10636.72	—
2005	914.74	13438.52	12374.21	—
2006	1134.58	15667.99	13218.22	—
2007	1366.54	18794.24	14197.18	—
2008	1419.42	21708.18	14659.72	—
2009	1459.56	18915.33	14175.18	—
2010	1706.40	23504.57	16415.37	3336.31
2011	2006.23	27039.62	18129.24	3844.36
2012	2305.63	30047.49	19384.73	4164.30
2013	2612.06	33156.94	20208.19	4562.81
2014	2985.95	35840.19	21277.55	5099.99

资料来源：U.S. Census Bureau, Annual Survey of Manufactures and the Economic Census。

2014年美国零售类电子商务总体消费额约为3050千亿美元，首次突破了3000亿美元的门槛，较2013年增长15.4%①。自2010年来，零售类电子商务始终保持15%左右的增长率。根据美国零售业联合会（National

① Allison Enright, U.S. annual e-retail sales surpass $300 billion for the first time, https://www.internetretailer.com/2015/02/17/us-annual-e-retail-sales-surpass-300-billion-first-ti。

Retail Federation）发布的预测报告[①]，2016 年美国零售业预计增长 3.4%，其中电子商务带来的零售业增长率为 7% ~10%。分享经济领域发展如火如荼，尤其在打车服务（如 Lyft、Uber）、房屋共享（如 Airbnb、Couch Surfing）和众筹等三大领域，据皮尤研究中心的一份报告，72% 的美国人使用过上述服务。[②] 电子商务成为零售业的新增长平台。

2. 电子娱乐

据美国娱乐软件协会（Entertainment Software Association）发布的报告，2013 年美国电子及电脑游戏零售总额达到 154 亿美元，其中单电子游戏贡献 GDP 超 62 亿美元。2009 ~2012 年，游戏软件行业的市场年增长率为 9.7%，远超其间美国总体经济的增长水平 2.4%。这一领域内的直接和间接就业人数接近 15 万人，2009 ~2012 年，该领域内的直接就业人数年度增长率约为 9%，远远超过同期美国的整体就业增长率 0.724%。[③]

美国音乐消费市场巨大。48% 的音乐消费者建有自己的音乐库，41% 的音乐消费者使用按需流媒体平台如 Spotify、YouTube、Vevo 等，36% 的音乐消费者使用策划流媒体平台如 Pandora、iTunes Radio。这些新技术也支持音乐销售。通过线上平台或移动设备消费数字音乐的人中，18% 都有购买音乐的行为。2014 年的数据显示，拥有智能手机的美国人中有 39% 会购买音乐，同比增长 34%。[④] 据美国唱片业协会（Recording Industry Association of America）发布的研究报告，2015 年美国音乐业在继续向数字化及流媒体化转变，虽然数字下载及购买物理形式的音乐消费数量在下跌，但流媒体音乐消费不断增长，其在音乐产业总体营业额中的份额从 2010 年的 7%

---

① Treacy Reynolds, National retail federation upgrades 2016 economic forecast, https://nrf.com/media/press - releases/national - retail - federation - upgrades - 2016 - economic - forecast, 2016 - 07 - 26.

② Pew Research Center, http://www.pewinternet.org/2016/05/19/the - new - digital - economy/, 2016 - 05 - 19.

③ http://www.theesa.com/wp - content/uploads/2014/11/VideoGames21stCentury_ 2014.pdf。

④ Nielsen, http://www.nielsen.com/us/en/insights/news/2014/music - 360 - americans - make - music - their - top - entertainment - choice.html, 2014 - 10 - 02.

增长至2015年的34.7%，促使整体音乐零售业同比增长0.9%，达到70亿美元。[①]

3. 电子政务

美国电子政务起步早、发展快[②]。根据《联合国2014年电子政务调查报告》（United Nations E-Governance Survey），依据政府提供在线服务、信息公开和线上参与渠道的广度与深度指数，美国在全球榜上的排名2012年为第五位、2013年为第九位、2014年为第七位。其中，2013年排行榜中韩国和荷兰并列首位，其余为乌拉圭、法国、日本、英国、澳大利亚和智利。[③]美国2014年的电子政务发展指数（EGDI）达到0.8748，其中在线服务指数为0.9449，通信基础设施指数为0.7406，人力资本指数为0.9390，电子参与指数为0.9216。当前美国电子政务服务各阶段发展程度为：第一阶段信息服务起步阶段为100%、第二阶段信息服务提升阶段为68%、第三阶段政务处理阶段为77%、第四阶段整体服务阶段为94%。

奥巴马上任第一天便签署了《透明与开放政府备忘录》（Memorandum on Transparency and Open Government）[④]，凸显了美国当届政府对电子政务的重视。尤其是在移动政务领域，2014年奥巴马政府要求联邦政府每个机构至少推出两个App作为其数字政府计划的组成部分，并与See Click Fix等商业公司合作，方便公众通过网页和手机向地方政府上报容易被忽视的非紧急问题。奥巴马政府还破例推出首席信息官制度（Chief Information Officer）[⑤]和首席技术官制度（Chief Technology Officer），在政府多个行政部门均有设立的首席信息官，负责政府信息公开和发布，并主导政

① http：//www.riaa.com/wp-content/uploads/2016/03/RIAA-2015-Year-End-shipments-memo.pdf。

② 张瑞在《美国历年互联网法案研究：1994～2006》中指出，美国2002年就颁布了《电子政府法案》，根据该法案，美国将建立一个电子政府基金，2003年约向该基金投入4500万美元，到2006年增长到1.5亿美元。

③ 全球排名一览参见http：//www.echinagov.org/art/2014/8/12/art_572_1539.html；美国情况简介参见http：//www.echinagov.org/art/2014/8/12/art_572_1541.html。

④ https：//www.whitehouse.gov/the_press_office/TransparencyandOpenGovernment.

⑤ https：//cio.gov/about/.

府电子政务的发展与改进；首席技术官则负责新技术在美国社会各个领域的应用和推广，包括促进就业、医疗健康领域、能源效率、国家安全等①。联邦政府还在备忘录中提出应视大数据为一种有生命周期的资产，确保信息公开、共享与安全。

美国于2009年开始推出政府数字网站计划，data. gov 上线后已发布近39万个数据文件，鼓励公民在线获取美国政府重要文件和社会发展数据②。美国政府还将信息公开进一步向在线参政推进，推出了专门网站供公民请愿和提出个人诉求，并可在线获得其他网民的声援，当呼声到一定数量时，政府相关部门会回应或解决③。还开设了一系列操作简单、获取信息直观的政府信息公开网站，如公布联邦政府财政支出情况的综合网站 USA Spending④和公布联邦政府各部门在信息技术方面支出的网站 IT Dashboard⑤。另外，还以信息公开的方式鼓励在信息技术行业等多领域的个体创新，开设了 Challenge 一站式综合信息门户，公布政府主导的所有小型课题、小型任务和对应奖励，个人可承接其中的任何任务并参与评奖，以此鼓励个体创新⑥。

三　互联网空间治理战略与规划

根据经济学人智库与博思艾伦咨询公司联合发布的《网络实力指数报告》，综合评估“二十国集团”（G20）中除欧盟以外的其他 19 个国家涉及网络实力的四个维度，即法律和监管框架、经济和社会环境、技术基础设施与工业应用。美国在 2011 年 G20 国家网络实力中综合排名第二位，仅次于

① Woodie, A. (2013) The Chief Data Officer's Time Has Come. Datanami (2 September 2013), http: //www. datanami. com/2013/09/02/the_ chief_ data_ officers_ time_ has_ come/.

② www. data. gov.

③ 在线请愿网站，https: //petitions. whitehouse. gov。

④ https: //www. usaspending. gov/Pages/default. aspx.

⑤ https: //www. itdashboard. gov/drupal/.

⑥ https: //www. challenge. gov/list/.

英国。①

美国政府以《网络空间安全国家战略》（*The National Strategy to Secure Cyberspace*，简称国家战略）②、《网络空间国际战略》（*International Strategy for Cyberspace*，简称国际战略）③、《网络空间行动战略》（*The Comprehensive National Cybersecurity Initiative*，简称行动战略）④ 三大战略性文件为基础，逐步搭建完整协调的国内和国际互联网空间治理框架。

（一）网络空间安全国家战略

国家战略于2003年出台，明确了实施网络空间安全保护计划的指导方针，提出了三大战略目标和五项重点任务。三大战略目标为预防美国的关键基础设施遭到信息网络攻击；减少国家对信息网络攻击应对的脆弱性；减少国家在信息网络攻击中遭受的破坏，减少恢复时间。五项重点任务是国家网络空间安全响应系统；国家网络空间威胁和脆弱性减少项目；国家网络空间安全意识和培训项目；保护政府网络空间的安全；国家安全和国际网络空间安全合作。

（二）网络空间国际战略

国际战略于2011年出台，提出在经济、国防、执法和外交等多个领域建立开放、互通、安全和可靠的网络空间。其七个战略重点为：制定国际标准，鼓励创新，开放市场；确保国际网络的安全性、可靠性和韧性；深化执法合作，推出国际规则；加强军方合作；建立有效且多方参与的国际互联网治理架构；帮助其他国家建立数字基础设施和抵御网络威胁的能力；保障互联网自由和隐私安全。

---

① Cyber Power Index：Findings and Methodology，http：//www. boozallen. com/content/dam/boozallen/media/file/Cyber_ Power_ Index_ Findings_ and_ Methodology. pdf.

② https：//www. us – cert. gov/sites/default/files/publications/cyberspace_ strategy. pdf.

③ https：//www. whitehouse. gov/sites/default/files/rss _ viewer/international _ strategy _ for _ cyberspace. pdf.

④ https：//www. whitehouse. gov/issues/foreign – policy/cybersecurity/national – initiative.

（三）网络空间行动战略

行动战略颁布于2011年，由美国国防部发布，制定了五大行动计划。

一是将网络空间列为与陆、海、空、太空并列的行动领域，成立美军网络空间司令部，由国家安全局局长兼任司令。

二是变被动防御为主动防御，发展和整合移动媒介与云计算等。2011年5月通过的《2010财年国防授权法案》，授予美国防部长在网络空间开展军事行动的权力。

三是加强国防部与其他政府部门及私人部门的合作。2010年，国防部长与国土安全部长签署关于协调和加强网络空间安全的合作谅解备忘协议，开拓了政府部门间此类合作模式的范例。2007年启动了"国防工业基础机构网络安全和信息保护计划"，在保护军事网络安全的同时，加强电网、运输系统等重要基础设施的网络安全防护。

四是加强与盟友及伙伴间的国际合作，通过共享网络空间威胁的相关信息，发展国际社会共享的网络空间态势和预警能力，加强集体防卫和集体震慑。

五是建设高素质的网络空间人才队伍，简化雇佣网络空间人才的流程，允许相关人才在公共机构与私人企业间不受限制地自由流动。新调整的网军结构包含13支国家任务队伍和25支支持队伍。

四　网络空间治理制度与措施

（一）网络空间安全法制

美国有关网络安全的立法与世界其他国家相比，数量最多、内容最全面①。由联邦法律、州法律、联邦行政决定、一些判例及国际公约共同构成

① 李春华、万其刚：《国外网络信息立法情况综述》，全国人民代表大会网站，http://www.npc.gov.cn/npc/zgrdzz/2012-11/16/content_1743168.htm，2012年11月16日。

了美国的信息安全法律体系。美国共有140余部与互联网相关的法律法规，涵盖网络基础设施、言论自由、新闻出版、个人隐私、未成年保护、知识产权、网络犯罪、国家安全等国家和社会生活的多个领域，拥有系统的互联网立法体系。

最早的网络安全立法源于1977年的《联邦计算机系统保护法》，首次将计算机系统纳入法律保护范围。后于20世纪80年代陆续出台了1984年《计算机欺诈与滥用法》、1986年《电子通信隐私法》和奠定了美国计算机安全法律基础的1987年《计算机安全法》。20世纪90年代的网络安全立法进一步拓展了网络安全的涵盖领域，并对危及网络安全的相关行为进行了限定。1996年的《信息技术管理改革法》和《电信法》，规定不允许利用互联网宣扬恐怖主义、侵犯知识产权、向未成年人传播色情及从事其他违反美国法律的行为。同年通过的《国家信息基础设施保护法》则加强了对侵害国家信息基础设施行为的认定和处罚。1997年通过了《公共网络安全法》和《加强计算机安全法》。进入21世纪后，网络空间治理面临的挑战日益严峻，美国在这一时期通过的法律强调了联邦政府在维持网络空间秩序和保证网络安全中的角色。2000年通过的《政府信息安全改革法》，规定了联邦政府部门在保护信息安全方面的责任，建立了联邦政府部门信息安全监督机制。2002年的《联邦信息安全管理法》，后纳入《电子政府法》，对政府机构的信息安全问题做出了详细规定。同年通过的《国土安全法》和《关键基础设施信息保护法》，提出应保障包括通信设施在内的重要基础设施，并建立了一套完整详细的关键基础设施信息保护程序。2002年的《网络安全研发法》，赋予国家科学基金会和国家标准与技术研究院开展网络安全研究的职责。近期通过的网络空间治理相关法律则以2012年的《网络安全法案》为代表，其构成美国第112届国会关于网络安全最重要的法案。

（二）内容监管模式

美国网络内容的监管模式总体特点是行业主导的自发监管，立法和行政监管较少。除保护未成年人免受网络色情侵害的立法外，政府极少通过专门立法等法律或行政手段干预网络内容，对网络内容的管理由非官方性质的行业协会自发进行。与美国网络内容监管模式形成对比的是，一是以新加坡和德国为代表的政府主导的管理模式，政府直接从事网络内容监管等日常管理工作，采用专门立法规范网络内容，甚至对网络内容提出具体要求；二是以英国为代表的政府指导下的行业自律模式，秉承监督而非监控的理念，政府不直接从事网络内容的日常监管，而将监管工作交给具有半官方色彩的行业自律组织，如英国的互联网监视基金会 IWF，行业自律组织间接控制网络内容，政府则居于把关人的地位，提供立法和执法方面的补充、保障、支持和指导。

“9·11”恐怖袭击后美国关于政府网络监管权的相关立法数量飙升。在对《联邦刑法》、《刑事诉讼法》、《1978 年外国情报法》和《1934 年通信法》等进行修正的基础上，美国于 2001 年颁布了《爱国者法》，授权国家安全和司法部门对涉及化学武器或恐怖行为、计算机欺诈及滥用等行为进行电话、谈话和电子通信监听，并允许电子通信和远程计算机服务商在某些紧急情况下向政府部门提供用户的电子通信。2002 年通过《国土安全法》，要求提供网络服务的公司在调查机关要求下，有义务向美国政府提供用户的有关信息和背景；警方有权监视互联网上包括个人邮件在内的信息来往；如果出现“危及国家安全”的情况或“受保护的电脑”遭到袭击，当局无须事先征得法院同意，即可监视电子邮件和互联网上的其他相关信息。另还专门颁布了《反垃圾邮件法》。

（三）隐私及知识产权

美国十分重视对公民个人隐私权的保护。为规范网上个人信息的收集、利用、发布和隐私权保护，美国先后制定了 1986 年《电子通信隐私法》、1996 年《通信净化法》（后被联邦最高法院宣布为违宪）、1997 年《数据保密法》、1997 年《公共网络安全法》、1998 年《儿童在线隐私权保护法》、1999 年《网络电子安全法》、2000 年《网络安全信息法》等。2015 年 2 月，美国联邦通信委员会（FCC）以3∶2的投票率通过《开放型互联网指令》并于2015年6月正式生效，从而确立了“网络中立”（net neutrality）的原则，规定互联网服务归入公用电信类，互联网基础提供商不得屏蔽、不得流量控制、不得付费者优先。

在知识产权保护方面的代表性立法是2011年通过的《美国专利改革法案》①，改善以往专利备案审核的长时间等待，将处于起步和成长期的公司专利审核时间由过去的三年缩短为一年；改善美国专利申请的积压现状，加速专利审批；为企业专利纠纷提供法律外的解决手段，有效降低专利诉讼的法庭成本；加强专利质量，改善专利与商标管理局的专利审核和质量控制流程；寻求知识产权保护领域的国际合作，为美国本土专利申请国际专利保护提供绿色通道。由于美国知识产权保护的大力度推行，美国盗版软件的安装率全球最低，仅为18%②。

（四）行政监管机构的演进

在国际网络空间治理领域，尤其是“棱镜门”事件之后，美国的传统权力受到挑战。2014年3月，美国商务部通信管理局（NTIA）发表声明考虑转让ICANN的监管权限。历经两年谈判后，2016年3月，ICANN正式接受了多方组织共同监管的移交方案，并提请NTIA批准。2016年6月，NTIA正式接受了移交方案，ICANN获准进行移交的各项过渡性技术测试。由此国际网络空间内的治理权限可能面临重新洗牌。

在国内网络空间治理方面，美国于“9·11”后组建了历史上第一个网络战指挥机构和战略力量，兼备指挥协调和作战职能。2003年发布的《网络空间国家安全战略》明确了以国土安全部为核心的网络空间安全管理与应急反应机制，并启动“爱因斯坦计划”，控制和保护美国政府互联网出

① https://www.whitehouse.gov/the-press-office/2011/09/16/president-obama-signs-america-invents-act-overhauling-patent-system-stim.

② 《全球信息技术报告-2015》（The Global Information Technology Report 2015），世界经济论坛（WEF），http://www.weforum.org/docs/WEF_GITR2015.pdf。

口。国土安全部在网络安全和通信办公室下另设国家网络安全处，在国家安全局设立计算机安全中心和网络攻击中心。另外，还设有反击网络黑客指挥部及军方控制的网络司令部，该司令部已于2010年11月完全具备作战能力。

五　小结

美国长期引领世界互联网行业的发展潮流与创新趋势，目前仍稳居世界互联网行业发展及安全治理的领头羊地位。一方面培育出许多世界互联网巨头，并依赖这些巨头对全球经济政治和社会产生深远影响，另一方面积极探索互联网多元治理模式，政府介入和市场自律相得益彰。在行业发展方面，美国长期保持全球信息技术产业发展的龙头地位，虽然近年来增速放缓，但创新能力仍引领产业潮流，且青睐信息技术产业的风险投资活跃，整体市场环境优良。在政府的积极干预和全球市场的推动下，美国产、学、研、政四头联动，前沿研究成果的产业化渠道十分通畅。近年和未来信息产业的增长主要集中在云计算、大数据、物联网等信息服务模块，计算机软硬件等传统模块市场接近饱和，移动通信及其衍生服务也将迎来飞速发展。在网络空间治理方面，美国依托三大战略性文件，从技术层面、资源层面、信息层面到法理层面力图抢占全球网络空间的制网权和制高点，并将美国国内的网络空间治理策略由被动防御逐渐转向主动防御，凭借法律完备、机构健全和技术先进三大优势，使网络安全成为美国整体安全战略的工作重点。

B.23
2017年新加坡互联网发展与治理报告

陈 梁　张峰铭　黄晓聪*

摘　要： 新加坡的互联网发展最早起步于20世纪80年代，在一系列国家发展战略规划的指导下，新加坡的信息通信技术发展水平一直处于世界前列。近几年，新加坡的互联网空间综合就绪指数在高收入水平国家中遥遥领先，其中政治和制度环境指数、商业与创新环境指数、政府使用指数、社会影响指数等均处于世界顶尖行列。这一系列指数反映了新加坡已经成为从信息通信技术领域的投资中获得巨大经济效益的国家。在网络安全治理实践方面，本文梳理了新加坡互联网发展的历史及现状、互联网国家发展战略规划、网络安全治理实践及其对我国互联网发展的启示。新加坡的互联网治理经验对近年来互联网建设发展迅速，网民规模和互联网经济呈指数型增长趋势的我国而言，具有重要的参考意义。

关键词： 新加坡　互联网　通信技术　网络安全治理

一　新加坡互联网发展概况

（一）新加坡互联网发展简史

新加坡是海岛型的城市国家，位于马来半岛南端。新加坡在1965年独

* 陈梁，中山大学传播与设计学院副教授；张峰铭、黄晓聪，中山大学传播与设计学院硕士研究生。

立之后，加快了工业化和现代化进程。新加坡互联网发展起始于政府在1978年开展的“第二次工业革命”，各产业部门自此开始了机械化、自动化和计算机化进程。

从20世纪60年代到90年代中期，新加坡经济高速增长，年平均增长率超过8%，其中国家基础设施功不可没。1974年，原负责国内电话业务的新加坡电话署和负责国际电信业务的电信部合并，成立了具有法定机构资格的新加坡电信局（TAS）。1986年，新加坡国家计算机委员会发布了一个全面的国家信息技术计划——《2000年信息技术报告：智能岛的设想》，希望通过国家信息基础设施建设，将新加坡建设成为一个更加高效的货物、资金、信息、人才的交换中心。20世纪90年代，新加坡已经基本建成有效的信息通信系统，主要包括国内通信系统、国际通信网络、无线通信网络和国内数据网络，其中国内通信系统、国际通信网络和无线通信网络主要是针对国内外电话和传呼机网络而提供服务的基础设施。而国内数据网络提供包括影视会议在内的数字化信息传输服务。值得关注的是，新加坡第一个公共移动数据漫游系统于1994年7月就开始推出，这个系统可以提供自动车辆定位、无线公司网络连接、双向传信、本地和国际传真、互联网连接等服务①。

在新加坡电信业发展的历程中，新加坡政府既是计划的制定者和领导者，又是协调者。政府一方面致力于发展信息技术的基础设施，同时通过行政干预与自由市场调节相结合的方法来加强信息技术市场供需的平衡；在引进国外先进技术的同时，积极发展本国的信息技术工业，并鼓励各行业各部门使用计算机。根据公共部门撤资委员会1987年的报告，新加坡电信的民营化是旨在广泛减少政府对商业干预的一个举措。民营化的目的是增强新加坡电信对市场的适应性，为应对全球竞争和技术进步的挑战做好准备。1992年，新加坡电信局演变为一个具有监管职能的政府机构，负责监管和促进新加坡电信业的发展，而新加坡电信（SinTel）重组为公司，负责电信业务的

① 奈旨云：《新加坡的电信业》，《全球科技经济瞭望》1997年第3期，第43～44页。

运作。1996年，新加坡政府宣布将在2000年全面开放电信市场，提前七年结束由新加坡电信公司垄断电信服务业的局面，允许外国公司在新加坡提供电信服务，与新加坡电信公司展开公平竞争。1999年，由新加坡国家计算机局和新加坡电信管理局合并而成立的新加坡资讯通信发展管理局（Infocomm Development Authority of Singapore，IDA）是新加坡交通和信息部下属的一家法定机构，在当时主要负责推动新加坡信息通信业发展。它负责监督或参与各种新加坡信息通信业发展的相关方案和项目，包括通往所有新加坡政府服务的电子公民门户、一站式信息通信教育和职业资源门户（资讯通信人才门户）、新加坡的电子政务网站（eGov. sg）、电子政务领导中心（EGL）、个人资料保护委员会（PDPC）。2016年8月，根据《信息通信媒体发展管理局（IMDA）法案》，新加坡资讯通信发展管理局（IDA）和媒体发展管理局（MDA）合并。同时，通过立法，正式创建了政府技术局，以驱动公共领域的数字化转型，推动资讯通信发展管理局（IDA）的“智慧国”建设工作。

（二）新加坡互联网发展现状

截至2017年，新加坡总人口为574万人，城市化水平已达到100%。其中互联网用户达471万人，渗透率达到总人数的82%。同时，新加坡的移动设备人均拥有量达到1.47台。移动社交活跃用户为400万，并且这一数字还在不断增长。互联网活跃用户较2016年增长1%，增长用户6万人。社交媒体活跃用户同比增长22%，手机用户增长3%，移动社交活跃用户增长21%①。

新加坡现拥有2家固网运营商、3家移动运营商、87家互联网接入服务商和300多家语音增值服务提供商。激烈的市场竞争为新加坡带来了更为低廉的电信资费和高速率。新加坡三大运营商为“新加坡电信

① 《2017全年数字报告》，We Are Social网站，http：//wearesocial. cn/blog/2017/03/09/we - are - social - 2017，最后访问日期：2018年4月17日。

SingTel”、“星和 StarHub” 和 “第一通 M1”，新加坡大多数用户都在使用3G 或 4G 服务，3G 服务已覆盖新加坡 99% 的地区；在户外，4G 服务覆盖率也达 98%。从 2017 年 4 月起，新加坡终止 2G 语音、短信和数据服务。目前，新加坡几乎所有地方都可以找到并连接上无线网络信号（WiFi）。

事实上，新加坡在信息技术发展和应用方面一直处于世界领先地位。根据世界经济论坛发布的《2016 年全球信息技术报告》①，新加坡在全球网络就绪指数排名中位列第一，“网络就绪指数”（NRI）是由世界经济论坛于 2001 年创立的，用于评估一个国家从新兴信息技术中获益并利用数字转型机会之就绪程度的重要工具，共设有 53 个单项指标，分为四大类：环境、就绪程度、使用情况和影响力②。新加坡互联网环境综合指数为 6.0；其中政治和制度环境指数为 5.9，排名第 2 位；商业和创新环境指数为 6.0，排名第 1 位；基础设施指数为 6.6，排名第 15 位；支付能力指数为 5.3，排名第 72 位；互联网使用指数为 6.0，其中个人应用指数、商业使用指数和政府应用指数分别为 6.4、5.4 和 6.3，排名分别为第 12 位、第 14 位和第 1 位。影响指数为 6.1，其中经济影响指数为 5.9，排名第 5 位；社会影响指数为 6.2，排名第 1 位（见图 1）。新加坡与另外六个国家（瑞典、挪威、美国、荷兰、瑞士、英国、卢森堡和日本）成为从通信技术领域的投资中获得巨大经济效益的国家③。

另外，根据国际电信联盟（ITU）每年公布的世界各国的通信技术发展情况，其颁布的《2016 全球信息社会发展报告》指出，新加坡 2016 年全球

---

① 《WEF ｜ 2016 年全球信息技术报告——数字经济时代推进创新》，中国信通院，http：//www. caict. ac. cn/zscp/qqzkgz/qqzkgz_ zdzsq/201607/t20160722_ 2174793. htm，最后访问日期：2018 年 4 月 16 日。

② 《世界经济论坛：新加坡荣登网络就绪全球排名第一》，联合国新闻，https：//news. un. org/zh/story/2016/07/259782，最后访问日期：2018 年 4 月 25 日。

③ 《2016 年全球信息技术报告》，世界经济论坛（World Economic Forum），http：//www. weforum. org/docs/GITR2016/GITR_ 2016_ full% 20report_ final. pdf，最后访问日期：2018 年 4 月 16 日。

信息社会指数（ISI）为 0.884，全球排名第 2 位，仅次于卢森堡[①]。ISI 从四个方面对国家的信息社会指数进行考察，包括信息经济指数、网络社会指数、在线政府指数、数字生活指数。新加坡以上四项指数得分依次为 0.841、0.868、0.947 和 0.923。而中国 2016 年 ISI 排名为全球第 84 位，由此可见，新加坡在信息社会发展指数上均远高于中国。

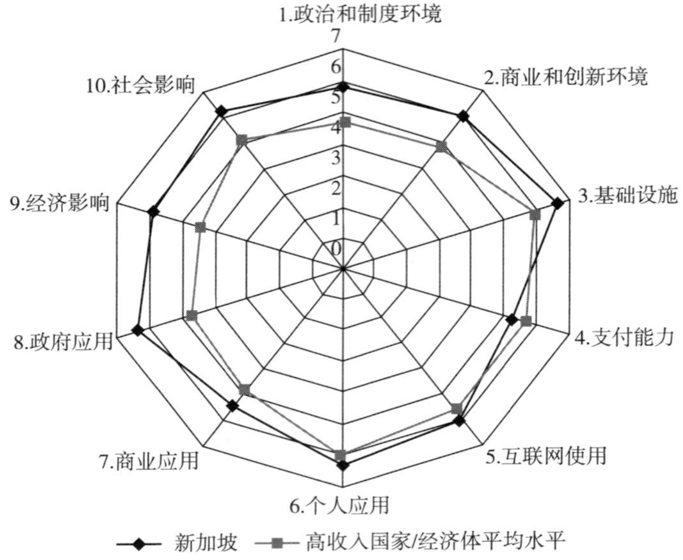

图 1　2016 年新加坡网络就绪指数

资料来源：Global Information Technology Report 2016，http：//reports. weforum. org/global – information – technology – report – 2016/。

二　新加坡的通信信息技术国家发展战略与规划

自 20 世纪 80 年代初，新加坡政府做出了发展科学技术以促进经济发展

① 《全球信息社会发展报告 2016》，国际电信联盟（ITU），http：//www. sic. gov. cn/archiver/SIC/UpFile/Files/Htmleditor/201605/20160518154702837. pdf，最后访问日期：2018 年 4 月 16 日。

的重大决策，要将新加坡建设成为以高科技和知识为主导的现代社会。新加坡的信息通信技术（Information and Communications Technology，ICT）国家战略的实施，主要包括以下七大规划："国家计算机化计划"、"国家 IT 计划"、"智能岛蓝图"、"信息通信 21 世纪计划"、"连接新加坡总体规划"、"智慧国 2015 计划"及"智慧国家 2025 计划"①。

（一）"国家计算机化计划"

1980 年，新加坡政府制定第一个五年发展计划"国家计算机化计划"（CSCP）。1981～1985 年，从政府机构使用计算机以提高公共事务效率着手，着重办公和公共服务计算机化。为各级公务员配备计算机，进行信息技术培训，并在各个政府机构发展了 250 多套计算机管理信息系统，推进政府机构办公自动化。这一计划的实施，一方面使信息技术应用为大众所接受，另一方面促进了本土信息产业的发展并为未来信息产业的发展积蓄所需的人才。

经过五年的努力，行政部门计算机化程度大为提高。许多跨国公司在新加坡建立起软件开发服务和信息数据中心。软件与信息服务的收入从 1982 年的 7250 万新元增加到 1986 年的 3.14 亿新元。各类计算机及终端数量也显著增加。政府部门的信息系统专业技术人员人数达 800 人，超过 17 个部门实现了计算机化，同时政府部门也为私人部门或个人提供更有效的服务。第一阶段政府部门的计算机化任务基本完成，为新加坡信息技术的进一步发展铺平了道路。

（二）"国家 IT 计划"

在"国家计算机化计划"第一个五年发展计划之后，1986 年新加坡制定了第二个五年计划"国家 IT 计划"（NITP）。1986～1991 年，"国家 IT 计

---

① Wiki. Nus，History and Milestones of E－government in Singapore，https：//wiki. nus. edu. sg/display/SPORE/History + and + Milestones + of + E － government + in + Singapore，最后访问日期：2018 年 4 月 17 日。

划”通过相关机构的连接来提供“一站式”服务，建成连接23个政府主要部门的计算机网络，实现了政务数据共享，并在政府和企业之间开展电子数据交换。其目标为：①在信息生产方面，促进信息技术在新加坡的发展。②在信息技术人才培养方面，扩大信息技术专业人员队伍和专家群，以便使企业能够充分发展信息技术。③在信息文化方面，为迎接信息社会的到来，通过教育提升人民的通信技术使用能力。④在信息技术的应用方面，使所有的经济部门最充分地开发应用信息技术。⑤在信息交流的基础结构方面，继续改善通信设施。⑥在提升社会创新氛围方面，提供一个有竞争性的环境，以促进人民发挥创造性和领袖精神，并提高本国信息技术应用研究的能力。⑦在协调与合作方面，以国家计算机委员会为主，努力对信息技术相关问题进行协调，促进企业与政府的多方合作。

与此同时，新加坡整合了地面使用系统、提供一站式的信息体系。新加坡成为当时全球少数几个率先在对外贸易领域推行电子数据交换，实现无纸化贸易的国家之一。从1982年至80年代末期，新加坡在硬件、软件、信息服务业和出口方面每年都以超过20%的增长率发展。在生产方面，1981～1987年的年平均增长率为26.9%，1988年信息产业的年收入达到10.65亿新元，当年的年增长率为35%。1980～1988年，国家在计算机硬件、软件及相关信息服务方面的消费增加了2.2亿新元。使用计算机的公司比例也明显增加，1990年已有超过70%的公司使用计算机进行办公。此外，计算机私人拥有比例在亚太地区仅次于日本居第二位。许多跨国公司已在新加坡建立起软件开发和服务中心及数据中心。新加坡的信息技术专业人员10年内增长了10倍。

（三）“智能岛蓝图”

1992年，新加坡政府开始实施国家战略——“IT2000年规划：智能岛蓝图”（1992～1999年），目的是用大约15年的时间把新加坡建设成为一个智能岛。该计划有五个具体目标：①把新加坡建设成为一个全球信息中心枢纽。②把信息技术作为推动新加坡发展的动力。③通过信息技术提高人民的素质。④通过电子手段实现同本地及全世界公众的无障碍联络和交流。⑤通过信息技术来提高个人在信息社会综合发展的潜力。

为实现上述目标，新加坡政府采取了一系列政策和措施，其中包括加强电子网络的建设并扩大应用，如建立和完善 TradeNet、Med-Net、LawNet、BuildNet 等业务网，开通 Singapore OnLine，计划到 2000 年将电子数据网络扩大到新加坡的每个工业部门；在国际互联网上进行各种业务活动和提供服务；继续发展远程通信和 ISDN 服务；倡导和应用 EDI 技术；成立人工智能及通信研究中心；鼓励在未来具有战略意义的领域发展专门人力技术如人工智能技术；对信息的处理采取分散的方式；提倡并采用有关的 ISO 国际标准；发布“政府部门数据库建设基本规定”，鼓励政府部门实行信息共享；确定 1995 年信息技术产业的年收入目标为 25 亿新元，到 2000 年达到 50 亿新元。与此同时，把眼光投向海外，以寻求新的发展机会。为此，首先通过国际合作扩大远程通信服务的范围，如将 ISDN 服务扩大到美国。其次，鼓励新加坡公民到海外兴办新加坡企业；再次，与其他国家一同建立信息技术联盟；最后，组织有关的国际会议和活动以提高对信息生产全球化的认识和热情。一方面通过鼓励新加坡公司进行全球经营来增加本国的生产，从而刺激国际对新加坡产品和服务的需求，同时让外国公司将新加坡作为潜在的企业场所。

（四）“信息通信21世纪计划”

2000 年，新加坡政府开始实施“信息通信 21 世纪计划”（ICT21），该计划的目标是将新加坡建设成为“世界信息之都”，进一步发展新加坡的 IT 产业，创造一个将信息技术融入所有产业和国民日常生活的社会。2000 ~ 2003 年，新加坡政府通过数字化不同部门和机构的公共信息，为公民提供了方便、无缝、持续、快速、有效的服务；同时启动国家信息通信扫盲计划，新加坡公民有机会在三年的时间里，通过国家识字计划（NITLP）学习基本的信息通信技能，该计划的目标是培训工人、家庭主妇和老人，这样他们可以成为信息设备和服务的熟练用户，政府也为一些弱势群体提供培训补贴，此举也进一步缩小了数字鸿沟。此外，新加坡政府也进一步加大了电信市场的开放力度，取消了所有公共信息服务持牌人的直接和间接权益限制。电信行业的自由化，吸引了来自世界各地的电信服务提供商。

（五）“连接新加坡总体规划”

2003 年，新加坡政府开始实施“连接新加坡总体规划”，该规划计划发展一个充满活力的信息通信部门。在此规划期间，新加坡政府推出了在线电子身份证（Sing Pass），所有 15 周岁及以上的新加坡居民可通过在线电子身份证，在政府网站办理各类政务服务；由新加坡资讯通信发展管理局推进的 Wireless@ SG 无线宽带计划将宽带接入到家庭、学校和办公室以外的公共场所，用户可享受免费的室内、室外无缝连接的无线宽带业务，速度可达 1Mbps。

（六）“智慧国2015计划”

2006 年，新加坡政府公布了新的十年信息化总体规划“智慧国 2015 计划”。“智慧国 2015 计划”的战略目标是，到 2015 年，把新加坡建设成为集全球先进技术、设施、企业和人才为一体的，以信息技术为支撑的智能化国家和全球化城市，确保新加坡在未来十年的全球经济竞争力。依据该计划，新加坡的电子政务建设将从服务化电子阶段转向整合政府业务阶段。同时，鼓励教育、医疗保健、金融、旅游、物流和零售等行业的信息技术应用。

该计划主要规划了数字媒体与娱乐、教育、金融服务、政府服务、卫生与生命医疗科学、物流和高科技制造、旅游等多个方面的信息化远景。具体目标包括到 2015 年，通信业产值实现翻一番，达到 260 亿新元；该行业出口收入增长三倍至 600 亿新加坡元；增加 8 万个工作岗位；使九成家庭使用宽带，学龄儿童家庭计算机拥有率达到 100%。为实现以上目标，新加坡政府前期投入了 40 亿新元用于规划项目的初期建设，主要包括建立超高速、广覆盖、智能化的通信基础设施；开发具有全球竞争力的信息通信业，及发展普通从业人员的信息通信技术能力等。仅在IT人才培养方面的投入就将达到1.2亿新币。不仅仅培养本国IT人才，而且希望通过新加坡的整体经济环境吸引全球的IT人才。

（七）智慧国家2025计划

继2006年公布“智慧国2015计划”后，新加坡政府在2014年公布了“智慧国家2025”计划。新加坡政府希望通过实施该项十年发展方针，通信业和媒体业能够激发创造力，提高生产力，有能力应对国家挑战，并丰富每一个新加坡公民的生活。智慧国家的建设目标为：通过建设覆盖全岛的数据收集、连接和分析基础设施的平台，根据所获数据预测公民需求，以提供更好的公共服务。平台建设的重点则在于信息的整合，以及在此基础上更具前瞻性的政府政策执行，除了通过技术来收集信息，更关键在于利用这些信息来更好地服务人民。总蓝图是希望研究机构、管理部门、各类企业和政府部门一起携手共进，让新加坡成为全球第一个智慧国家。

该计划指出，大数据技术和相关服务市场已是目前信息通信技术行业发展最快的市场之一，到2018年的年复合增长率可达26.4%，是普通信息通信技术行业的六倍。新加坡也将在新一代通信技术的早期应用上继续保持领先水平，有望在2020年正式形成5G通信标准。面对日益复杂的网络威胁情况，需要培养更强大的网络安全专家团队以支持迅速发展的网络安全产业。移动普及方面，新加坡的手机渗透率已达到150%以上，未来十年，终端设备的性能将进一步得到巨大提升，将具备智能语音助手、生物传感器和移动支付等功能。

（八）小结

总之，从这一系列循序渐进的规划提出和实施，新加坡的信息化建设从政府计算机化入手，辐射到个人和企业各个领域。随着国家信息通信技术系列计划实施，新加坡从最初的简单使用者变成了21世纪的全球卓越的信息通信技术专家。信息通信技术改变了新加坡的政府、个人和企业，一个拥有繁荣的信息经济和高效的信息社会的新加坡在全球经济信息化浪潮中走在了前列。

三　新加坡互联网安全与治理

（一）情况概述

据国际电信联盟（ITU）《2017 年全球网络安全指数（GCI）》调查报告显示，在 193 个国际电信联盟成员国家中，新加坡的网络安全指数排名全球第一位[①]。全球网络安全指数（GCI）是衡量成员国网络安全承诺的一项调查，该指数根据各国的法律、技术、组织、能力建设，以及国际合作五项核心指标进行综合排名[②]。2017 年，新加坡积极制定并发布国家网络安全战略及监管法案，提升应对网络安全威胁的能力，在促进网络安全工作的多边国际合作中体现了国家对网络安全意识与承诺的高度重视。

作为最早推广互联网的国家之一，新加坡信息化程度高，金融和信息等传统优势产业对互联网的依赖程度强。因此，网络安全问题一旦出现，将产生严重的社会影响。互联网和信息产业的高速发展对新加坡的网络空间治理能力提出了新要求。在网络安全和网络治理战略制定方面，新加坡的发布晚于大多数发达国家，但网络空间治理相关的具体实践却早已展开。[③] 新加坡总理李显龙曾多次提出："新加坡在实现智慧国家愿景时，首先必须成为一个安全的网络国家。"

---

① 中国科学院成都文献情报中心：《全球网络安全指数 2017 年》，《中国教育网络》2017 年第 9 期，第 40 页。

② 国际电信联盟：《国际电信联盟全球网络安全指数报告概要》，《信息安全与通信保密》2017 第 7 期，第 72 ~ 83 页。

③ 汪炜：《新加坡网络安全战略解析》，《汕头大学学报》（人文社会科学版）2017 年第 33 期，第 103 ~ 111 页。

（二）网络安全战略的演变

随着国家网络安全技术的发展和“智慧国家2025计划”的推进，新加坡政府基于对国内、国际网络安全形势的分析判断，在不同时期发布了具有特定问题指向的网络安全战略。从网络安全战略发展历程来看，大致经历了以下三个主要阶段。

第一阶段为网络安全治理战略起步期（2005～2008年）。

新加坡网络安全治理规划始于2005年。2005年，为配合和完善新加坡面向未来的数字化发展战略，新加坡资讯通信发展管理局（Infocomm Development Authority of Singapore，IDA）发布了新加坡第一个《信息通信安全总体规划（Infocomm Security Masterplan，ISMP）》。规划期望通过国家公共部门基础设施建设提升网络安全能力。该计划初步勾勒了新加坡国家网络安全的发展蓝图，为期三年，计划建设的总投入达3800万新元[①]。

2008年4月，信息通信发展局发布了为期五年的第二份《信息通信安全总体规划》。政府和通信机构通过网络攻击演习、提升公众网络安全意识、成立信息通信专业人才协会，以及为专才提供专项奖学金等六大策略，积极为新加坡网络安全人才团队储备力量。规划同时指出巩固国家信息通信基础设施安全的重要性，以安全技术能力的提升，带动高灵活性、高适用性的信息通信生态系统，由此将新加坡建设成为一个“安全且可靠的数据中心”（Secure and Trusted Hub）[②]。

这一阶段的两份《信息通信安全总体规划》聚焦公共领域的网络安全问题，保护新加坡关键基础设施免受网络攻击，为政府、企业和个人维护安全的信息通信环境。

---

① 《打造安全“智慧国”解读新加坡〈信息通信安全总体规划（2008～2013）〉》，中国信息产业网，http：//www. cnii. com. cn/index/content/2011－05/25/content_ 878916. htm，最后访问日期：2018年4月25日。

② Infocomm Media Development Authority，Infocomm Security Masterplan，https：//www. imda. gov. sg/industrydevelopment/infrastructure/infocomm－security/infocomm－security－masterplan，最后访问日期：2018年4月25日。

第二阶段为战略发展期（2009 ~2014 年）。

2009 年，新加坡在内务部（Ministry of Home Affairs，MHA）之下设立了以应对大规模的网络威胁和网络攻击，提升网络安全防范能力为首要任务的资讯通信技术安全局（Singapore Infocomm Technology Security Authority，SITSA）。作为国家机构的一部分，SITSA 的职责包括保护新加坡重要信息基础设施（Critical Information Infrastructures，CIIs）免受网络威胁。

2013 年 7 月，继 2005 年和 2008 年发布的两份《信息通信总体规划》之后，新加坡资讯通信发展管理局发布第三份发展蓝图——全国网络安全总蓝图。政府承诺为这份延续到 2018 年的计划拨款 2300 万新元，从加强关键信息通信基础设施的安全保障、加强宣导保证个人和企业使用正确的安全措施、培养信息通信专业人才三方面提高新加坡抵御网络袭击的能力①。值得注意的是，除了对重要信息基础设施的持续关注，第三份总体规划扩大到更广泛的资讯通信生态系统，包括企业和个人。该规划致力于将新加坡塑造成“可信和强有力的信息中心”（Trusted and Robust Secure Infocomm Hub），形成一个健康而富有生机的网络安全生态系统。同年 10 月，新加坡政府发布《国家网络安全计划（Nation Cybersecurity R&D，NCR）》，以提高网络基础设施的可靠性，从整体上提升网络安全防护的专业研发能力，该项目现由国家研究基金会和网络安全总局共同管理。

2014 年，国家网络安全中心（National Cyber Security Centre，NCSC）成立，作为 SITSA 下属机构，其主要任务在于关注网络态势，与网络安全相关部门联动合作，以实现从国家层面应对大规模、跨行业的网络事件。

第三阶段为战略成熟期（2015 ~2018 年）。

2015 年，新加坡政府对网络安全监管机构进行了调整重组，将所有网络安全相关机构，如新加坡计算机应急响应小组（Singapore Computer Emergency Response Team，Sing CERT），统领《国家网络安全计划》的新加

① 《新加坡：八年内三度强化管理》，http：//sg. xinhuanet. com/2014 –03/10/c_ 126246469. htm，最后访问日期：2018 年 4 月 25 日。

坡资讯通信发展管理局（IDA），以及负责保护新加坡重要信息基础设施的资讯通信技术安全局（SITSA）进行职能和发展规划合并，在总理公署之下成立了新加坡网络安全局（Cyber Security Agency of Singapore，CSA）作为监督和协调国家网络安全工作的中央机构，由工信部直接管辖。新加坡网络安全局负责统筹各政府部门的网络空间治理事宜，制定网络安全发展规划、政策和法规，同时为国家重要基础网络设施保护提供必要的服务。另外，新加坡网络安全局还负责网络安全责任主体认定，对相关政府部门制定和执行网络安全条例和政策进行授权等工作。在推动合作方面，新加坡网络安全局将致力于协调政府、工业界、学术界、企业界以及民众达成一致，并积极推动网络安全议题上的国际合作。①

网络安全机构调整的同时，2016 年，新加坡内务部成立了网络犯罪指挥中心，该中心成为新加坡警察部队（SPF）下刑事调查部门（CID）的一个重要单位。在打击网络犯罪方面，指挥中心将与包括新加坡国际刑警组织全球创新中心在内的执法机构密切合作，共同调查网络犯罪。

为应对日益严峻的网络空间治理形势，专业性网络安全人才短缺等现实情况，实现网络空间治理的良好改善，保障“智慧国家”战略的稳步推进，新加坡政府于 2016 年 10 月发布了《新加坡网络安全战略》，战略以四项要点为基础：建立强健的重要基础网络设施；创造更安全的网络空间；发展充满活力的网络安全生态系统；加强国际伙伴关系②。

1. 建立强健的重要基础网络设施

首先，政府将与运营商和网络安全团体等相关部门加强合作，共同保护国家关键设施网络；其次，巩固网络风险管理和应急响应流程，政府将在多部门进行网络安全演习，以测试部门间开展安全防护工作的合作效率，提升信息泄露事件的反应和回复能力。

---

① CSA，Our Organisation，https：//www. csa. gov. sg/about - us/our - organisation，最后访问日期：2018 年 4 月 25 日。

② CSA，Singapore Cybersecurity Strategy，https：//www. csa. gov. sg/ ~ /media/csa/documents/publications/singaporecybersecuritystrategy. pdf? la = en，最后访问日期：2018 年 4 月 25 日。

2. 创造更安全的网络空间

运用网络技术推动商业社会发展的前提保障技术的安全性和可靠性。因此，创造安全的网络空间成为政府、企业、社区和个人的共同责任。政府将制定国家网络犯罪行动计划应对网络犯罪，同时与全球其他国家和行业机构进行大力合作，推动新加坡成为可靠的数据中心。同时，社区和企业协会可以通过促进成员对网络安全问题的理解和促进采取良好做法来发挥其作用。

3. 发展充满活力的网络安全生态系统

建立一个充满活力的网络安全生态，对网络安全治理而言，是当务之急。政府将与行业合作伙伴及高等院校进行合作，通过奖学金项目培养网络安全人才。此外，政企合作将推动初创公司的培育，为网络安全相关技能培训提供援助。利用新加坡在金融和信息服务领域的传统优势来寻求更多的网络安全技术研发的解决方案。

4. 加强国际伙伴关系

网络安全是全球性问题，网络威胁没有边界。新加坡致力于加深与其他国家在网络安全方面的合作，特别是与东盟国家的合作。新加坡倡导通过网络规范和立法工作来提升网络治理能力。

由此，《新加坡网络安全战略》在制度设计上形成了“个人—私营部门—公共部门—国际合作”四位一体的网络安全合作态势。[①] 在《新加坡网络安全战略》发布之后，2016 年 10 月，新加坡内政部发布《国家网络犯罪行动计划》（*National Cybercrime Action*，NCAP），阐明了政府打击网络犯罪的四个优先事项：加强网络安全方面的公众教育；提升打击网络犯罪的能力；加快网络犯罪相关法律的制定；建立本地和国际合作伙伴关系。

2017 年 7 月，新加坡通信信息部（MCI）和网络安全局（CSA）共同发

① 汪炜：《新加坡网络安全战略解析》，《汕头大学学报》（人文社会科学版）2017 年第 33 期，第 103 ~ 111 页。

布了《网络安全法2017（草案）》①。2018年2月5日，新加坡国会正式通过《网络安全法案》。法案旨在加强对提供基本服务的计算机系统的保护，减少网络空间的风险，提升网络攻击的应对能力。它的四个主要目标如下。

（1）加强重要信息基础设施（CII）保护以抵御网络攻击

重要信息基础设施（CII）是指“国家持续提供基本服务所必需的，一旦遭受破坏将危害国家安全、国防、外交或对公共领域产生影响的计算机系统”。其中，“基本服务”包括能源、水、银行金融、医疗、运输（包括土地、海洋、航空）、信息通信、媒体、安全急救服务与政府共九个方面。CII一旦遭受网络攻击即可对经济和社会产生破坏性影响。法案规定CII的所有者须担负确保CII网络安全的职责。

（2）授权新加坡网络安全局预防和应对网络安全威胁和事件

该法案授权新加坡网络安全局的网络安全专员对网络安全威胁和事件进行调查，以定义其影响。根据网络安全威胁或事件的严重程度，网络安全专员有权对应对措施进行相应的调整。民众需要配合调查，不遵守调查要求者将面临罚款或者监禁的处罚。

（3）建立共享网络安全信息的框架

信息共享对网络服务提供者开展业务以及政府进行网络治理活动而言是极其重要的，尤其是信息共享有效帮助政企识别网络漏洞并防范网络攻击。法案为新加坡网络安全局推进信息共享，同时保护这些共享信息提供了一个重要框架。

（4）为网络安全服务提供商建立轻触式许可框架

新加坡网络安全局采用轻触式方式对服务提供商进行授权。目前新加坡网络安全局只向两类服务提供商发放了授权许可证，即渗透测试和托管安全操作中心（SOC）监控。优先向这两类服务授权主要有两方面的考虑，一是因其服务提供商可以访问其客户的敏感信息，二是此类服务在市场中占有较

① CSA，Cybersecurity Act，https：//www. csa. gov. sg/legislation/cybersecurity-act，最后访问日期：2018年4月25日。

大比重，对整个安全环境有重大影响。因此，许可框架力求在安全需要和发展一个充满活力的网络安全生态系统之间取得平衡。

新加坡2017年《网络安全法案》的出台，为监督和维护新加坡国家网络安全建立了法律框架。同时，法案对网络安全服务供应商及相关人员将产生较大影响，并且形成法律层面的约束，例如，对于一个基本服务的运营商，其信息系统若属于关键信息基础设施，运营商需要履行相应的网络安全防护义务；对于一个网络安全服务提供商，其业务开展需要获得网络安全局许可；对于公众，则需要协助相关部门进行网络安全调查。

表1　新加坡网络安全战略及网络安全机构

发布时间	名称	机构
2005年	第一份《信息通信安全规划》	新加坡资讯通信发展管理局(IDA)
2008年	第二份《信息通信安全规划》	新加坡资讯通信发展管理局(IDA)
2009年		资讯通信技术安全局(SITSA)成立
2013年	《全国网络安全总蓝图》	资讯通信技术安全局(SITSA)
2013年10月	《国家网络安全计划》	
2014年		国家网络安全中心(NCSC)成立
2015年		新加坡网络安全局(CSA)成立
2016年		网络犯罪指挥中心(CC)成立
2016年10月	《新加坡网络安全战略》	
2016年10月	《国家网络犯罪行动计划》	新加坡内政部(MHA)
2017年7月	《网络安全法2017(草案)》	新加坡通信信息部(MCI)和网络安全局(CSA)

四　新加坡互联网治理经验与启示

新加坡是典型的政府主导型网络监管国家，在强化互联网治理方面形成了一套独特、高效的战略思想和监管治理体系。经过多年经验积累，新加坡网络安全治理成绩斐然，新加坡的总体经验对我国制定网络安全战略和开展治理活动具有重要启示意义。

（一）互联网治理法案与国家发展战略协调一致

新加坡政府在网络安全治理方面具有较强的主导意识和前瞻性的理念，国家主要领导人曾在不同场合多次指出，国家安全是社会经济发展的前提，并将网络安全定调为“国家议题”[①]。因此，政府在国家发展战略的大框架下，通过制定互联网发展和治理法案，推进网络安全与社会经济发展协调一致地前进，更好地保障“智慧国家”战略的进行。20 世纪 80 年代初期，新加坡开始了信息通信技术国家战略。从“国家计算机化计划”开始，到“国家 IT 计划”“智能岛蓝图”“信息通信 21 世纪计划”“连接新加坡总体规划”“智慧国 2015 计划”，再到“智慧国家 2025 计划”，新加坡政府发展科学技术以促进经济发展的决策规划稳步实现，将新加坡建设成为一个以高科技和知识为主导的现代社会[②]。与之步调一致的是《信息通信安全规划》《全国网络安全总蓝图》《国家网络安全计划》《新加坡网络安全战略》《国家网络犯罪行动计划》《网络安全法案》等网络安全和网络空间治理法案及战略的出台。网络安全和网络空间治理覆盖范围之广、内容之详细，体现了新加坡政府遵循适应国情的政策原则，以及务实性和前瞻性兼具的政策理念。

（二）充分发挥政府在互联网治理中的主导和协调作用

新加坡网络治理模式与政府的角色职能具有紧密的联系。在国家发展由信息化初始阶段过渡至“智慧国家”阶段的过程中，政府角色积极从“全能型政府”向“合作型政府”转变。政府既是发展和治理规划的制定者和领导者，同时又是协调者，发挥着主导作用。这一转变过程影

① Irene Tham, Singapore Rolls Out High-level Cyber Security Strategy, *The Straits Times*, 2016 年 10 月 11 日。

② Wiki. Nus, History and Milestones of E-govᵛernment in Singapore, https://wiki.nus.edu.sg/display/SPORE/History + and + Milestones + of + E − government + in + Singapore, 最后访问日期：2018 年 4 月 17 日。

响着各利益攸关方的角色及其作用的转变，如信息基础设施行业、网络安全技术企业政府、学术科研机构等，政府则须兼顾多方利益。从信息通信业发展的历程中看，民营化减少了政府对商业的干预，给商业发展更充分、更自由的空间。另一方面，民营化增强了信息通信行业的适应性，为新加坡应对全球竞争和技术进步的挑战做好充分准备。由此可见，新加坡网络空间治理模式强调各利益攸关方的能动性和参与性，与政府既有分工，也有合作。

（三）重视网络监管机构的设置和网络安全责任主体的认定

新加坡政府根据职责分工设立多个机构，各机构部门在互联网管理工作中有较为明确的划分。新加坡资讯通信发展管理局（IDA）统筹国家公共部门和部门内基础设施建设。资讯通信技术安全局（SITSA）主要负责抵御网络威胁和网络攻击，提升网络安全防范能力。新加坡网络安全局（CSA）负责统筹各政府部门的网络空间治理事宜，制定网络安全发展规划、政策和法规，同时为国家重要基础网络设施保护提供必要的服务。此外，各部门通过网络安全演习等应急情况的模拟，提升跨部门合作效率和危机应对能力，及时判断并分析危害国家网络安全的内容，预防并处理潜在的国家威胁。在行业方面，政府通过轻触式许可框架来明确网络服务供应商在网络安全中的主体责任，强调行业自律，提高从业人员的素质。行业自律和政府调控两个方面的结合进一步规范了互联网监管和治理流程，清晰界定权利、义务和责任，最大限度上规避监管缺位带来的风险。

（四）重视公民尤其是青少年的网络素养教育

新加坡政府积极宣传互联网安全的重要意义，把网络道德与伦理建设作为一项长期的战略任务，以规范企业与个人网络行为。为加强网络健康公共教育，新加坡政府设立网络公共教育机构，引导公众关注网络社会的伦理导向，提高网络安全意识和判断能力，促使公众能负责任地进行网络参与①。另一方面，鉴于互联网使用者中青少年占有极高比例，新加坡政府设立了网络使用指导机构，成立互联网家长顾问小组，为公众尤其是家长提供长期指导，鼓励并协助家长帮助孩子负责地、有辨别地使用网络，让青少年在积极健康的网络环境和网络文化中学习成长②。与此同时，政府还鼓励家庭安装绿色上网软件，对不良网站内容进行过滤和限制访问，实现对青少年的保护③。

（五）重视科研和专业人才培养，以学术成果驱动网络安全治理模式创新

新加坡政府积极协调学术科研机构与市场及非政府组织的互动合作，强调高等院校在国家研发体系中的中心位置。以新加坡国立大学为例，新加坡国立研究基金会拨款资助成立了新加坡网络安全联合会。联合会由新加坡国立大学领导，与各大高等院校展开合作，专注于软体安全、云数据存储、金融科技和移动通信安全等六个不同领域的研究，如新加坡科技与设计大学专注于网络物理系统研究，新加坡国立大学聚焦监察和防御物联网袭击的新技术研究④。同时，移动互联网安全等新兴领域也逐步成为专业内容进入了高等院校课程大纲。此外，政府鼓励专业人才进入对口行业，致力于拓宽行业内网络安全人才的上升通道，为国家的网络空间治理培养“高精尖”专业人才。在学术成果转化方面，新加坡政府投入了数亿新元来打造世界级的研发机构，促进产学研合作，为创造出更具市场应用力的研发成果提供了良好物质条件。

---

① 刘恩东：《新加坡网络监管与治理的组织机制》，《理论导报》2016 年第 6 期，第 46 ~ 47 页。

② 《新加坡互联网管理：法律规范和技术保障双管齐下》，新华网，http://news.163.com/10/0802/09/6D2Q0R6T000146BC.html，最后访问日期：2018 年 4 月 25 日。

③ 赵雯君、马宁：《新加坡网络安全法律法规与管理体制》，《中国信息安全》2013 年第 6 期，第 70 ~ 72 页。

④ 《新加坡国立研究基金会拨出 6000 万新元推展网络安全》，搜狐网，http://www.sohu.com/a/117080731_450309，最后访问日期：2018 年 4 月 25 日。

（六）积极开展国际合作，加强国际伙伴关系

新加坡在多项网络安全治理战略中明确指出加强国际合作在网络安全防范中的重要作用。新加坡政府注重与发达国家及周边国家的交往，尤其是与东盟成员国合作，以积极开放的姿态参加各类互联网发展和治理的国际多边会议。在与其他国家的合作中，注重互相沟通网络风险信息机制的建设，并借助国际刑警资源打击网络犯罪。在国内，通过举办新加坡“国际网络周”等活动，与各国探讨网络空间治理的现状和未来发展趋势等，从而在政策上确保网络空间治理的科学性与合理性①。

通过对战略内容及具体实施过程的分析，可以看出新加坡对网络监管机构设置和网络安全责任主体认定的重视；对公民尤其是青少年网络素养教育的关注；对科研和专业人才培养，对学术成果驱动网络安全治理模式的鼓励；以及在积极开展国际合作，加强国际伙伴关系中的努力等六项实践是新加坡在网络安全治理方面取得的显著成绩的重要保证。这些实践经验对于近年来互联网建设和网络运用发展迅速，网民规模和互联网经济呈指数型增长趋势的中国而言，具有重要的参考价值和启示意义。借鉴国外互联网治理经验，结合中国具体国情，顺应时代参与全球互联网治理合作，是中国从一个互联网大国转变为真正的互联网强国的第一步，也是具有历史意涵的关键一步。

---

① 汪炜：《论新加坡网络空间治理及对中国的启示》，《太平洋学报》2018 年第 26 期，第29 ~ 45 页。

B.24
2017年日本互联网发展报告

王　冰*

摘　要： 本文从日本互联网大数据的使用状况、电子政务的建设举措与使用、互联网产业、互联网法律法规的出台举措四个方面描述了2017年日本互联网发展状况。其中最引人注目的是2016～2017年日本政府在推进互联网大数据使用以及电子政务方面所采取的制定《官民数据使用推进基本法》和修改个人信息保护法两项举措。因此2017年被称为“日本大数据使用元年”。

关键词： 日本互联网　大数据　电子政务　互联网产业

一　日本互联网大数据的使用状况

2016～2017年，日本出台并修改了部分互联网大数据使用的政策法规，包括制定《官民数据使用推进基本法》和修改个人信息保护法。《官民数据使用推进基本法》以推进大数据的合理和有效使用为目的，以实现行政手续和民间交易、民众使用的在线化为目标。在修改个人信息保护法的过程里，重新定义了“将个人信息加工成不能识别到特定个人”是“匿名加工信息”这一概念，目的是保护个人信息合理的使用和流通。这两项举措旨在平衡大数据使用和个人信息保护。2017年被称为“日本大数据使用元年”。①

---

* 王冰，博士，中山大学传播与设计学院、中山大学互联网与治理研究中心副研究员。

① 参见日本总务省《情报信息通信白皮书》（平成29年），第52页，http：//www. soumu. go. jp/johotsusintokei/whitepaper/ja/h29/pdf/index. html，最后访问日期：2018年4月24日。

（一）大数据使用、流通的扩大

在数据流量方面，从 2014 年开始宽带服务使用者（FTTH/DSL/CATV/FWA）的总下载数据流量迅速增加，与 2013 年同期相比增加了 52%（见图 1）。同时，移动设备的数据流量也以每年近 1.3 倍的速度增加，与上年同期相比增加了 35%（见图 2）。

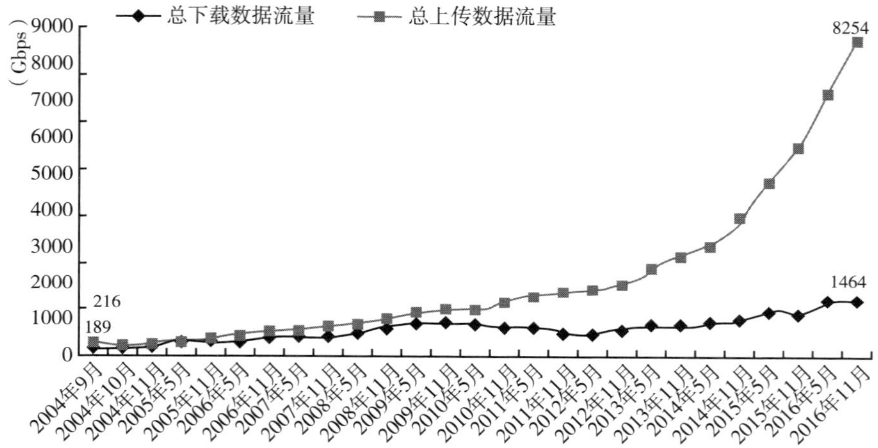

图 1　日本大数据使用和流通的状况（一）

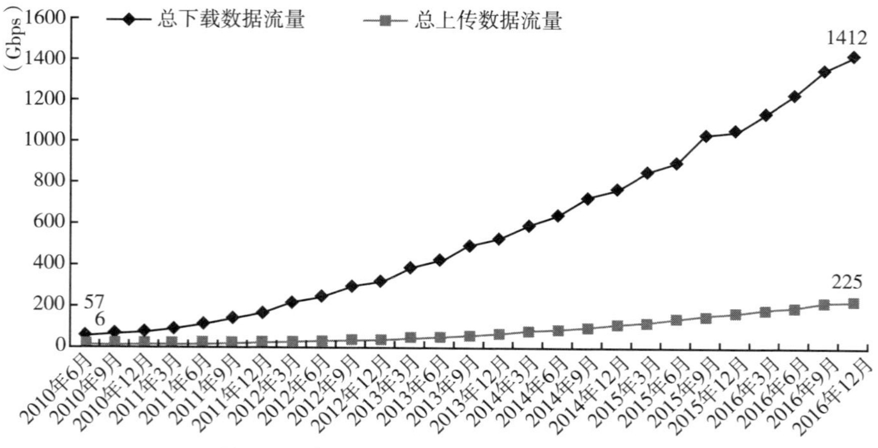

图 2　日本大数据使用和流通的状况（二）

资料来源：日本总务省《情报信息通信白皮书》（平成 29 年），第 55 页。

（二）近年大数据流通、使用方面的具体案例

日本近年来大数据流通使用方面的具体案例见表1。

表1　数据使用案例

数据种类、领域	案例	概要
GPS信息	NTT Dokomo（移动空间统计）	通信公司NTT提供的“移动空间统计”技术能将持有手机的个人导航信息进行非识别化处理，并作为人口统计数据提供给地方自治体和政府
汽车行驶信息	丰田汽车汽车信息服务	通过汽车信息服务收集和积累车辆的位置、速度和行驶状况等信息的数据，为改善交通、绘制地图及制定防灾对策的信息提供服务
	索尼车保汽车信息保险	收集和分析驾驶者的急加速及急刹车等突发状况的数据，用来判断是否安全驾驶，以此作为车保的现金返还。此举于2014年开始实施
个人健康信息	Dokomo保健服务	利用可佩戴式服务端的保健服务，收集个人的活动量（行走距离、睡眠时间等）、身高、体重等数据信息进行分析，为个人改善生活习惯提供建议
金融相关信息	日立制作所金融API合作服务	提供个人资产管理的服务，对个人网上银行的存款、收支等信息管理进行可视化处理

资料来源：日本总务省《平成29年情报通信白皮书》，第60页。

（三）官商学三方联合的“物联网推进联盟”（IoT Acceleration Consortium）组织的建立

2015年10月，日本政府根据《日本再兴战略改订2015年版》，顺应IoT、大数据、人工智能时代的发展，为促进企业、学界和政府三方的大数据使用，设立了“物联网推进联盟”组织（ITAC）。政府方面以总务省和经产省为主，学界方面由庆应义塾大学教授村井纯任该组织的会长，企业界由日本电信电话公司社长鹈浦博夫、日立制作所社长中西宏明任副会长。该组织通过对物联网相关技术的开发、实证及新的商业模式创造等手段，吸引国内外物联网的关联投资，发挥日本的相关产业在全球经济中的作用。截至2017年6月13日，已有3079家公司参与该组织。

（四）大数据使用方面的政府方针

近年来，日本政府针对大数据的流通和使用进行了积极的讨论。2016年5月，政府发表《世界最先进IT国家创造宣言》，利用大数据来解决日本低出生率、超老龄化等社会问题，提高国民生活质量。2017年5月30日，政府再次制定了《官民数据使用推进基本法》，确立了电子政务、健康·医疗·看护、观光、金融、农林水产、制造、基础设施·防灾·减灾、交通运输八个领域内的大数据使用计划，以及跨领域的数据共享目标。另外，2017年6月，日本内阁发布了《未来投资战略2017》，明确了大数据作为“新的社会基础设施”，有必要加速对其进行未来的投资。具体实施措施有推进公共数据的公开化、企业间的数据流通、个人数据的使用、地区性数据的使用、数据的国际转移等。

近年日本政府各部门有关大数据使用的讨论及战略归纳见表2。

表2　日本政府各部门有关大数据使用的讨论及战略

上级部门	下属部门	会议名	发表公文	讨论内容
内阁官房	日本经济再生综合事务局	未来投资会议	未来投资战略2017	推进第4次产业革命； 实现5.0社会
	IT综合战略本部	数据流通环境建设讨论会（IoT、AI时代里的数据使用；开放数据）； 官民数据使用推进战略会议（2017年3月第1次召开）	中间汇总（2017年3月） 各部门的举措（2017年2月） 官民数据使用推进基本法（2017年5月）	信息化银行等的推进方针； 促进官民一体化的数据流通 官民数据使用的推进
	健康·医疗战略室	下一代医疗ICT基础环境协调会	下一代医疗基础环境法案（2017年2月）	医疗信息匿名加工的认定
内阁府	综合科学技术·创新会议	专门调查会（信息系统基础环境技术研讨会）	科学技术创新综合战略（每年6月）	实现5.0社会的PF合作技术

续表

上级部门	下属部门	会议名	发表公文	讨论内容
总务省	信息通信国际战略局(信息通信政策课)	信息通信审议会(信息通信政策部会、IoT 政策委员会)	第三次中间报告(2017年1月)	数据交易市场的规则制定;跨领域数据合作环境的建设
厚生劳动省	信息化推进参事官室	医疗保健领域里的ICT使用推进恳谈会	建议报告(2017 年 10月)	以患者·国民为本的开放环境建设;促进官、商、学界之间的数据使用
经产省	经济产业政策局(产业再生课)	产业构造审议会(新产业构造部会)	新产业构造蓝图中间整理报告(2016 年 4 月)	第四次产业革命的新成长、产业构造和就业构造的变革
	商务信息政策局(信息经济课、信息通信器械课)	产业构造审议会(商务流通信息分科会、分散战略)	中间汇总(2016 年 11月)	混合型数据流通系统的实现
国土交通省	综合政策局(信息政策课) 政策汇总官室	关于公共交通领域里的开放数据推进研讨会	中间整理报告(2017 年5月)	公共交通领域里的开放数据推进的时机、机会
	气象厅	气象商业推进共同体		创新和搞活利用 IoT 或 AI 等先进技术的新型气象商业
公正交易委员会	竞争政策研究中心	关于数据与竞争政策的研讨会	报告书(2017 年 6 月)	重新讨论关于数据收集、使用方面的竞争政策和反垄断法

资料来源：日本总务省《平成 29 年情报通信白皮书》，第 67 页。

二　电子政务的建设举措与使用

(一) 建设举措

日本的电子政府建设体制构成如下：设高度信息通信网络社会推进战略

本部（IT 综合战略本部），下设内阁官房信息通信政策监察机构、内阁官房信息通信技术（IT）综合战略本部、总务省行政管理局及其他各部门的信息情报管理组织。信息安全问题则由网络安全战略总部（决定信息安全政策的基本战略）、内阁府网络安全中心来负责。

日本的电子政府建设经历了以下历程。政府早在 2000 年颁布的《IT 基本战略》中提出了推进电子政务建设的任务，以实现简洁而高效的政府为目的，促进行政手续的在线使用、行政信息的电子化公开及数据的开放和改善政府的行政系统等。IT 综合战略本部从 2001 年 1 月开始推出《e-Japan 战略》，确立了 e-Japan 重点计划。紧接着 2006 年 1 月日本再次推出《IT 改革新战略》，2010 年 5 月制定了《信息通信技术新战略》。2013 年 6 月内阁决议《世界最先进 IT 国家创造宣言》中都提出了建设电子政府的方针。

在最新的 2018 年 1 月日本颁布的《电子政府实行计划》中，将电子政务建设确定为 IT 国家创造宣言和官民大数据推进计划的重点领域。此计划从 2018 年 1 月开始实施，到 2023 年 3 月为止，制定了“以使用者为主的行政服务改革”“网络平台改革”“IT 治理”“地方自治体的电子政府建设改革”等计划内容。

（二）电子政务的在线使用率

根据总务省 2015 年的调查，中央行政机构的电子政务在线使用案例达到 261316784 件，使用率达到 47.3%，比 2014 年增加了 1.9%。其中普通国民和一般企业的使用频度最高，使用案例达到 174681859 件，使用率达到 43.3%，比 2014 年增加了 2.1%。[①]

2015 年日本地方政府的电子政务在线使用案例达到 384473000 件，使

① 参见日本总务省《情报信息通信白皮书》（平成 29 年），第 316 页，http：//www.soumu.go.jp/johotsusintokei/whitepaper/ja/h29/pdf/index.html，最后访问日期：2018 年 4 月 24 日。

用率达到49.1%。从2001年开始，地方政府的电子政务在线使用率呈逐年增加的趋势。①

（三）地方政府开放数据的使用与推进

在2016年日本对全国1104个地方行政单位实施的开放数据推进情况的问卷调查中，有230个行政单位表示正在推进，占总数的20.8%。2012～2016年，推进开放数据的地方政府数量在不断扩大。②

另外，根据2016年的调查，开放的数据类别中，“各种公共设施信息”最多，达到68.3%；防灾领域、观光领域、教育领域、医疗领域、福利领域里各种信息的开放也较2013年大幅度增加。除此以外，2013年地图·地形·地质领域、环境·能源领域、土地使用·基础设施领域、交通领域、各种民间设施信息的开放程度与2016年基本持平。③

三　日本互联网产业

（一）日本互联网的使用情况

2016年日本互联网的使用人数达到1.84亿人，比2015年增加了38万人，占总人口83.5%。图3显示了2006～2016年的日本互联网人口数，可以发现互联网使用人口数每年呈递增趋势。另外，从上网的工具类别来说，“电脑”最多，占了58.6%，紧接着是“智能手机”（57.9%）和“平板电脑”（23.6%）。④

---

① 参见日本总务省《情报信息通信白皮书》（平成29年），第317页，http：//www.soumu.go.jp/johotsusintokei/whitepaper/ja/h29/pdf/index.html，最后访问日期：2018年4月24日。

② 参见日本总务省《情报信息通信白皮书》（平成29年），第69页，http：//www.soumu.go.jp/johotsusintokei/whitepaper/ja/h29/pdf/index.html，最后访问日期：2018年4月24日。

③ 参见日本总务省《情报信息通信白皮书》（平成29年），第70页，http：//www.soumu.go.jp/johotsusintokei/whitepaper/ja/h29/pdf/index.html，最后访问日期：2018年4月24日。

④ 参见日本总务省《情报信息通信白皮书》（平成29年），第283页，http：//www.soumu.go.jp/johotsusintokei/whitepaper/ja/h29/pdf/index.html，最后访问日期：2018年4月24日。

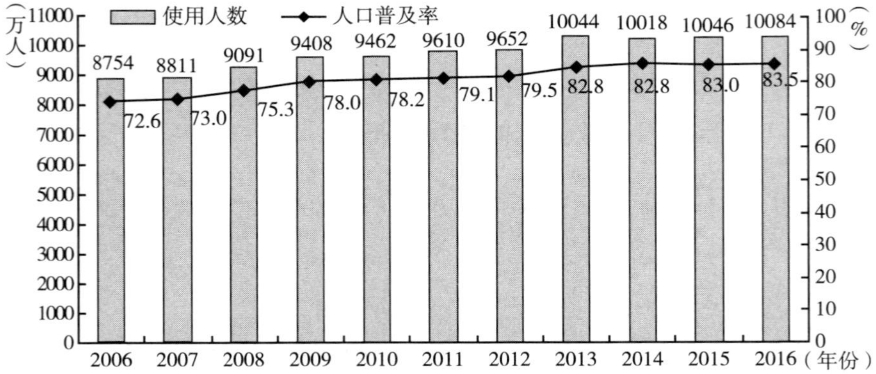

图3 日本互联网人口数

资料来源：日本总务省《平成29年情报通信白皮书》，第282页。

（二）信息通信产业的市场规模

2015年日本信息通信产业的市场规模达到95.7兆日元，占全部产业的9.9%，成为全产业中规模最大的产业。① 另外，2015年信息通信产业的名义GDP为44.2兆日元，占全产业的8.9%，比2014年上涨了4.9%；其实质GDP占了全产业的9.3%。②

（三）互联网周边服务产业状况

2015年日本互联网周边服务产业的营业额达到23954亿日元，其中网络内容发布产业营业额最高，达到80429100万日元。其次是网购运营商、拍卖网站运营商、支付和结算代理产业的营业额。③

① 参见日本总务省《情报信息通信白皮书》（平成29年），第254页，http://www.soumu.go.jp/johotsusintokei/whitepaper/ja/h29/pdf/index.html，最后访问日期：2018年4月24日。

② 参见日本总务省《情报信息通信白皮书》（平成29年），第256页，http://www.soumu.go.jp/johotsusintokei/whitepaper/ja/h29/pdf/index.html，最后访问日期：2018年4月24日。

③ 参见日本总务省《情报信息通信白皮书》（平成29年），第266页，http://www.soumu.go.jp/johotsusintokei/whitepaper/ja/h29/pdf/index.html，最后访问日期：2018年4月24日。

四　日本出台互联网法律法规的举措

（一）修改个人信息保护法

随着大数据的深入使用，个人数据如何得到有效保护是日本政府近年不断探讨的问题。政府将个人数据如何正确判断成个人信息里的“灰色领域”、建立个人数据合理使用的法制制度环境、在全球化环境中的个人数据越境问题这三个方面作为保护个人数据使用方面的主要施政方针。为此，2015年日本修改了早前的《个人信息保护法》（见表3），并于2017年5月开始全面实施。

表3　个人信息保护法的修改要点

要点	概要
明确“个人信息”的定义	明确了“利用计算机技术将个人身体的部分特征处理成的个人符号或社交媒体网络上的个人信息以及个人信息保护法里所规定的规则条例”等将作为“个人识别符号”来判断是否为“个人信息”； 加强管理对本人的人种、信仰、病例史、犯罪史等需要特别保护的信息
导入“匿名加工信息制度”	“匿名加工信息制度”是指将个人信息加工成不能识别到特定个人，以及不能复原的信息。当需要对个人信息做匿名加工处理时，必须参照个人信息保护委员会的规则条例
规定“将个人信息提供给第三方”的登记义务	为确保个人信息流通的适当性，向第三方提供个人信息的时候需要登记；第三方接受个人数据的时候，也需要登记
设立“个人信息保护委员会”	设立“个人信息保护委员会”，将其作为保护个人信息的独立监察机构。该委员会具有检查、接受报告、指导、劝导及行政命令的权限
确立了“将个人数据提供给国外第三方”的规定	为应对个人信息使用的全球化问题，只有在以下三种情况下才能向国外的第三方提供个人数据：①向国外第三方提供的时候，得到了本人的同意；②被提供的第三方，是在个人信息保护制度处于与日本同等水平的国外；③被提供的第三方处在具有个人信息保护委员会规定的制度和标准环境中

资料来源：日本总务省《情报信息通信白皮书》（平成29年），第65页。

（二）制定《官民数据使用推进基本法》

2016年12月，日本颁布并实施了《官民数据使用推进基本法》。此法颁布的背景在于，面对日本的低出生率和老龄化等社会问题，政府需要对官方和民间的大量数据进行有效和合理的使用，为国民提供安全和安心的社会及生活环境。此法的基本理念和基本施政方针有以下几点（见表4）。

表4 《官民数据使用推进基本法》的基本理念和基本施政方针

基本理念	解决低出生率和老龄化不断恶化的问题 创造有活力的日本社会和有自己特色的地区社会 创造新型产业和加强国际竞争力 为施政方的政策制定和立案提供数据支持 与IT基本法、个人信息保护法等措施相结合 确保数据的安全性及可信度、保护个人及企业法人的权益、对国家安全的考虑 在行政等领域里大力使用大数据等信息通信技术 保护个人权益的同时，确保大数据流通的基础环境建设 确保多种多样主体间的数据的合作流通 大力使用AI和IoT、云服务等先进技术
基本施政方针	确立行政手续的电子化使用原则 促进民间团体以及民间企业等的电子化手续 中央及地方自治体的公开数据的有效使用 官民数据合理化使用的基础环境建设 官民数据信息系统的有效合作流通及强化合作的基础环境建设 确保中央和地方自治体施政的协调性 管理国民的个人身份证、人才的培养和教育及学术振兴

资料来源：日本总务省《情报信息通信白皮书》（平成29年），第65页。

（三）针对网络安全的举措

近年来，在全球性网络安全威胁日益严重的背景下，日本政府提出了明确中央和地方政府为主的各个主体职责，并且强化政府作为网络安全政策的司令塔功能这一要求，在2014年11月的国会上颁布了网络安全基本法。

2015 年 1 月，根据网络安全基本法，内阁下新设立了网络安全战略本部，以此为制定网络安全政策的司令塔。同年 9 月，内阁决议通过了《网络安全新战略》，提出了扩大监视对象、强化政府机构整体的网络安全及推进维护网络安全的实践性训练和演习等举措。

网络安全战略本部提出了安全且持续提供重要基础设施服务功能的想法，以建设信息共享体制及基于风险管理的应对态势建设为推进重点，在 2017 年 4 月制定了“重要基础设施信息安全对策相关的第四次行动计划”。同时，该战略本部提出了网络安全人才培养计划，制定了“网络安全人才培养项目”。

另外，总务省为配合 2020 年东京奥运会的举办，在 2017 年 1 月发表了“IoT 网络安全行动 2017”，提出了 2017 年应对 IoT/AI 时代的网络安全五项举措：①成立网络安全专责小组；②实施 IoT 设备安全对策；③加速网络安全人才培养；④设立总务大臣表彰制度；⑤推进国际合作。网络安全专责小组会议已经在 2017 年 1 月举行了第一次会议，并于 4 月发表了“IoT 安全对策建议”。

Abstract

Focusing on the governance of internet and state in the background of Internet power construction, articles of this annual report use various analytic tools such as normative methods, quantitative analysis and case studies to discuss major issues relevant to security, regulation, public opinion in Chinese cyberspace as well as the governance of network society and international cooperation of internet governance. The authors set out with the intention of taking an interdisciplinary perspective to show the status quo and trends of internet governance both domestically and overseas, particularly theories, problems and models regarding internet governance, and thus helps us to reach a theoretical and better understanding of internet governance.

The annual report includes 25 articles which belong to six sections, i. e. the general report, cyberspace security, governance of cyber public opinion, development of internet regulation, governance of network society and international governance and cooperation. As the first internet governance index of this kind in China, the 2017 Chinese Internet Governance Index reviews systematically the status quo of Chinese internet governance from four dimensions, i. e. the general governance of internet, internet regulation and cyber security, and has answered twelve basic questions relevant to infrastructure, access, platform, rule of law on internet, cyber security, administration of internet news information services and development of internet industry. The main index report is followed by other articles which cover a wide range of topics, e. g. newly launched laws and regulations, theoretical development and critical problems, models, methods and strategies of internet governance, in order to provide a vivid prospect of internet governance in China and help relevant authorities to optimize and modernize the development of state governance and the construction of cyberpower.

Keywords: Internet; Network Security; Network Rule of Law; State Governance

Contents

I General Reports

Abstract: Internet governance in China had a great development in 2017. Series of laws and regulations such as Cyber Security Law of the People's Republic of China provide more protection for people and state. However, the governance is facing increasing number of challenges about border ambiguity and group diversity, which require our government set the dynamics and encourage more roles involved such as enterprise, netizens, media and social organizations into the process of Internet governance. In this paper, the characters of Internet governance in China in 2017 were summarized and the effects brought by different roles were estimated. Strategic suggestions for the next steps of Internet governance were also brought out in final.

Keywords: Internet Regulation; Cyberspace Security; State Governance

Abstract: Since 2017, along with the construction of the socialist system of laws with Chinese characteristics in the new era, the construction of Internet rule of law in China has been progressing steadily. On the basis of the Civil Law of the People's Republic of China and Cybersecurity Law of the People's Republic of China, China has successively formulated, promulgated and implemented a series of laws, regulations and normative documents, and comprehensively deepened the practice of Internet legalization. From the comprehensive completion of the network security law and regulation system to the increasingly strengthening of the network news information communication management, from the improvement of the network personal information protection to the increasingly stringent Internet financial supervision, the Internet management departments at all levels have improved through the existing laws and regulations, and strengthened the form of administrative regulation, constantly reshaped the legal culture, and in the process of comprehensively reconstructing the relationship between the state, society and the Internet, continue to deepen the practice of regulating the Internet by law and promote the construction of Internet power.

Keywords: Rule of Law on Internet; Cyberspace Governance; Regulating Internet by Law; Internet Security

B. 3 Report on Cyberspace Security Development of China in 2017

Abstract: The year of 2017 was an important period for China to build its cyberspace security system which, at the same time, developed quit rapidly. This paper summarized some essential legal systems for cyberspace security in China enacted and enforced in 2017, and analyzed the researches on the main issue of cyberspace security made by academics, in order to reveal the progress of cyberspace security system construction and academic research in that year.

Keywords: Cyberspace Security; Internet Sovereignty; Network Security Law

Ⅱ Cyberspace Security

Abstract: Mastering internet technologies and massive data, network operators not only become a pivotal "private power" in cyberspace, but also change the structure of social power in reality. This paper analyzes how "private rights" come into being, what is the core mission of network security system in the context of "private rights" and the issues should be noted. Based on the analysis of the three major issues need to be resolved in cyber legislation, this paper discusses the problems of current internet regulatory approach, and points out that the cyber security system should fully explore the function of knowledge (technology) as regulatory resource, and coordinate the relationship between "public" and "private" powers, so as to promote the security, development and freedom of cyberspace.

Keywords: "Private Power"; Cyber Security; Internet Regulation

Abstract: This paper carried out a research on the personal information security issues. By counting all the personal information protection related criminal cases published by China Judgments Online since 2013, this paper separately counts the time changes and spatial distribution of such cases. At the same time, this paper also counted whether the identity of the person involved is special, what crime the person involved is convicted, how long is he or she was sentenced and how many personal information was involved in these cases descriptively, the co-relationship is also analyzed. It also analyzed the relationship between the three terms of "penalty period", "the amount of money involved" and "the amount of personal information involved", in order to make a perspective on the protection tendency and intensity of personal information in the criminal law presented in the trial case. The paper found that the cases involved in the trial are mostly ordinary people, the crimes are single, the sentence is not long, but the amount of personal information involved is huge. The data in this paper also proved the inference that the "personal information is extremely cheap" proposed by the researchers.

Keywords: Personal Information; Information Security; Criminal Cases; Criminal Law Protection

B. 6 Research Report on Privacy Protection of Social Network Service Providers

Abstract: The issue of personal privacy protection in social networks has become people's current focus of attention. This paper studies the social network service providers' protection profile of users' personal privacy, their collection and storage of information, and sharing and opening of information. We found that the social network service has imperfect measures for user storage and privacy protection, the use and sharing of information is opaque, privacy protection need to be regulated. In the end, we attempt to make suggestions based on these problems.

Keywords: Social Network; Personal Privacy; Network Service Provider

Ⅲ Public Opinion on the Internet

Abstract: This paper takes the major public opinion events from 2012 to 2017 as the cases and summarizes both experiences and shortcomings in handling emergent events of public opinion since the 18th national congress of the CPC. On the one hand, governments at all levels and relevant institutions have gained the following four successful experiences in handling major public opinion events: first, implementing press release system to effectively balance relationship of information disclosure and orderly control; second, gradually establishing the goal of "treat both symptoms and root causes" in the process of handling emergent crises; the third, using new media platforms such as WeiBo, WeChat and Wei Toutiao to release information and guide public opinion ; the forth, dividing the domestic field of public opinion and international field of public opinion to avoid the external risks. On the other hand, the government response to major public opinion also has the following problems and deficiencies: persons responsible for the press release of major emergencies are not clear enough, and the coordination mechanism needs to be further strengthened; after some major emergencies, relevant authorities and officials are still prone to "blocking and deleting"; for implementation and evaluation of major projects, there is not enough public opinion risk awareness; the public opinion guiding consciousness and public communication ability of local party-government leaders need to be improved continuously. In addition to summing up experiences and shortcomings, this article also analyzes major risks of public opinion in the dual context of transforming society and network society. Based on that, some advices are presented in terms of professional, scientific and practical public opinion guidance.

Keywords: Events of Public Opinion; Public Opinion Guide; Press Release

B. 8 China's Online Content Governance: Regulation and Practice

Fang Shishi, *Tang Qiaoying* / 111

Abstract: This paper systematically analyses the regulation and practice of China's online content governance. In the New Era, the construction of the online content should comply with the socialist core values, strengthen the positive publicity, be under the rule of Cybersecurity Law of the People's Republic of China, and clean and clear network space to build an O2O concentric circle of communication ecology.

Keywords: Strategy for Cyber Power; Online Content Governance; Socialist Core Values

B. 9 Changes in Internet Information Content in Recent Years and Related Comments

Zhong Haifan / 128

Abstract: This paper analyzes the changes of China's Internet information content in recent years, and puts forward a view that the order of China's online information service has entered a "new normal". It features four aspects: (1) the full governance of the supply side of current political news and comments. (2) large internet enterprises desalinize the role of information content providers (ICP). (3) the behavior of Internet users tends to be non political and diversified. (4) social networking has become the most time -consuming for Internet users. (5) knowledge Payment has strengthened the construction of

Internet content. The existing problems of Internet information content are (1) violating public order and good customs. (2) the accuracy of public opinion study has become more and more difficult. (3) the work of using the Internet to resolve issues in grass-roots unit needs to be strengthened. (4) the providing of the good content from journalist is less active. The paper puts forward some thoughts and suggestions, (1) managing with one hand and make full use on the other hand. (2) giving full play to the role of public opinion in social governance. (3) establishing a new model of government information based on the innovation of big data through reform and innovation.

Keywords: Network News; Internet Information; Internet Governance

Abstract: Based on Analytic Hierarchy Process (AHP) and Delphi methods, this article tried to construct a index to evaluate government performance on the platform of wechat. The questionnaires on 15 experts are used to determine the weigh of each indicators. Then the index is tested by the evaluation on the Guangdong province. The results show that the index system has good applicability and operability.

Keywords: Government Wechat; Evaluation Index System; Guangdong

Abstract: This paper selected three hot events in 2017, which are "4. 14

insults mother killing case", "the death of a young boy Li Wenxing" and "Jiang Ge incident" respectively. It adopts the case analysis method to figure out the development of Internet public opinion in these three cases. This paper pointed out that Internet public opinion can be divided into four stages, incubation period, development period, peak-hour stage and recession stage. In the incubation period, the sensitive issues and the psychological framework of the netizen will lead to further development of the public opinion; in the development period, the opinion leaders will contribute to the growth and diffusion of public opinion while the cooperation between traditional media and new media helps to push public opinion to the peak; in the peak-hour stage, sense and sensibility coexist in the public opinion and the input of fresh information will lead to fluctuation; in the recession period, as things are solved, issues are scattered or covered by new issues and events that have not been thoroughly solved will become potential public sentiment factors.

Keywords: Network Hot Events; Network Public Opinion; Opinion Leader; Network Issues

Ⅳ Rule of Law on Internet

B. 12 Network Sovereignty: Origin, Disputes and Development

Cui Mingwu, Yang Hui / 175

Abstract: The Internet is the most important global infrastructure nowadays. With the emergence of the importance of the Internet, traditional international relations extend to cyberspace. At present, cyberspace is in a critical period of order construction and rule game. Whether or not national sovereignty can be applied in cyberspace is the most complex and fundamental problem. This issue not only concerns directly the status and role of the state in cyberspace, but also closely links with the construction of Internet space order and international law system. The idea of the destiny community of cyberspace proposed by China provides a way of thinking for solving this problem.

Keywords: Network Sovereignty; State Sovereignty; Network Space; Cyberspace Community of Destiny

Abstract: In the big data era, the contradiction between personal information security and data circulation becomes more and more seriously, the design of consent mechanisms and privacy provisions is an important approach to balance the protection of personal information and the efficiency of information transfer. In the "Personal Information Security Standard" (GB/T 35273 -2017) published on December 29, 2017, the consent mechanism plays an important role. China has learned from the rules of the EU and has made its own new rules in respect of distinguishing the form of consent and so on. However, comparing with the EU "Guidelines", China's Standard is not comprehensive enough. China should further provides guidance on the consent mechanism and refine the criteria of consent to protect the right of information and choice of data subject.

Keywords: Personal Information; Security Standard; Consent Mechanism

Abstract: In recent years, the problems of network ethical anomie problems highlighted, such as the emotional expression of the We-media, which led to the network violence, like moral trial, live and short video platform violence, vulgar and curious content frequently appear. Undue use of big data and data collection, resulting in user privacy leaks; Algorithm pushes, causing information cocoon and echo chamber effect, etc. On the basis of reviewing the problems of various network ethical anomie problems, this paper sorts out the governance strategies of the government, the media, and the public on the issue of network ethical anomalies in 2017, this paper suggests that the current network ethics governance has the following problems: More for ex post governance, lack of foresight; Most of the government governing, and the effect of the platform governance is not good; Lack of user governance, etc. Finally, from the government, internet platform, industry self-regulatory organization, media and netizens themselves put forward the new idea of network ethics governance.

Keywords: We-Media; Ethical Anomie; Privacy Leaks; Algorithm Ethics

B. 15 Logic, Dilemma and Solution of the Governance of Online Copyright

Peng Guibing, Chen Yufan / 222

Abstract: The rapid development of the Internet has promoted the great prosperity of the online culture and entertainment industry. At the same time, it has also led to many copyright disputes on the Internet. In the new situation, the governance of online copyright should adhere to the principle of simultaneous innovation, the principle of benefit equilibrium, and the principle of social co-governance. In view of the lags in the existing legal system and imbalances in the interests of the copyright market, relevant legislation, law enforcement, and judicial work must be strengthened. Especially it is necessary to reform the rule of fair use in China's copyright law and advocate multi-participation to better realize the governance of online copyright, balance the benefits of network copyright, and promote the continuous development of related industries.

Keywords: Online Copyright; Governance of Copyright; Copyright Infringement; Benefit Equilibrium

V Governance of Network Society

Abstract: As the leader of the globalization process, China urgently needs to participate in global Internet governance, and the development of the global Internet also needs China's participation. Currently, the global Internet governance e is at a critical period of reform, promote the governance pattern of "multilateral participation, multi-participation", ensure equal sharing of the benefits of Internet rights, improve the active role of various non-state actors, and increasingly become a focus among the government and all sectors of society. In the Internet age, promoting the fair governance of the Internet and safeguarding human rights on the Internet have worked actively to build international consensus. "Baseline Equality" originated in the study on social welfare is a theory of the global Internet governance that can be used for reference. From the perspective of the legitimacy of government participation in the global Internet governance, this paper analyzes the three theory-modes in the evolution of Internet governance. Based on the traditional Chinese culture and international practices, it proposes the "Baseline Equality" theory In order to protect the network human rights, and explained the baseline design strategy in the global Internet governance from different perspectives. Finally, this paper puts forward some suggestions based on this theory.

Keywords: Global Internet; Internet Governance; Baseline Equality; Digital Divide

B. 17 Cross-border Integration: "Internet +" Urban Community Governance Innovation Research *Song Xingzhou, Shao Zijie* / 256

Abstract: "Internet +" is a new format for the development of the Internet under Innovation 2. 0 as well as a new form of economic and social development that has been driven by the evolution of the Internet in the form of the Innovation 2. 0 of Knowledge Society. As a unit cell of social governance, the urban community is the basic service management platform for the modernization of social governance. In the era of "Internet +", how to organically integrate "Internet +" and urban community governance to achieve collaborative governance in the community has become an important issue for the development of the community in China. In this paper we took the urban community governance innovation in the D district of G province as a case study. Through learning and analyzing the current status of the "Internet +" community governance in the D district, we pointed out the problems in the "Internet +" community governance, and tried to put forward corresponding countermeasures and suggestions. The governance of the urban community can make breakthroughs in the original structure and enable the integration and optimization of social forces, so as to achieve the improvement of governance capabilities and service levels, and ultimately promote social good governance.

Keywords: "Internet +"; Community Governance; Collaborative Governance

B. 18 Research Report on Network Culture in 2017

Fu Xiaoyan / 269

Abstract: This paper condenses the 2017 Chinese government's Internet governance policies and integrates the annual reports of CNNIC, CNRS, Nielsen, and other survey institutions, as well as the annual reports of well-known

Internet companies, and the analysis of trends in the 2017 Chinese online culture industry by major media. Contents, etc., outline the overall development of China's online cultural industry in 2017. Through the metaphor of annual buzzwords such as the "Nineteenth Congress", "New Era", and "Artificial Intelligence", in 2017, China's online culture is gradually developing into a more interactive eco-environment between the physical social context and the online Internet. This kind of online culture constructed by the physical society and the online community has become the core axis of thinking about the development of China's online culture in 2020.

Keywords: Network Culture; Culture Industry; Culture Ripe

Abstract: In recent years, government departments have carried out "severe punishment" on food rumors in cyberspace, and tried to materialize this governance spirit into laws (regulations). In order to deter the spread of food rumors, relevant departments may impose penalties on the parties concerned for crimes such as "damaging business reputation, commodity reputation", "extortion", etc., or the enterprises involved may bring civil lawsuits with huge claims, or frequently impose security punishments.

Keywords: Food Rumors; Internt; Network Governance

Ⅵ International Governance of Internet

B. 20 EU Data Protection Reform: Challenges for Cloud Computing

Marina Škrinjar Vidović / 288

Abstract: The EC adopted a strategy to unleash the potential of cloud computing, where it marked data protection legislation as one of the main barriers for the development and expansion of cloud computing in Europe. In light of the EC goal to ensure a stimulating environment for the development of cloud computing in the EU, this paper aims to assess the consequences of the new roles and responsibilities of cloud service providers and the new rights for individuals under the GDPR. The analyses show that, in line with the position of data protection in the EU as a fundamental right, the GDPR considerably raises standards of data protection in cloud computing, which faces EU cloud service providers with a more demanding position than their non-EU competition. Further analysis shows that by promoting privacy enabling technology and by the extraterritorial application of the GDPR, together with the hefty fines for non-compliance, the GDPR provides tools that might force non-EU service providers to adjust their business model to EU standards, thus rebalancing possible market disruption in cloud computing. The paper concludes that the GDPR provides tools that might result in raised standards of data protection globally and in cloud computing in particular.

Keywords: Personal Data Protection; Cloud Computing; GDPR

B. 21 Experience of EU Internet Development and Governance

Ding Cunxia / 316

Abstract: The development and governance of the Internet has become a worldwide problem. The rapid development of global Internet, is relate to information security, intellectual property, privacy and national security problems in the field of politics, economy and culture, which is the new system project the world are colletively faced with. In recent years, the eu has made great efforts in Internet development and governance, and achieved certain results. This article will review and present the current situation of EU Internet development, and the experience of eu Internet development and governance.

Keywords: The European Union (EU); The Governance of the Internet; The Security of the Internet

Abstract: U. S. has always been a bellwether in the world in IT industry development and cyberspace governance. The strength in innovation and institutionalization represented the soft power of U. S. in Internet development and cyberspace governance. The overall characteristics could be specified respectively from the perspective of industry development and cyberspace governance. On one hand, frontier research output was provided with a smooth and accelerated access for industrialization. The burgeoning sectors such as big data, cloud computing and Internet of Things (IOT) has nurtured new growth engine, which was in the past created by traditional sectors such as telecommunication, IT, hardware and software. The Digital Economy Agenda released in 2015 constituted the blueprint for digital economy development in U. S.. On the other hand, the three strategic documents issued by U. S. government draws a basic framework for Internet safety and cyberspace governance in U. S., characterized by comprehensive legal system, effective administrative institutions, advanced governance technologies, and coordinated participation of multiple stakeholders. In the past year, governmentled round-table legal deliberation regarding Internet governance has extended to a series of emerging and controversial problems such as unmanned aerial vehicle, facial recognition system and mobile applications. The orthodox authority of US in international cyberspace governance has been challenged after PRISM. A compromised solution was therefore preferred to balance between national interest and international dispute, which resulted in the formal acceptance of ICANN stewardship transition proposal in June 2016.

Keywords: Industry Innovation; Cyberspace Governance; U. S.

B. 23 Internet Development and Governance of Singapore in 2017

Chen Liang, Zhang Fengming and Huang Xiaocong / 352

Abstract: The rise of the Internet began in Singapore in the 1980s. With a series of national development plans, Singapore's ICT development has been at the forefront of the world. In the recent years, Singapore's networked readiness index is far ahead among the developed countries. It reveals that Singapore has become a country that has obtained great financial benefits from investment in information and communication technologies. This research article conducted a systematic review to provide a holistic view of Singapore's Internet development, Internet development plans, and Internet security governance. Singapore's Internet governance plans and strategies have important reference significance on China's Internet development. Thus, the enlightenment to China's Internet development has been discussed at the end.

Keywords: Singapore; Internet; Information and Communication Technologies; Internet Security Governance

Abstract: This paper describes the development of the Internet in Japan in 2017 from the 4 aspects : the use of the big internet data, the E-Government's construction and the use, the Internet industry, and the Internet laws and regulations. Among the most notable is the two initiatives of the Japanese government from 2016 to 2017 to promote the use of large data on the Internet and to develop the basic law on the use of official People's data and the amendment of the "personal information protection law" . So in 2017, it was called "the first year of Japanese big data" .

Keywords: Japanese Internet; Big Data; E-government; the Internet Industry

中山大学互联网与治理研究中心简介

中山大学互联网与治理研究中心（Center for Internet and Governance Research of Sun Yat-sen University）成立于2014年10月，是广东省首批五大社会科学研究基地之一。作为中山大学国家治理研究院下设的学术机构，由中山大学传播与设计学院、中山大学政治与公共事务管理学院参与发起，依托中山大学传播与设计学院大数据传播实验室开展研究。

中心旨在从事互联网与国家治理相关的决策研究，包括互联网与公共政策、互联网与社会治理、互联网与政治参与、互联网舆论场变迁、互联网立法等。中心邀请了国内外一批知名学者担任智库专家，主要工作包括：定期出版《互联网与国家治理发展报告》，举办“互联网与国家治理智库论坛”及其他形式的学术活动，编辑提交互联网与国家治理相关的研究报告或决策参考。

目前，中心已针对互联网与国家治理的重大、迫切的现实问题，给国家及各省市有关部门提供数十份研究成果，有50多份报告被中央网络安全与信息化领导小组办公室、国家互联网信息办公室、中共中央宣传部舆情局等重要政府部门采纳，多份报告被中央委员或部级领导批示，已逐步建成具有跨学科视野、决策服务能力和广泛社会影响力的高校智库。

皮书起源

“皮书”起源于十七、十八世纪的英国，主要指官方或社会组织正式发表的重要文件或报告，多以“白皮书”命名。在中国，“皮书”这一概念被社会广泛接受，并被成功运作、发展成为一种全新的出版形态，则源于中国社会科学院社会科学文献出版社。

皮书定义

皮书是对中国与世界发展状况和热点问题进行年度监测，以专业的角度、专家的视野和实证研究方法，针对某一领域或区域现状与发展态势展开分析和预测，具备原创性、实证性、专业性、连续性、前沿性、时效性等特点的公开出版物，由一系列权威研究报告组成。

皮书作者

皮书系列的作者以中国社会科学院、著名高校、地方社会科学院的研究人员为主，多为国内一流研究机构的权威专家学者，他们的看法和观点代表了学界对中国与世界的现实和未来最高水平的解读与分析。

皮书荣誉

皮书系列已成为社会科学文献出版社的著名图书品牌和中国社会科学院的知名学术品牌。2016 年，皮书系列正式列入“十三五”国家重点出版规划项目；2013~2018 年，重点皮书列入中国社会科学院承担的国家哲学社会科学创新工程项目；2018 年，59 种院外皮书使用“中国社会科学院创新工程学术出版项目”标识。

S 基本子库
UB DATABASE

中国社会发展数据库（下设 12 个子库）

全面整合国内外中国社会发展研究成果，汇聚独家统计数据、深度分析报告，涉及社会、人口、政治、教育、法律等 12 个领域，为了解中国社会发展动态、跟踪社会核心热点、分析社会发展趋势提供一站式资源搜索和数据分析与挖掘服务。

中国经济发展数据库（下设 12 个子库）

基于"皮书系列"中涉及中国经济发展的研究资料构建，内容涵盖宏观经济、农业经济、工业经济、产业经济等 12 个重点经济领域，为实时掌控经济运行态势、把握经济发展规律、洞察经济形势、进行经济决策提供参考和依据。

中国行业发展数据库（下设 17 个子库）

以中国国民经济行业分类为依据，覆盖金融业、旅游、医疗卫生、交通运输、能源矿产等 100 多个行业，跟踪分析国民经济相关行业市场运行状况和政策导向，汇集行业发展前沿资讯，为投资、从业及各种经济决策提供理论基础和实践指导。

中国区域发展数据库（下设 6 个子库）

对中国特定区域内的经济、社会、文化等领域现状与发展情况进行深度分析和预测，研究层级至县及县以下行政区，涉及地区、区域经济体、城市、农村等不同维度。为地方经济社会宏观态势研究、发展经验研究、案例分析提供数据服务。

中国文化传媒数据库（下设 18 个子库）

汇聚文化传媒领域专家观点、热点资讯，梳理国内外中国文化发展相关学术研究成果、一手统计数据，涵盖文化产业、新闻传播、电影娱乐、文学艺术、群众文化等 18 个重点研究领域。为文化传媒研究提供相关数据、研究报告和综合分析服务。

世界经济与国际关系数据库（下设 6 个子库）

立足"皮书系列"世界经济、国际关系相关学术资源，整合世界经济、国际政治、世界文化与科技、全球性问题、国际组织与国际法、区域研究 6 大领域研究成果，为世界经济与国际关系研究提供全方位数据分析，为决策和形势研判提供参考。

皮书系列

2018年

智 库 成 果 出 版 与 传 播 平 台

社会科学文献出版社
SOCIAL SCIENCES ACADEMIC PRESS (CHINA)

社长致辞

蓦然回首，皮书的专业化历程已经走过了二十年。20年来从一个出版社的学术产品名称到媒体热词再到智库成果研创及传播平台，皮书以专业化为主线，进行了系列化、市场化、品牌化、数字化、国际化、平台化的运作，实现了跨越式的发展。特别是在党的十八大以后，以习近平总书记为核心的党中央高度重视新型智库建设，皮书也迎来了长足的发展，总品种达到600余种，经过专业评审机制、淘汰机制遴选，目前，每年稳定出版近400个品种。“皮书”已经成为中国新型智库建设的抓手，成为国际国内社会各界快速、便捷地了解真实中国的最佳窗口。

20年孜孜以求，“皮书”始终将自己的研究视野与经济社会发展中的前沿热点问题紧密相连。600个研究领域，3万多位分布于800余个研究机构的专家学者参与了研创写作。皮书数据库中共收录了15万篇专业报告，50余万张数据图表，合计30亿字，每年报告下载量近80万次。皮书为中国学术与社会发展实践的结合提供了一个激荡智力、传播思想的入口，皮书作者们用学术的话语、客观翔实的数据谱写出了中国故事壮丽的篇章。

20年跬步千里，“皮书”始终将自己的发展与时代赋予的使命与责任紧紧相连。每年百余场新闻发布会，10万余次中外媒体报道，中、英、俄、日、韩等12个语种共同出版。皮书所具有的凝聚力正在形成一种无形的力量，吸引着社会各界关注中国的发展，参与中国的发展，它是我们向世界传递中国声音、总结中国经验、争取中国国际话语权最主要的平台。

皮书这一系列成就的取得，得益于中国改革开放的伟大时代，离不开来自中国社会科学院、新闻出版广电总局、全国哲学社会科学规划办公室等主管部门的大力支持和帮助，也离不开皮书研创者和出版者的共同努力。他们与皮书的故事创造了皮书的历史，他们对皮书的拳拳之心将继续谱写皮书的未来！

现在，“皮书”品牌已经进入了快速成长的青壮年时期。全方位进行规范化管理，树立中国的学术出版标准；不断提升皮书的内容质量和影响力，搭建起中国智库产品和智库建设的交流服务平台和国际传播平台；发布各类皮书指数，并使之成为中国指数，让中国智库的声音响彻世界舞台，为人类的发展做出中国的贡献——这是皮书未来发展的图景。作为“皮书”这个概念的提出者，“皮书”从一般图书到系列图书和品牌图书，最终成为智库研究和社会科学应用对策研究的知识服务和成果推广平台这整个过程的操盘者，我相信，这也是每一位皮书人执着追求的目标。

“当代中国正经历着我国历史上最为广泛而深刻的社会变革，也正在进行着人类历史上最为宏大而独特的实践创新。这种前无古人的伟大实践，必将给理论创造、学术繁荣提供强大动力和广阔空间。”

在这个需要思想而且一定能够产生思想的时代，皮书的研创出版一定能创造出新的更大的辉煌！

社会科学文献出版社社长
中国社会学会秘书长

谢寿光

2017年11月

社会科学文献出版社简介

社会科学文献出版社（以下简称“社科文献出版社”）成立于1985年，是直属于中国社会科学院的人文社会科学学术出版机构。成立至今，社科文献出版社始终依托中国社会科学院和国内外人文社会科学界丰厚的学术出版和专家学者资源，坚持“创社科经典，出传世文献”的出版理念、“权威、前沿、原创”的产品定位以及学术成果和智库成果出版的专业化、数字化、国际化、市场化的经营道路。

社科文献出版社是中国新闻出版业转型与文化体制改革的先行者。积极探索文化体制改革的先进方向和现代企业经营决策机制，社科文献出版社先后荣获“全国文化体制改革工作先进单位”、中国出版政府奖·先进出版单位奖，中国社会科学院先进集体、全国科普工作先进集体等荣誉称号。多人次荣获“第十届韬奋出版奖”“全国新闻出版行业领军人才”“数字出版先进人物”“北京市新闻出版广电行业领军人才”等称号。

社科文献出版社是中国人文社会科学学术出版的大社名社，也是以皮书为代表的智库成果出版的专业强社。年出版图书2000余种，其中皮书400余种，出版新书字数5.5亿字，承印与发行中国社科院院属期刊72种，先后创立了皮书系列、列国志、中国史话、社科文献学术译库、社科文献学术文库、甲骨文书系等一大批既有学术影响又有市场价值的品牌，确立了在社会学、近代史、苏东问题研究等专业学科及领域出版的领先地位。图书多次荣获中国出版政府奖、“三个一百”原创图书出版工程、“五个‘一’工程奖”、“大众喜爱的50种图书”等奖项，在中央国家机关“强素质·做表率”读书活动中，入选图书品种数位居各大出版社之首。

社科文献出版社是中国学术出版规范与标准的倡议者与制定者，代表全国50多家出版社发起实施学术著作出版规范的倡议，承担学术著作规范国家标准的起草工作，率先编撰完成《皮书手册》对皮书品牌进行规范化管理，并在此基础上推出中国版芝加哥手册——《社科文献出版社学术出版手册》。

社科文献出版社是中国数字出版的引领者，拥有皮书数据库、列国志数据库、“一带一路”数据库、减贫数据库、集刊数据库等4大产品线11个数据库产品，机构用户达1300余家，海外用户百余家，荣获“数字出版转型示范单位”“新闻出版标准化先进单位”“专业数字内容资源知识服务模式试点企业标准化示范单位”等称号。

社科文献出版社是中国学术出版走出去的践行者。社科文献出版社海外图书出版与学术合作业务遍及全球40余个国家和地区，并于2016年成立俄罗斯分社，累计输出图书500余种，涉及近20个语种，累计获得国家社科基金中华学术外译项目资助76种、“丝路书香工程”项目资助60种、中国图书对外推广计划项目资助71种以及经典中国国际出版工程资助28种，被五部委联合认定为“2015-2016年度国家文化出口重点企业”。

如今，社科文献出版社完全靠自身积累拥有固定资产3.6亿元，年收入3亿元，设置了七大出版分社、六大专业部门，成立了皮书研究院和博士后科研工作站，培养了一支近400人的高素质与高效率的编辑、出版、营销和国际推广队伍，为未来成为学术出版的大社、名社、强社，成为文化体制改革与文化企业转型发展的排头兵奠定了坚实的基础。

宏观经济类

经济蓝皮书

2018 年中国经济形势分析与预测

李平 / 主编　2017 年 12 月出版　定价：89.00 元

◆　本书为总理基金项目，由著名经济学家李扬领衔，联合中国社会科学院等数十家科研机构、国家部委和高等院校的专家共同撰写，系统分析了 2017 年的中国经济形势并预测 2018 年中国经济运行情况。

城市蓝皮书

中国城市发展报告 No.11

潘家华　单菁菁 / 主编　2018 年 9 月出版　估价：99.00 元

◆　本书是由中国社会科学院城市发展与环境研究中心编著的，多角度、全方位地立体展示了中国城市的发展状况，并对中国城市的未来发展提出了许多建议。该书有强烈的时代感，对中国城市发展实践有重要的参考价值。

人口与劳动绿皮书

中国人口与劳动问题报告 No.19

张车伟 / 主编　2018 年 10 月出版　估价：99.00 元

◆　本书为中国社会科学院人口与劳动经济研究所主编的年度报告，对当前中国人口与劳动形势做了比较全面和系统的深入讨论，为研究中国人口与劳动问题提供了一个专业性的视角。

中国省域竞争力蓝皮书

中国省域经济综合竞争力发展报告（2017 ~ 2018）

李建平　李闽榕　高燕京 / 主编　2018 年 5 月出版　估价：198.00 元

◆　本书融多学科的理论为一体，深入追踪研究了省域经济发展与中国国家竞争力的内在关系，为提升中国省域经济综合竞争力提供有价值的决策依据。

金融蓝皮书

中国金融发展报告（2018）

王国刚 / 主编　2018 年 6 月出版　估价：99.00 元

◆　本书由中国社会科学院金融研究所组织编写，概括和分析了 2017 年中国金融发展和运行中的各方面情况，研讨和评论了 2017 年发生的主要金融事件，有利于读者了解掌握 2017 年中国的金融状况，把握 2018 年中国金融的走势。

区 域 经 济 类

京津冀蓝皮书

京津冀发展报告（2018）

祝合良　叶堂林　张贵祥 / 等著　2018 年 6 月出版　估价：99.00 元

◆　本书遵循问题导向与目标导向相结合、统计数据分析与大数据分析相结合、纵向分析和长期监测与结构分析和综合监测相结合等原则，对京津冀协同发展新形势与新进展进行测度与评价。

社 会 政 法 类

社会蓝皮书

2018 年中国社会形势分析与预测

李培林　陈光金　张翼 / 主编　2017 年 12 月出版　定价：89.00 元

◆　本书由中国社会科学院社会学研究所组织研究机构专家、高校学者和政府研究人员撰写，聚焦当下社会热点，对 2017 年中国社会发展的各个方面内容进行了权威解读，同时对 2018 年社会形势发展趋势进行了预测。

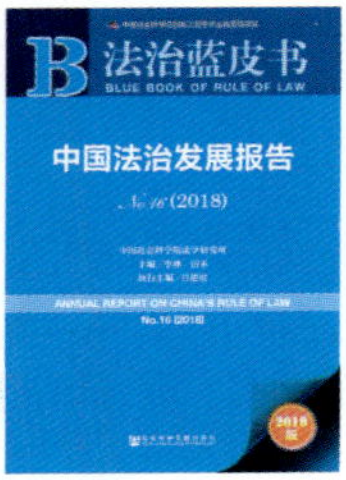

法治蓝皮书

中国法治发展报告 No.16（2018）

李林　田禾 / 主编　2018 年 3 月出版　定价：128.00 元

◆　本年度法治蓝皮书回顾总结了 2017 年度中国法治发展取得的成就和存在的不足，对中国政府、司法、检务透明度进行了跟踪调研，并对 2018 年中国法治发展形势进行了预测和展望。

教育蓝皮书

中国教育发展报告（2018）

杨东平 / 主编　2018 年 3 月出版　定价：89.00 元

◆　本书重点关注了 2017 年教育领域的热点，资料翔实，分析有据，既有专题研究，又有实践案例，从多角度对 2017 年教育改革和实践进行了分析和研究。

社会体制蓝皮书

中国社会体制改革报告 No.6（2018）

龚维斌 / 主编　2018 年 3 月出版　定价：98.00 元

◆　本书由国家行政学院社会治理研究中心和北京师范大学中国社会管理研究院共同组织编写，主要对 2017 年社会体制改革情况进行回顾和总结，对 2018 年的改革走向进行分析，提出相关政策建议。

社会心态蓝皮书

中国社会心态研究报告（2018）

王俊秀　杨宜音 / 主编　2018 年 12 月出版　估价：99.00 元

◆　本书是中国社会科学院社会学研究所社会心理研究中心“社会心态蓝皮书课题组”的年度研究成果，运用社会心理学、社会学、经济学、传播学等多种学科的方法进行了调查和研究，对于目前中国社会心态状况有较广泛和深入的揭示。

华侨华人蓝皮书

华侨华人研究报告（2018）

贾益民 / 主编　2017 年 12 月出版　估价：139.00 元

◆　本书关注华侨华人生产与生活的方方面面。华侨华人是中国建设 21 世纪海上丝绸之路的重要中介者、推动者和参与者。本书旨在全面调研华侨华人，提供最新涉侨动态、理论研究成果和政策建议。

民族发展蓝皮书

中国民族发展报告（2018）

王延中 / 主编　2018 年 10 月出版　估价：188.00 元

◆　本书从民族学人类学视角，研究近年来少数民族和民族地区的发展情况，展示民族地区经济、政治、文化、社会和生态文明“五位一体”建设取得的辉煌成就和面临的困难挑战，为深刻理解中央民族工作会议精神、加快民族地区全面建成小康社会进程提供了实证材料。

产业经济类

房地产蓝皮书

中国房地产发展报告 No.15（2018）

李春华　王业强 / 主编　2018 年 5 月出版　估价：99.00 元

◆　2018 年《房地产蓝皮书》持续追踪中国房地产市场最新动态，深度剖析市场热点，展望 2018 年发展趋势，积极谋划应对策略。对 2017 年房地产市场的发展态势进行全面、综合的分析。

新能源汽车蓝皮书

中国新能源汽车产业发展报告（2018）

中国汽车技术研究中心　日产（中国）投资有限公司

东风汽车有限公司 / 编著　2018 年 8 月出版　估价：99.00 元

◆　本书对中国 2017 年新能源汽车产业发展进行了全面系统的分析，并介绍了国外的发展经验。有助于相关机构、行业和社会公众等了解中国新能源汽车产业发展的最新动态，为政府部门出台新能源汽车产业相关政策法规、企业制定相关战略规划，提供必要的借鉴和参考。

行业及其他类

旅游绿皮书

2017 ~ 2018 年中国旅游发展分析与预测

中国社会科学院旅游研究中心 / 编　2018 年 1 月出版　定价：99.00 元

◆　本书从政策、产业、市场、社会等多个角度勾画出 2017 年中国旅游发展全貌，剖析了其中的热点和核心问题，并就未来发展作出预测。

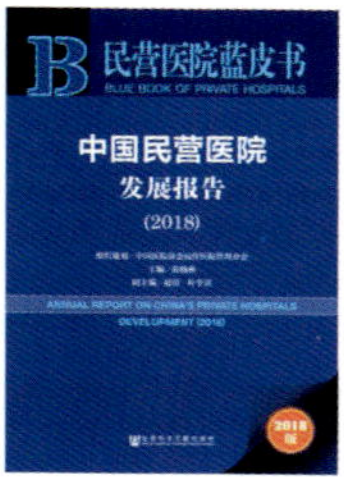

民营医院蓝皮书

中国民营医院发展报告（2018）

薛晓林 / 主编　2018 年 11 月出版　估价：99.00 元

◆　本书在梳理国家对社会办医的各种利好政策的前提下，对我国民营医疗发展现状、我国民营医院竞争力进行了分析，并结合我国医疗体制改革对民营医院的发展趋势、发展策略、战略规划等方面进行了预估。

会展蓝皮书

中外会展业动态评估研究报告（2018）

张敏 / 主编　2018 年 12 月出版　估价：99.00 元

◆　本书回顾了2017年的会展业发展动态，结合“供给侧改革”、“互联网 +”、“绿色经济”的新形势分析了我国展会的行业现状，并介绍了国外的发展经验，有助于行业和社会了解最新的展会业动态。

中国上市公司蓝皮书

中国上市公司发展报告（2018）

张平　王宏淼 / 主编　2018 年 9 月出版　估价：99.00 元

◆　本书由中国社会科学院上市公司研究中心组织编写的，着力于全面、真实、客观反映当前中国上市公司财务状况和价值评估的综合性年度报告。本书详尽分析了 2017 年中国上市公司情况，特别是现实中暴露出的制度性、基础性问题，并对资本市场改革进行了探讨。

工业和信息化蓝皮书

人工智能发展报告（2017 ~ 2018）

尹丽波 / 主编　2018 年 6 月出版　估价：99.00 元

◆　本书国家工业信息安全发展研究中心在对 2017 年全球人工智能技术和产业进行全面跟踪研究基础上形成的研究报告。该报告内容翔实、视角独特，具有较强的产业发展前瞻性和预测性，可为相关主管部门、行业协会、企业等全面了解人工智能发展形势以及进行科学决策提供参考。

国际问题与全球治理类

世界经济黄皮书

2018 年世界经济形势分析与预测

张宇燕 / 主编　2018 年 1 月出版　定价：99.00 元

◆　本书由中国社会科学院世界经济与政治研究所的研究团队撰写，分总论、国别与地区、专题、热点、世界经济统计与预测等五个部分，对 2018 年世界经济形势进行了分析。

国际城市蓝皮书

国际城市发展报告（2018）

屠启宇 / 主编　2018 年 2 月出版　定价：89.00 元

◆　本书作者以上海社会科学院从事国际城市研究的学者团队为核心，汇集同济大学、华东师范大学、复旦大学、上海交通大学、南京大学、浙江大学相关城市研究专业学者。立足动态跟踪介绍国际城市发展时间中，最新出现的重大战略、重大理念、重大项目、重大报告和最佳案例。

非洲黄皮书

非洲发展报告 No.20（2017 ~ 2018）

张宏明 / 主编　2018 年 7 月出版　估价：99.00 元

◆　本书是由中国社会科学院西亚非洲研究所组织编撰的非洲形势年度报告，比较全面、系统地分析了 2017 年非洲政治形势和热点问题，探讨了非洲经济形势和市场走向，剖析了大国对非洲关系的新动向；此外，还介绍了国内非洲研究的新成果。

国别类

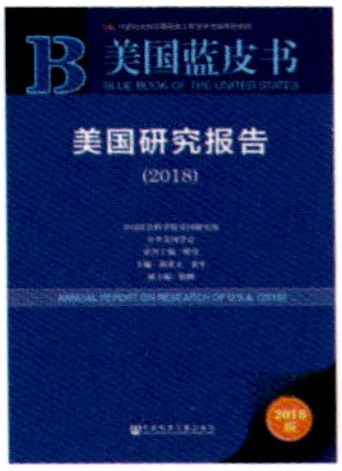

美国蓝皮书

美国研究报告（2018）

郑秉文　黄平 / 主编　2018 年 5 月出版　估价：99.00 元

◆　本书是由中国社会科学院美国研究所主持完成的研究成果，它回顾了美国 2017 年的经济、政治形势与外交战略，对美国内政外交发生的重大事件及重要政策进行了较为全面的回顾和梳理。

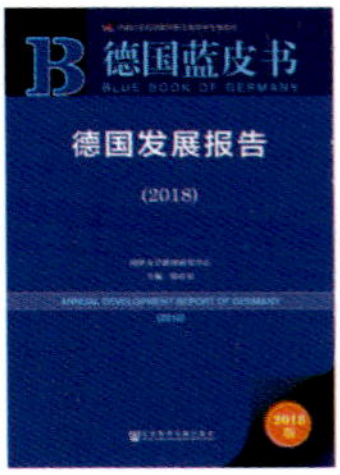

德国蓝皮书

德国发展报告（2018）

郑春荣 / 主编　2018 年 6 月出版　估价：99.00 元

◆　本报告由同济大学德国研究所组织编撰，由该领域的专家学者对德国的政治、经济、社会文化、外交等方面的形势发展情况，进行全面的阐述与分析。

俄罗斯黄皮书

俄罗斯发展报告（2018）

李永全 / 编著　2018 年 6 月出版　估价：99.00 元

◆　本书系统介绍了 2017 年俄罗斯经济政治情况，并对 2016 年该地区发生的焦点、热点问题进行了分析与回顾；在此基础上，对该地区 2018 年的发展前景进行了预测。

文化传媒类

新媒体蓝皮书

中国新媒体发展报告 No.9（2018）

唐绪军 / 主编　2018 年 6 月出版　估价：99.00 元

◆　本书是由中国社会科学院新闻与传播研究所组织编写的关于新媒体发展的最新年度报告，旨在全面分析中国新媒体的发展现状，解读新媒体的发展趋势，探析新媒体的深刻影响。

移动互联网蓝皮书

中国移动互联网发展报告（2018）

余清楚 / 主编　2018 年 6 月出版　估价：99.00 元

◆　本书着眼于对 2017 年度中国移动互联网的发展情况做深入解析，对未来发展趋势进行预测，力求从不同视角、不同层面全面剖析中国移动互联网发展的现状、年度突破及热点趋势等。

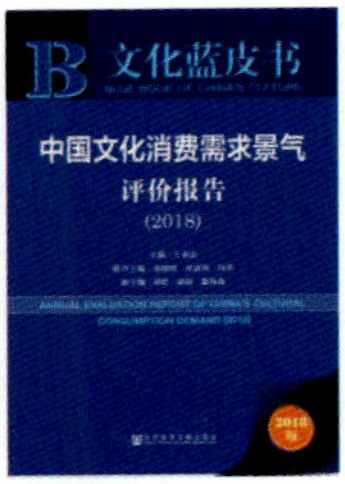

文化蓝皮书

中国文化消费需求景气评价报告（2018）

王亚南 / 主编　2018 年 3 月出版　定价：99.00 元

◆　本书首创全国文化发展量化检测评价体系，也是至今全国唯一的文化民生量化检测评价体系，对于检验全国及各地 " 以人民为中心 " 的文化发展具有首创意义。

地方发展类

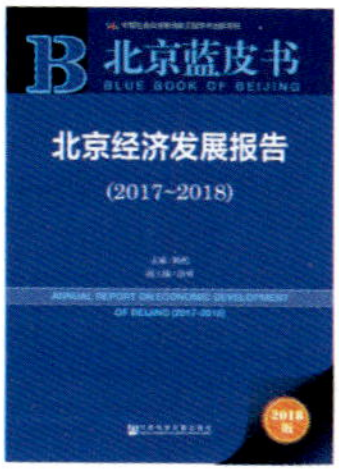

北京蓝皮书

北京经济发展报告（2017 ~ 2018）

杨松 / 主编　2018 年 6 月出版　估价：99.00 元

◆　本书对 2017 年北京市经济发展的整体形势进行了系统性的分析与回顾，并对 2018 年经济形势走势进行了预测与研判，聚焦北京市经济社会发展中的全局性、战略性和关键领域的重点问题，运用定量和定性分析相结合的方法，对北京市经济社会发展的现状、问题、成因进行了深入分析，提出了可操作性的对策建议。

温州蓝皮书

2018 年温州经济社会形势分析与预测

蒋儒标　王春光　金浩 / 主编　2018 年 6 月出版　估价：99.00 元

◆　本书是中共温州市委党校和中国社会科学院社会学研究所合作推出的第十一本温州蓝皮书，由来自党校、政府部门、科研机构、高校的专家、学者共同撰写的 2017 年温州区域发展形势的最新研究成果。

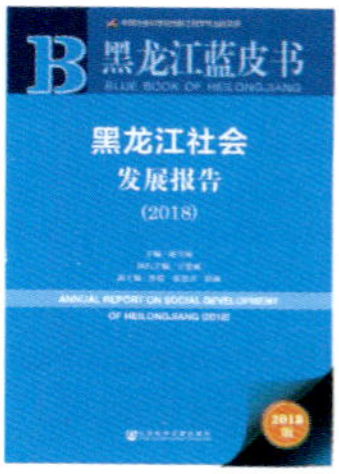

黑龙江蓝皮书

黑龙江社会发展报告（2018）

王爱丽 / 主编　2018 年 1 月出版　定价：89.00 元

◆　本书以千份随机抽样问卷调查和专题研究为依据，运用社会学理论框架和分析方法，从专家和学者的独特视角，对 2017 年黑龙江省关系民生的问题进行广泛的调研与分析，并对 2017 年黑龙江省诸多社会热点和焦点问题进行了有益的探索。这些研究不仅可以为政府部门更加全面深入了解省情、科学制定决策提供智力支持，同时也可以为广大读者认识、了解、关注黑龙江社会发展提供理性思考。

宏观经济类

城市蓝皮书
中国城市发展报告（No.11）
著(编)者：潘家华 单菁菁
2018年9月出版 / 估价：99.00元
PSN B-2007-091-1/1

城乡一体化蓝皮书
中国城乡一体化发展报告（2018）
著(编)者：付崇兰
2018年9月出版 / 估价：99.00元
PSN B-2011-226-1/2

城镇化蓝皮书
中国新型城镇化健康发展报告（2018）
著(编)者：张占斌
2018年8月出版 / 估价：99.00元
PSN B-2014-396-1/1

创新蓝皮书
创新型国家建设报告（2018~2019）
著(编)者：詹正茂
2018年12月出版 / 估价：99.00元
PSN B-2009-140-1/1

低碳发展蓝皮书
中国低碳发展报告（2018）
著(编)者：张希良 齐晔
2018年6月出版 / 估价：99.00元
PSN B-2011-223-1/1

低碳经济蓝皮书
中国低碳经济发展报告（2018）
著(编)者：薛进军 赵忠秀
2018年11月出版 / 估价：99.00元
PSN B-2011-194-1/1

发展和改革蓝皮书
中国经济发展和体制改革报告No.9
著(编)者：邹东涛 王再文
2018年1月出版 / 估价：99.00元
PSN B-2008-122-1/1

国家创新蓝皮书
中国创新发展报告（2017）
著(编)者：陈劲 2018年5月出版 / 估价：99.00元
PSN B-2014-370-1/1

金融蓝皮书
中国金融发展报告（2018）
著(编)者：王国刚
2018年6月出版 / 估价：99.00元
PSN B-2004-031-1/7

经济蓝皮书
2018年中国经济形势分析与预测
著(编)者：李平 2017年12月出版 / 定价：89.00元
PSN B-1996-001-1/1

经济蓝皮书春季号
2018年中国经济前景分析
著(编)者：李扬 2018年5月出版 / 估价：99.00元
PSN B-1999-008-1/1

经济蓝皮书夏季号
中国经济增长报告（2017~2018）
著(编)者：李扬 2018年9月出版 / 估价：99.00元
PSN B-2010-176-1/1

农村绿皮书
中国农村经济形势分析与预测（2017~2018）
著(编)者：魏后凯 黄秉信
2018年4月出版 / 定价：99.00元
PSN G-1998-003-1/1

人口与劳动绿皮书
中国人口与劳动问题报告No.19
著(编)者：张车伟 2018年11月出版 / 估价：99.00元
PSN G-2000-012-1/1

新型城镇化蓝皮书
新型城镇化发展报告（2017）
著(编)者：李伟 宋敏
2018年3月出版 / 定价：98.00元
PSN B-2005-038-1/1

中国省域竞争力蓝皮书
中国省域经济综合竞争力发展报告（2016~2017）
著(编)者：李建平 李闽榕
2018年2月出版 / 定价：198.00元
PSN B-2007-088-1/1

中小城市绿皮书
中国中小城市发展报告（2018）
著(编)者：中国城市经济学会中小城市经济发展委员会
中国城镇化促进会中小城市发展委员会
《中国中小城市发展报告》编纂委员会
中小城市发展战略研究院
2018年11月出版 / 估价：128.00元
PSN G-2010-161-1/1

区域经济类

东北蓝皮书
中国东北地区发展报告（2018）
著(编)者：姜晓秋　2018年11月出版 / 估价：99.00元
PSN B-2006-067-1/1

金融蓝皮书
中国金融中心发展报告（2017～2018）
著(编)者：王力 黄育华　2018年11月出版 / 估价：99.00元
PSN B-2011-186-6/7

京津冀蓝皮书
京津冀发展报告（2018）
著(编)者：祝合良 叶堂林 张贵祥
2018年6月出版 / 估价：99.00元
PSN B-2012-262-1/1

西北蓝皮书
中国西北发展报告（2018）
著(编)者：王福生 马廷旭 董秋生
2018年1月出版 / 定价：99.00元
PSN B-2012-261-1/1

西部蓝皮书
中国西部发展报告（2018）
著(编)者：璋勇 任保平　2018年8月出版 / 估价：99.00元
PSN B-2005-039-1/1

长江经济带产业蓝皮书
长江经济带产业发展报告（2018）
著(编)者：吴传清　2018年11月出版 / 估价：128.00元
PSN B-2017-666-1/1

长江经济带蓝皮书
长江经济带发展报告（2017～2018）
著(编)者：王振　2018年11月出版 / 估价：99.00元
PSN B-2016-575-1/1

长江中游城市群蓝皮书
长江中游城市群新型城镇化与产业协同发展报告（2018）
著(编)者：杨刚强　2018年11月出版 / 估价：99.00元
PSN B-2016-578-1/1

长三角蓝皮书
2017年创新融合发展的长三角
著(编)者：刘飞跃　2018年5月出版 / 估价：99.00元
PSN B-2005-038-1/1

长株潭城市群蓝皮书
长株潭城市群发展报告（2017）
著(编)者：张萍 朱有志　2018年6月出版 / 估价：99.00元
PSN B-2008-109-1/1

特色小镇蓝皮书
特色小镇智慧运营报告（2018）：顶层设计与智慧架构标
著(编)者：陈劲　2018年1月出版 / 定价：79.00元
PSN B-2018-692-1/1

中部竞争力蓝皮书
中国中部经济社会竞争力报告（2018）
著(编)者：教育部人文社会科学重点研究基地南昌大学中国中部经济社会发展研究中心
2018年12月出版 / 估价：99.00元
PSN B-2012-276-1/1

中部蓝皮书
中国中部地区发展报告（2018）
著(编)者：宋亚平　2018年12月出版 / 估价：99.00元
PSN B-2007-089-1/1

区域蓝皮书
中国区域经济发展报告（2017～2018）
著(编)者：赵弘　2018年5月出版 / 估价：99.00元
PSN B-2004-034-1/1

中三角蓝皮书
长江中游城市群发展报告（2018）
著(编)者：秦尊文　2018年9月出版 / 估价：99.00元
PSN B-2014-417-1/1

中原蓝皮书
中原经济区发展报告（2018）
著(编)者：李英杰　2018年6月出版 / 估价：99.00元
PSN B-2011-192-1/1

珠三角流通蓝皮书
珠三角商圈发展研究报告（2018）
著(编)者：王先庆 林至颖　2018年7月出版 / 估价：99.00元
PSN B-2012-292-1/1

社会政法类

北京蓝皮书
中国社区发展报告（2017～2018）
著(编)者：于燕燕　2018年9月出版 / 估价：99.00元
PSN B-2007-083-5/8

殡葬绿皮书
中国殡葬事业发展报告（2017～2018）
著(编)者：李伯森　2018年6月出版 / 估价：158.00元
PSN G-2010-180-1/1

城市管理蓝皮书
中国城市管理报告（2017-2018）
著(编)者：刘林 刘承水　2018年5月出版 / 估价：158.00元
PSN B-2013-336-1/1

城市生活质量蓝皮书
中国城市生活质量报告（2017）
著(编)者：张连城 张平 杨春学 郎丽华
2017年12月出版 / 定价：89.00元
PSN B-2013-326-1/1

城市政府能力蓝皮书
中国城市政府公共服务能力评估报告（2018）
著(编)者：何艳玲　　2018年5月出版 / 估价：99.00元
PSN B-2013-338-1/1

创业蓝皮书
中国创业发展研究报告（2017～2018）
著(编)者：黄群慧 赵卫星 钟宏武
2018年11月出版 / 估价：99.00元
PSN B-2016-577-1/1

慈善蓝皮书
中国慈善发展报告（2018）
著(编)者：杨团　　2018年6月出版 / 估价：99.00元
PSN B-2009-142-1/1

党建蓝皮书
党的建设研究报告No.2（2018）
著(编)者：崔建民 陈东平　　2018年6月出版 / 估价：99.00元
PSN B-2016-523-1/1

地方法治蓝皮书
中国地方法治发展报告No.3（2018）
著(编)者：李林 田禾　　2018年6月出版 / 估价：118.00元
PSN B-2015-442-1/1

电子政务蓝皮书
中国电子政务发展报告（2018）
著(编)者：李季　　2018年8月出版 / 估价：99.00元
PSN B-2003-022-1/1

儿童蓝皮书
中国儿童参与状况报告（2017）
著(编)者：苑立新　　2017年12月出版 / 定价：89.00元
PSN B-2017-682-1/1

法治蓝皮书
中国法治发展报告No.16（2018）
著(编)者：李林 田禾　　2018年3月出版 / 定价：128.00元
PSN B-2004-027-1/3

法治蓝皮书
中国法院信息化发展报告 No.2（2018）
著(编)者：李林 田禾　　2018年2月出版 / 定价：118.00元
PSN B-2017-604-3/3

法治政府蓝皮书
中国法治政府发展报告（2017）
著(编)者：中国政法大学法治政府研究院
2018年3月出版 / 定价：158.00元
PSN B-2015-502-1/2

法治政府蓝皮书
中国法治政府评估报告（2018）
著(编)者：中国政法大学法治政府研究院
2018年9月出版 / 估价：168.00元
PSN B-2016-576-2/2

反腐倡廉蓝皮书
中国反腐倡廉建设报告 No.8
著(编)者：张英伟　　2018年12月出版 / 估价：99.00元
PSN B-2012-259-1/1

扶贫蓝皮书
中国扶贫开发报告（2018）
著(编)者：李培林 魏后凯　　2018年12月出版 / 估价：128.00元
PSN B-2016-599-1/1

妇女发展蓝皮书
中国妇女发展报告 No.6
著(编)者：王金玲　　2018年9月出版 / 估价：158.00元
PSN B-2006-069-1/1

妇女教育蓝皮书
中国妇女教育发展报告 No.3
著(编)者：张李玺　　2018年10月出版 / 估价：99.00元
PSN B-2008-121-1/1

妇女绿皮书
2018年：中国性别平等与妇女发展报告
著(编)者：谭琳　　2018年12月出版 / 估价：99.00元
PSN G-2006-073-1/1

公共安全蓝皮书
中国城市公共安全发展报告（2017～2018）
著(编)者：黄育华 杨文明 赵建辉
2018年6月出版 / 估价：99.00元
PSN B-2017-628-1/1

公共服务蓝皮书
中国城市基本公共服务力评价（2018）
著(编)者：钟君 刘志昌 吴正杲
2018年12月出版 / 估价：99.00元
PSN B-2011-214-1/1

公民科学素质蓝皮书
中国公民科学素质报告（2017～2018）
著(编)者：李群 陈雄 马宗文
2017年12月出版 / 定价：89.00元
PSN B-2014-379-1/1

公益蓝皮书
中国公益慈善发展报告（2016）
著(编)者：朱健刚 胡小军　　2018年6月出版 / 估价：99.00元
PSN B-2012-283-1/1

国际人才蓝皮书
中国国际移民报告（2018）
著(编)者：王辉耀　　2018年6月出版 / 估价：99.00元
PSN B-2012-304-3/4

国际人才蓝皮书
中国留学发展报告（2018）No.7
著(编)者：王辉耀 苗绿　　2018年12月出版 / 估价：99.00元
PSN B-2012-244-2/4

海洋社会蓝皮书
中国海洋社会发展报告（2017）
著(编)者：崔凤 宋宁而　　2018年3月出版 / 定价：99.00元
PSN B-2015-478-1/1

行政改革蓝皮书
中国行政体制改革报告No.7（2018）
著(编)者：魏礼群　　2018年6月出版 / 估价：99.00元
PSN B-2011-231-1/1

华侨华人蓝皮书
华侨华人研究报告（2017）
著(编)者：张禹东 庄国土　2017年12月出版 / 定价：148.00元
PSN B-2011-204-1/1

互联网与国家治理蓝皮书
互联网与国家治理发展报告（2017）
著(编)者：张志安　2018年1月出版 / 定价：98.00元
PSN B-2017-671-1/1

环境管理蓝皮书
中国环境管理发展报告（2017）
著(编)者：李金惠　2017年12月出版 / 定价：98.00元
PSN B-2017-678-1/1

环境竞争力绿皮书
中国省域环境竞争力发展报告（2018）
著(编)者：李建平 李闽榕 王金南
2018年11月出版 / 估价：198.00元
PSN G-2010-165-1/1

环境绿皮书
中国环境发展报告（2017～2018）
著(编)者：李波　2018年6月出版 / 估价：99.00元
PSN G-2006-048-1/1

家庭蓝皮书
中国"创建幸福家庭活动"评估报告（2018）
著(编)者：国务院发展研究中心"创建幸福家庭活动评估"课题组
2018年12月出版 / 估价：99.00元
PSN B-2015-508-1/1

健康城市蓝皮书
中国健康城市建设研究报告（2018）
著(编)者：王鸿春 盛继洪　2018年12月出版 / 估价：99.00元
PSN B-2016-564-2/2

健康中国蓝皮书
社区首诊与健康中国分析报告（2018）
著(编)者：高和荣 杨叔禹 姜杰
2018年6月出版 / 估价：99.00元
PSN B-2017-611-1/1

教师蓝皮书
中国中小学教师发展报告（2017）
著(编)者：曾晓东 鱼霞
2018年6月出版 / 估价：99.00元
PSN B-2012-289-1/1

教育扶贫蓝皮书
中国教育扶贫报告（2018）
著(编)者：司树杰 王文静 李兴洲
2018年12月出版 / 估价：99.00元
PSN B-2016-590-1/1

教育蓝皮书
中国教育发展报告（2018）
著(编)者：杨东平　2018年3月出版 / 定价：89.00元
PSN B-2006-047-1/1

金融法治建设蓝皮书
中国金融法治建设年度报告（2015～2016）
著(编)者：朱小黄　2018年6月出版 / 估价：99.00元
PSN B-2017-633-1/1

京津冀教育蓝皮书
京津冀教育发展研究报告（2017～2018）
著(编)者：方中雄　2018年6月出版 / 估价：99.00元
PSN B-2017-608-1/1

就业蓝皮书
2018年中国本科生就业报告
著(编)者：麦可思研究院　2018年6月出版 / 估价：99.00元
PSN B-2009-146-1/2

就业蓝皮书
2018年中国高职高专生就业报告
著(编)者：麦可思研究院　2018年6月出版 / 估价：99.00元
PSN B-2015-472-2/2

科学教育蓝皮书
中国科学教育发展报告（2018）
著(编)者：王康友　2018年10月出版 / 估价：99.00元
PSN B-2015-487-1/1

劳动保障蓝皮书
中国劳动保障发展报告（2018）
著(编)者：刘燕斌　2018年9月出版 / 估价：158.00元
PSN B-2014-415-1/1

老龄蓝皮书
中国老年宜居环境发展报告（2017）
著(编)者：党俊武 周燕珉　2018年6月出版 / 估价：99.00元
PSN B-2013-320-1/1

连片特困区蓝皮书
中国连片特困区发展报告（2017～2018）
著(编)者：游俊 冷志明 丁建军
2018年6月出版 / 估价：99.00元
PSN B-2013-321-1/1

流动儿童蓝皮书
中国流动儿童教育发展报告（2017）
著(编)者：杨东平　2018年6月出版 / 估价：99.00元
PSN B-2017-600-1/1

民调蓝皮书
中国民生调查报告（2018）
著(编)者：谢耘耕　2018年12月出版 / 估价：99.00元
PSN B-2014-398-1/1

民族发展蓝皮书
中国民族发展报告（2018）
著(编)者：王延中　2018年10月出版 / 估价：188.00元
PSN B-2006-070-1/1

女性生活蓝皮书
中国女性生活状况报告No.12（2018）
著(编)者：高博燕　2018年7月出版 / 估价：99.00元
PSN B-2006-071-1/1

汽车社会蓝皮书
中国汽车社会发展报告（2017～2018）
著(编)者：王俊秀　2018年6月出版 / 估价：99.00元
PSN B-2011-224-1/1

青年蓝皮书
中国青年发展报告（2018）No.3
著(编)者：廉思　2018年6月出版 / 估价：99.00元
PSN B-2013-333-1/1

青少年蓝皮书
中国未成年人互联网运用报告（2017～2018）
著(编)者：季为民 李文革 沈杰
2018年11月出版 / 估价：99.00元
PSN B-2010-156-1/1

人权蓝皮书
中国人权事业发展报告No.8（2018）
著(编)者：李君如　2018年9月出版 / 估价：99.00元
PSN B-2011-215-1/1

社会保障绿皮书
中国社会保障发展报告No.9（2018）
著(编)者：王延中　2018年6月出版 / 估价：99.00元
PSN G-2001-014-1/1

社会风险评估蓝皮书
风险评估与危机预警报告（2017～2018）
著(编)者：唐钧　2018年8月出版 / 估价：99.00元
PSN B-2012-293-1/1

社会工作蓝皮书
中国社会工作发展报告（2016~2017）
著(编)者：民政部社会工作研究中心
2018年8月出版 / 估价：99.00元
PSN B-2009-141-1/1

社会管理蓝皮书
中国社会管理创新报告No.6
著(编)者：连玉明　2018年11月出版 / 估价：99.00元
PSN B-2012-300-1/1

社会蓝皮书
2018年中国社会形势分析与预测
著(编)者：李培林 陈光金 张翼
2017年12月出版 / 定价：89.00元
PSN B-1998-002-1/1

社会体制蓝皮书
中国社会体制改革报告No.6（2018）
著(编)者：龚维斌　2018年3月出版 / 定价：98.00元
PSN B-2013-330-1/1

社会心态蓝皮书
中国社会心态研究报告（2018）
著(编)者：王俊秀　2018年12月出版 / 估价：99.00元
PSN B-2011-199-1/1

社会组织蓝皮书
中国社会组织报告（2017-2018）
著(编)者：黄晓勇　2018年6月出版 / 估价：99.00元
PSN B-2008-118-1/2

社会组织蓝皮书
中国社会组织评估发展报告（2018）
著(编)者：徐家良　2018年12月出版 / 估价：99.00元
PSN B-2013-366-2/2

生态城市绿皮书
中国生态城市建设发展报告（2018）
著(编)者：刘举科 孙伟平 胡文臻
2018年9月出版 / 估价：158.00元
PSN G-2012-269-1/1

生态文明绿皮书
中国省域生态文明建设评价报告（ECI 2018）
著(编)者：严耕　2018年12月出版 / 估价：99.00元
PSN G-2010-170-1/1

退休生活蓝皮书
中国城市居民退休生活质量指数报告（2017）
著(编)者：杨一帆　2018年6月出版 / 估价：99.00元
PSN B-2017-618-1/1

危机管理蓝皮书
中国危机管理报告（2018）
著(编)者：文学国 范正青
2018年8月出版 / 估价：99.00元
PSN B-2010-171-1/1

学会蓝皮书
2018年中国学会发展报告
著(编)者：麦可思研究院　2018年12月出版 / 估价：99.00元
PSN B-2016-597-1/1

医改蓝皮书
中国医药卫生体制改革报告（2017～2018）
著(编)者：文学国 房志武
2018年11月出版 / 估价：99.00元
PSN B-2014-432-1/1

应急管理蓝皮书
中国应急管理报告（2018）
著(编)者：宋英华　2018年9月出版 / 估价：99.00元
PSN B-2016-562-1/1

政府绩效评估蓝皮书
中国地方政府绩效评估报告 No.2
著(编)者：贠杰　2018年12月出版 / 估价：99.00元
PSN B-2017-672-1/1

政治参与蓝皮书
中国政治参与报告（2018）
著(编)者：房宁　2018年8月出版 / 估价：128.00元
PSN B-2011-200-1/1

政治文化蓝皮书
中国政治文化报告（2018）
著(编)者：邢元敏 魏大鹏 龚克
2018年8月出版 / 估价：128.00元
PSN B-2017-615-1/1

中国传统村落蓝皮书
中国传统村落保护现状报告（2018）
著(编)者：胡彬彬 李向军 王晓波
2018年12月出版 / 估价：99.00元
PSN B-2017-663-1/1

中国农村妇女发展蓝皮书
农村流动女性城市生活发展报告（2018）
著(编)者：谢丽华　2018年12月出版 / 估价：99.00元
PSN B-2014-434-1/1

宗教蓝皮书
中国宗教报告（2017）
著(编)者：邱永辉　2018年8月出版 / 估价：99.00元
PSN B-2008-117-1/1

产业经济类

保健蓝皮书
中国保健服务产业发展报告 No.2
著(编)者：中国保健协会　中共中央党校
2018年7月出版 / 估价：198.00元
PSN B-2012-272-3/3

保健蓝皮书
中国保健食品产业发展报告 No.2
著(编)者：中国保健协会
中国社会科学院食品药品产业发展与监管研究中心
2018年8月出版 / 估价：198.00元
PSN B-2012-271-2/3

保健蓝皮书
中国保健用品产业发展报告 No.2
著(编)者：中国保健协会
国务院国有资产监督管理委员会研究中心
2018年6月出版 / 估价：198.00元
PSN B-2012-270-1/3

保险蓝皮书
中国保险业竞争力报告（2018）
著(编)者：保监会　2018年12月出版 / 估价：99.00元
PSN B-2013-311-1/1

冰雪蓝皮书
中国冰上运动产业发展报告（2018）
著(编)者：孙承华 杨占武 刘戈 张鸿俊
2018年9月出版 / 估价：99.00元
PSN B-2017-648-3/3

冰雪蓝皮书
中国滑雪产业发展报告（2018）
著(编)者：孙承华 伍斌 魏庆华 张鸿俊
2018年9月出版 / 估价：99.00元
PSN B-2016-559-1/3

餐饮产业蓝皮书
中国餐饮产业发展报告（2018）
著(编)者：邢颖
2018年6月出版 / 估价：99.00元
PSN B-2009-151-1/1

茶业蓝皮书
中国茶产业发展报告（2018）
著(编)者：杨江帆 李闽榕
2018年10月出版 / 估价：99.00元
PSN B-2010-164-1/1

产业安全蓝皮书
中国文化产业安全报告（2018）
著(编)者：北京印刷学院文化产业安全研究院
2018年12月出版 / 估价：99.00元
PSN B-2014-378-12/14

产业安全蓝皮书
中国新媒体产业安全报告（2016～2017）
著(编)者：肖丽　2018年6月出版 / 估价：99.00元
PSN B-2015-500-14/14

产业安全蓝皮书
中国出版传媒产业安全报告（2017～2018）
著(编)者：北京印刷学院文化产业安全研究院
2018年6月出版 / 估价：99.00元
PSN B-2014-384-13/14

产业蓝皮书
中国产业竞争力报告（2018）No.8
著(编)者：张其仔　2018年12月出版 / 估价：168.00元
PSN B-2010-175-1/1

动力电池蓝皮书
中国新能源汽车动力电池产业发展报告（2018）
著(编)者：中国汽车技术研究中心
2018年8月出版 / 估价：99.00元
PSN B-2017-639-1/1

杜仲产业绿皮书
中国杜仲橡胶资源与产业发展报告（2017～2018）
著(编)者：杜红岩 胡文臻 俞锐
2018年6月出版 / 估价：99.00元
PSN G-2013-350-1/1

房地产蓝皮书
中国房地产发展报告No.15（2018）
著(编)者：李春华 王业强
2018年5月出版 / 估价：99.00元
PSN B-2004-028-1/1

服务外包蓝皮书
中国服务外包产业发展报告（2017～2018）
著(编)者：王晓红 刘德军
2018年6月出版 / 估价：99.00元
PSN B-2013-331-2/2

服务外包蓝皮书
中国服务外包竞争力报告（2017～2018）
著(编)者：刘春生 王力 黄育华
2018年12月出版 / 估价：99.00元
PSN B-2011-216-1/2

工业和信息化蓝皮书
世界信息技术产业发展报告（2017～2018）
著(编)者：尹丽波　2018年6月出版 / 估价：99.00元
PSN B-2015-449-2/6

工业和信息化蓝皮书
战略性新兴产业发展报告（2017～2018）
著(编)者：尹丽波　2018年6月出版 / 估价：99.00元
PSN B-2015-450-3/6

海洋经济蓝皮书
中国海洋经济发展报告（2015～2018）
著(编)者：殷克东 高金田 方胜民
2018年3月出版 / 定价：128.00元
PSN B-2018-697-1/1

康养蓝皮书
中国康养产业发展报告（2017）
著(编)者：何莽　2017年12月出版 / 定价：88.00元
PSN B-2017-685-1/1

客车蓝皮书
中国客车产业发展报告（2017～2018）
著(编)者：姚蔚　2018年10月出版 / 估价：99.00元
PSN B-2013-361-1/1

流通蓝皮书
中国商业发展报告（2018～2019）
著(编)者：王雪峰 林诗慧
2018年7月出版 / 估价：99.00元
PSN B-2009-152-1/2

能源蓝皮书
中国能源发展报告（2018）
著(编)者：崔民选 王军生 陈义和
2018年12月出版 / 估价：99.00元
PSN B-2006-049-1/1

农产品流通蓝皮书
中国农产品流通产业发展报告（2017）
著(编)者：贾敬敦 张东科 张玉玺 张鹏毅 周伟
2018年6月出版 / 估价：99.00元
PSN B-2012-288-1/1

汽车工业蓝皮书
中国汽车工业发展年度报告（2018）
著(编)者：中国汽车工业协会
中国汽车技术研究中心
丰田汽车公司
2018年5月出版 / 估价：168.00元
PSN B-2015-463-1/2

汽车工业蓝皮书
中国汽车零部件产业发展报告（2017～2018）
著(编)者：中国汽车工业协会
中国汽车工程研究院深圳市沃特玛电池有限公司
2018年9月出版 / 估价：99.00元
PSN B-2016-515-2/2

汽车蓝皮书
中国汽车产业发展报告（2018）
著(编)者：中国汽车工程学会
大众汽车集团（中国）
2018年11月出版 / 估价：99.00元
PSN B-2008-124-1/1

世界茶业蓝皮书
世界茶业发展报告（2018）
著(编)者：李闽榕 冯廷佺
2018年5月出版 / 估价：168.00元
PSN B-2017-619-1/1

世界能源蓝皮书
世界能源发展报告（2018）
著(编)者：黄晓勇　2018年6月出版 / 估价：168.00元
PSN B-2013-349-1/1

石油蓝皮书
中国石油产业发展报告（2018）
著(编)者：中国石油化工集团公司经济技术研究院
中国国际石油化工联合有限责任公司
中国社会科学院数量经济与技术经济研究所
2018年2月出版 / 定价：98.00元
PSN B-2018-690-1/1

体育蓝皮书
国家体育产业基地发展报告（2016～2017）
著(编)者：李颖川　2018年6月出版 / 估价：168.00元
PSN B-2017-609-5/5

体育蓝皮书
中国体育产业发展报告（2018）
著(编)者：阮伟 钟秉枢
2018年12月出版 / 估价：99.00元
PSN B-2010-179-1/5

文化金融蓝皮书
中国文化金融发展报告（2018）
著(编)者：杨涛 金巍
2018年6月出版 / 估价：99.00元
PSN B-2017-610-1/1

新能源汽车蓝皮书
中国新能源汽车产业发展报告（2018）
著(编)者：中国汽车技术研究中心
日产（中国）投资有限公司
东风汽车有限公司
2018年8月出版 / 估价：99.00元
PSN B-2013-347-1/1

薏仁米产业蓝皮书
中国薏仁米产业发展报告No.2（2018）
著(编)者：李发耀 石明　秦礼康
2018年8月出版 / 估价：99.00元
PSN B-2017-645-1/1

邮轮绿皮书
中国邮轮产业发展报告（2018）
著(编)者：汪泓　2018年10月出版 / 估价：99.00元
PSN G-2014-419-1/1

智能养老蓝皮书
中国智能养老产业发展报告（2018）
著(编)者：朱勇　2018年10月出版 / 估价：99.00元
PSN B-2015-488-1/1

中国节能汽车蓝皮书
中国节能汽车发展报告（2017～2018）
著(编)者：中国汽车工程研究院股份有限公司
2018年9月出版 / 估价：99.00元
PSN B-2016-565-1/1

中国陶瓷产业蓝皮书
中国陶瓷产业发展报告（2018）
著(编)者：左和平 黄速建
2018年10月出版 / 估价：99.00元
PSN B-2016-573-1/1

装备制造业蓝皮书
中国装备制造业发展报告（2018）
著(编)者：徐东华
2018年12月出版 / 估价：118.00元
PSN B-2015-505-1/1

行业及其他类

"三农"互联网金融蓝皮书
中国"三农"互联网金融发展报告（2018）
著(编)者：李勇坚 王弢
2018年8月出版 / 估价：99.00元
PSN B-2016-560-1/1

SUV蓝皮书
中国SUV市场发展报告（2017～2018）
著(编)者：靳军 2018年9月出版 / 估价：99.00元
PSN B-2016-571-1/1

冰雪蓝皮书
中国冬季奥运会发展报告（2018）
著(编)者：孙承华 伍斌 魏庆华 张鸿俊
2018年9月出版 / 估价：99.00元
PSN B-2017-647-2/3

彩票蓝皮书
中国彩票发展报告（2018）
著(编)者：益彩基金 2018年6月出版 / 估价：99.00元
PSN B-2015-462-1/1

测绘地理信息蓝皮书
测绘地理信息供给侧结构性改革研究报告（2018）
著(编)者：库热西·买合苏提
2018年12月出版 / 估价：168.00元
PSN B-2009-145-1/1

产权市场蓝皮书
中国产权市场发展报告（2017）
著(编)者：曹和平
2018年5月出版 / 估价：99.00元
PSN B-2009-147-1/1

城投蓝皮书
中国城投行业发展报告（2018）
著(编)者：华景斌
2018年11月出版 / 估价：300.00元
PSN B-2016-514-1/1

城市轨道交通蓝皮书
中国城市轨道交通运营发展报告（2017～2018）
著(编)者：崔学忠 贾文峥
2018年3月出版 / 定价：89.00元
PSN B-2018-694-1/1

大数据蓝皮书
中国大数据发展报告（No.2）
著(编)者：连玉明 2018年5月出版 / 估价：99.00元
PSN B-2017-620-1/1

大数据应用蓝皮书
中国大数据应用发展报告No.2（2018）
著(编)者：陈军君 2018年8月出版 / 估价：99.00元
PSN B-2017-644-1/1

对外投资与风险蓝皮书
中国对外直接投资与国家风险报告（2018）
著(编)者：中债资信评估有限责任公司
中国社会科学院世界经济与政治研究所
2018年6月出版 / 估价：189.00元
PSN B-2017-606-1/1

工业和信息化蓝皮书
人工智能发展报告（2017～2018）
著(编)者：尹丽波 2018年6月出版 / 估价：99.00元
PSN B-2015-448-1/6

工业和信息化蓝皮书
世界智慧城市发展报告（2017～2018）
著(编)者：尹丽波 2018年6月出版 / 估价：99.00元
PSN B-2017-624-6/6

工业和信息化蓝皮书
世界网络安全发展报告（2017～2018）
著(编)者：尹丽波 2018年6月出版 / 估价：99.00元
PSN B-2015-452-5/6

工业和信息化蓝皮书
世界信息化发展报告（2017～2018）
著(编)者：尹丽波 2018年6月出版 / 估价：99.00元
PSN B-2015-451-4/6

工业设计蓝皮书
中国工业设计发展报告（2018）
著(编)者：王晓红 于炜 张立群 2018年9月出版 / 估价：168.00元
PSN B-2014-420-1/1

公共关系蓝皮书
中国公共关系发展报告（2017）
著(编)者：柳斌杰 2018年1月出版 / 定价：89.00元
PSN B-2016-579-1/1

公共关系蓝皮书
中国公共关系发展报告（2018）
著(编)者：柳斌杰　　2018年11月出版 / 估价：99.00元
PSN B-2016-579-1/1

管理蓝皮书
中国管理发展报告（2018）
著(编)者：张晓东　　2018年10月出版 / 估价：99.00元
PSN B-2014-416-1/1

轨道交通蓝皮书
中国轨道交通行业发展报告（2017）
著(编)者：仲建华 李闽榕
2017年12月出版 / 定价：98.00元
PSN B-2017-674-1/1

海关发展蓝皮书
中国海关发展前沿报告（2018）
著(编)者：干春晖　　2018年6月出版 / 估价：99.00元
PSN B-2017-616-1/1

互联网医疗蓝皮书
中国互联网健康医疗发展报告（2018）
著(编)者：芮晓武　　2018年6月出版 / 估价：99.00元
PSN B-2016-567-1/1

黄金市场蓝皮书
中国商业银行黄金业务发展报告（2017~2018）
著(编)者：平安银行　　2018年6月出版 / 估价：99.00元
PSN B-2016-524-1/1

会展蓝皮书
中外会展业动态评估研究报告（2018）
著(编)者：张敏 任中峰 聂鑫焱 牛盼强
2018年12月出版 / 估价：99.00元
PSN B-2013-327-1/1

基金会蓝皮书
中国基金会发展报告（2017~2018）
著(编)者：中国基金会发展报告课题组
2018年6月出版 / 估价：99.00元
PSN B-2013-368-1/1

基金会绿皮书
中国基金会发展独立研究报告（2018）
著(编)者：基金会中心网　　中央民族大学基金会研究中心
2018年6月出版 / 估价：99.00元
PSN G-2011-213-1/1

基金会透明度蓝皮书
中国基金会透明度发展研究报告（2018）
著(编)者：基金会中心网
清华大学廉政与治理研究中心
2018年9月出版 / 估价：99.00元
PSN B-2013-339-1/1

建筑装饰蓝皮书
中国建筑装饰行业发展报告（2018）
著(编)者：葛道顺 刘晓一
2018年10月出版 / 估价：198.00元
PSN B-2016-553-1/1

金融监管蓝皮书
中国金融监管报告（2018）
著(编)者：胡滨　　2018年3月出版 / 定价：98.00元
PSN B-2012-281-1/1

金融蓝皮书
中国互联网金融行业分析与评估（2018~2019）
著(编)者：黄国平 伍旭川　　2018年12月出版 / 估价：99.00元
PSN B-2016-585-7/7

金融科技蓝皮书
中国金融科技发展报告（2018）
著(编)者：李扬 孙国峰　　2018年10月出版 / 估价：99.00元
PSN B-2014-374-1/1

金融信息服务蓝皮书
中国金融信息服务发展报告（2018）
著(编)者：李平　　2018年5月出版 / 估价：99.00元
PSN B-2017-621-1/1

金蜜蜂企业社会责任蓝皮书
金蜜蜂中国企业社会责任报告研究（2017）
著(编)者：殷格非 于志宏 管竹笋
2018年1月出版 / 定价：99.00元
PSN B-2018-693-1/1

京津冀金融蓝皮书
京津冀金融发展报告（2018）
著(编)者：王爱俭 王璟怡　　2018年10月出版 / 估价：99.00元
PSN B-2016-527-1/1

科普蓝皮书
国家科普能力发展报告（2018）
著(编)者：王康友　　2018年5月出版 / 估价：138.00元
PSN B-2017-632-4/4

科普蓝皮书
中国基层科普发展报告（2017~2018）
著(编)者：赵立新 陈玲　　2018年9月出版 / 估价：99.00元
PSN B-2016-568-3/4

科普蓝皮书
中国科普基础设施发展报告（2017~2018）
著(编)者：任福君　　2018年6月出版 / 估价：99.00元
PSN B-2010-174-1/3

科普蓝皮书
中国科普人才发展报告（2017~2018）
著(编)者：郑念 任嵘嵘　　2018年7月出版 / 估价：99.00元
PSN B-2016-512-2/4

科普能力蓝皮书
中国科普能力评价报告（2018~2019）
著(编)者：李富强 李群　　2018年8月出版 / 估价：99.00元
PSN B-2016-555-1/1

临空经济蓝皮书
中国临空经济发展报告（2018）
著(编)者：连玉明　　2018年9月出版 / 估价：99.00元
PSN B-2014-421-1/1

旅游安全蓝皮书
中国旅游安全报告（2018）
著(编)者：郑向敏 谢朝武　2018年5月出版 / 估价：158.00元
PSN B-2012-280-1/1

旅游绿皮书
2017～2018年中国旅游发展分析与预测
著(编)者：宋瑞　2018年1月出版 / 定价：99.00元
PSN G-2002-018-1/1

煤炭蓝皮书
中国煤炭工业发展报告（2018）
著(编)者：岳福斌　2018年12月出版 / 估价：99.00元
PSN B-2008-123-1/1

民营企业社会责任蓝皮书
中国民营企业社会责任报告（2018）
著(编)者：中华全国工商业联合会
2018年12月出版 / 估价：99.00元
PSN B-2015-510-1/1

民营医院蓝皮书
中国民营医院发展报告（2017）
著(编)者：薛晓林　2017年12月出版 / 定价：89.00元
PSN B-2012-299-1/1

闽商蓝皮书
闽商发展报告（2018）
著(编)者：李闽榕 王日根 林琛
2018年12月出版 / 估价：99.00元
PSN B-2012-298-1/1

农业应对气候变化蓝皮书
中国农业气象灾害及其灾损评估报告（No.3）
著(编)者：矫梅燕　2018年6月出版 / 估价：118.00元
PSN B-2014-413-1/1

品牌蓝皮书
中国品牌战略发展报告（2018）
著(编)者：汪同三　2018年10月出版 / 估价：99.00元
PSN B-2016-580-1/1

企业扶贫蓝皮书
中国企业扶贫研究报告（2018）
著(编)者：钟宏武　2018年12月出版 / 估价：99.00元
PSN B-2016-593-1/1

企业公益蓝皮书
中国企业公益研究报告（2018）
著(编)者：钟宏武 汪杰 黄晓娟
2018年12月出版 / 估价：99.00元
PSN B-2015-501-1/1

企业国际化蓝皮书
中国企业全球化报告（2018）
著(编)者：王辉耀 苗绿　2018年11月出版 / 估价：99.00元
PSN B-2014-427-1/1

企业蓝皮书
中国企业绿色发展报告No.2（2018）
著(编)者：李红玉 朱光辉
2018年8月出版 / 估价：99.00元
PSN B-2015-481-2/2

企业社会责任蓝皮书
中资企业海外社会责任研究报告（2017～2018）
著(编)者：钟宏武 叶柳红 张蒽
2018年6月出版 / 估价：99.00元
PSN B-2017-603-2/2

企业社会责任蓝皮书
中国企业社会责任研究报告（2018）
著(编)者：黄群慧 钟宏武 张蒽 汪杰
2018年11月出版 / 估价：99.00元
PSN B-2009-149-1/2

汽车安全蓝皮书
中国汽车安全发展报告（2018）
著(编)者：中国汽车技术研究中心
2018年8月出版 / 估价：99.00元
PSN B-2014-385-1/1

汽车电子商务蓝皮书
中国汽车电子商务发展报告（2018）
著(编)者：中华全国工商业联合会汽车经销商商会
北方工业大学
北京易观智库网络科技有限公司
2018年10月出版 / 估价：158.00元
PSN B-2015-485-1/1

汽车知识产权蓝皮书
中国汽车产业知识产权发展报告（2018）
著(编)者：中国汽车工程研究院股份有限公司
中国汽车工程学会
重庆长安汽车股份有限公司
2018年12月出版 / 估价：99.00元
PSN B-2016-594-1/1

青少年体育蓝皮书
中国青少年体育发展报告（2017）
著(编)者：刘扶民 杨桦　2018年6月出版 / 估价：99.00元
PSN B-2015-482-1/1

区块链蓝皮书
中国区块链发展报告（2018）
著(编)者：李伟　2018年9月出版 / 估价：99.00元
PSN B-2017-649-1/1

群众体育蓝皮书
中国群众体育发展报告（2017）
著(编)者：刘国永 戴健　2018年5月出版 / 估价：99.00元
PSN B-2014-411-1/3

群众体育蓝皮书
中国社会体育指导员发展报告（2018）
著(编)者：刘国永 王欢　2018年6月出版 / 估价：99.00元
PSN B-2016-520-3/3

人力资源蓝皮书
中国人力资源发展报告（2018）
著(编)者：余兴安　2018年11月出版 / 估价：99.00元
PSN B-2012-287-1/1

融资租赁蓝皮书
中国融资租赁业发展报告（2017～2018）
著(编)者：李光荣 王力　2018年8月出版 / 估价：99.00元
PSN B-2015-443-1/1

商会蓝皮书
中国商会发展报告No.5（2017）
著(编)者：王钦敏 2018年7月出版 / 估价：99.00元
PSN B-2008-125-1/1

商务中心区蓝皮书
中国商务中心区发展报告No.4（2017~2018）
著(编)者：李国红 单菁菁 2018年9月出版 / 估价：99.00元
PSN B-2015-444-1/1

设计产业蓝皮书
中国创新设计发展报告（2018）
著(编)者：王晓红 张立群 于炜
2018年11月出版 / 估价：99.00元
PSN B-2016-581-2/2

社会责任管理蓝皮书
中国上市公司社会责任能力成熟度报告No.4（2018）
著(编)者：肖红军 王晓光 李伟阳
2018年12月出版 / 估价：99.00元
PSN B-2015-507-2/2

社会责任管理蓝皮书
中国企业公众透明度报告No.4（2017~2018）
著(编)者：黄速建 熊梦 王晓光 肖红军
2018年6月出版 / 估价：99.00元
PSN B-2015-440-1/2

食品药品蓝皮书
食品药品安全与监管政策研究报告（2016~2017）
著(编)者：唐民皓 2018年6月出版 / 估价：99.00元
PSN B-2009-129-1/1

输血服务蓝皮书
中国输血行业发展报告（2018）
著(编)者：孙俊 2018年12月出版 / 估价：99.00元
PSN B-2016-582-1/1

水利风景区蓝皮书
中国水利风景区发展报告（2018）
著(编)者：董建文 兰思仁
2018年10月出版 / 估价：99.00元
PSN B-2015-480-1/1

数字经济蓝皮书
全球数字经济竞争力发展报告（2017）
著(编)者：王振 2017年12月出版 / 定价：79.00元
PSN B-2017-673-1/1

私募市场蓝皮书
中国私募股权市场发展报告（2017~2018）
著(编)者：曹和平 2018年12月出版 / 估价：99.00元
PSN B-2010-162-1/1

碳排放权交易蓝皮书
中国碳排放权交易报告（2018）
著(编)者：孙永平 2018年11月出版 / 估价：99.00元
PSN B-2017-652-1/1

碳市场蓝皮书
中国碳市场报告（2018）
著(编)者：定金彪 2018年11月出版 / 估价：99.00元
PSN B-2014-430-1/1

体育蓝皮书
中国公共体育服务发展报告（2018）
著(编)者：戴健 2018年12月出版 / 估价：99.00元
PSN B-2013-367-2/5

土地市场蓝皮书
中国农村土地市场发展报告（2017~2018）
著(编)者：李光荣 2018年6月出版 / 估价：99.00元
PSN B-2016-526-1/1

土地整治蓝皮书
中国土地整治发展研究报告（No.5）
著(编)者：国土资源部土地整治中心
2018年7月出版 / 估价：99.00元
PSN B-2014-401-1/1

土地政策蓝皮书
中国土地政策研究报告（2018）
著(编)者：高延利 张建平 吴次芳
2018年1月出版 / 定价：98.00元
PSN B-2015-506-1/1

网络空间安全蓝皮书
中国网络空间安全发展报告（2018）
著(编)者：惠志斌 覃庆玲
2018年11月出版 / 估价：99.00元
PSN B-2015-466-1/1

文化志愿服务蓝皮书
中国文化志愿服务发展报告（2018）
著(编)者：张永新 良警宇 2018年11月出版 / 估价：128.00元
PSN B-2016-596-1/1

西部金融蓝皮书
中国西部金融发展报告（2017~2018）
著(编)者：李忠民 2018年8月出版 / 估价：99.00元
PSN B-2010-160-1/1

协会商会蓝皮书
中国行业协会商会发展报告（2017）
著(编)者：景朝阳 李勇 2018年6月出版 / 估价：99.00元
PSN B-2015-461-1/1

新三板蓝皮书
中国新三板市场发展报告（2018）
著(编)者：王力 2018年8月出版 / 估价：99.00元
PSN B-2016-533-1/1

信托市场蓝皮书
中国信托业市场报告（2017~2018）
著(编)者：用益金融信托研究院
2018年6月出版 / 估价：198.00元
PSN B-2014-371-1/1

信息化蓝皮书
中国信息化形势分析与预测（2017~2018）
著(编)者：周宏仁 2018年8月出版 / 估价：99.00元
PSN B-2010-168-1/1

信用蓝皮书
中国信用发展报告（2017~2018）
著(编)者：章政 田侃 2018年6月出版 / 估价：99.00元
PSN B-2013-328-1/1

休闲绿皮书
2017～2018年中国休闲发展报告
著(编)者：宋瑞　2018年7月出版 / 估价：99.00元
PSN G-2010-158-1/1

休闲体育蓝皮书
中国休闲体育发展报告（2017～2018）
著(编)者：李相如 钟秉枢
2018年10月出版 / 估价：99.00元
PSN B-2016-516-1/1

养老金融蓝皮书
中国养老金融发展报告（2018）
著(编)者：董克用 姚余栋
2018年9月出版 / 估价：99.00元
PSN B-2016-583-1/1

遥感监测绿皮书
中国可持续发展遥感监测报告（2017）
著(编)者：顾行发 汪克强 潘教峰 李闽榕 徐东华 王琦安
2018年6月出版 / 估价：298.00元
PSN B-2017-629-1/1

药品流通蓝皮书
中国药品流通行业发展报告（2018）
著(编)者：佘鲁林 温再兴
2018年7月出版 / 估价：198.00元
PSN B-2014-429-1/1

医疗器械蓝皮书
中国医疗器械行业发展报告（2018）
著(编)者：王宝亭 耿鸿武
2018年10月出版 / 估价：99.00元
PSN B-2017-661-1/1

医院蓝皮书
中国医院竞争力报告（2017~2018）
著(编)者：庄一强　2018年3月出版 / 定价：108.00元
PSN B-2016-528-1/1

瑜伽蓝皮书
中国瑜伽业发展报告（2017~2018）
著(编)者：张永建 徐华锋 朱泰余
2018年6月出版 / 估价：198.00元
PSN B-2017-625-1/1

债券市场蓝皮书
中国债券市场发展报告（2017～2018）
著(编)者：杨农　2018年10月出版 / 估价：99.00元
PSN B-2016-572-1/1

志愿服务蓝皮书
中国志愿服务发展报告（2018）
著(编)者：中国志愿服务联合会
2018年11月出版 / 估价：99.00元
PSN B-2017-664-1/1

中国上市公司蓝皮书
中国上市公司发展报告（2018）
著(编)者：张鹏 张平 黄胤英
2018年9月出版 / 估价：99.00元
PSN B-2014-414-1/1

中国新三板蓝皮书
中国新三板创新与发展报告（2018）
著(编)者：刘平安 闻召林
2018年8月出版 / 估价：158.00元
PSN B-2017-638-1/1

中国汽车品牌蓝皮书
中国乘用车品牌发展报告（2017）
著(编)者：《中国汽车报》社有限公司
博世（中国）投资有限公司
中国汽车技术研究中心数据资源中心
2018年1月出版 / 定价：89.00元
PSN B-2017-679-1/1

中医文化蓝皮书
北京中医药文化传播发展报告（2018）
著(编)者：毛嘉陵　2018年6月出版 / 估价：99.00元
PSN B-2015-468-1/2

中医文化蓝皮书
中国中医药文化传播发展报告（2018）
著(编)者：毛嘉陵　2018年7月出版 / 估价：99.00元
PSN B-2016-584-2/2

中医药蓝皮书
北京中医药知识产权发展报告No.2
著(编)者：汪洪 屠志涛　2018年6月出版 / 估价：168.00元
PSN B-2017-602-1/1

资本市场蓝皮书
中国场外交易市场发展报告（2016～2017）
著(编)者：高峦　2018年6月出版 / 估价：99.00元
PSN B-2009-153-1/1

资产管理蓝皮书
中国资产管理行业发展报告（2018）
著(编)者：郑智　2018年7月出版 / 估价：99.00元
PSN B-2014-407-2/2

资产证券化蓝皮书
中国资产证券化发展报告（2018）
著(编)者：沈炳熙 曹彤 李哲平
2018年4月出版 / 定价：98.00元
PSN B-2017-660-1/1

自贸区蓝皮书
中国自贸区发展报告（2018）
著(编)者：王力 黄育华
2018年6月出版 / 估价：99.00元
PSN B-2016-558-1/1

国际问题与全球治理类

“一带一路”跨境通道蓝皮书
“一带一路”跨境通道建设研究报（2017～2018）
著(编)者：余鑫 张秋生　2018年1月出版 / 定价：89.00元
PSN B-2016-557-1/1

“一带一路”蓝皮书
“一带一路”建设发展报告（2018）
著(编)者：李永全　2018年3月出版 / 定价：98.00元
PSN B-2016-552-1/1

“一带一路”投资安全蓝皮书
中国“一带一路”投资与安全研究报告（2018）
著(编)者：邹统钎 梁昊光　2018年4月出版 / 定价：98.00元
PSN B-2017-612-1/1

“一带一路”文化交流蓝皮书
中阿文化交流发展报告（2017）
著(编)者：王辉　2017年12月出版 / 定价：89.00元
PSN B-2017-655-1/1

G20国家创新竞争力黄皮书
二十国集团（G20）国家创新竞争力发展报告（2017～2018）
著(编)者：李建平 李闽榕 赵新力 周天勇
2018年7月出版 / 估价：168.00元
PSN Y-2011-229-1/1

阿拉伯黄皮书
阿拉伯发展报告（2016～2017）
著(编)者：罗林　2018年6月出版 / 估价：99.00元
PSN Y-2014-381-1/1

北部湾蓝皮书
泛北部湾合作发展报告（2017～2018）
著(编)者：吕余生　2018年12月出版 / 估价：99.00元
PSN B-2008-114-1/1

北极蓝皮书
北极地区发展报告（2017）
著(编)者：刘惠荣　2018年7月出版 / 估价：99.00元
PSN B-2017-634-1/1

大洋洲蓝皮书
大洋洲发展报告（2017～2018）
著(编)者：喻常森　2018年10月出版 / 估价：99.00元
PSN B-2013-341-1/1

东北亚区域合作蓝皮书
2017年“一带一路”倡议与东北亚区域合作
著(编)者：刘亚政 金美花
2018年5月出版 / 估价：99.00元
PSN B-2017-631-1/1

东盟黄皮书
东盟发展报告（2017）
著(编)者：杨静林 庄国土　2018年6月出版 / 估价：99.00元
PSN Y-2012-303-1/1

东南亚蓝皮书
东南亚地区发展报告（2017～2018）
著(编)者：王勤　2018年12月出版 / 估价：99.00元
PSN B-2012-240-1/1

非洲黄皮书
非洲发展报告No.20（2017～2018）
著(编)者：张宏明　2018年7月出版 / 估价：99.00元
PSN Y-2012-239-1/1

非传统安全蓝皮书
中国非传统安全研究报告（2017～2018）
著(编)者：潇枫 罗中枢　2018年8月出版 / 估价：99.00元
PSN B-2012-273-1/1

国际安全蓝皮书
中国国际安全研究报告（2018）
著(编)者：刘慧　2018年7月出版 / 估价：99.00元
PSN B-2016-521-1/1

国际城市蓝皮书
国际城市发展报告（2018）
著(编)者：屠启宇　2018年2月出版 / 定价：89.00元
PSN B-2012-260-1/1

国际形势黄皮书
全球政治与安全报告（2018）
著(编)者：张宇燕　2018年1月出版 / 定价：99.00元
PSN Y-2001-016-1/1

公共外交蓝皮书
中国公共外交发展报告（2018）
著(编)者：赵启正 雷蔚真　2018年6月出版 / 估价：99.00元
PSN B-2015-457-1/1

海丝蓝皮书
21世纪海上丝绸之路研究报告（2017）
著(编)者：华侨大学海上丝绸之路研究院
2017年12月出版 / 定价：89.00元
PSN B-2017-684-1/1

金砖国家黄皮书
金砖国家综合创新竞争力发展报告（2018）
著(编)者：赵新力 李闽榕 黄茂兴
2018年8月出版 / 估价：128.00元
PSN Y-2017-643-1/1

拉美黄皮书
拉丁美洲和加勒比发展报告（2017～2018）
著(编)者：袁东振　2018年6月出版 / 估价：99.00元
PSN Y-1999-007-1/1

澜湄合作蓝皮书
澜沧江-湄公河合作发展报告（2018）
著(编)者：刘稚　2018年9月出版 / 估价：99.00元
PSN B-2011-196-1/1

欧洲蓝皮书
欧洲发展报告（2017～2018）
著(编)者：黄平 周弘 程卫东
2018年6月出版 / 估价：99.00元
PSN B-1999-009-1/1

葡语国家蓝皮书
葡语国家发展报告（2016～2017）
著(编)者：王成安 张敏 刘金兰
2018年6月出版 / 估价：99.00元
PSN B-2015-503-1/2

葡语国家蓝皮书
中国与葡语国家关系发展报告·巴西（2016）
著(编)者：张曙光
2018年8月出版 / 估价：99.00元
PSN B-2016-563-2/2

气候变化绿皮书
应对气候变化报告（2018）
著(编)者：王伟光 郑国光
2018年11月出版 / 估价：99.00元
PSN G-2009-144-1/1

全球环境竞争力绿皮书
全球环境竞争力报告（2018）
著(编)者：李建平 李闽榕 王金南
2018年12月出版 / 估价：198.00元
PSN G-2013-363-1/1

全球信息社会蓝皮书
全球信息社会发展报告（2018）
著(编)者：丁波涛 唐涛 2018年10月出版 / 估价：99.00元
PSN B-2017-665-1/1

日本经济蓝皮书
日本经济与中日经贸关系研究报告（2018）
著(编)者：张季风 2018年6月出版 / 估价：99.00元
PSN B-2008-102-1/1

上海合作组织黄皮书
上海合作组织发展报告（2018）
著(编)者：李进峰 2018年6月出版 / 估价：99.00元
PSN Y-2009-130-1/1

世界创新竞争力黄皮书
世界创新竞争力发展报告（2017）
著(编)者：李建平 李闽榕 赵新力
2018年6月出版 / 估价：168.00元
PSN Y-2013-318-1/1

世界经济黄皮书
2018年世界经济形势分析与预测
著(编)者：张宇燕 2018年1月出版 / 定价：99.00元
PSN Y-1999-006-1/1

世界能源互联互通蓝皮书
世界能源清洁发展与互联互通评估报告（2017）：欧洲篇
著(编)者：国网能源研究院
2018年1月出版 / 定价：128.00元
PSN B-2018-695-1/1

丝绸之路蓝皮书
丝绸之路经济带发展报告（2018）
著(编)者：任宗哲 白宽犁 谷孟宾
2018年1月出版 / 定价：89.00元
PSN B-2014-410-1/1

新兴经济体蓝皮书
金砖国家发展报告（2018）
著(编)者：林跃勤 周文
2018年8月出版 / 估价：99.00元
PSN B-2011-195-1/1

亚太蓝皮书
亚太地区发展报告（2018）
著(编)者：李向阳 2018年5月出版 / 估价：99.00元
PSN B-2001-015-1/1

印度洋地区蓝皮书
印度洋地区发展报告（2018）
著(编)者：汪戎 2018年6月出版 / 估价：99.00元
PSN B-2013-334-1/1

印度尼西亚经济蓝皮书
印度尼西亚经济发展报告（2017）：增长与机会
著(编)者：左志刚 2017年11月出版 / 定价：89.00元
PSN B-2017-675-1/1

渝新欧蓝皮书
渝新欧沿线国家发展报告（2018）
著(编)者：杨柏 黄森
2018年6月出版 / 估价：99.00元
PSN B-2017-626-1/1

中阿蓝皮书
中国-阿拉伯国家经贸发展报告（2018）
著(编)者：张廉 段庆林 王林聪 杨巧红
2018年12月出版 / 估价：99.00元
PSN B-2016-598-1/1

中东黄皮书
中东发展报告No.20（2017～2018）
著(编)者：杨光 2018年10月出版 / 估价：99.00元
PSN Y-1998-004-1/1

中亚黄皮书
中亚国家发展报告（2018）
著(编)者：孙力
2018年3月出版 / 定价：98.00元
PSN Y-2012-238-1/1

国别类

澳大利亚蓝皮书
澳大利亚发展报告（2017-2018）
著(编)者：孙有中 韩锋　2018年12月出版 / 估价：99.00元
PSN B-2016-587-1/1

巴西黄皮书
巴西发展报告（2017）
著(编)者：刘国枝　2018年5月出版 / 估价：99.00元
PSN Y-2017-614-1/1

德国蓝皮书
德国发展报告（2018）
著(编)者：郑春荣　2018年6月出版 / 估价：99.00元
PSN B-2012-278-1/1

俄罗斯黄皮书
俄罗斯发展报告（2018）
著(编)者：李永全　2018年6月出版 / 估价：99.00元
PSN Y-2006-061-1/1

韩国蓝皮书
韩国发展报告（2017）
著(编)者：牛林杰 刘宝全　2018年6月出版 / 估价：99.00元
PSN B-2010-155-1/1

加拿大蓝皮书
加拿大发展报告（2018）
著(编)者：唐小松　2018年9月出版 / 估价：99.00元
PSN B-2014-389-1/1

美国蓝皮书
美国研究报告（2018）
著(编)者：郑秉文 黄平　2018年5月出版 / 估价：99.00元
PSN B-2011-210-1/1

缅甸蓝皮书
缅甸国情报告（2017）
著(编)者：祝湘辉
2017年11月出版 / 定价：98.00元
PSN B-2013-343-1/1

日本蓝皮书
日本研究报告（2018）
著(编)者：杨伯江　2018年4月出版 / 定价：99.00元
PSN B-2002-020-1/1

土耳其蓝皮书
土耳其发展报告（2018）
著(编)者：郭长刚 刘义　2018年9月出版 / 估价：99.00元
PSN B-2014-412-1/1

伊朗蓝皮书
伊朗发展报告（2017～2018）
著(编)者：冀开运　2018年10月 / 估价：99.00元
PSN B-2016-574-1/1

以色列蓝皮书
以色列发展报告（2018）
著(编)者：张倩红　2018年8月出版 / 估价：99.00元
PSN B-2015-483-1/1

印度蓝皮书
印度国情报告（2017）
著(编)者：吕昭义　2018年6月出版 / 估价：99.00元
PSN B-2012-241-1/1

英国蓝皮书
英国发展报告（2017～2018）
著(编)者：王展鹏　2018年12月出版 / 估价：99.00元
PSN B-2015-486-1/1

越南蓝皮书
越南国情报告（2018）
著(编)者：谢林城　2018年11月出版 / 估价：99.00元
PSN B-2006-056-1/1

泰国蓝皮书
泰国研究报告（2018）
著(编)者：庄国土 张禹东　刘文正
2018年10月出版 / 估价：99.00元
PSN B-2016-556-1/1

文化传媒类

“三农”舆情蓝皮书
中国“三农”网络舆情报告（2017～2018）
著(编)者：农业部信息中心
2018年6月出版 / 估价：99.00元
PSN B-2017-640-1/1

传媒竞争力蓝皮书
中国传媒国际竞争力研究报告（2018）
著(编)者：李本乾 刘强 王大可
2018年8月出版 / 估价：99.00元
PSN B-2013-356-1/1

传媒蓝皮书
中国传媒产业发展报告（2018）
著(编)者：崔保国
2018年5月出版 / 估价：99.00元
PSN B-2005-035-1/1

传媒投资蓝皮书
中国传媒投资发展报告（2018）
著(编)者：张向东 谭云明
2018年6月出版 / 估价：148.00元
PSN B-2015-474-1/1

非物质文化遗产蓝皮书
中国非物质文化遗产发展报告（2018）
著(编)者：陈平　2018年6月出版 / 估价：128.00元
PSN B-2015-469-1/2

非物质文化遗产蓝皮书
中国非物质文化遗产保护发展报告（2018）
著(编)者：宋俊华　2018年10月出版 / 估价：128.00元
PSN B-2016-586-2/2

广电蓝皮书
中国广播电影电视发展报告（2018）
著(编)者：国家新闻出版广电总局发展研究中心
2018年7月出版 / 估价：99.00元
PSN B-2006-072-1/1

广告主蓝皮书
中国广告主营销传播趋势报告No.9
著(编)者：黄升民 杜国清 邵华冬 等
2018年10月出版 / 估价：158.00元
PSN B-2005-041-1/1

国际传播蓝皮书
中国国际传播发展报告（2018）
著(编)者：胡正荣 李继东 姬德强
2018年12月出版 / 估价：99.00元
PSN B-2014-408-1/1

国家形象蓝皮书
中国国家形象传播报告（2017）
著(编)者：张昆　2018年6月出版 / 估价：128.00元
PSN B-2017-605-1/1

互联网治理蓝皮书
中国网络社会治理研究报告（2018）
著(编)者：罗昕 支庭荣
2018年9月出版 / 估价：118.00元
PSN B-2017-653-1/1

纪录片蓝皮书
中国纪录片发展报告（2018）
著(编)者：何苏六　2018年10月出版 / 估价：99.00元
PSN B-2011-222-1/1

科学传播蓝皮书
中国科学传播报告（2016~2017）
著(编)者：詹正茂　2018年6月出版 / 估价：99.00元
PSN B-2008-120-1/1

两岸创意经济蓝皮书
两岸创意经济研究报告（2018）
著(编)者：罗昌智 董泽平
2018年10月出版 / 估价：99.00元
PSN B-2014-437-1/1

媒介与女性蓝皮书
中国媒介与女性发展报告（2017~2018）
著(编)者：刘利群　2018年5月出版 / 估价：99.00元
PSN B-2013-345-1/1

媒体融合蓝皮书
中国媒体融合发展报告（2017~2018）
著(编)者：梅宁华 支庭荣
2017年12月出版 / 定价：98.00元
PSN B-2015-479-1/1

全球传媒蓝皮书
全球传媒发展报告（2017~2018）
著(编)者：胡正荣 李继东　2018年6月出版 / 估价：99.00元
PSN B-2012-237-1/1

少数民族非遗蓝皮书
中国少数民族非物质文化遗产发展报告（2018）
著(编)者：肖远平（彝） 柴立（满）
2018年10月出版 / 估价：118.00元
PSN B-2015-467-1/1

视听新媒体蓝皮书
中国视听新媒体发展报告（2018）
著(编)者：国家新闻出版广电总局发展研究中心
2018年7月出版 / 估价：118.00元
PSN B-2011-184-1/1

数字娱乐产业蓝皮书
中国动画产业发展报告（2018）
著(编)者：孙立军 孙平 牛兴侦
2018年10月出版 / 估价：99.00元
PSN B-2011-198-1/2

数字娱乐产业蓝皮书
中国游戏产业发展报告（2018）
著(编)者：孙立军 刘跃军　2018年10月出版 / 估价：99.00元
PSN B-2017-662-2/2

网络视听蓝皮书
中国互联网视听行业发展报告（2018）
著(编)者：陈鹏　2018年2月出版 / 定价：148.00元
PSN B-2018-688-1/1

文化创新蓝皮书
中国文化创新报告（2017·No.8）
著(编)者：傅才武　2018年6月出版 / 估价：99.00元
PSN B-2009-143-1/1

文化建设蓝皮书
中国文化发展报告（2018）
著(编)者：江畅 孙伟平 戴茂堂
2018年5月出版 / 估价：99.00元
PSN B-2014-392-1/1

文化科技蓝皮书
文化科技创新发展报告（2018）
著(编)者：于平 李凤亮　2018年10月出版 / 估价：99.00元
PSN B-2013-342-1/1

文化蓝皮书
中国公共文化服务发展报告（2017~2018）
著(编)者：刘新成 张永新 张旭
2018年12月出版 / 估价：99.00元
PSN B-2007-093-2/10

文化蓝皮书
中国少数民族文化发展报告（2017~2018）
著(编)者：武翠英 张晓明 任乌晶
2018年9月出版 / 估价：99.00元
PSN B-2013-369-9/10

文化蓝皮书
中国文化产业供需协调检测报告（2018）
著(编)者：王亚南　2018年3月出版 / 定价：99.00元
PSN B-2013-323-8/10

文化蓝皮书
中国文化消费需求景气评价报告（2018）
著(编)者：王亚南　2018年3月出版 / 定价：99.00元
PSN B-2011-236-4/10

文化蓝皮书
中国公共文化投入增长测评报告（2018）
著(编)者：王亚南　2018年3月出版 / 定价：99.00元
PSN B-2014-435-10/10

文化品牌蓝皮书
中国文化品牌发展报告（2018）
著(编)者：欧阳友权　2018年5月出版 / 估价：99.00元
PSN B-2012-277-1/1

文化遗产蓝皮书
中国文化遗产事业发展报告（2017～2018）
著(编)者：苏杨 张颖岚 卓杰 白海峰 陈晨 陈叙图
2018年8月出版 / 估价：99.00元
PSN B-2008-119-1/1

文学蓝皮书
中国文情报告（2017～2018）
著(编)者：白烨　2018年5月出版 / 估价：99.00元
PSN B-2011-221-1/1

新媒体蓝皮书
中国新媒体发展报告No.9（2018）
著(编)者：唐绪军　2018年7月出版 / 估价：99.00元
PSN B-2010-169-1/1

新媒体社会责任蓝皮书
中国新媒体社会责任研究报告（2018）
著(编)者：钟瑛　2018年12月出版 / 估价：99.00元
PSN B-2014-423-1/1

移动互联网蓝皮书
中国移动互联网发展报告（2018）
著(编)者：余清楚　2018年6月出版 / 估价：99.00元
PSN B-2012-282-1/1

影视蓝皮书
中国影视产业发展报告（2018）
著(编)者：司若 陈鹏 陈锐
2018年6月出版 / 估价：99.00元
PSN B-2016-529-1/1

舆情蓝皮书
中国社会舆情与危机管理报告（2018）
著(编)者：谢耘耕
2018年9月出版 / 估价：138.00元
PSN B-2011-235-1/1

中国大运河蓝皮书
中国大运河发展报告（2018）
著(编)者：吴欣　2018年2月出版 / 估价：128.00元
PSN B-2018-691-1/1

地方发展类-经济

澳门蓝皮书
澳门经济社会发展报告（2017～2018）
著(编)者：吴志良 郝雨凡
2018年7月出版 / 估价：99.00元
PSN B-2009-138-1/1

澳门绿皮书
澳门旅游休闲发展报告（2017～2018）
著(编)者：郝雨凡 林广志
2018年5月出版 / 估价：99.00元
PSN G-2017-617-1/1

北京蓝皮书
北京经济发展报告（2017～2018）
著(编)者：杨松　2018年6月出版 / 估价：99.00元
PSN B-2006-054-2/8

北京旅游绿皮书
北京旅游发展报告（2018）
著(编)者：北京旅游学会
2018年7月出版 / 估价：99.00元
PSN G-2012-301-1/1

北京体育蓝皮书
北京体育产业发展报告（2017～2018）
著(编)者：钟秉枢 陈杰 杨铁黎
2018年9月出版 / 估价：99.00元
PSN B-2015-475-1/1

滨海金融蓝皮书
滨海新区金融发展报告（2017）
著(编)者：王爱俭 李向前　2018年4月出版 / 估价：99.00元
PSN B-2014-424-1/1

城乡一体化蓝皮书
北京城乡一体化发展报告（2017～2018）
著(编)者：吴宝新 张宝秀 黄序
2018年5月出版 / 估价：99.00元
PSN B-2012-258-2/2

非公有制企业社会责任蓝皮书
北京非公有制企业社会责任报告（2018）
著(编)者：宋贵伦 冯培
2018年6月出版 / 估价：99.00元
PSN B-2017-613-1/1

福建旅游蓝皮书
福建省旅游产业发展现状研究（2017~2018）
著(编)者：陈敏华 黄远水　2018年12月出版 / 估价：128.00元
PSN B-2016-591-1/1

福建自贸区蓝皮书
中国（福建）自由贸易试验区发展报告（2017~2018）
著(编)者：黄茂兴　2018年6月出版 / 估价：118.00元
PSN B-2016-531-1/1

甘肃蓝皮书
甘肃经济发展分析与预测（2018）
著(编)者：安文华 罗哲　2018年1月出版 / 定价：99.00元
PSN B-2013-312-1/6

甘肃蓝皮书
甘肃商贸流通发展报告（2018）
著(编)者：张应华 王福生 王晓芳
2018年1月出版 / 定价：99.00元
PSN B-2016-522-6/6

甘肃蓝皮书
甘肃县域和农村发展报告（2018）
著(编)者：包东红 朱智文 王建兵
2018年1月出版 / 定价：99.00元
PSN B-2013-316-5/6

甘肃农业科技绿皮书
甘肃农业科技发展研究报告（2018）
著(编)者：魏胜文 乔德华 张东伟
2018年12月出版 / 估价：198.00元
PSN B-2016-592-1/1

甘肃气象保障蓝皮书
甘肃农业对气候变化的适应与风险评估报告（No.1）
著(编)者：鲍文中 周广胜
2017年12月出版 / 定价：108.00元
PSN B-2017-677-1/1

巩义蓝皮书
巩义经济社会发展报告（2018）
著(编)者：丁同民 朱军　2018年6月出版 / 估价：99.00元
PSN B-2016-532-1/1

广东外经贸蓝皮书
广东对外经济贸易发展研究报告（2017~2018）
著(编)者：陈万灵　2018年6月出版 / 估价：99.00元
PSN B-2012-286-1/1

广西北部湾经济区蓝皮书
广西北部湾经济区开放开发报告（2017~2018）
著(编)者：广西壮族自治区北部湾经济区和东盟开放合作办公室
广西社会科学院
广西北部湾发展研究院
2018年5月出版 / 估价：99.00元
PSN B-2010-181-1/1

广州蓝皮书
广州城市国际化发展报告（2018）
著(编)者：张跃国　2018年8月出版 / 估价：99.00元
PSN B-2012-246-11/14

广州蓝皮书
中国广州城市建设与管理发展报告（2018）
著(编)者：张其学 陈小钢 王宏伟　2018年8月出版 / 估价：99.00元
PSN B-2007-087-4/14

广州蓝皮书
广州创新型城市发展报告（2018）
著(编)者：尹涛　2018年6月出版 / 估价：99.00元
PSN B-2012-247-12/14

广州蓝皮书
广州经济发展报告（2018）
著(编)者：张跃国 尹涛　2018年7月出版 / 估价：99.00元
PSN B-2005-040-1/14

广州蓝皮书
2018年中国广州经济形势分析与预测
著(编)者：魏明海 谢博能 李华
2018年6月出版 / 估价：99.00元
PSN B-2011-185-9/14

广州蓝皮书
中国广州科技创新发展报告（2018）
著(编)者：于欣伟 陈爽 邓佑满　2018年8月出版 / 估价：99.00元
PSN B-2006-065-2/14

广州蓝皮书
广州农村发展报告（2018）
著(编)者：朱名宏　2018年7月出版 / 估价：99.00元
PSN B-2010-167-8/14

广州蓝皮书
广州汽车产业发展报告（2018）
著(编)者：杨再高 冯兴亚　2018年7月出版 / 估价：99.00元
PSN B-2006-066-3/14

广州蓝皮书
广州商贸业发展报告（2018）
著(编)者：张跃国 陈杰 荀振英
2018年7月出版 / 估价：99.00元
PSN B-2012-245-10/14

贵阳蓝皮书
贵阳城市创新发展报告No.3（白云篇）
著(编)者：连玉明　2018年5月出版 / 估价：99.00元
PSN B-2015-491-3/10

贵阳蓝皮书
贵阳城市创新发展报告No.3（观山湖篇）
著(编)者：连玉明　2018年5月出版 / 估价：99.00元
PSN B-2015-497-9/10

贵阳蓝皮书
贵阳城市创新发展报告No.3（花溪篇）
著(编)者：连玉明　2018年5月出版 / 估价：99.00元
PSN B-2015-490-2/10

贵阳蓝皮书
贵阳城市创新发展报告No.3（开阳篇）
著(编)者：连玉明　2018年5月出版 / 估价：99.00元
PSN B-2015-492-4/10

贵阳蓝皮书
贵阳城市创新发展报告No.3（南明篇）
著(编)者：连玉明　2018年5月出版 / 估价：99.00元
PSN B-2015-496-8/10

贵阳蓝皮书
贵阳城市创新发展报告No.3（清镇篇）
著(编)者：连玉明　2018年5月出版 / 估价：99.00元
PSN B-2015-489-1/10

贵阳蓝皮书
贵阳城市创新发展报告No.3（乌当篇）
著(编)者：连玉明　　2018年5月出版 / 估价：99.00元
PSN B-2015-495-7/10

贵阳蓝皮书
贵阳城市创新发展报告No.3（息烽篇）
著(编)者：连玉明　　2018年5月出版 / 估价：99.00元
PSN B-2015-493-5/10

贵阳蓝皮书
贵阳城市创新发展报告No.3（修文篇）
著(编)者：连玉明　　2018年5月出版 / 估价：99.00元
PSN B-2015-494-6/10

贵阳蓝皮书
贵阳城市创新发展报告No.3（云岩篇）
著(编)者：连玉明　　2018年5月出版 / 估价：99.00元
PSN B-2015-498-10/10

贵州房地产蓝皮书
贵州房地产发展报告No.5（2018）
著(编)者：武廷方　　2018年7月出版 / 估价：99.00元
PSN B-2014-426-1/1

贵州蓝皮书
贵州册亨经济社会发展报告（2018）
著(编)者：黄德林　　2018年6月出版 / 估价：99.00元
PSN B-2016-525-8/9

贵州蓝皮书
贵州地理标志产业发展报告（2018）
著(编)者：李发耀 黄其松　　2018年8月出版 / 估价：99.00元
PSN B-2017-646-10/10

贵州蓝皮书
贵安新区发展报告（2017～2018）
著(编)者：马长青 吴大华　　2018年6月出版 / 估价：99.00元
PSN B-2015-459-4/10

贵州蓝皮书
贵州国家级开放创新平台发展报告（2017～2018）
著(编)者：申晓庆 吴大华 季泓
2018年11月出版 / 估价：99.00元
PSN B-2016-518-7/10

贵州蓝皮书
贵州国有企业社会责任发展报告（2017～2018）
著(编)者：郭丽　　2018年12月出版 / 估价：99.00元
PSN B-2015-511-6/10

贵州蓝皮书
贵州民航业发展报告（2017）
著(编)者：申振东 吴大华　　2018年6月出版 / 估价：99.00元
PSN B-2015-471-5/10

贵州蓝皮书
贵州民营经济发展报告（2017）
著(编)者：杨静 吴大华　　2018年6月出版 / 估价：99.00元
PSN B-2016-530-9/9

杭州都市圈蓝皮书
杭州都市圈发展报告（2018）
著(编)者：洪庆华 沈翔　　2018年4月出版 / 定价：98.00元
PSN B-2012-302-1/1

河北经济蓝皮书
河北省经济发展报告（2018）
著(编)者：马树强 金浩 张贵　　2018年6月出版 / 估价：99.00元
PSN B-2014-380-1/1

河北蓝皮书
河北经济社会发展报告（2018）
著(编)者：康振海　　2018年1月出版 / 定价：99.00元
PSN B-2014-372-1/3

河北蓝皮书
京津冀协同发展报告（2018）
著(编)者：陈璐　　2017年12月出版 / 定价：79.00元
PSN B-2017-601-2/3

河南经济蓝皮书
2018年河南经济形势分析与预测
著(编)者：王世炎　　2018年3月出版 / 定价：89.00元
PSN B-2007-086-1/1

河南蓝皮书
河南城市发展报告（2018）
著(编)者：张占仓 王建国　　2018年5月出版 / 估价：99.00元
PSN B-2009-131-3/9

河南蓝皮书
河南工业发展报告（2018）
著(编)者：张占仓　　2018年5月出版 / 估价：99.00元
PSN B-2013-317-5/9

河南蓝皮书
河南金融发展报告（2018）
著(编)者：喻新安 谷建全
2018年6月出版 / 估价：99.00元
PSN B-2014-390-7/9

河南蓝皮书
河南经济发展报告（2018）
著(编)者：张占仓 完世伟
2018年6月出版 / 估价：99.00元
PSN B-2010-157-4/9

河南蓝皮书
河南能源发展报告（2018）
著(编)者：国网河南省电力公司经济技术研究院
河南省社会科学院
2018年6月出版 / 估价：99.00元
PSN B-2017-607-9/9

河南商务蓝皮书
河南商务发展报告（2018）
著(编)者：焦锦淼 穆荣国　　2018年5月出版 / 估价：99.00元
PSN B-2014-399-1/1

河南双创蓝皮书
河南创新创业发展报告（2018）
著(编)者：喻新安 杨雪梅
2018年8月出版 / 估价：99.00元
PSN B-2017-641-1/1

黑龙江蓝皮书
黑龙江经济发展报告（2018）
著(编)者：朱宇　　2018年1月出版 / 定价：89.00元
PSN B-2011-190-2/2

湖南城市蓝皮书
区域城市群整合
著(编)者：童中贤 韩未名　2018年12月出版 / 估价：99.00元
PSN B-2006-064-1/1

湖南蓝皮书
湖南城乡一体化发展报告（2018）
著(编)者：陈文胜 王文强 陆福兴
2018年8月出版 / 估价：99.00元
PSN B-2015-477-8/8

湖南蓝皮书
2018年湖南电子政务发展报告
著(编)者：梁志峰　2018年5月出版 / 估价：128.00元
PSN B-2014-394-6/8

湖南蓝皮书
2018年湖南经济发展报告
著(编)者：卞鹰　2018年5月出版 / 估价：128.00元
PSN B-2011-207-2/8

湖南蓝皮书
2016年湖南经济展望
著(编)者：梁志峰　2018年5月出版 / 估价：128.00元
PSN B-2011-206-1/8

湖南蓝皮书
2018年湖南县域经济社会发展报告
著(编)者：梁志峰　2018年5月出版 / 估价：128.00元
PSN B-2014-395-7/8

湖南县域绿皮书
湖南县域发展报告（No.5）
著(编)者：袁准 周小毛 黎仁寅
2018年6月出版 / 估价：99.00元
PSN G-2012-274-1/1

沪港蓝皮书
沪港发展报告（2018）
著(编)者：尤安山　2018年9月出版 / 估价：99.00元
PSN B-2013-362-1/1

吉林蓝皮书
2018年吉林经济社会形势分析与预测
著(编)者：邵汉明　2017年12月出版 / 定价：89.00元
PSN B-2013-319-1/1

吉林省城市竞争力蓝皮书
吉林省城市竞争力报告（2017~2018）
著(编)者：崔岳春 张磊
2018年3月出版 / 定价：89.00元
PSN B-2016-513-1/1

济源蓝皮书
济源经济社会发展报告（2018）
著(编)者：喻新安　2018年6月出版 / 估价：99.00元
PSN B-2014-387-1/1

江苏蓝皮书
2018年江苏经济发展分析与展望
著(编)者：王庆五 吴先满
2018年7月出版 / 估价：128.00元
PSN B-2017-635-1/3

江西蓝皮书
江西经济社会发展报告（2018）
著(编)者：陈石俊 龚建文　2018年10月出版 / 估价：128.00元
PSN B-2015-484-1/2

江西蓝皮书
江西设区市发展报告（2018）
著(编)者：姜玮 梁勇
2018年10月出版 / 估价：99.00元
PSN B-2016-517-2/2

经济特区蓝皮书
中国经济特区发展报告（2017）
著(编)者：陶一桃　2018年1月出版 / 估价：99.00元
PSN B-2009-139-1/1

辽宁蓝皮书
2018年辽宁经济社会形势分析与预测
著(编)者：梁启东 魏红江　2018年6月出版 / 估价：99.00元
PSN B-2006-053-1/1

民族经济蓝皮书
中国民族地区经济发展报告（2018）
著(编)者：李曦辉　2018年7月出版 / 估价：99.00元
PSN B-2017-630-1/1

南宁蓝皮书
南宁经济发展报告（2018）
著(编)者：胡建华　2018年9月出版 / 估价：99.00元
PSN B-2016-569-2/3

内蒙古蓝皮书
内蒙古精准扶贫研究报告（2018）
著(编)者：张志华　2018年1月出版 / 定价：89.00元
PSN B-2017-681-2/2

浦东新区蓝皮书
上海浦东经济发展报告（2018）
著(编)者：周小平 徐美芳
2018年1月出版 / 定价：89.00元
PSN B-2011-225-1/1

青海蓝皮书
2018年青海经济社会形势分析与预测
著(编)者：陈玮　2018年1月出版 / 定价：98.00元
PSN B-2012-275-1/2

青海科技绿皮书
青海科技发展报告（2017）
著(编)者：青海省科学技术信息研究所
2018年3月出版 / 定价：98.00元
PSN G-2018-701-1/1

山东蓝皮书
山东经济形势分析与预测（2018）
著(编)者：李广杰　2018年7月出版 / 估价：99.00元
PSN B-2014-404-1/5

山东蓝皮书
山东省普惠金融发展报告（2018）
著(编)者：齐鲁财富网
2018年9月出版 / 估价：99.00元
PSN B2017-676-5/5

山西蓝皮书
山西资源型经济转型发展报告（2018）
著(编)者：李志强　2018年7月出版 / 估价：99.00元
PSN B-2011-197-1/1

陕西蓝皮书
陕西经济发展报告（2018）
著(编)者：任宗哲 白宽犁 裴成荣
2018年1月出版 / 定价：89.00元
PSN B-2009-135-1/6

陕西蓝皮书
陕西精准脱贫研究报告（2018）
著(编)者：任宗哲 白宽犁 王建康
2018年4月出版 / 定价：89.00元
PSN B-2017-623-6/6

上海蓝皮书
上海经济发展报告（2018）
著(编)者：沈开艳　2018年2月出版 / 定价：89.00元
PSN B-2006-057-1/7

上海蓝皮书
上海资源环境发展报告（2018）
著(编)者：周冯琦 胡静　2018年2月出版 / 定价：89.00元
PSN B-2006-060-4/7

上海蓝皮书
上海奉贤经济发展分析与研判（2017～2018）
著(编)者：张兆安 朱平芳　2018年3月出版 / 定价：99.00元
PSN B-2018-698-8/8

上饶蓝皮书
上饶发展报告（2016～2017）
著(编)者：廖其志　2018年6月出版 / 估价：128.00元
PSN B-2014-377-1/1

深圳蓝皮书
深圳经济发展报告（2018）
著(编)者：张骁儒　2018年6月出版 / 估价：99.00元
PSN B-2008-112-3/7

四川蓝皮书
四川城镇化发展报告（2018）
著(编)者：侯水平 陈炜　2018年6月出版 / 估价：99.00元
PSN B-2015-456-7/7

四川蓝皮书
2018年四川经济形势分析与预测
著(编)者：杨钢　2018年1月出版 / 定价：158.00元
PSN B-2007-098-2/7

四川蓝皮书
四川企业社会责任研究报告（2017～2018）
著(编)者：侯水平 盛毅　2018年5月出版 / 估价：99.00元
PSN B-2014-386-4/7

四川蓝皮书
四川生态建设报告（2018）
著(编)者：李晟之　2018年5月出版 / 估价：99.00元
PSN B-2015-455-6/7

四川蓝皮书
四川特色小镇发展报告（2017）
著(编)者：吴志强　2017年11月出版 / 定价：89.00元
PSN B-2017-670-8/8

体育蓝皮书
上海体育产业发展报告（2017~2018）
著(编)者：张林 黄海燕
2018年10月出版 / 估价：99.00元
PSN B-2015-454-4/5

体育蓝皮书
长三角地区体育产业发展报（2017～2018）
著(编)者：张林　2018年6月出版 / 估价：99.00元
PSN B-2015-453-3/5

天津金融蓝皮书
天津金融发展报告（2018）
著(编)者：王爱俭 孔德昌
2018年5月出版 / 估价：99.00元
PSN B-2014-418-1/1

图们江区域合作蓝皮书
图们江区域合作发展报告（2018）
著(编)者：李铁　2018年6月出版 / 估价：99.00元
PSN B-2015-464-1/1

温州蓝皮书
2018年温州经济社会形势分析与预测
著(编)者：蒋儒标 王春光 金浩
2018年6月出版 / 估价：99.00元
PSN B-2008-105-1/1

西咸新区蓝皮书
西咸新区发展报告（2018）
著(编)者：李扬 王军
2018年6月出版 / 估价：99.00元
PSN B-2016-534-1/1

修武蓝皮书
修武经济社会发展报告（2018）
著(编)者：张占仓 袁凯声
2018年10月出版 / 估价：99.00元
PSN B-2017-651-1/1

偃师蓝皮书
偃师经济社会发展报告（2018）
著(编)者：张占仓 袁凯声 何武周
2018年7月出版 / 估价：99.00元
PSN B-2017-627-1/1

扬州蓝皮书
扬州经济社会发展报告（2018）
著(编)者：陈扬
2018年12月出版 / 估价：108.00元
PSN B-2011-191-1/1

长垣蓝皮书
长垣经济社会发展报告（2018）
著(编)者：张占仓 袁凯声 秦保建
2018年10月出版 / 估价：99.00元
PSN B-2017-654-1/1

遵义蓝皮书
遵义发展报告（2018）
著(编)者：邓彦 曾征 龚永育
2018年9月出版 / 估价：99.00元
PSN B-2014-433-1/1

地方发展类-社会

安徽蓝皮书
安徽社会发展报告（2018）
著(编)者：程桦　　2018年6月出版 / 估价：99.00元
PSN B-2013-325-1/1

安徽社会建设蓝皮书
安徽社会建设分析报告（2017～2018）
著(编)者：黄家海 蔡宪
2018年11月出版 / 估价：99.00元
PSN B-2013-322-1/1

北京蓝皮书
北京公共服务发展报告（2017～2018）
著(编)者：施昌奎　　2018年6月出版 / 估价：99.00元
PSN B-2008-103-7/8

北京蓝皮书
北京社会发展报告（2017～2018）
著(编)者：李伟东
2018年7月出版 / 估价：99.00元
PSN B-2006-055-3/8

北京蓝皮书
北京社会治理发展报告（2017～2018）
著(编)者：殷星辰　　2018年7月出版 / 估价：99.00元
PSN B-2014-391-8/8

北京律师蓝皮书
北京律师发展报告 No.4（2018）
著(编)者：王隽　　2018年12月出版 / 估价：99.00元
PSN B-2011-217-1/1

北京人才蓝皮书
北京人才发展报告（2018）
著(编)者：敏华　　2018年12月出版 / 估价：128.00元
PSN B-2011-201-1/1

北京社会心态蓝皮书
北京社会心态分析报告（2017～2018）
北京市社会心理服务促进中心
2018年10月出版 / 估价：99.00元
PSN B-2014-422-1/1

北京社会组织管理蓝皮书
北京社会组织发展与管理（2018）
著(编)者：黄江松
2018年6月出版 / 估价：99.00元
PSN B-2015-446-1/1

北京养老产业蓝皮书
北京居家养老发展报告（2018）
著(编)者：陆杰华 周明明
2018年8月出版 / 估价：99.00元
PSN B-2015-465-1/1

法治蓝皮书
四川依法治省年度报告No.4（2018）
著(编)者：李林 杨天宗 田禾
2018年3月出版 / 定价：118.00元
PSN B-2015-447-2/3

福建妇女发展蓝皮书
福建省妇女发展报告（2018）
著(编)者：刘群英　　2018年11月出版 / 估价：99.00元
PSN B-2011-220-1/1

甘肃蓝皮书
甘肃社会发展分析与预测（2018）
著(编)者：安文华 谢增虎 包晓霞
2018年1月出版 / 定价：99.00元
PSN B-2013-313-2/6

广东蓝皮书
广东全面深化改革研究报告（2018）
著(编)者：周林生 涂成林
2018年12月出版 / 估价：99.00元
PSN B-2015-504-3/3

广东蓝皮书
广东社会工作发展报告（2018）
著(编)者：罗观翠　　2018年6月出版 / 估价：99.00元
PSN B-2014-402-2/3

广州蓝皮书
广州青年发展报告（2018）
著(编)者：徐柳 张强
2018年8月出版 / 估价：99.00元
PSN B-2013-352-13/14

广州蓝皮书
广州社会保障发展报告（2018）
著(编)者：张跃国　　2018年8月出版 / 估价：99.00元
PSN B-2014-425-14/14

广州蓝皮书
2018年中国广州社会形势分析与预测
著(编)者：张强 郭志勇 何镜清
2018年6月出版 / 估价：99.00元
PSN B-2008-110-5/14

贵州蓝皮书
贵州法治发展报告（2018）
著(编)者：吴大华　　2018年5月出版 / 估价：99.00元
PSN B-2012-254-2/10

贵州蓝皮书
贵州人才发展报告（2017）
著(编)者：于杰 吴大华
2018年9月出版 / 估价：99.00元
PSN B-2014-382-3/10

贵州蓝皮书
贵州社会发展报告（2018）
著(编)者：王兴骥　　2018年6月出版 / 估价：99.00元
PSN B-2010-166-1/10

杭州蓝皮书
杭州妇女发展报告（2018）
著(编)者：魏颖
2018年10月出版 / 估价：99.00元
PSN B-2014-403-1/1

河北蓝皮书
河北法治发展报告（2018）
著(编)者：康振海　2018年6月出版 / 估价：99.00元
PSN B-2017-622-3/3

河北食品药品安全蓝皮书
河北食品药品安全研究报告（2018）
著(编)者：丁锦霞
2018年10月出版 / 估价：99.00元
PSN B-2015-473-1/1

河南蓝皮书
河南法治发展报告（2018）
著(编)者：张林海　2018年7月出版 / 估价：99.00元
PSN B-2014-376-6/9

河南蓝皮书
2018年河南社会形势分析与预测
著(编)者：牛苏林　2018年5月出版 / 估价：99.00元
PSN B-2005-043-1/9

河南民办教育蓝皮书
河南民办教育发展报告（2018）
著(编)者：胡大白　2018年9月出版 / 估价：99.00元
PSN B-2017-642-1/1

黑龙江蓝皮书
黑龙江社会发展报告（2018）
著(编)者：王爱丽　2018年1月出版 / 定价：89.00元
PSN B-2011-189-1/2

湖南蓝皮书
2018年湖南两型社会与生态文明建设报告
著(编)者：卞鹰　2018年5月出版 / 估价：128.00元
PSN B-2011-208-3/8

湖南蓝皮书
2018年湖南社会发展报告
著(编)者：卞鹰　2018年5月出版 / 估价：128.00元
PSN B-2014-393-5/8

健康城市蓝皮书
北京健康城市建设研究报告（2018）
著(编)者：王鸿春 盛继洪
2018年9月出版 / 估价：99.00元
PSN B-2015-460-1/2

江苏法治蓝皮书
江苏法治发展报告No.6（2017）
著(编)者：蔡道通 龚廷泰
2018年8月出版 / 估价：99.00元
PSN B-2012-290-1/1

江苏蓝皮书
2018年江苏社会发展分析与展望
著(编)者：王庆五 刘旺洪
2018年8月出版 / 估价：128.00元
PSN B-2017-636-2/3

民族教育蓝皮书
中国民族教育发展报告（2017·内蒙古卷）
著(编)者：陈中永
2017年12月出版 / 定价：198.00元
PSN B-2017-669-1/1

南宁蓝皮书
南宁法治发展报告（2018）
著(编)者：杨维超　2018年12月出版 / 估价：99.00元
PSN B-2015-509-1/3

南宁蓝皮书
南宁社会发展报告（2018）
著(编)者：胡建华　2018年10月出版 / 估价：99.00元
PSN B-2016-570-3/3

内蒙古蓝皮书
内蒙古反腐倡廉建设报告 No.2
著(编)者：张志华　2018年6月出版 / 估价：99.00元
PSN B-2013-365-1/1

青海蓝皮书
2018年青海人才发展报告
著(编)者：王宇燕　2018年9月出版 / 估价：99.00元
PSN B-2017-650-2/2

青海生态文明建设蓝皮书
青海生态文明建设报告（2018）
著(编)者：张西明 高华　2018年12月出版 / 估价：99.00元
PSN B-2016-595-1/1

人口与健康蓝皮书
深圳人口与健康发展报告（2018）
著(编)者：陆杰华 傅崇辉
2018年11月出版 / 估价：99.00元
PSN B-2011-228-1/1

山东蓝皮书
山东社会形势分析与预测（2018）
著(编)者：李善峰　2018年6月出版 / 估价：99.00元
PSN B-2014-405-2/5

陕西蓝皮书
陕西社会发展报告（2018）
著(编)者：任宗哲 白宽犁 牛昉
2018年1月出版 / 定价：89.00元
PSN B-2009-136-2/6

上海蓝皮书
上海法治发展报告（2018）
著(编)者：叶必丰　2018年9月出版 / 估价：99.00元
PSN B-2012-296-6/7

上海蓝皮书
上海社会发展报告（2018）
著(编)者：杨雄 周海旺
2018年2月出版 / 定价：89.00元
PSN B-2006-058-2/7

社会建设蓝皮书
2018年北京社会建设分析报告
著(编)者：宋贵伦 冯虹 2018年9月出版 / 估价：99.00元
PSN B-2010-173-1/1

深圳蓝皮书
深圳法治发展报告（2018）
著(编)者：张骁儒 2018年6月出版 / 估价：99.00元
PSN B-2015-470-6/7

深圳蓝皮书
深圳劳动关系发展报告（2018）
著(编)者：汤庭芬 2018年8月出版 / 估价：99.00元
PSN B-2007-097-2/7

深圳蓝皮书
深圳社会治理与发展报告（2018）
著(编)者：张骁儒 2018年6月出版 / 估价：99.00元
PSN B-2008-113-4/7

生态安全绿皮书
甘肃国家生态安全屏障建设发展报告（2018）
著(编)者：刘举科 喜文华
2018年10月出版 / 估价：99.00元
PSN G-2017-659-1/1

顺义社会建设蓝皮书
北京市顺义区社会建设发展报告（2018）
著(编)者：王学武 2018年9月出版 / 估价：99.00元
PSN B-2017-658-1/1

四川蓝皮书
四川法治发展报告（2018）
著(编)者：郑泰安 2018年6月出版 / 估价：99.00元
PSN B-2015-441-5/7

四川蓝皮书
四川社会发展报告（2018）
著(编)者：李羚 2018年6月出版 / 估价：99.00元
PSN B-2008-127-3/7

四川社会工作与管理蓝皮书
四川省社会工作人力资源发展报告（2017）
著(编)者：边慧敏 2017年12月出版 / 定价：89.00元
PSN B-2017-683-1/1

云南社会治理蓝皮书
云南社会治理年度报告（2017）
著(编)者：晏雄 韩全芳
2018年5月出版 / 估价：99.00元
PSN B-2017-667-1/1

地方发展类-文化

北京传媒蓝皮书
北京新闻出版广电发展报告（2017～2018）
著(编)者：王志 2018年11月出版 / 估价：99.00元
PSN B-2016-588-1/1

北京蓝皮书
北京文化发展报告（2017～2018）
著(编)者：李建盛 2018年5月出版 / 估价：99.00元
PSN B-2007-082-4/8

创意城市蓝皮书
北京文化创意产业发展报告（2018）
著(编)者：郭万超 张京成 2018年12月出版 / 估价：99.00元
PSN B-2012-263-1/7

创意城市蓝皮书
天津文化创意产业发展报告（2017～2018）
著(编)者：谢思全 2018年6月出版 / 估价：99.00元
PSN B-2016-536-7/7

创意城市蓝皮书
武汉文化创意产业发展报告（2018）
著(编)者：黄永林 陈汉桥 2018年12月出版 / 估价：99.00元
PSN B-2013-354-4/7

创意上海蓝皮书
上海文化创意产业发展报告（2017～2018）
著(编)者：王慧敏 王兴全 2018年8月出版 / 估价：99.00元
PSN B-2016-561-1/1

非物质文化遗产蓝皮书
广州市非物质文化遗产保护发展报告（2018）
著(编)者：宋俊华 2018年12月出版 / 估价：99.00元
PSN B-2016-589-1/1

甘肃蓝皮书
甘肃文化发展分析与预测（2018）
著(编)者：马廷旭 戚晓萍 2018年1月出版 / 定价：99.00元
PSN B-2013-314-3/6

甘肃蓝皮书
甘肃舆情分析与预测（2018）
著(编)者：王俊莲 张谦元 2018年1月出版 / 定价：99.00元
PSN B-2013-315-4/6

广州蓝皮书
中国广州文化发展报告（2018）
著(编)者：屈哨兵 陆志强 2018年6月出版 / 估价：99.00元
PSN B-2009-134-7/14

广州蓝皮书
广州文化创意产业发展报告（2018）
著(编)者：徐咏虹 2018年7月出版 / 估价：99.00元
PSN B-2008-111-6/14

海淀蓝皮书
海淀区文化和科技融合发展报告（2018）
著(编)者：陈名杰 孟景伟 2018年5月出版 / 估价：99.00元
PSN B-2013-329-1/1

河南蓝皮书
河南文化发展报告（2018）
著(编)者：卫绍生　2018年7月出版 / 估价：99.00元
PSN B-2008-106-2/9

湖北文化产业蓝皮书
湖北省文化产业发展报告（2018）
著(编)者：黄晓华　2018年9月出版 / 估价：99.00元
PSN B-2017-656-1/1

湖北文化蓝皮书
湖北文化发展报告（2017~2018）
著(编)者：湖北大学高等人文研究院
中华文化发展湖北省协同创新中心
2018年10月出版 / 估价：99.00元
PSN B-2016-566-1/1

江苏蓝皮书
2018年江苏文化发展分析与展望
著(编)者：王庆五 樊和平　2018年9月出版 / 估价：128.00元
PSN B-2017-637-3/3

江西文化蓝皮书
江西非物质文化遗产发展报告（2018）
著(编)者：张圣才 傅安平　2018年12月出版 / 估价：128.00元
PSN B-2015-499-1/1

洛阳蓝皮书
洛阳文化发展报告（2018）
著(编)者：刘福兴 陈启明　2018年7月出版 / 估价：99.00元
PSN B-2015-476-1/1

南京蓝皮书
南京文化发展报告（2018）
著(编)者：中共南京市委宣传部
2018年12月出版 / 估价：99.00元
PSN B-2014-439-1/1

宁波文化蓝皮书
宁波“一人一艺”全民艺术普及发展报告（2017）
著(编)者：张爱琴　2018年11月出版 / 估价：128.00元
PSN B-2017-668-1/1

山东蓝皮书
山东文化发展报告（2018）
著(编)者：涂可国　2018年5月出版 / 估价：99.00元
PSN B-2014-406-3/5

陕西蓝皮书
陕西文化发展报告（2018）
著(编)者：任宗哲 白宽犁 王长寿
2018年1月出版 / 定价：89.00元
PSN B-2009-137-3/6

上海蓝皮书
上海传媒发展报告（2018）
著(编)者：强荧 焦雨虹　2018年2月出版 / 定价：89.00元
PSN B-2012-295-5/7

上海蓝皮书
上海文学发展报告（2018）
著(编)者：陈圣来　2018年6月出版 / 估价：99.00元
PSN B-2012-297-7/7

上海蓝皮书
上海文化发展报告（2018）
著(编)者：荣跃明　2018年6月出版 / 估价：99.00元
PSN B-2006-059-3/7

深圳蓝皮书
深圳文化发展报告（2018）
著(编)者：张骁儒　2018年7月出版 / 估价：99.00元
PSN B-2016-554-7/7

四川蓝皮书
四川文化产业发展报告（2018）
著(编)者：向宝云 张立伟　2018年6月出版 / 估价：99.00元
PSN B-2006-074-1/7

郑州蓝皮书
2018年郑州文化发展报告
著(编)者：王哲　2018年9月出版 / 估价：99.00元
PSN B-2008-107-1/1

皮书起源

“皮书”起源于十七、十八世纪的英国，主要指官方或社会组织正式发表的重要文件或报告，多以“白皮书”命名。在中国，“皮书”这一概念被社会广泛接受，并被成功运作、发展成为一种全新的出版形态，则源于中国社会科学院社会科学文献出版社。

皮书定义

皮书是对中国与世界发展状况和热点问题进行年度监测，以专业的角度、专家的视野和实证研究方法，针对某一领域或区域现状与发展态势展开分析和预测，具备原创性、实证性、专业性、连续性、前沿性、时效性等特点的公开出版物，由一系列权威研究报告组成。

皮书作者

皮书系列的作者以中国社会科学院、著名高校、地方社会科学院的研究人员为主，多为国内一流研究机构的权威专家学者，他们的看法和观点代表了学界对中国与世界的现实和未来最高水平的解读与分析。

皮书荣誉

皮书系列已成为社会科学文献出版社的著名图书品牌和中国社会科学院的知名学术品牌。2016 年，皮书系列正式列入“十三五”国家重点出版规划项目；2013~2018 年，重点皮书列入中国社会科学院承担的国家哲学社会科学创新工程项目；2018 年，59 种院外皮书使用“中国社会科学院创新工程学术出版项目”标识。

中国皮书网

（网址：www.pishu.cn）

发布皮书研创资讯，传播皮书精彩内容

引领皮书出版潮流，打造皮书服务平台

栏目设置

关于皮书：何谓皮书、皮书分类、皮书大事记、皮书荣誉、

皮书出版第一人、皮书编辑部

最新资讯：通知公告、新闻动态、媒体聚焦、网站专题、视频直播、下载专区

皮书研创：皮书规范、皮书选题、皮书出版、皮书研究、研创团队

皮书评奖评价：指标体系、皮书评价、皮书评奖

互动专区：皮书说、社科数托邦、皮书微博、留言板

所获荣誉

2008 年、2011 年，中国皮书网均在全国新闻出版业网站荣誉评选中获得“最具商业价值网站”称号；

2012 年，获得“出版业网站百强”称号。

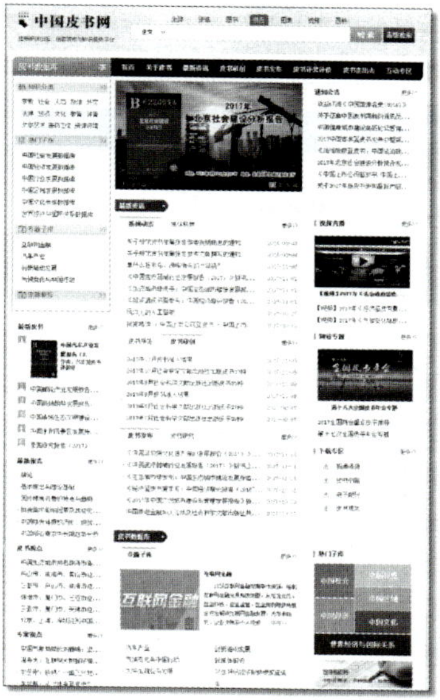

网库合一

2014 年，中国皮书网与皮书数据库端口合一，实现资源共享。

更多信息请登录

皮书数据库
http：//www.pishu.com.cn

中国皮书网
http：//www.pishu.cn

皮书微博
http：//weibo.com/pishu

皮书微信“皮书说”

请到当当、亚马逊、京东或各地书店购买，也可办理邮购

咨询/邮购电话： 010-59367028　59367070

邮　　箱： duzhe@ssap.cn

邮购地址： 北京市西城区北三环中路甲29号院3号楼
华龙大厦13层读者服务中心

邮　　编： 100029

银行户名： 社会科学文献出版社

开户银行： 中国工商银行北京北太平庄支行

账　　号： 0200010019200365434

互联网与国家治理蓝皮书

BLUE BOOK OF
THE INTERNET AND STATE GOVERNANCE

《互联网与国家治理发展报告（2018）》是国内第一本正式出版的中国互联网治理研究报告。本书立足我国全面推进网络强国建设的大背景，聚焦互联网与国家治理中的热点问题与重大议题，采用逻辑思辨、数据分析和案例研究等多种研究方法，重点围绕网络安全、网络法治、网络舆论、网络社会治理与互联网国际治理等重要议题，对互联网治理领域内的最新政策法规、重要理论成果、重大现实问题等进行高度概括与深入分析，以期探索互联网治理的阶段性特征、发展路径和创新机制。

智库成果出版与传播平台

PSN B-2017-671-1/1

“皮书说”微信　　出版社官方微信　　中国皮书网

ISBN 978-7-5201-3728-7
9 787520 137287

内赠数据库充值卡

定价：98.00元